Katrin Graf
Bildnisse schreibender Frauen im Mittelalter

Katrin Graf

Bildnisse schreibender Frauen im Mittelalter 9. bis Anfang 13. Jahrhundert

Schwabe & Co. AG · Verlag · Basel · 2002

Publiziert mit Unterstützung des Schweizerischen Nationalfonds zur Förderung der wissenschaftlichen Forschung und der Université de Genève, Faculté des lettres.

La Faculté des lettres, sur le préavis d'une commission composée de MM. les professeurs Pierre Vaisse, président du jury, Jean Wirth, directeur de thèse, Jacqueline Cerquiglini-Toulet (Paris IV) et Serena Romano (Lausanne), autorise l'impression de la présente thèse, sans exprimer d'opinion sur les propositions qui y sont énoncées.
Genève, le 22 mars 1999
Thèse N° 445

Abbildung Umschlag: Baudonivia komponiert die Vita der Radegunde. Vita der heiligen Radegunde (Ende 11. Jahrhundert), Poitiers, Bibliothèque municipale, ms 250 (136), fol. 43v.

Gesamtherstellung: Schwabe & Co. AG · Verlag & Druckerei · Basel/Muttenz
Printed in Switzerland
ISBN 3-7965-1589-4

Vorwort

Dieses Buch ist eine überarbeitete Fassung meiner Dissertation. Für die kunsthistorische Leitung danke ich Herrn Professor Jean Wirth der Universität Genf, für ihre Teilnahme an der Jury Frau Professor Jacqueline Cerquiglini der Universität Sorbonne in Paris und Frau Professor Serena Romano der Universität Lausanne. Der Genfer Forschungskommission sei für ihre finanzielle Unterstützung durch ein Auslandstipendium gedankt und Herrn Professor Paul Gerhard Schmidt der Albert-Ludwigs-Universität in Freiburg i. Br. für seine Betreuung während dieses Jahres.

Dass meine Arbeit in dieser Form erscheinen konnte, verdanke ich dem Direktor des Schwabe Verlags Dr. Urs Breitenstein. Sehr wertvoll bei der Entstehung des Buches war die Mitarbeit der Lektorin Frau lic. phil. Marianne Wackernagel, der ich hier meinen herzlichen Dank aussprechen möchte. Hinweise für die Übersetzung einiger lateinischer Zitate gaben mir Dr. René Nünlist und Dr. Ueli Dill, wofür ich ihnen danke.

Ebenfalls bedanke ich mich bei den Konservatorinnen und Konservatoren der zahlreichen Bibliotheken und Archive in Europa und den Vereinigten Staaten, die mich bei der Beschaffung der Abbildungsvorlagen unterstützt haben, für ihr freundliches Entgegenkommen.

Die finanzielle Unterstützung des Schweizerischen Nationalfonds hat das Erscheinen der Arbeit in der vorliegenden Form ermöglicht. Den betreffenden Mitarbeiterinnen und Mitarbeitern sei hier ebenfalls gedankt.

Ein ganz herzliches Dankeschön richtet sich an meine Eltern, die mich während der langen Arbeit tatkräftig unterstützt haben. Ihnen sei dieses Buch gewidmet.

Inhaltsverzeichnis

Teil III

Einleitung

Dieses Buch ist mittelalterlichen Bildnissen[1] von Frauen gewidmet, die Bücher religiösen Inhalts verfassten, kopierten, malten oder stifteten, das heisst von Frauen, die an der Herstellung illuminierter Handschriften beteiligt waren: von ihrer literarischen Konzeption bis zur Übergabe an eine Empfängerin oder einen Empfänger.

Das früheste mittelalterliche Schreiberinnenbild, das ich ausfindig machen konnte, befindet sich auf dem Hieronymus-Frontispiz in der ersten Bibel Karls des Kahlen (845/846, Abb. 6), die spätesten sind die in der ersten Hälfte des 13. Jahrhunderts entstandenen Autorinnenbildnisse Hildegards von Bingen in den Kodizes in Lucca und Heidelberg. Untersucht habe ich in erster Linie lateinische Schriften religiösen Inhalts, die von und für geistliche, in Klöstern lebende Frauen und Männer geschrieben und gemalt wurden und deshalb eine gewisse Konstanz in der Inszenierung der Geschlechterrollen aufweisen. Ihre Ikonographie wird mit der zunehmenden Herstellung volkssprachlicher illustrierter Handschriften im 13. Jahrhundert erweitert und variiert. Die zeitliche Begrenzung des Themas habe ich nur dann überschritten, wenn ich kein zeitgenössisches Vergleichsbeispiel finden konnte.

Aus dem Mittelalter sind nur ganz wenige Autorinnenbildnisse erhalten. Der grösste Teil der von Frauen verfassten Werke dieser Zeit ist nicht in illustrierten Handschriften überliefert. Dagegen sind Frauen auf Dedikations-, Devotional- oder Repräsentationsszenen am Anfang oder Schluss illustrierter Werke männlicher Autoren, die sich an Frauen richten und von Frauen gelesen wurden, relativ häufig. In solchen Handschriften finden sich Frauen mit Büchern und Schriftrollen oder auch mit leeren Händen in Gebetshaltung. Eine umfassende ikonographische Analyse solcher Bildnisse, welche die Teilnahme von Frauen an der Buch- und Literaturproduktion inszenieren, wird hier zum ersten Mal unternommen.

Meine Arbeit beschäftigt sich mit einem Teilbereich des mittelalterlichen Autorenbilds. Für die modernen Betrachter liegt das zentrale Problem der Interpretation dieser Bildnisse in der ikonographischen Ununterscheidbarkeit von *auctor* und *scriptor*: Wo begleitende Inschriften oder ein ikonographischer Kontext fehlen, welche die Funktion der dargestellten Personen präzisieren, kann in der Regel

[1] ‹Bildnis›, ‹Porträt› und ‹Bild› werden hier als Synonyme gebraucht, und zwar in dem Sinne, wie Andreas Köstler den Begriff des Bildnisses in der Kunstgeschichte umschrieben hat: «Ich möchte daher dafür plädieren, das Verhältnis von Bildnis und Individuum folgendermassen zu umschreiben: Spricht man vom Bildnis, sollte man von seiner Botschaft reden, die dann auch die Herausstellung des Individuums zum Thema haben kann – zu einem seiner Themen.» Das Portrait. Individuum und Image. In: Bildnis und Image. Das Portrait zwischen Intention und Rezeption, hg. von Andreas Köstler und Ernst Seidl, Köln, Weimar, Wien 1998, S. 9–14, hier S. 13.

nicht mit Sicherheit festgestellt werden, ob ein Schreibender den Autor oder einen Buchkünstler darstellt. Dieser Ikonographie entspricht der mittelalterliche Sprachgebrauch, nach dem die Begriffe *auctor* und *scriptor* eine von der heutigen sehr verschiedene Bedeutung hatten: *auctor* konnte sowohl «Verfasser» (von *authenticus* = authentisch) als auch «Stifter» oder «Gründer» (von *augere* = vergrössern) bedeuten[2], und der Begriff *scriptor* wurde mit einem weit grösseren Prestige konnotiert, als in der modernen Übersetzung «Schreiber» oder gar «Kopist» mitklingt. Als Beispiel dafür, dass *scriptor* sogar mit dem heutigen Autorenbegriff zusammenfallen konnte, sei hier der *accessus* des Hohenliedkommentars des Honorius Augustodunensis angeführt, der Salomon als den Schreiber des Hohen Lieds bezeichnet und den Heiligen Geist als dessen *auctor*.[3] Aus der engen Zusammengehörigkeit von Autor und Schreiber in der mittelalterlichen Sprache oder anders gesagt von Konzeption und Fabrikation eines heiligen Buches kann in bezug auf mein Thema gefolgert werden, dass die Ikonographie der Autorinnen in engem Zusammenhang mit derjenigen der Buchkünstlerinnen untersucht werden muss. Honorius führt in seinem *accessus* noch eine *dritte*, zwischen Autor und Schreiber vermittelnde Instanz an, nämlich die göttliche Weisheit:

> Auctor libri hujus est Spiritus sanctus, loquens per vas sapientiae, Salomonem hujus libri scriptorem qui fuit rex sapientissimus et propheta praecipuus. Ideo non legitur lectio libri Salomonis, sed lectio libri Sapientiae.[4]
> (Der Autor dieses Buches ist der Heilige Geist, der durch *das Gefäss der Weisheit* spricht, Salomon der Schreiber dieses Buches, der ein sehr weiser König und hervorragender Prophet war. Daher lesen wir nicht das Buch Salomons, sondern das Buch der Weisheit.)[5]

Aus der Formulierung geht hervor, dass Salomon nicht in seiner Qualität als König oder als Prophet die Urheberschaft des Hohen Liedes zukommt, sondern in seiner weiblich konnotierten Eigenschaft als Gefäss der Weisheit, welche als die eigentliche Autorin aufgefasst wird. Literarische und bildliche Inszenierungen von Autoren als Gefässe, das heisst als Rezipienten des göttlichen Wortes oder der göttlichen Weisheit, sind im Mittelalter ausserordentlich häufig. Dass die Rolle als Rezipientinnen Gottes die einzige von Frauen besetzte Position in der mittelalterlichen Ikonographie geistlicher Autorinnen ist, wird meine Analyse zeigen.

Wer in religiösen Büchern nach Autorinnenbildnissen sucht, die vor der Mitte des 13. Jahrhunderts entstanden sind, das heisst vor der zunehmenden Produktion illustrierter Handschriften volkssprachlicher und weltlicher Dichtung, muss sich bald eingestehen, dass die Spärlichkeit der mit Sicherheit identifizierbaren Bildnisse reli-

2 Marie-Dominique Chenu: Auctor, Actor, Autor. Bulletin Du Cange 3 (1927), S. 81–86.

3 Honorius Augustodunensis: Expositio in cantica canticorum. Patrologiae cursus completus series latina accurante J. P. Migne (im folgenden PL) 172, S. 347D–348C.

4 Honorius Augustodunensis: Expositio in cantica canticorum. PL 172, S. 347D–348C.

5 Hervorhebung K. Graf.

giöser Autorinnen es nicht erlaubt, eine in sich zusammenhängende Geschichte über dieses Thema zu schreiben, ohne diese Bilder mit den in Hülle und Fülle erhaltenen Porträts ihrer männlichen Kollegen zu vergleichen, ein Vorgehen, das sehr schnell den Eindruck erwecken könnte, Bildnisse von Autorinnen und Buchkünstlerinnen seien im Mittelalter ein unbedeutendes Randphänomen gewesen. Dem Argument der Quantität ist jedoch dasjenige der künstlerischen Qualität und ikonographischen Komplexität entgegenzusetzen: So sind die Bildnisse Hildegards von Bingen und der Sibyllen von Zwiefalten und Laon ikonographisch eng verwandt mit denjenigen des Moses, des Evangelisten Johannes und Gregors des Grossen, mit Autoren also, deren zentrale Bedeutung innerhalb der göttlich inspirierten Literatur des Mittelalters nicht anzuzweifeln ist. Insofern illustrieren die wenigen erhaltenen Autorinnenbilder keineswegs ein vernachlässigbares Randphänomen, sondern führen uns ins Zentrum mittelalterlicher theologischer und literarischer Reflexion über göttliche Inspiration.

Ein ‹Randphänomen› ist mein Thema in einem anderen Sinne, nämlich in bezug auf den *Ort* vieler Autorinnen innerhalb ihres ikonographischen Kontextes: Aus dem behandelten Zeitraum konnte ich nicht mehr als zwei ganzseitige Autorinnenbildnisse ausfindig machen (Abb. 38, 90), während sämtliche übrigen Frauen als Randfiguren inner- oder ausserhalb komplexer Szenen erscheinen, zum Beispiel Hildegard von Bingen (Abb. 40, 46, 78, 97, 104), Elisabeth von Schönau (Abb. 81) und Herrad von Hohenburg (Abb. 33), deren Porträts im Vergleich mit den zahlreichen ganzseitigen Autorenbildern ihrer Zeit relativ unscheinbar anmuten. Die Randposition dieser Autorinnen erklärt wohl, warum ihre Bildnisse in der kunsthistorischen Forschung bisher relativ wenig Beachtung gefunden haben. Vergleicht man sie aber zum Beispiel mit den Frontispizen der *Consolatio Philosophiae* des Boethius, auf denen der Autor, über dessen Prestige und weite Rezeption im Mittelalter kein Zweifel besteht, oft winzigklein neben der Riesengestalt der Philosophie dargestellt wurde (Abb. 64, 66, 67), wird der modernen Betrachterin bewusst, dass Bedeutungsgrösse und Stellung einer Autorin *relativ* zu deuten sind, nämlich in Beziehung zum jeweiligen ikonographischen und literarischen Kontext, und dass von der Grösse eines Autorenbildes nicht auf die ‹Grösse› oder Bedeutungslosigkeit des betreffenden Autors geschlossen werden kann.

Das hier behandelte Bildkorpus umfasst alle mir bekannten Autorinnen, welche mit *Schreibutensilien* in den Händen dargestellt wurden.[6] Dazu gehören sämtliche

[6] Dies ist nicht der Fall bei den weiblichen Büsten im Mäander in Sankt Martin in Zillis, deren Deutung als Sibyllen Erwin Poeschel vorgeschlagen hat, und auch nicht bei der Sibylle am Westportal der Kathedrale von Auxerre, die im Gespräch mit einem Propheten dargestellt ist, weshalb diese Werke nicht in die Untersuchung einbezogen wurden. Erwin Poeschel: Die Kunstdenkmäler des Kantons Graubünden, Bd. V (Die Kunstdenkmäler der Schweiz), Basel 1943, S. 243f., Abb. 267. U. Quedam: Die Westportale der Kathedrale von Auxerre, Wiesbaden 1979, Abb. 39ff.

Bildnisse Hildegards von Bingen (Abb. 40, 46, 78, 97, 104), dasjenige Baudonivias, der Hagiographin der heiligen Radegunde aus Poitiers (Abb. 38), die Sibyllen in der Enzyklopädie des Hrabanus Maurus in Montecassino (Abb. 86a) und die tiburtinische Sibylle in der Zwiefaltener Chronik Ekkehards von Aura (Abb. 90). Dazu gehören auch die Freundinnen des Hieronymus in den karolingischen Bilderbibeln (Abb. 6, 7). Solche Bilder, die Frauen während des Schreibprozesses zeigen, einen Griffel oder ein Schreibrohr haltend, sind sehr selten. Weit häufiger sind Frauen mit einem Schriftstück in den Händen. Die Sibylle am Nordportal der Kathedrale von Laon hält eine Schreibtafel (Abb. 98), andere Autorinnen tragen Schriftrollen oder Spruchbänder mit Zitaten aus ihren Werken (Abb. 33b, 34, 35, 84, 90). Es handelt sich um einen ausserordentlich verbreiteten Darstellungstyp, der unter anderem für Propheten, aber auch für Buchkünstlerinnen verwendet werden konnte, wie das Beispiel der Schreiberin und Malerin Guda zeigt (Abb. 1).

Weiter sind Frauen, die geschlossene oder offene Bücher halten, in der mittelalterlichen Ikonographie sehr häufig (Abb. 6, 7, 11a, 14a,b, 15, 16, 23a, 26, 29, 34, 35). Allerdings wurden sie in der Forschung praktisch nie als Autorinnen oder Buchkünstlerinnen gedeutet, sondern in der Regel als Stifterinnen oder Rezipientinnen von Büchern. Diese Interpretationen werden hier hinterfragt, und es wird aufgezeigt, dass sie oft auf modernen Vorurteilen über mittelalterliche Geschlechterrollen beruhen.

Eine umfassende kunsthistorische Studie über das mittelalterliche Autorenbild ist nach wie vor ein Forschungsdesiderat. Die bisherigen Arbeiten beschränkten sich auf die Ikonographie einzelner bedeutender Autor(inn)en wie der Evangelisten[7], der Kirchenväter Hieronymus[8] und Gregor[9], des Moses[10], des Boethius[11], Hildegards von Bingen[12] und der Sibyllen[13]. All diese Studien gehen also vom

[7] Carl Nordenfalk: Der inspirierte Evangelist. Wiener Jahrbuch für Kunstgeschichte 36 (1983), S. 175–190. Suzanne Lewis: Reading Images. Narrative Discourse and Reception in the Thirteenth-Century Iluminated Apocalypse, Cambridge 1995. Dies.: Exegesis and Illustration in Thirteenth-Century English Apocalypses. In: The Apocalypse in the Middle Ages, hg. von Richard K. Emmerson und Bernard McGinn, Ithaca, London 1992, S. 259–275.

[8] Peter Bloch / Hermann Schnitzler: Die ottonische Kölner Malschule, 2 Bde., Düsseldorf 1970. Hermann Schnitzler: Hieronymus und Gregor der Grosse in der ottonischen Kölner Buchmalerei. In: Kunstgeschichtliche Studien für Hans Kauffmann, Berlin 1956, S. 11–18.

[9] Anton von Euw: Gregor der Grosse (540–604). Autor und Werk in der buchkünstlerischen Überlieferung des ersten Jahrtausends. Imprimatur. Ein Jahrbuch für Bücherfreunde NF XI (1984), S. 19–41. Johann Konrad Eberlein: Miniatur und Arbeit. Das Medium Buchmalerei, Frankfurt a.M. 1995.

[10] Ruth Mellinkoff: The Horned Moses in Medieval Art and Thought, Berkeley 1970.

[11] Pierre Courcelle: La Consolation de Philosophie dans la tradition littéraire. Antécédants et postérité, Paris 1967.

[12] Vgl. zuletzt: Liselotte Saurma-Jeltsch: Die Miniaturen im *Liber Scivias* der Hildegard von Bingen. Die Wucht der Vision und die Ordnung der Bilder, Wiesbaden 1998. Dies.: Die Rupertsberger *Scivias*-Handschrift. Überlegungen zu ihrer Entstehung. In: Hildegard von Bingen. Prophetin durch die Zeiten.

Autor(inn)en*namen* aus. Da aber die mittelalterlichen Bildnisse keine Ähnlichkeit mit den realen historischen Personen anstreben, sondern, wie im folgenden dargelegt werden soll, als Inszenierungen literarischer Situationen zu interpretieren sind, garantiert die Kategorie des Autor*namens* eine ikonographische Vergleichbarkeit der Bildnisse nur in beschränktem Masse, und von solchen Studien können deshalb nur relativ wenige für mittelalterliche Autor(inn)enbildnisse allgemeingültige Ergebnisse abgeleitet werden.

Anders verhält es sich mit der Ikonographie der Buchkünstler: Neben der nach wie vor grundlegenden Arbeit Joachim Prochnos von 1929 über das Schreiber- und Dedikationsbild in Deutschland vor 1100 sei auf die jüngeren Arbeiten Anton Legners und Jonathan J. Alexanders verwiesen, welche die ikonographische Vielfalt mittelalterlicher Künstlerbildnisse aufgezeigt und die lange herrschende Vorstellung des anonymen mittelalterlichen Künstlertums relativiert und revidiert haben.[14]

Das mittelalterliche Autor(inn)enbild aktualisiert und variiert einen relativ beschränkten Schatz an Motiven, Gesten und Körperhaltungen immer von neuem[15], und zwar nicht nach Kriterien individueller Ähnlichkeit mit historischen Personen, sondern entsprechend der jeweiligen literarischen Situation, die zu den Werken passt, denen die Bildnisse vorangestellt sind. Die trotz ihres beschränkten Motivschatzes erstaunliche Vielfalt der Bildnisse zeugt von der Vitalität und Innovationskunst der mittelalterlichen Malerei, die in einer auf die Suche nach ikonographischen Vorbildern fixierten Forschung oft ungenügend Beachtung finden.

Zum 900. Geburtstag, hg. von Edeltraud Forster, Freiburg i. Br., Basel, Wien 1998, S. 340–358. Keiko Suzuki: Bildgewordene Visionen und Visionserzählungen. Vergleichende Studie über die Visionsdarstellungen in der Rupertsberger *Scivias*-Handschrift und im Luccheser *Liber divinorum operum*-Codex der Hildegard von Bingen, Bern, Berlin u.a. 1998. Dies.: Zum Strukturproblem in den Visionsdarstellungen der Rupertsberger *Scivias*-Handschrift. Sacris Erudiri 35 (1995), S. 221–291. Danièle Sansy: Iconographie de la prophétie. L'image d'Hildegarde de Bingen dans le *Liber divinorum operum*. In: Les textes prophétiques et la prophétie en Occident (12e–16e siècle), hg. von André Vauchez. Ecole française de Rome 85 (1990), S. 115–126.

13 Emile Mâle: Quomodo Sibyllas recentiores artifices repraesentaverint, Paris 1899. Ders.: L'art religieux du XIIIe siècle en France. Etude sur l'iconographie du Moyen Age et sur ses sources d'inspiration, Paris 1986 (1 1898), S. 318ff. Carlo de Clercq: Contribution à l'iconographie des Sibylles I. Jaarboek van het koninklijk Museum voor schone kunsten, Antwerpen 1979, S. 7–65. Ders.: Contribution à l'iconographie des Sibylles II. Jaarboek van het koninklijk Museum voor schone kunsten, Antwerpen 1980, S. 7–33.

14 Anton Legner: Illustres manus. In: Ornamenta Ecclesiae. Kunst und Künstler der Romanik in Köln. Katalog zur Ausstellung des Schnütgen-Museums in der Joseph-Haubrich-Kunsthalle, hg. von Anton Legner, Köln 1985, Bd. 1, S. 187–229. Jonathan James G. Alexander: Scribes as Artists. The arabesque Initial in Twelfth-Century English manuscripts. In: Medieval Scribes, Manuscripts and Libraries. Essays presented to N. R. Ker, hg. von M. B. Parks und Andrew G. Watson, London 1978, S. 87–116. Ders.: Medieval Illuminators and Their Methods of Work, New Haven, London 1992.

15 Eberlein: Miniatur, S. 76, spricht von «Makro- und Mikroelementen» und nennt die Bildschöpfung ein «Zusammenfügen vorgefundener Einzelelemente».

Während von literaturwissenschaftlicher Seite die *personae* mittelalterlicher Schriftsteller, also die Topik ihrer dichterischen Selbstinszenierungen, schon verschiedentlich untersucht worden ist[16], stehen vergleichbare Analysen der bildlichen Metaphorik in Autor(inn)enbildnissen und der Interdependenzen zwischen den Bildern und den begleitenden Texten noch weitgehend aus.[17]

Aus dem Gesagten geht hervor, dass die Interpretation der Bildnisse den jeweiligen ikonographischen *und* literarischen Kontext einbeziehen muss, ein Vorgehen, das sich von der an Autornamen orientierten ikonographischen Forschung unterscheidet. Ziel ist eine möglichst präzise Deutung immer wiederkehrender Bildmetaphern, welche die Voraussetzung bildet zur Erhellung grundlegender Fragen, zum Beispiel, ob die dargestellten Frauen oder Männer die Autoren, Schreiber oder Stifter eines Buches sind, Fragen, die angesichts der Zusammenarbeit in den klösterlichen Skriptorien oft schwer zu beantworten sind. Dazu kommt, dass für die mittelalterlichen Künstler die Urheberschaft Gottes beim Verfassen und Herstellen von Büchern oft eine grössere Rolle spielte als die Mitarbeit eines oder mehrerer Menschen, eine Tatsache, die auch für die Ikonographie von Bedeutung ist. Die göttliche Inspiration ist ein wichtiges Thema der religiösen Autor(inn)enbildnisse.

[16] Vgl. Jacqueline Cerquiglini: «Le clerc et le louche». Sociology of an esthetic. Poetics today 5 (1984), S. 479–491. Dies.: L'écriture louche. La voie oblique chez les Grands Rhétoriqueurs. In: Les Grands Rhétoriqueurs. Actes du Ve colloque international sur le moyen Français. Milan, 6–8 mai 1985, Bd. 1, Mailand 1985, S. 21–31. Hubert Silvestre: La prison de l'âme (Phédon, 62b). Nouveaux témoignages du Moyen Age latin. Latomus. Revue d'études latines 38 (1979), S. 983–986. Zur hagiographischen Topik vgl. Réginald Grégoire: Manuale di Agiologia. Introduzione alla letteratura agiografica (Bibliotheca Montisfani 12), Fabriano 1987, S. 219ff.

[17] Ansätze finden sich bei Courcelle: Consolation, und bei Lewis: Images, S. 25ff. Lewis diskutiert die Interdependenz zwischen der Johannes-Vita und den Autorenbildern in den Berengaudus-Apokalypsen. Auch Eberlein deutet den literarischen Charakter der Autorenbildnisse an, verwendet ihn aber nicht für die Bildanalyse: Miniatur, S. 79: «Diese Arbeitsweise (das heisst die Kombination vorgegebener Bildelemente) blieb bei aller Selbstverständlichkeit nicht ohne literarische Reflexe. Ein Echo findet sich z.B. im *Didascalion* Hugos von Sankt Viktor (um 1096–1141). In seiner Unterscheidung des künstlerischen vom göttlichen Schöpfungsbegriff definierte er: *opus artificis est disgregata coniungere vel coniuncta segregare.*»

Teil I
Auf der Suche nach dem mittelalterlichen Schreiberinnenbildnis

Der Aufsatz von Lesley Smith, "Scriba, Femina. Medieval Depictions of Women Writing"[18], ist meines Wissens die bisher erste und einzige ikonographische Studie über das mittelalterliche Schreiberinnenbildnis. Smith, die ihre Untersuchung auf Handschriften stützt, die vor 1400 entstanden sind, gibt ihrer Enttäuschung darüber Ausdruck, wie wenige Bilder sie gefunden hat: "In seeking to interpret this scarcity of depictions, what began as a hopeful quest to make some sense of female scribes has become, *force majeure*, a rather more generalized expedition into the land of reading and writing, and women's place in it."[19] Die Absenz von Bildnissen schreibender Frauen gerade in dem Bereich, für den ihre Arbeit am besten dokumentiert ist, nämlich in den Klöstern[20], ist besonders frappierend. Das einzige Selbstbildnis

[18] Lesley Smith: Scriba, Femina. Medieval Depictions of Women Writing. In: Women and the Book. Assessing the Visual Evidence, hg. von Lesley Smith und Jane H. M. Taylor, London, Toronto 1997, S. 21–44.

[19] Smith: Scriba, S. 21f.

[20] Folgende bibliographische Übersicht beansprucht keine Vollständigkeit: Charles Jourdain: L'Education des femmes au Moyen Age. Mémoires de l'Institut National de France, Académie des Inscriptions et Belles Lettres 28 (1874). Wilhelm Wattenbach: Das Schriftwesen im Mittelalter, Leipzig [3]1896, S. 444ff. Karl Weinhold: Die deutschen Frauen in dem Mittelalter, Amsterdam 1968 (Reprint der Ausgabe Wien 1882), S. 128ff. Lina Eckenstein: Women under Monasticism, Cambridge 1896. Heinrich Grundmann: Die Frauen und die Literatur im Mittelalter. Ein Beitrag zur Frage nach der Entstehung des Schrifttums in der Volkssprache. In: ders.: Ausgewählte Aufsätze Teil 3 (Schriften der Monumenta Germaniae historica 25/3), Stuttgart 1978, S. 67–95 (erstmals erschienen in: Archiv für Kulturgeschichte 26 [1936], S. 129–161). Bernhard Bischoff: Die Kölner Nonnenhandschriften und das Skriptorium von Chelles. In: ders.: Mittelalterliche Studien. Ausgewählte Aufsätze zur Schriftkunde und Literaturgeschichte, Bd. I, Stuttgart 1966, S. 16–34. Karen Petersen / J. J. Wilson: Women Artists. Recognition and Reappraisal. From the Early Middle Ages to the Twentieth Century, New York, Hagerstown, San Francisco, London 1976, S. 11–21. Annemarie Weyl Carr: Women Artists in the Middle Ages. Feminist Art Journal 5 (1976), S. 5–9. Claudia Opitz / Elisabeth Schraut: Frauen und Kunst im Mittelalter. In: FrauenKunstGeschichte. Zur Korrektur des herrschenden Blicks (Kunstwissenschaftliche Untersuchungen des Ulmer Vereins 13), hg. von Cordula Bischoff u.a., Giessen 1984, S. 33–52. Rosamond McKitterick: Nuns' Scriptoria in England and Francia in the eighth Century. In: dies.: Books, Scribes and Learning in the Frankish Kingdoms, 6th–9th Centuries (Variorum Collected Studies Series), Great Yarmouth, Norfolk 1994, VII (Reprint aus: Francia 19 [1989]). Rosamond McKitterick: Women and Literacy in the Early Middle Ages. In: dies.: Books, Scribes and Learning in the Frankish Kingdoms, 6th–9th Centuries (Variorum Collected Studies Series), Great Yarmouth, Norfolk 1994, XII (Übersetzung von: Frauen und Schriftlichkeit im Frühmittelalter. In: Weibliche Lebensgestaltung im frühen Mittelalter, hg. von Hans-Werner Goetz, Köln, Weimar, Wien 1991). Luisa Miglio: «A mulieribus conscriptos arbitror». Donne e scrittura. In: Scribi e colofoni. Le sottoscrizioni di copisti dalle origini all'avvento della stampa. Atti del seminario di Erice X Coloquio del Comité international de paléo-

einer Schreiberin zwischen dem 9. und frühen 13. Jahrhundert, das Smith anführt, ist dasjenige der Schreiberin und Malerin Guda, die sich jedoch nicht schreibend dargestellt hat, sondern mit einem Spruchband in der linken Hand, und deshalb in der Forschung nicht einmal als Buchkünstlerin erkannt, sondern höchstwahrscheinlich als unbekannte Heilige oder Allegorie interpretiert worden wäre, hätte sie ihre Arbeit auf dem Spruchband nicht beschrieben: «Guda peccatrix mulier scripsit quae pinxit hunc librum» (Die Sünderin Guda hat dieses Buch geschrieben und gemalt; Abb. 1).

Smith führt nur ein einziges Bildnis einer Nonne an, die mit Schreibrohr und Radiermesser auf einen Pergamentbogen schreibt, wie es so häufig auf Bildern männlicher Schreiber zu sehen ist, es stammt aber aus viel späterer Zeit, nämlich aus dem frühen 14. Jahrhundert, und befindet sich in einem *Liber usualis*, das kürzlich in den Besitz der Aachener Diözesanbibliothek übergegangen ist (Abb. 2).[21]

Für meine Untersuchung stellt sich folglich die Verlegenheitsfrage, wie nach einem ikonographischen Thema geforscht werden soll, das es nicht zu geben scheint. Meine eigene Suche hat Lesley Smiths Ergebnisse bestätigt: Aus dem Hochmittelalter scheint kein einziges Bild bekannt zu sein, das eine geistliche Frau beim Schreiben oder Kopieren eines Kodexes zeigt. Die Schreiberin auf dem Hieronymus-Frontispiz der ersten Bibel Karls des Kahlen schreibt nicht auf ein Buch oder Blatt, sondern auf eine Rolle auf ihrem Knie (Abb. 6). Eine andere Schreiberin steht am rechten Rand des Hieronymus-Frontispizes in der Bibel in San Paolo fuori le mura; sie schreibt auf eine Wachstafel (Abb. 7). Mit Rolle oder Tafel sind sämtliche schreibende geistliche Autorinnen des 11. bis 13. Jahrhunderts ausgestattet. Dagegen handelt es sich bei den frühesten Bildnissen einer Buchschreiberin überraschenderweise um eine *weltliche* Autorin, die höchstwahrscheinlich mit der Buchherstellung gar nichts zu tun hatte: Zwei Handschriften aus der zweiten Hälfte des 13. Jahrhunderts zeigen Marie de France mit Feder und Radiermesser ausgestattet an einem Schreibpult sitzend. Ihre Autorinnenbilder befinden sich am Ende ihrer Fabeln in einer Pariser Handschrift (Bibliothèque Nationale, 1250–1275)[22] und zu Beginn derselben in der wenig späteren, Marie von Brabant gewidmeten Sammelhandschrift (Abb. 3)[23].

graphie latine (23–28 ottobre 1993), hg. von Emma Condello und Giuseppe de Gregorio, Spoleto 1995, S. 235–268.

[21] Smith: Scriba, S. 32, Abb. 11. Smith vermutet, es könnte sich um eine namentlich bekannte Heilige handeln. Eine paläographische Untersuchung der Handschrift steht jedoch bisher noch aus.

[22] Paris, Bibliothèque Nationale, Ms fr. 2173, fol. 93r. Sandra L. Hindman: Aesop's Cock and Marie's Hen. Gendered Authorship in Text and Image in Manuscripts of Marie de France's *Fables*. In: Women and the Book. Assessing the Visual Evidence, hg. von Lesley Smith und Jane H. M. Taylor, London, Toronto 1997, S. 45–56, hier S. 46ff. und Abb. 15.

[23] Paris, Bibliothèque de l'Arsenal, Ms 3142, fol. 256r. Susan L. Ward: Fables for the Court. Illustrations of Marie de France's Fables in Paris BN MS Arsenal 3142. In: Women and the Book. Assessing the Visual Evidence, hg. von Lesley Smith und Jane H. M. Taylor, London, Toronto 1997, S. 190–203, hier Abb. 83 und 86.

Marie de France stellt in ihrem Prolog ihre französische Übertragung der Fabeln Äsops in die Tradition der antiken Philosophen.[24] Ihre Porträts illustrieren ihre *imitatio* Äsops und gerade *nicht* ihre Tätigkeit als Buchkünstlerin. Sie belegen, dass Frauen – zumindestens seit der zweiten Hälfte des 13. Jahrhunderts – als weltliche literarische *auctoritates* bildlich inszeniert werden konnten, eine Rolle, die im religiösen Bereich viel längere Zeit den Männern vorbehalten gewesen zu sein scheint.[25]

Die übrigen Bildnisse buchschreibender Frauen, die ich gefunden habe, zeigen allesamt Autorinnen *ohne* Schreibpult, mit einem Buch oder Pergamentblatt auf dem Knie. Dies gilt für die Sibyllen im Codex Cassinensis 132 (um 1023, Abb. 86a) und, Jahrhunderte später, für die Autorinnenbilder Brigittes von Schweden in den illustrierten Handschriften des *Liber celestis* (Ende 14. Jahrhundert)[26]. Es handelt sich hier offenbar um anachronistische Darstellungen des Schreibens, die an antike Vorbilder anknüpfen und somit eine Assoziation mit Bildnissen mittelalterlicher Autoren oder Buchhersteller vermeiden.

Dass im Mittelalter viele Frauen Bücher geschrieben haben, ist unbestritten; ihre Arbeit in den klösterlichen Skriptorien ist in der Forschung schon seit langem gut belegt. Warum also erscheint ihre Tätigkeit nicht auf den Bildern? Dieser Frage soll im folgenden nachgegangen werden, nicht, indem werkexterne Quellen konsultiert werden, wie zum Beispiel juristische, theologische oder hagiographische, um eine Erklärung zu finden für die Seltenheit mittelalterlicher Bilder schreibender Frauen. Als Ausgangspunkt dient vielmehr die am Bildnis der Schreiberin und Malerin Guda (Abb. 1) gemachte Beobachtung, dass Buchkünstlerinnen nicht auf den ersten Blick als solche zu erkennen sind und dass es sich folglich bei weit mehr Frauen in mittelalterlichen Handschriften um die Schreiberinnen oder Malerinnen derselben handeln könnte, als bisher angenommen wurde. Bei der Suche nach solchen Bildern kann ich von Forschungsergebnissen ausgehen, die in bezug auf Schreiberbildnisse erzielt wurden und die ich im folgenden kurz zusammenfasse.

Schon Joachim Prochno, dessen 1929 erschienene Studie über das Schreiber- und Dedikationsbild in der deutschen Buchmalerei von 800 bis 1100 bis heute die einzige umfassende ikonographische Recherche zu diesem Thema geblieben ist, hat darauf hingewiesen, dass aus dem Frühmittelalter nur sehr wenige selbständige Schreiberbilder erhalten sind, neben einer viel grösseren Gruppe von Bildern, die er in Repräsentations-, Devotional-, Donations- und Dedikationsszenen unter-

[24] Vgl. Hindman: Aesop's Cock, S. 47f.

[25] Das oben erwähnte Bildnis einer schreibenden Zisterzienserin in Aachen (Anfang 14. Jahrhundert) knüpft meiner Ansicht nach *nicht* an die Ikonographie eines männlichen Buchschreibers an (Abb. 2), vgl. unten S. 79.

[26] Smith: Scriba, S. 26, Abb. 3 und 4. Carl Nordenfalk: St. Bridget of Sweden as Represented in illuminated Manuscripts. In: De artibus XL opuscula. Essays in Honor of Erwin Panofsky, hg. von Millard Meiss, New York 1961, S. 371–393, Abb. 1, 2, 9, 10.

teilt. Auf diesen Bildern werden die Buchurheber (*auctores*) in der Regel im Beisein anderer Personen dargestellt, und ihre jeweilige Funktion als Auftraggeber, Schreiber oder Autoren kann oft nur festgestellt werden, wenn begleitende Inschriften vorhanden sind.[27] Vor 1100 wurden meist die Evangelisten und Kirchenväter als Buchschreiber abgebildet. Als Beispiel sei der Eginokodex genannt, der Ambrosius und Gregor den Grossen an einem Pult sitzend und in ein Buch schreibend zeigt.[28] Dagegen sind Bildnisse buchschreibender Autoren ohne besonderen kirchlichen Rang vor 1100 eine Seltenheit; als Beispiele seien diejenigen Guidos von Arezzo und Wandelberts von Prüm angeführt, die beide als Mönche gekleidet sind.[29] Anders verhält es sich mit Schreibern, die in ein Autorenbild integriert sind. Buchschreibern diktierende Kirchenlehrer oder Evangelisten sind überaus häufig.[30] Auch König David wird oft zusammen mit Schreibern dargestellt (Abb. 4). Schreibende Frauen sind mir in diesem Zusammenhang allerdings nicht begegnet. Die Schreiberinnen auf den Hieronymus-Frontispizen in der ersten Bibel Karls des Kahlen und der Bibel in San Paolo fuori le mura schreiben nicht nach dem Diktat des Autors, sondern sind von ihm isoliert. Sie fungieren nicht als *notariae* oder Sekretärinnen (Abb. 6, 7).

Weit seltener als schreibende Autoren oder *notarii*, die mit einem Autor zusammenarbeiten, sind selbständige Schreiberbildnisse. Sie werden erst im 11. und vor allem im 12. Jahrhundert häufiger. Zu den frühesten, welche Schreiber an ihren Pulten bei der Arbeit zeigen, gehören diejenigen im Werdener Psalter (nach 1030) auf Folio 2r neben dem Autorenbild auf Folio 1v, das den thronenden König David zwischen zwei Schreibern und Musikanten zeigt (Abb. 4). Die beiden Schreiber sitzen in der B-Initiale auf der Zierseite, auf welcher der Anfang des ersten Psalms steht: «Beatus vir qui non abit in consilio impiorum et in via peccatorum non stetit et in cathedra pestilentie non sedit» (Glückselig der Mann, der nicht auf den Rat der Gottlosen hört und nicht auf dem Weg der Sünder wandelt und nicht auf dem Stuhl der

[27] Joachim Prochno: Das Schreiber- und Dedikationsbild in der deutschen Buchmalerei, I. Teil: bis zum Ende des 11. Jahrhunderts (800–1100), Leipzig, Berlin 1929, S. XXff. Vergleichbare Studien über die Buchmalerei in anderen Ländern stehen nach wie vor aus.

[28] Berlin, Preussische Staatsbibliothek, Ms. Phillips 1676, fol. 24v, 25v. Zu den Autorenbildern im Eginokodex vgl. Michael Camille: Word, Text, Image in the Early Church Fathers in the Egino Codex. In: Testi e immagine nell'alto Medioevo (15–21 aprile 1993). Settimane di studio del centro italiano di studi sull'alto medioevo XLI, Bd. 1, Spoleto 1994, S. 65–92, Abb. 3–6.

[29] Guido von Arezzo: Micrologus de Musica und anderes (Augsburg [?] um 1050). Wolfenbüttel, Herzog August Bibliothek, Cod. Guelf. 334 Gud. lat., fol. 4r. Prochno: Schreiber, Nr. 44. Wolfgang Milde: Mittelalterliche Handschriften der Herzog August Bibliothek, Frankfurt a.M. 1972, Nr. 43. Wandelbert von Prüm: Martyrologium (Prüm [?] um 900). Rom, Vatikanische Bibliothek, Cod. Reg. Christ. lat. 438, fol. 30r. Prochno: Schreiber, Nr. 17. Percy Ernst Schramm / Florentine Mütherich: Ein Beitrag zur Herrschergeschichte von Karl dem Grossen bis Friedrich II., 768–1250 (Percy Ernst Schramm: Denkmale der deutschen Könige und Kaiser, Bd. 1), 2. ergänzte Ausgabe, München 1981 (1962), Abb. 36 und S. 241.

[30] Vgl. die Abbildungen bei Eberlein: Miniatur, und bei Bloch / Schnitzler: Malschule, Bd. II, Abb. 659ff.

Pest sitzt).[31] Wie die Schreiber neben David auf dem gegenüberliegenden Autorenbild sind sie als Laien gekleidet, aber im Gegensatz zu jenen, die auf kubusförmigen *cathedrae* thronen, sitzen sie auf mit Löwenköpfen verzierten Faltstühlen, auf Sitzmöbeln also, welche nicht mit der «cathedra pestilentie» assoziiert werden können, von der im Text die Rede ist. Die Inschrift *Beatus vir* findet sich auch auf der Wachstafel des Schreibers auf dem berühmten Bildnis Gregors des Grossen, der auf einer mit Löwenköpfen geschmückten *cathedra* thront, im Trierer *Registrum Gregorii* (Abb. 55). Wie im Werdener Psalter kann dieser Text als Schreiberlob interpretiert werden.[32]

Die Bildnisse des Königs David und Gregors des Grossen stellen thronende Herrscher dar. Das älteste ganzseitige Schreiberbild, das uns erhalten ist, findet sich ebenfalls in einem ikonographischen Kontext, der Schreibarbeit mit königlicher Herrschaft assoziiert: Am Ende des Perikopenbuchs Heinrichs III. (1039–1043), auf der zweitletzten Seite vor der Dedikation an Heinrich, sitzen ein geistlicher und ein weltlicher Schreiber im Echternacher Skriptorium an ihren Pulten bei der Arbeit (Abb. 5).[33] Hartmut Hoffmann hat das Einzigartige dieses Doppelbildes betont: «Ein wahrhaft erstaunliches Bild, das in der gesamten ottonischen Periode keine Parallele hat! Nirgends sonst ist das Verhältnis des klösterlichen Gönners zu den Buchkünstlern so einprägsam formuliert worden.»[34]

Prochnos Beobachtungen wurden in den achtziger Jahren in Hartmut Hoffmanns grundlegender Studie über die ottonische und frühsalische Buchproduktion durch fundierte paläographische Untersuchungen ergänzt, welche eine neue Perspektive für die Interpretation der Schreiber- und Stifterbildnisse dieser Epoche eröffnet haben: Hoffmann erbrachte nämlich den Nachweis, dass die in den Texten inszenierte Buchherstellung mit dem paläographischen Befund der Handschriften häufig nicht übereinstimmt. So werden zum Beispiel Schreiber namentlich erwähnt, welche gar nicht oder nur teilweise an der konkreten Buchherstellung beteiligt gewesen sein können.[35]

Von kunsthistorischer Seite wurden die Konsequenzen dieser Beobachtungen, aus denen abgeleitet werden kann, dass Buchherstellung in erster Linie symbolisch inszeniert wurde, für die Interpretation der Schreiberbildnisse bisher allerdings kaum berücksichtigt, und dies obwohl die Ikonographie der Buchherstellung wie auch die

[31] Berlin, Preussische Staatsbibliothek, Ms. theol. lat. fol. 358, fol. 2r. Prochno: Schreiber, Nr. 80. Andreas Fingernagel: Die illuminierten Handschriften deutscher Provenienz der Staatsbibliothek Preussischer Kulturbesitz Berlin, 8.–12. Jahrhundert, Wiesbaden 1991, Kat. 102, Abb. 333.

[32] Vgl. unten S. 137f.

[33] Bremen, Universitätsbibliothek, Ms b 21, fol. 124v. Prochno: Schreiber, S. 49f., Legner: Manus, S. 221.

[34] Hartmut Hoffmann: Buchkunst und Königtum im ottonischen und frühsalischen Reich, Bd. I (Schriften der Monumenta Germaniae historica 30/I), Stuttgart 1986, S. 17.

[35] Hoffmann, Buchkunst, Bd. I, S. 43ff.

Wechselbeziehungen zwischen Texten und Bildern in den mittelalterlichen Handschriften zunehmend thematisiert werden.[36]

Fassen wir zusammen: Nach Prochno wurden im Frühmittelalter in erster Linie kirchliche *auctoritates* oder ihre *notarii* schreibend abgebildet. Erst im Hochmittelalter erscheinen auch die Hersteller der Handschriften auf den Bildern. Dies bedeutet, dass der Schreibakt in der Regel nicht auf die Buchherstellung verwies. Die bereits erwähnten Bildnisse Maries de France sind ein Beispiel dafür (Abb. 3). Hoffmann, der nicht mit Bildern, sondern mit Texten arbeitet, das heisst mit den Quellen, auf die wir bei der Identifikation der Dargestellten angewiesen sind, zeigt auf, dass diese Texte ebenfalls «lügen»: auch hier erfahren wir wenig über die reale Arbeit in den Skriptorien. Das heisst, dass die Inszenierungen von Buchurheberschaft in Bild und Text symbolisch zu lesen sind, und bedeutet in bezug auf mein Thema, dass die Abwesenheit von Buchschreiberinnen im geistlichen Bereich ebenfalls auf symbolischer Ebene erklärt werden muss.

Für die Untersuchung weiblicher Bildnisse kann aus der von Prochno festgestellten engen Bindung des Schreiberbildes an das Autoren- und Herrscherbild und der von Hoffmann aufgezeigten Diskrepanz zwischen inszenierter und realer Buchherstellung geschlossen werden, dass Buchkünstlerinnen in Donations-, Dedikations- und Repräsentationsszenen gesucht werden können, das heisst in Szenen, in welchen Buchurheberschaft auf andere Weise thematisiert wird als im Schreiberbildnis. Auf die zunehmende Präsenz weiblicher Bildnisse in den illustrierten Büchern ottonischer Zeit hat Rosamond McKitterick aufmerksam gemacht und dieses Phänomen mit der literarischen Tätigkeit und kirchlichen Stellung von Frauen in Verbindung gebracht.[37] Dass zu den literarischen Aktivitäten auch die Buchkunst

[36] Zur Ikonographie der Buchherstellung vgl. Alexander: Scribes. Ders.: Illuminators. Eberlein: Miniatur. Einen Überblick über die deutsche Text-Bild-Forschung in mittelalterlichen Handschriften liefert Christine Jakobi-Mirwald: Text-Buchstabe-Bild. Studien zur historisierten Initiale im 8. und 9. Jahrhundert, Berlin 1988, S. 63ff. Zur Kombination von textanalytischem, ikonographischem und paläographischem Ansatz vgl. Paul Edward Dutton / Herbert L. Kessler: The Poetry and Paintings of the First Bible of Charles the Bald, Michigan 1997. Sylvia Huot: From Song to Book. The Poetics of Writing in Old French Lyric and Lyrical Narrative Poetry, Ithaca, London 1987. Sandra L. Hindman: Christine de Pizan's "Epistre Othéa". Paintings and Politics at the Court of Charles VI, Toronto 1986. Dies.: Aesop's Cock. Huot und Hindman behandeln französische Handschriften des 13. bis 15. Jahrhunderts. Dagegen werden in den mittlerweile zahlreichen Faksimile-Ausgaben, welche eine ideale Grundlage für einen solchen Ansatz bieten würden, ikonographische, kodikologische und textanalytische Probleme in der Regel nach wie vor getrennt untersucht.

[37] Rosamond McKitterick: Women in the Ottonian Church. An Iconographic Perspective. In: dies.: The Frankish Kings and Culture in the Early Middle Ages (Variorum Collected Studies Series), Great Yarmouth, Norfolk 1995, XI (Reprint aus: Women in the Church, hg. von Diana Wood. Studies in Church History 27, Oxford 1990, S. 79–100).

gehörte, ist seit McKittericks paläographisch fundierten Untersuchungen über frühmittelalterliche Nonnenskriptorien gut belegt.[38]

Im folgenden soll der bildlichen Inszenierung geistlicher Buchurheberinnen oder -künstlerinnen in einer Reihe illustrierter Handschriften aus dem 9. bis 12. Jahrhundert nachgegangen werden.

[38] McKitterick: Nuns' Scriptoria. Dies.: Women and Literacy.

Schreiberinnen oder Autorinnen?

Die Frauen auf den Hieronymus-Frontispizen zweier karolingischer Bilderbibeln
Die ältesten mittelalterlichen Darstellungen schreibender Frauen, die ich kenne, finden sich auf den Hieronymus-Frontispizen der ersten Bibel Karls des Kahlen aus Sankt Martin in Tours (845/846)[39] und der Bibel aus Reims (um 870), die sich heute in San Paolo fuori le mura befindet (Abb. 6, 7). Die Bilder illustrieren die Entstehung der Vulgata und wurden von Peter Bloch «erzählende Autorenbilder» genannt.[40] Dass sie jedoch treffender als «kollektive Autor(inn)en- und Schreiber(innen)-bilder» zu bezeichnen wären, soll hier dargelegt werden.

Beide Frontispize sind in drei Bildstreifen unterteilt: Oben verlässt Hieronymus Rom zu Schiff und bezahlt seinen Hebräischlehrer, in der Mitte – in der Bibel in San Paolo auch unten – sitzt er neben schreibenden Frauen und Männern, dann verteilt er die fertigen Kodizes an Kleriker, welche sie fortschaffen. Sämtliche Szenen werden von *tituli* auf den Bildleisten kommentiert.[41] In beiden Bibeln werden in den *tituli* zwei Frauen beim Namen genannt, nämlich Paula und Eustochium, die Schülerinnen des Hieronymus.[42] In der Bibel aus Tours sind jedoch im ganzen vier Frauen abgebildet, in der Reimser Bibel drei. Die *tituli*, denen ich mich weiter unten ausführlich widme, verdeutlichen, dass jeweils die beiden Hieronymus nächstsitzenden Frauen Paula und ihre Tochter Eustochium sind. Sie sind *nicht* schreibend abgebildet, halten jedoch Schriftstücke in den Händen, im Gegensatz zu den Frauen hinter ihrem Rücken, die Schreibinstrumente halten. Letztere bleiben anonym, ebenso wie ausser Hieronymus alle schreibenden Männer auf den beiden Bildern.

[39] Ich übernehme den Begriff der kürzlich erschienenen ausgezeichneten Studie von Dutton und Kessler, deren Analyse der Gedichte in der Bibel aufgezeigt hat, dass die in der Forschung weitverbreitete Auffassung, Vivian sei der Auftraggeber der Bibel gewesen, unbegründet ist: "[...] the evidence indicates that the monastery, and not Vivian, was its true donor." Dutton / Kessler: Bible, S. 34.

[40] Peter Bloch: Novum opus me facere cogis. Zum Hieronymusbild im Kölner Evangeliar der Ambrosiana. In: Studien zur Buchmalerei und Goldschmiedekunst des Mittelalters. Festschrift für Karl Hermann Usener zum 60. Geburtstag am 19. August 1965, hg. von Frieda Dettwiler u.a., Marburg an der Lahn 1967, S. 119–128, hier S. 122.

[41] Die *tituli* der beiden Frontispize finden sich bei Herbert L. Kessler: The illustrated Bibles of Tours (Studies in Manuscript Illumination, hg. von Kurt Weitzmann), Princeton 1977, S. 87f. Eine italienische Übersetzung sämtlicher *tituli* der Bibel in San Paolo von Bernhard Bischoff findet sich im Kommentarband der Faksimile-Ausgabe: Bibbia di San Paolo fuori le Mura (Codex Membranaceus Saeculi IX), Rom 1993. Commentario Storico Paleografico Artistico Critico della Bibbia di San Paolo fuori le Mura (Codex Membranaceus Saeculi IX), Rom 1993, S. 147–173. Die jüngste Edition und Übersetzung der Gedichte und *tituli* der ersten Bibel Karls des Kahlen findet sich in Dutton / Kessler: Bible, S. 104–131. Vgl. auch Wilhelm Reinhold Köhler: Die karolingischen Miniaturen, Bd. I/1, Berlin 1930, S. 398f., und Kessler: Bibles, S. 126.

[42] Zu diesen Frauen vgl. Christa Krumeich: Hieronymus und die christlichen Feminae Clarissimae, Bonn 1993. Barbara Feichtinger: Apostolae apostolorum. Frauenaskese als Befreiung und Zwang bei Hieronymus (Studien zur klassischen Philologie, hg. von Michael von Albrecht), Frankfurt a.M. 1995.

Die Hieronymusbilder mit ihren Inschriften können weder mit den vorangehenden noch mit den nachfolgenden Texten der Bibeln in einen sinnvollen Zusammenhang gebracht werden: Dem Frontispiz der ersten Bibel Karls des Kahlen folgen Hieronymus' Briefe an Paulinus von Nola und Desiderius, in denen der Kirchenvater als alleiniger Übersetzer und Herausgeber auftritt, zwar seine Vorgänger, von den jüdischen Übersetzern bis zu Origenes und Eusebius, erwähnt, nicht aber seine Mitarbeiter, die im Bild erscheinen. Es liegt jedoch nahe, dass letztere auf die Herstellung der Bibel im Skriptorium von Sankt Martin in Tours verweisen. Es könnte sich um Schreiber(innen)bildnisse handeln, die in ein Autorenporträt integriert sind.

Seit Wilhelm Köhler werden das Hieronymusbild auf Folio 3v, das erste Frontispiz der Bibel, und das letzte, die Dedikation an Karl den Kahlen, demselben Künstler zugeordnet. Mit diesen beiden Bildern, zu Beginn und am Schluss der Bibel, haben wir somit eine dem Echternacher Evangelistar Heinrichs III. (Abb. 5) vergleichbare, wenn auch viel komplexere Inszenierung von Buchurheberschaft vor uns: die Kombination eines Buchherstellerbildes mit einem Dedikationsbild.

In dem Widmungsgedicht der ersten Bibel Karls des Kahlen werden vier monastische Würdenträger (*primi*) der Abtei Sankt Martin in Tours als Buchurheber genannt. Diese erscheinen auf dem Dedikationsbild am Schluss der Bibel zweimal (fol. 423r, Abb. 9): Es handelt sich um die beiden Vierergruppen tonsurierter Geistlicher in der unteren Bildhälfte, die alle ein Manipel in den leicht erhobenen Händen halten. Im Gedicht bezeichnet der Poet, der von Dutton und Kessler überzeugend als Audradus Modicus identifiziert wurde[43], sich selbst als der *quartus* dieser vier *primi*. Nicht genannt werden die zwei Kanoniker am linken Bildrand, die Karl dem Kahlen den Kodex überreichen und seit Wilhelm Köhler als die Buchkünstler gelten.[44] Der blassrot gekleidete Geistliche hinter ihnen am äussersten linken Rand neben der rankenumwundenen Säule ist in der Forschung oft fälschlicherweise als dritter Buchträger bezeichnet worden. Er hält jedoch ein Manipel in den ausgestreckten Händen, die sich vor dem Riesenkodex und dem hellen Tuch befinden, in dem die Kanoniker den Kodex präsentieren. Dutton und Kessler identifizieren diese Gestalt als Audradus, den Dichter der Widmungsverse. Dieser nennt sich selbst «den vierten vor dem Vater» (*quartus ante patrem*). Den Vater sehen die Autoren in dem rotgekleideten Geistlichen im Zentrum, der dem Betrachter den Rücken zukehrt. Der Dichter Audradus steht somit der Bibel von allen Geistlichen am nächsten und ist ausserdem auch der erste in der Runde der Donatoren, den der König, der die rechte Hand nach dem Kodex ausstreckt, ansehen wird.[45]

[43] Dutton / Kessler: Bible, S. 7–19.

[44] Köhler: Miniaturen, Bd. I/2, S. 228f. Kessler: Bibles, S. 127.

[45] Dutton / Kessler: Bible, S. 74ff.

Die Assoziation der Hände des Audradus mit dem Kodex weist auf seine Rolle als Autor und Erzieher des Königs hin, wie sie in seinem Widmungsgedicht zum Ausdruck kommt. Ähnliche Inszenierungen von Händen vor Büchern finden sich auf anderen Bildnissen von Buchurhebern und Autoren, so zum Beispiel auf dem Dedikationsbild des Echternacher Evangelistars Heinrichs III., wo der Abt seine rechte Hand auf das offene Buch legt (Abb. 5), und auf der *dedicatio* im Eadui-Psalter (Abb. 13), welche die Übergabe der Ordensregel an Benedikt zeigt, den Autor der Regel und Gesetzgeber der Mönche.[46]

Aufbau und Thematik der Frontispize der ersten Bibel Karls des Kahlen wurden von den Reimser Künstlern der Bibel in San Paolo in grossen Zügen übernommen: Das Herrscherbild Karls des Kahlen, heute auf Blatt 1r, befand sich ursprünglich am Schluss des Kodexes auf Folio 337v (Abb. 8), an derselben Stelle also wie die *dedicatio* an Karl in der Bibel aus Tours.[47] Die Reimser Bibel leitet das 82 Hexameter umfassende Widmungsgedicht des «scriba fidelis» Ingobertus ein, in dem Bernhard Bischoff den Kalligraphen und Dichter der Widmung vermutet[48], ähnlich wie das Widmungsgedicht des Audradus die Bibel aus Tours einleitet. Es folgen das Hieronymusbild auf Folio 3v, Hieronymus' Brief an Paulinus und seine Vorrede zum Pentateuch. In der Widmung tritt nur Ingobertus explizit als Buchurheber auf, den Karl Ferdinand Werner als Verwandten der Bischöfe Ingomar von Reims und Hincmar von Laon identifiziert hat.[49] Es fehlt konsequenterweise auch ein Dedikationsbild mit einer Stiftergruppe wie in der Bibel aus Tours. Das Herrscherbild am Schluss des Kodexes ist keine *dedicatio*. Wie schon Percy E. Schramm bemerkt hat, handelt es sich um das einzige karolingische Herrscherbild, auf dem der Fürst zusammen mit seiner Gemahlin erscheint.[50] Tatsächlich ist die weibliche Präsenz auf dem Bild auffällig: im ganzen sind sechs Frauen dargestellt. Auf keinem anderen Bildnis eines thronenden Herrschers dieser Zeit finden sich so viele Frauen. In den Versen unter dem Bild werden allerdings nur fünf von ihnen erwähnt, nämlich die vier Tugenden in den Nischen hinter dem Baldachin des Königs *Prudentia*, *Justitia*, *Moderatio* und *Fortitudo*, die an ihren Attributen erkennbar sind[51], und im Vordergrund zur Linken des Thrones die mit einem Schleier bekleidete Königin:

[46] Zum Motiv der Hände vgl. unten S. 43f.

[47] William J. Diebold: The Ruler Portrait of Charles the Bald in the S. Paolo Bible. The Art Bulletin 76 (1994), S. 6–18, hier S. 7 und Anm. 2.

[48] Bibbia di San Paolo, Commentario, S. 133.

[49] Bibbia di San Paolo, Commentario, S. 141.

[50] Percy Ernst Schramm: Die deutschen Kaiser und Könige in Bildern ihrer Zeit, 751–1190, hg. von Florentine Mütherich, Neuauflage unter Mitarbeit von Peter Berghaus und Nikolaus Gussone, München 1983, S. 65.

[51] Bibbia di San Paolo, Commentario, S. 147, Z. 4–7.

nobilis ad levam coniunx de more venustat,
qua insignis proles in regnum rite paratur.[52]
(Zu seiner Linken steht nach der Sitte die liebreizende Gemahlin, durch die, wie es sich gebührt, dem Königreich ein herrlicher Nachkomme beschert wird.)

In der Forschung wurde viel gerätselt, ob es sich bei Karls Gemahlin um seine 869 verstorbene erste Frau Hermintrude oder um Richildis handelt, die er ein Jahr später heiratete. Ernst H. Kantorowicz hat die überzeugende Hypothese aufgestellt, dass die Bibel anlässlich der Hochzeit Karls mit Richildis angefertigt wurde, was einerseits erklärt, warum die Königin nicht gekrönt, sondern verschleiert abgebildet ist, und andererseits einen einleuchtenden Zusammenhang mit den Versen unter dem Bild herstellt, in denen der Hoffnung auf einen königlichen Nachkommen Ausdruck gegeben wird.[53] Der Wunsch, die Königin möge ein Kind gebären, findet sich in den letzten beiden Versen des *titulus* erwähnt, womit ein Thema angeschnitten wird, das auf den Frontispizen der Bibel einen ungewöhnlich breiten Raum einnimmt und mehrere Male wiederaufgenommen und variiert wird. So nimmt auf Folio 21v, auf dem das Leben Moses' von der Kindheit bis zum Auszug aus Ägypten erzählt wird, die Aussetzung des Moses in einem Korb auf dem Wasser, seine Auffindung und Adoption durch die ägyptische Königstochter die ganze obere Bildbreite ein; dasselbe gilt für die Geschichte der kinderlosen Hanna, der späteren Mutter Samuels (Folio 83v). Auf dem Jesaja-Frontispiz (Folio 117v) steht eine mit einem Schleier bekleidete Frau im Zentrum des untersten Bildstreifens zwischen Jesaja und König Achaz mit seinem Heer, über der die Inschrift «Ecce virgo c(on)cipiet» zu lesen ist. Diese ausführliche Thematisierung problematischer königlicher Mutterschaft bestätigt Kantorowiczs Analyse des Herrscherbildnisses auf dem Frontispiz.

Wenden wir uns nun dem Hieronymusbild zu: Der *titulus* des mittleren Bildstreifens in der ersten Bibel Karls des Kahlen lautet:

Eustochio necnon Paulae divina salutis jura dat altithrono fultus ubique Deus.[54]
(Eustochium und auch Paula übergibt der in der Höhe thronende allgegenwärtige Gott die göttlichen Gesetze des Heils.)

Auch der *titulus* in der Reimser Bibel bezeichnet die beiden Frauen als Empfängerinnen göttlicher Botschaft:

[52] Bibbia di San Paolo, Commentario, S. 147, Z. 13f.: «A sinistra gli conferisce grazia, secondo il costume, la nobile sposa dalla quale, come ben si conviene, gli sia donata un'insigne prole per il regno.»
[53] Ernst H. Kantorowicz: The Carolingian King in the Bible of San Paolo fuori le Mura. In: Late Classical and Medieval Studies in Honour of Albert Mathias Friend JR, hg. von Kurt Weitzmann, Princeton, New Jersey 1955, S. 287–300, hier S. 296f.
[54] Kessler: Bibles, S. 87.

Te Paulam cum prole docet, quibus intima Christi
gratia diffusum fidei donum duplicavit.[55]
(Dich, Paula und dein Kind belehrt [Hieronymus], in denen die innerste Gnade Christi
die ausgegossene Gabe des Glaubens verdoppelte.)

Auf beiden Frontispizen sind die zwei Damen aus dem römischen Hochadel Paula und Eustochium zusammen mit Hieronymus und Pelagius – der jedoch nur in der Bibel von San Paolo erscheint – die einzigen namentlich genannten Personen. Innerhalb der Hieronymus-Ikonographie sind die Frontispize in den beiden karolingischen Bilderbibeln Einzelfälle geblieben.[56] In der Regel erscheinen die beiden Frauen nicht in der Vulgata, sondern auf Buchdedikationen zu Beginn der zahlreichen theologischen Werke, die der Kirchenvater ihnen gewidmet hat, so zum Beispiel in den Daniel- und Ezechiel-Kommentaren aus Cîteaux in Dijon[57] oder in dem vom Maler Hugo illustrierten Jesaja-Kommentar in Oxford[58].

Rosamond McKitterick hat darauf aufmerksam gemacht, dass die Frauen neben Hieronymus in der ersten Bibel Karls des Kahlen auf literarische Beziehungen zwischen karolingischen Klerikern und aristokratischen Frauen anspielen könnten, zum Beispiel auf diejenige Alkuins zu den Frauen am Hofe Karls des Grossen oder Hrabanus Maurus' zur Kaiserin Judith. Wie Paula und Eustochium von Hieronymus wurden diesen Frauen von den beiden bedeutendsten Gelehrten ihrer Zeit Bibelkommentare und Florilegien gewidmet. McKitterick interpretiert die weibliche Präsenz auf den Hieronymus-Frontispizen sehr vorsichtig als "an acceptance of the possibility of the practice of literate skills in the context of lay piety and religious observance of these (i.e. carolingian) women".[59] Tatsächlich suggeriert in der Bibel in San Paolo die direkte Anrede Paulas im *titulus* («Te Paulam») ein weibliches Publikum, das sich mit der Rolle als Empfängerin göttlicher Gnade identifizieren kann – nämlich durch die Lektüre und Betrachtung der illustrierten Bibel. Die Möglichkeit, dass die beiden Schreiberinnen neben Paula und Eustochium auf die Mitarbeit von Frauen an der konkreten Bibelherstellung hinweisen könnten, wird von McKitterick allerdings nicht in Erwägung gezogen, und dies, obwohl ihre eigene Studie über karolingische Nonnenskriptorien die hohe Qualität weiblicher Buchproduktion im fränkischen Reich eindrücklich belegt hat.[60]

[55] Bibbia di San Paolo, Commentario, S. 149, Z. 7f. Kessler: Bibles, S. 87.
[56] Bloch: Opus, S. 122f. Bloch / Schnitzler: Malschule, Bd. I, Nr. III.
[57] Dijon, Bibliothèque Municipale, 131, fol. 3, 132, fol. 1. Yolanta Zaluska u.a.: Manuscrits enluminés de Dijon (Corpus des Manuscrits enluminés des Collections publiques des Départements publiés par l'Institut de Recherche et d'Histoire des Textes), Paris 1991, Kat. 32, Abb. XXII, Kat. 36, Abb. XXV.
[58] Oxford, Bodleian Library, Ms Bodley 717, fol. VIr. Falconer Madan / H. H. E. Craster u.a.: A Summary Catalogue of Western Manuscripts in the Bodleian Library at Oxford, Bd. II/1, Oxford 1922, Nr. 2631. Marc Drogin: Medieval Calligraphy. Its History and Technique, New Jersey 1990, S. 30, Tafel 15.
[59] McKitterick: Women in the Ottonian Church, S. 86.
[60] McKitterick: Nuns' Scriptoria.

Die Funktion der Schreiberinnen neben Hieronymus soll im folgenden genauer untersucht werden.

Der oberste Bildstreifen der beiden Frontispize ist analog komponiert: Das Schiff mit geschwelltem Segel, das Hieronymus besteigt, um nach Jerusalem zu fahren, befindet sich im Zentrum zwischen der Stadt Rom auf der linken Seite und Hieronymus mit seinem Hebräischlehrer, in dessen ausgestreckte Hand er Geldstücke legt, auf der rechten Seite. Weder die in der Forschung vieldiskutierte Hypothese eines spätantiken Bildzyklus als Vorlage für diese Szenen[61] noch die Tatsache, dass diese Ereignisse in den Briefen des Hieronymus Erwähnung finden[62], die nach McKitterick in Tours vorhanden waren[63], können die Auswahl dieser Szenen befriedigend erklären. Besser als durch eine historisch-biographische Interpretation kann diese durch eine literarisch-metaphorische begründet werden: Von Ernst Robert Curtius wissen wir, dass das Meer in der antiken Dichtung ein allgemein bekannter Topos für epische Dichtung war und das Schiff ein Bild für den Geist des Poeten.[64] Auch der Geldwechsel in der folgenden Szene kann als poetische Metapher interpretiert werden; es handelt sich um einen Topos für Wissenserwerb, der mit dem Bild des Gedächtnisses als *thesaurus* zusammenhängt, in dem die Münzen (das heisst das angehäufte Wissen) angeordnet werden.[65] Aus dem Gesagten lässt sich ableiten, dass auch die folgenden Szenen historisch *und* metaphorisch interpretiert werden müssen.

In der ersten Bibel Karls des Kahlen sitzt Hieronymus frontal im Zentrum der Komposition auf einer langen Bank und wendet sich mit erhobener rechter Hand den Frauen zu, welche die linke Bildhälfte einnehmen. Hinter Hieronymus' Rücken auf der rechten Seite sitzen drei Männer, zwei von ihnen halten ein offenes Buch auf dem Knie und eine Schreibfeder in der erhobenen Rechten, der dritte schreibt auf eine Rolle. Am rechten Bildrand steht ein Bücherschrank, aus dem zwei Schriftrollen herabhängen, offenbar die *exemplares*, die von den beiden dem Schrank zugewandten Schreibern kopiert werden, während der dritte dem Gespräch des Hieronymus mit den Frauen lauscht. Die beiden Frauen zu Hieronymus' Rechten, die ihm das Gesicht zuwenden – offenbar Paula und Eustochium, welche «die göttlichen Gesetze des Heils» empfangen, wie es im *titulus* heisst –, halten wie dieser ein Buch auf dem Schoss. Die Frau, die Hieronymus am nächsten ist, hält ihm ausserdem

[61] Vgl. dazu zuletzt Florentine Mütherich in: Bibbia di San Paolo, Commentario, S. 189ff. und Dutton / Kessler: Bible, S. 59ff.

[62] Kessler: Bibles, S. 88ff.

[63] McKitterick: Women in the Ottonian Church, S. 85.

[64] Ernst Robert Curtius: Lateinische Literatur und europäisches Mittelalter, Bern [8]1973 (1948), S. 138–141. Auch Herrad von Hohenburg spricht von ihrer Wanderung auf den «gefährlichen Pfaden des Meeres», vgl. unten S. 64.

[65] Mary J. Carruthers: The Book of Memory. A Study of Memory in Medieval Culture (Cambridge Medieval Studies 10), Cambridge 1990, S. 33ff. und S. 81f. Der Topos wird im Prolog des *Didascalion* Hugos von Sankt Viktor ausführlich verwendet. Carruthers: Book, S. 261.

einen offenen Kodex hin, eine Geste, die in der Regel Buchurheber kennzeichnet, das heisst Stifterinnen, Autorinnen oder Buchkünstlerinnen.[66] Ganz am linken Bildrand sitzen eng aneinandergeschmiegt zwei weitere, anonyme Frauen mit Schriftrollen in den Händen. Zwischen diesen beiden über ihre Arbeit gebeugten Schreiberinnen und dem Kirchenvater besteht kein Blickkontakt, sondern sie werden vollständig verdeckt von den beiden Hieronymus zugewandten Frauen. Die Schreiberin, die am linken Bildrand sitzt, schreibt auf eine Rolle auf ihrem Knie, während ihre Nachbarin ihr eine zweite offene Schriftrolle hinhält. Wie die Schreiber auf der rechten Bildhälfte scheint diese Frau nach einem *exemplar* zu kopieren. Oder schreibt sie eine Antwort auf einen Brief? In diesem Fall wäre anzunehmen, dass Paula und Eustochium *zwei*mal nebeneinander dargestellt sind: einmal als Lesende und einmal als Schreibende, wodurch ihre Bedeutung in besonderer Weise unterstrichen würde. Auch Hieronymus und die Donatoren auf dem Dedikationsbild werden ja mehrmals im selben Bild dargestellt.[67]

In der umfangreichen Sammlung der Briefe des Hieronymus, die zu einem beträchtlichen Teil an Frauen gerichtet sind, ist nur ein einziger (sic!) von Paula und Eustochium erhalten geblieben. Es handelt sich um den 46. Brief, einen begeisterten, von zahlreichen Bibelzitaten und -auslegungen durchsetzten Reisebericht aus Palästina, wohin sie Hieronymus begleitet hatten, an ihre in Rom zurückgebliebene Freundin Marcella, die von den beiden Frauen mit zärtlichen Bitten überhäuft wird, ihnen ins Heilige Land nachzufolgen.[68]

In der Bibel von San Paolo wird Hieronymus' Gespräch mit den Frauen von allen Szenen am stärksten umgeformt und erweitert, was auf das besondere Interesse des Malers an dieser Szene hinweist. Es spricht ausserdem für meine Annahme, dass der zeitgenössische Kontext für die Gestaltung des Bildes eine grosse Rolle spielte. Der Gegensatz zwischen den weiblichen und männlichen Mitarbeitern des Kirchenvaters wird hier noch pointierter inszeniert. Der Reimser Maler stellt die Diskutierenden und Schreibenden nicht unter freiem Himmel dar wie der touronische Künstler, sondern teilt sie durch Architekturkulissen in drei Gruppen ein. Auf dem mittleren Bildstreifen erscheint Hieronymus zweimal: Links mit tonsurierten Mönchen disputierend, die offene Bücher in den Händen halten, umgeben von einer turmbewehrten Ringmauer. Aus dem *titulus* geht hervor, dass es sich um Hieronymus' Auseinandersetzung mit Pelagius handelt, den er überzeugt habe,

[66] Die Gestik von Stiftern wird weiter unten ausführlich behandelt, vgl. unten S. 39ff.

[67] Vgl. dazu Dutton / Kessler: Bible, S. 74ff. Eine doppelte Darstellung der vier Donatoren wurde von Dutton und Kessler in der Dedikation angenommen, die höchstwahrscheinlich vom selben Künstler stammt.

[68] Vgl. dazu Peter Dronke: Women Writers of the Middle Ages. A Critical Study of Texts from Perpetua (†203) to Marguerite Porete (†1310), Cambridge 1984, S. 17–19.

dass die höchsten Gaben nicht durch menschliche Verdienste erworben werden.[69] Die folgende Szene auf der rechten Bildseite zeigt den Kirchenvater als Buchschreiber auf einer Bank in einem gewölbten Raum neben Paula und Eustochium sitzend. Erstere hält ein offenes Buch und ein Tintenhorn, letztere eine Schriftrolle. Der *titulus* nimmt Bezug auf die vorangegangene *disputatio* zwischen Hieronymus und Pelagius:

> Te Paulam cum prole docet, quibus intima Christi gratia diffusum fidei donum duplicavit. (Dich, Paula und dein Kind belehrt er [Hieronymus], in denen die innerste Gnade Christi die ausgegossene Gabe des Glaubens verdoppelte.)[70]

Die Inschrift bildet eine theologische Begründung für die herausragende Position der Frauen in diesem Autorenbild. Zwei stehende, auf Wachstafeln schreibende *notarii*, ein Mann und eine Frau, sind der Szene zugeordnet. Ihre Präsenz ist auf die Ikonographie spätantiker Herrscherbilder zurückzuführen.[71] Paula und Eustochium sitzen, anders als in der ersten Bibel Karls des Kahlen, ganz nahe bei Hieronymus. Die Füsse der drei Personen ruhen auf Piedestalen, ein Attribut lehrender Autoren, das sowohl bei den buchschreibenden Mönchen auf dem untersten Bildstreifen als auch bei den disputierenden auf dem mittleren fehlt. Paulas Knie und Unterschenkel berühren diejenigen des Hieronymus (dass es sich um Paula handelt, leite ich aus ihrer direkten Anrede im *titulus* her), und das offene Buch, in das er schreibt, überschneidet sich mit dem geöffneten *exemplar*, das sie in ihrem Schoss hält. Das goldene Tintenhorn, das Paula in ihrer Rechten hält, befindet sich in unmittelbarer Nähe zur schreibenden Rechten des Autors. Die hinter Paula sitzende Eustochium berührt mit der erhobenen Rechten die Schulter ihrer Mutter, über die sie auf den schreibenden Hieronymus blickt.

Während die beiden *notarii* mit den Wachstafeln an das antike Herrscherbild anknüpfen, erinnert die Präsenz der Frauen neben Hieronymus an einen antiken Autor mit Musen, die diesem die Gegenstände ihrer Kunst präsentieren. Jedoch ist mir kein einziges Bild einer antiken Muse bekannt, die in so *intimer Nähe* neben dem Autor sitzt, in der Regel *stehen* sie in einiger Entfernung vor dem sitzenden Autor (vgl. Abb. 43 und 44a).[72]

Was schreiben die beiden *notarii* auf ihre Tafeln? Paula ist in mehrerer Hinsicht als *Quelle* des buchschreibenden Kirchenvaters charakterisiert: Sie inspiriert ihn wie eine Muse, berührt ihn und hält das *exemplar*, nach dem Hieronymus schreibt, auf

[69] Bibbia di San Paolo, Commentario, S. 149, Z. 5f.: «Pelagii premit errorem cogitque fateri non meritis hominum conferri dona superna.»

[70] Bibbia di San Paolo, Commentario, S. 149, Z. 7f. Kessler: Bibles, S. 87.

[71] Vgl. das Probianus-Diptychon, Abb. 46.

[72] Vgl. die Abb. 24–31 im Kommentarband der Faksimile-Ausgabe des Wiener Dioscurides: Dioscurides. Codex Vindobonensis medicus graecus I der Österreichischen Nationalbibliothek (Codices selecti XII), hg. von Hans Gerstinger, Graz 1970.

die gleiche Weise wie die himmlischen Symbole auf Bildern schreibender Evangelisten.[73] Das goldene Tintenhorn in Paulas Rechten ist nicht nur im metaphorischen, sondern auch im wörtlichen Sinne die ‹Quelle›, in die Hieronymus seine Feder taucht.

Der Blick des tonsurierten *notarius*, dessen viereckige Tafel sich genau in der Mitte zwischen den Köpfen Paulas und Hieronymus' befindet, ist nicht auf die Frau, sondern auf den nimbierten Kirchenvater gerichtet; er scheint folglich die Worte des Mannes aufzuschreiben.

Wie verhält es sich aber mit der rechts ausserhalb des Raumes stehenden, den Blicken der übrigen verborgenen Schreiberin, die ihren Kopf an die Wand lehnt und dem Geschehen zu lauschen und zuzusehen scheint? Die einzige Interpretation dieser Figur, die ich gefunden habe, ist die von Herbert Kessler. Er vermutet in ihr eine Feindin des Kirchenvaters, die ihn mit Paula und ihrer Tochter zu entzweien suchte.[74] Dagegen kann aber angeführt werden, dass auch die Schreiberin am linken Bildrand auf dem Hieronymus-Frontispiz der ersten Bibel Karls des Kahlen von der Hauptszene abgesondert und vor den Blicken der übrigen verborgen arbeitet. Meines Wissens ist kein einziges mittelalterliches Bildnis erhalten, das einen geistlichen Autor mit einer *scriba* oder *notaria* zeigt; diese Rolle scheint Männern vorbehalten zu sein. Wo Frauen auf Autorenbildern vorkommen, treten sie als Inspiratorinnen auf, so die Musen, so Paula und Eustochium. Die Frage, ob geistliche Autoren Sekretärinnen hatten oder ob diese einfach nicht abgebildet wurden, kann hier nicht entschieden werden – auf jeden Fall sind die Schreiberinnen auf den Hieronymusbildern Ausnahmen, die suggerieren, dass die Integration einer Schreiberin in ein geistliches Autorenbild einer speziellen ikonographischen Lösung bedurfte, und dies sogar dann, wenn der Autor so eng mit Frauen zusammenarbeitet, wie es bei Hieronymus hier der Fall ist.

Dass auch der umgekehrte Fall, nämlich die Darstellung einer Autorin mit einem männlichen Schreiber, nicht einfach an die übliche Ikonographie eines diktierenden Autors anknüpfen konnte, sondern eine besondere Inszenierung erforderte, illustrieren die viel späteren Autorinnenbildnisse Hildegards von Bingen. Wie auf den Hieronymus-Frontispizen werden hier die Geschlechter voneinander getrennt dargestellt: Hildegards Sekretär sitzt auf sämtlichen Bildern in einem von der Autorin getrennten Raum (Abb. 40, 46, 78).

Die Schreiberinnen auf den beiden Hieronymus-Frontispizen sind Randfiguren, die für den Bildbetrachter, nicht aber für die übrigen dargestellten Personen, eine bestimmte Funktion erfüllen. Ihr isolierter Standpunkt suggeriert, dass sie eine Vermittlerinnenrolle zwischen Bild und Betrachter spielen und dass es sich bei ihren Schriften – im Unterschied zu denjenigen der in die Bildkomposition integrierten

[73] Zum Evangelistenbild vgl. unten S. 169ff.

[74] Kessler: Bibles, S. 89.

männlichen Schreiber – um eigenständige Werke handelt, die das Geschehen aus einer vom Autor unabhängigen Perspektive schildern. Dies würde zum Beispiel für die *tituli* der Bilder zutreffen.

Ein Schreiber mit einer Wachstafel, der – ähnlich wie die Schreiberin in der Bibel in San Paolo – einen göttlich inspirierten Autor von einem Versteck aus beobachtet, begegnet uns auf dem etwa hundertzwanzig Jahre späteren berühmten Trierer Gregorbildnis (Abb. 55). Wie die schreibende Zeugin auf dem Hieronymus-Frontispiz wäre wohl auch dieser geheime Zeuge, der den Autor durch ein Loch in einem Vorhang beobachtet, in der Forschung als negativ konnotierte Person interpretiert worden, ständen nicht folgende Worte in mittelalterlicher Kurzschrift auf seiner Tafel: «Beatus vir qui in sapientia sua morabitur».[75] Aufschlussreich in unserem Zusammenhang ist nicht nur der Vergleich der Schreiberin in der Reimser Bibel mit dem Zeugen Gregors, sondern auch derjenige zwischen den Autoren: Der nimbierte Gregor thront aufrecht und reglos, den Blick ins Leere gerichtet, während seine Linke auf den aufgeschlagenen Seiten des Buches auf dem Pult ruht; er scheint sich vollständig auf die Stimme der Taube des Heiligen Geistes zu konzentrieren, welche auf seiner rechten Schulter sitzend sich seinem Ohr zuwendet. Interessanterweise ist Gregor nicht mit Hieronymus zu vergleichen, sondern mit Paula und Eustochium: Wie diese ist Gregor weder als Schreibender noch als Diktierender charakterisiert, wie sie hält er *exemplares* in den Händen, und wie sie ist er als *Empfänger* des Heiligen Geistes gekennzeichnet – Gregor durch die Taube, die Frauen durch den *titulus*. Ausserdem wird auf beiden Autorenbildnissen das Geheime, Mysteriöse des Geschehens hervorgehoben: auf dem Gregorbild durch den Vorhang zwischen dem Autor und dem Schreiber, auf dem Hieronymus-Frontispiz durch den gewölbten Raum, den Florentine Mütherich als Konvent der Paula deutet.[76] Es handelt sich um die einzige Szene auf dem Frontispiz, die sich in einem geschlossenen Raum abspielt.

Nicht nur der Vergleich mit dem Trierer Gregor, sondern auch die folgende Szene in der Bibel in San Paolo suggeriert, dass Paula mit dem offenen Buch im Schoss eine göttlich inspirierte Autorin ist: Auf dem untersten Bildstreifen sitzt der nimbierte Hieronymus mit einem offenen Buch auf dem Schoss und leicht erhobener rechter Hand neben drei buchschreibenden Mönchen umgeben von einer turmbewehrten Ringmauer. Der *Lehrende* hält hier also ein offenes Buch, während die Belehrten nach seinen Anweisungen in offene Bücher schreiben, genauso wie Hieronymus auf dem vorangehenden Bild neben Paula. Der Vergleich suggeriert, dass die Szene auf dem mittleren Bildstreifen als *Autorinnen*bild, nämlich als dasjenige der Paula, zu interpretieren ist, nicht als Autorenbild des Hieronymus.

[75] Vgl. unten S. 137f.
[76] Bibbia di San Paolo, Commentario, S. 236.

Meine Analyse der beiden Hieronymus-Frontispize hat ergeben, dass wir nicht nur Schreiberinnen und Schülerinnen des Übersetzers der Vulgata vor uns haben, sondern dass Paula und Eustochium als Autorinnen und Lehrerinnen des Hieronymus gekennzeichnet sind. Nun enthalten diese Bibeln keine Texte der beiden Frauen, die ihre hervorragende Rolle auf den Frontispizen erklären würden. Zieht man jedoch die Möglichkeit in Betracht, dass das Skriptorium des Kirchenvaters auf die Schreibstuben in Tours und in Reims anspielen könnte, stellt sich die Frage, ob in diesen Klöstern Frauen künstlerisch tätig waren. Die Hypothese, wir könnten Bildnisse von Buchkünstlerinnen vor uns haben, ist insofern möglich, als in der Kunst dieser Zeit die *auctores* von den *scriptores* ikonographisch nicht zu unterscheiden sind.[77]

Dass verschiedene Hände an diesen reich illustrierten Bibeln gearbeitet haben, ist in der kunsthistorischen Forschung seit langem untersucht und belegt worden[78], jedoch wurde eine weibliche Künstlerschaft, welche vor allem in der Reimser Bibel auf ganz einzigartige und einmalige Weise inszeniert wird, bisher nicht erwogen. Ein historischer Beweis meiner Hypothese ist indessen letztlich wohl kaum zu erbringen.[79]

Die Fuldaer Viten der Heiligen Kilian und Margarethe

Dass das Fehlen der Abbildung von Buchschreiberinnen nicht überzeugend damit begründet werden kann, Frauenarbeit sei in diesem Bereich seltener gewesen als Männerarbeit oder: bei dem lückenhaften Erhaltungszustand der mittelalterlichen Buchmalerei sei zufälligerweise kein Buchschreiberinnenbild mehr vorhanden, belegt eine in Fulda im letzten Viertel des 10. Jahrhunderts entstandene Handschrift der Viten der Heiligen Kilian und Margarethe.[80] Diese Handschrift enthielt ursprünglich zwei Frontispize, von denen das erste, das die Vita des Kilian einleitete, verschollen ist. Das erhaltene Titelbild der zweiten Vita auf Blatt 11v zeigt im oberen Feld die thronende Maria, die den Heiligen Margarethe und Regina mit ausge-

[77] Vgl. oben S. 11f.

[78] Zur Bibel in San Paolo vgl. zuletzt Mütherich in: Bibbia di San Paolo, Commentario, S. 271ff.

[79] Wie problematisch Zuschreibungen an männliche oder weibliche Schreiber wegen der vollständigen Absenz ‹weiblicher› oder ‹männlicher› ästhetischer Kriterien sind, geht aus McKittericks minutiöser paläographischer Studie hervor: Nuns' Scriptoria.

[80] Hannover, Niedersächsische Landesbibliothek, Ms I, 189, fol. 11v. Prochno: Schreiber, Nr. 83. Henry Mayr-Harting: Ottonian Book Illumination. An Historical Study, Bd. II: Books, New York 1991, Abb. 91. Hoffmann: Buchkunst, Bd. I, S. 151f. Bernward von Hildesheim und das Zeitalter der Ottonen. Katalog zur Ausstellung im Dom- und Diözesanmuseum Hildesheim und im Roemer- und Pelizaeus-Museum Hildesheim 1993, 2 Bde., hg. von Michael Brandt und Arne Eggebrecht, Hildesheim, Mainz 1993, Bd. 2, V–56, Abb. S. 325. Vor dem Jahr 1000. Abendländische Buchkunst zur Zeit der Kaiserin Theophanu. Katalog zur Ausstellung des Schnütgen-Museums zum Gedenken an den 1000. Todestag der Kaiserin Theophanu am 15. Juni 991 und ihr Begräbnis in St. Pantaleon zu Köln, vom 12. August bis 16. Juni 1991 in der Cäcilienkirche, mit Beiträgen von Gerd Bauer, Anton von Euw, Gunther Franz u.a., Köln 1991, Kat. 17, Abb. 56–60.

breiteten Armen Märtyrerkronen aufs Haupt setzt (Abb. 10). Die Namen der drei Frauen, in griechischen Buchstaben geschrieben, umrahmen die Krönungsszene. Im unteren Bildteil, der durch einen Querstreifen von der Hauptszene abgetrennt ist, sitzt ein tonsurierter Schreiber mit ausgestreckten Armen frontal auf einem Klappsessel, seine Füsse ruhen auf einem Schemel. Seine Körperhaltung erscheint wie eine verkleinerte Kopie der über ihm thronenden Himmelskönigin, nur hält er keine Kronen in den Händen, sondern in der Rechten eine Feder, die er in ein Tintenhorn auf einem Ständer taucht, und in der Linken die beschriebenen Pergamentbögen auf dem Schreibpult. Seine Tätigkeit erscheint im Bild sozusagen als *imitatio* des Krönungsaktes der thronenden Maria, wodurch das Prestige seiner Arbeit hervorgehoben wird. Hinter dem Schreiber steht der *titulus* der Vita, diesmal in lateinischen Buchstaben: «IN XPI NOMINE incipit vita vel passio sanctissimae virginis» (In Christi Namen beginnt das Leben und die Passion der heiligsten Jungfrau). Die beiden verschiedenen Alphabete entsprechen den unterschiedlichen Realitätsebenen des Bildes: das griechische der jenseitigen der Maria und das lateinische der diesseitigen des Schreiberbilds.

Prochno hat darauf aufmerksam gemacht, dass «kein Vermerk in der Handschrift auf den Schreiber anspielt, wohl aber eine *peccatrix*, vielleicht die Schreiberin, bittet, für sie zu beten [...] In Fulda selbst kommt, wenn wir annehmen, dass die oben erwähnte ‹Sünderin› die Schreiberin ist, nur ein Frauenkloster in Betracht.»[81] Das Schreiberinnenkolophon «orate per me peccatrice» befindet sich im dritten Teil der Handschrift und steht im Widerspruch zum Frontispiz, auf dem ein Schreiber, vielleicht der Autor, anstelle der Schreiberin abgebildet ist.

Der Frage, ob die Buchherstellerin eventuell auf dem verlorengegangenen Frontispiz der Kilian-Vita dargestellt war, kann nur über den Vergleich mit einer anderen, ebenfalls verschollenen Handschrift nachgegangen werden, von der zwei Nachzeichnungen aus dem 18. Jahrhundert erhalten sind, die ihrerseits auf Kopien von 1597 zurückgehen. Sie geben zwei Frontispize eines Fuldaer Kodexes aus dem Essener Münsterschatz wieder (Abb. 11). Auf ihre enge ikonographische und stilistische Verwandtschaft mit dem Margarethe-Frontispiz hat Hermann Schnitzler aufmerksam gemacht.[82] Die eine Zeichnung zeigt einen thronenden Christus, der mit ausgebreiteten Armen die Heiligen Cosmas und Damian krönt, die andere Maria mit zwei Engeln und einer knienden, nimbierten Frau mit einem Buch in der verhüllten Rechten zwischen zwei stehenden geistlichen Frauen. Laut Beischrift heissen die drei «Hadavvich», «Thiotera» und «Pinnosa». Die Frau rechts, die heilige Pinnosa,

[81] Prochno: Schreiber, S. 83. Über die Schreibschule der Fuldaer Nonnen im 8. Jahrhundert vgl. McKitterick: Nuns' Scriptoria, S. 2ff.

[82] Hermann Schnitzler: Ein frühottonisches Fuldaer Kunstwerk des Essener Münsterschatzes. In: Studien zur Buchmalerei und Goldschmiedekunst des Mittelalters. Festschrift für Karl Hermann Usener zum 60. Geburtstag am 19. August 1965, hg. von Frieda Dettwiler u.a., Marburg an der Lahn 1967, S. 115–118, Abb. 1 und 2. Hoffmann: Buchkunst, Bd. I, S. 145f.

ist ebenfalls nimbiert und steht auf einem Hügel; ihr Blick ist auf Maria gerichtet, und ihre Gestik deutet an, dass sie die Buchdedikatorin Hadavvich der thronenden Muttergottes empfiehlt. Die Funktion der Frau links ohne Nimbus, Thiotera, die zu Füssen der Knienden steht, sich dem Betrachter zuwendet und ihre offenen Hände auf Brusthöhe hält, ist dagegen weniger leicht zu deuten. Wie sie wendet sich die kniende Hadavvich dem Betrachter zu und hält ihm die linke offene Handfläche entgegen. Schnitzler vermutet in ihr die ungefähr 947 bis 971 regierende Essener Äbtissin und in Thiotera die Stifterin oder Herstellerin des Buches nach Hadavvichs Tod und folgert daraus, die Frontispize seien im letzten Viertel des 10. Jahrhunderts entstanden.[83]

Eine Inschrift, die auf die Buchherstellung verweist, findet sich auf dem zweiten Frontispiz links und rechts über dem thronenden Christus: «Docta manus solio d(omi)n(u)m depingit in alto». (Eine gelehrte Hand malte den Herrn in einziger Höhe.) Sollte die Annahme zutreffen, Thiotera sei die Künstlerin, von der nur die Hand genannt wird, ist interessant, dass die Beschreibung der Buchherstellung und das Künstlerinnenbildnis an zwei unterschiedlichen Orten abgebildet sind und dass die Arbeit Thioteras zwar im Text, nicht aber im Bild erscheint. Eine vergleichbare Diskrepanz zwischen schriftlicher Nennung der Buchkünstlerin und bildlicher Darstellung der Buchherstellung haben wir bereits in der Fuldaer Vita der Margarethe festgestellt, die mit den Essener Frontispizen ikonographisch eng verwandt ist.

Wie die Fuldaer Viten Kilians und Margarethes hat der Essener Kodex offenbar zwei Heiligenviten mit je einem ganzseitigen Titelbild enthalten. Die Ikonographie der Nachzeichnungen, eine Krönungs- und eine Dedikationsszene, legt die Vermutung nahe, dass das verschollene Frontispiz der Kilian-Vita ebenfalls eine Dedikation zeigte. Hoffmann vermutet, dass Christus oder Maria zusammen mit dem heiligen Kilian dargestellt waren, dazu vielleicht die Äbtissin des Konvents, die den Kodex in Fulda bestellt hatte. Dass die Buchherstellerin ebenfalls abgebildet war, ist naheliegend.

Aus dem Kolophon ist ersichtlich, dass eine Frau den Kodex geschrieben hat, und wenn Hoffmanns Rekonstruktion zutreffen sollte, hätten wir mit den Fuldaer Viten Kilians und Margarethes einen Kodex vor uns, aus dem die Darstellung einer oder mehrerer Frauen als Buchurheberinnen entfernt wurde. Das Phänomen wäre kein Einzelfall: Bernhard Bischoff hat drei Kodizes mit den Psalmenkommentaren des Augustin untersucht, die sich heute in der Kölner Dombibliothek befinden.[84] Sie sind in der Zeit um 800 entstanden und wurden von insgesamt zehn Schreiberinnen geschrieben, welche sich jeweils am Ende ihres Abschnitts nennen: Girbalda, Gislindis usw. Die Hände zeigen einheitliche Schulung, diese Frauen müssen also *einem* Skriptorium angehört haben. Wie Bischoff nachweisen konnte, wurden die

[83] Schnitzler: Kunstwerk, S. 118.

[84] Codices 63, 65, 67. Bischoff: Nonnenhandschriften.

drei Kodizes im Skriptorium des Klosters Chelles bei Paris geschrieben. Dieselben Schreiberinnen haben ausserdem einen weiteren Psalmenkommentar des Augustin signiert, der sich heute in Berlin befindet. Aber eine der Unterschriften ist verstümmelt, und die übrigen sind nur schwer lesbar, da sie von einer späteren Hand ausradiert wurden.[85]

Ein weiteres Beispiel eines nachträglich verstümmelten Werkes von Frauen ist die reich illustrierte Sammelhandschrift aus dem Heiligkreuzkloster von Poitiers, die ursprünglich zwei Viten der heiligen Radegunde und andere Dokumente über die Heilige enthalten hat (Ende 11. Jahrhundert, Abb. 38). Die erste Vita wurde von einem Mann verfasst, dem berühmten Dichter Venantius Fortunatus, die zweite von der sonst unbekannten Hagiographin Baudonivia. Spätestens im 16. Jahrhundert, als der Kodex neu gebunden wurde und seinen heutigen Einband erhielt, wurde die Vita der Baudonivia mitsamt den Bildern aus der Handschrift entfernt. Die Erhaltung ihres Autorinnenbilds verdanken wir einem glücklichen Zufall: Es befindet sich nämlich auf der Rückseite des letzten Blattes der Radegunde-Vita des Fortunatus und ist offensichtlich nur deshalb erhalten geblieben, weil seine Entfernung die Verstümmelung dieser Vitenfassung bedeutet hätte.[86]

[85] Berlin, Preussische Staatsbibliothek, Ms. Phillips 1657. Bischoff: Nonnenhandschriften, S. 19f.

[86] Vgl. unten S. 84.

Empfängerinnen oder Stifterinnen?

Die Regelbücher von Niedermünster und Regensburg

Weit häufiger als Schreiberinnenbilder sind Buchstifterinnen in Dedikationen an Heilige, Maria oder Christus[87] und Frauen in Devotionalszenen, die zu Füssen eines Heiligen knien (Abb. 24, 25)[88]. Frauen werden auch als Standfiguren mit einem Buch in der Hand dargestellt; es handelt sich um Bildnisse, die Prochno Repräsentationsbilder genannt hat (Abb. 14b, 26).[89] Ausserdem erscheinen Frauen bei Buchübergaben zusammen mit einem männlichen Autor (Abb. 14a, 15, 16, 22, 23).[90] In der Forschung wurden solche Szenen im allgemeinen als Donationen der Autoren an die Frauen gedeutet, eine Annahme, die aber häufig nicht zutrifft, wie ich im folgenden aufzeigen werde.

[87] Zum Beispiel Evangeliar der Äbtissin Hidta von Meschede. Darmstadt, Hessische Landes- und Hochschulbibliothek, Cod. 1640, fol. 6r. Prochno: Schreiber, Nr. 61. Bloch / Schnitzler: Malschule, Bd. I, S. 44, Tafel IX. – Evangeliar der Herzogin Judith von Flandern. Fulda, Landesbibliothek, Hs. Aa 21, fol. 2v. Prochno: Schreiber, Nr. 75. Suevia Sacra. Frühe Kunst in Schwaben. Katalog zur Ausstellung im Augsburger Rathaus, 30. Juni bis 16. September 1973, Augsburg ³1973, S. 178. Heinrich der Löwe und seine Zeit. Herrschaft und Repräsentation der Welfen 1125–1235. Katalog zur Ausstellung im Herzog Anton Ulrich-Museum, Braunschweig, hg. von Jochen Luckhardt und Franz Niehoff, München 1995, Bd. 2, Abb. 29. – Regensburger Uta-Evangelistar. München, Bayerische Staatsbibliothek, Clm 13601, fol. 21r. Prochno: Schreiber, Nr. 93. Regensburger Buchmalerei. Von frühkarolingischer Zeit bis zum Ausgang des Mittelalters. Katalog zur Ausstellung der Bayrischen Staatsbibliothek München und der Museen der Stadt Regensburg, hg. von Florentine Mütherich und Karl Dachs, München 1987, Nr. 17, Tafel 96. – Auf ein monumentales Dedikationsbild des 12. Jahrhunderts sei hier ebenfalls hingewiesen: Eine dreiseitig skulptierte Sandsteinstele, heute im Kreuzgang des elsässischen Klosters Hohenburg, zeigt eine Äbtissin, die einer thronenden weiblichen Heiligen (Maria oder Odilie?) ein Buch überreicht. Daneben ist eine Devotionalszene dargestellt: Die durch Inschriften gekennzeichneten Büsten der Äbtissinnen Rilindis und Herrad befinden sich zu Füssen der thronenden Muttergottes mit dem Kind, und ihre Arme umfassen bittend die Beine Marias. Herrad von Hohenburg: Hortus Deliciarum. Kommentarband, hg. von Rosalie Green, Michael Evans, Christine Bischoff und Michael Curschmann, London 1979, Abb. 349 und 350.

[88] Zum Beispiel: Evangeliar Heinrichs IV. oder Heinrichs V. Krakau, Bibliothek des Domkapitels, Ms. 208, fol. 3r. Prochno: Schreiber, Nr. 96. Regensburger Buchmalerei, Nr. 26, Tafel 20. – Evangeliar der Äbtissin Svanhild von Essen (um 1073). Manchester, John Ryland's Library, Ms 110, fol. 17r. Prochno: Schreiber, Nr. 62. Rainer Kahsnitz: Die Essener Äbtissin Swanhild und ihr Evangeliar in Manchester. Beiträge zur Geschichte von Stadt und Stift Essen 85 (1970), S. 13–80, Abb. 1. – Gumpold von Mantua: Vita des heiligen Wenzel. Wolfenbüttel, Herzog August Bibliothek, Cod. Guelf. 11.2 Aug. 4°, fol. 18v. Prochno: Schreiber, Nr. 102. Wolfenbütteler Cimelien. Das Evangeliar Heinrichs des Löwen in der Herzog August Bibliothek. Katalog zur Ausstellung in den musealen Räumen der Herzog August Bibliothek Wolfenbüttel, 14. April bis 16. Juli 1989, hg. von Peter Ganz u.a., Wolfenbüttel 1989, S. 91, Abb. 37. Bernward von Hildesheim, Bd. 2, Nr. VI–74.

[89] Zum Beispiel: Regelbuch von Niedermünster. Bamberg, Staatsbibliothek, Msc. Lit. 142, fol. 58v. Regensburger Buchmalerei, Kat. 14, Tafel 3. – Evangeliar der Amalberga in der Pfarrkirche von Susteren. Prochno: Schreiber, Nr. 69.

[90] Zum Beispiel: Regensburger Benediktinerinnenregel. Berlin, Staatsbibliothek Preussischer Kulturbesitz, Ms. theol. lat. qu. 199, fol. 67v. Prochno: Schreiber, Nr. 84. Regensburger Buchmalerei, Kat. 21, Tafel 17. Fingernagel: Handschriften, Kat. 113, Abb. 390. – Regelbuch von Niedermünster. Bamberg,

Ein sehr eindeutiges Beispiel einer Buchübergabe eines Autors an eine Frau ist das Frontispiz einer um 800 entstandenen Handschrift von Isidor von Sevillas *De fide catholica contra Judaeos* (Abb. 12).[91] Hier hält der auf einem Stuhl sitzende tonsurierte Autor ein offenes Buch in der linken Hand, während er zu einer vor ihm knienden Nonne mit der erhobenen Rechten spricht. Die Inschrift über der Szene gibt seine Worte wieder: «Soror mea Florentina accipe codicem quem tibi composui feliciter amen.» (Meine Schwester Florentina, empfange den Kodex, den ich für dich verfasst habe, mit Freude, Amen.)

Buchübergaben können aber auch anders inszeniert werden, nämlich als Übergabe eines Kodexes *an* den Autor durch einen oder mehrere Buchhersteller, wie zum Beispiel auf dem ganzseitigen Dedikationsbild am Ende des Psalters aus Canterbury, der eine Signatur des Schreibers Eadvinus Basan trägt. Das Bild zeigt eine Gruppe stehender Mönche neben dem thronenden Benedikt. Der vorderste trägt mit beiden Händen einen grossen Kodex, auf dem der Anfang der Benediktinerregel zu lesen ist (Abb. 13).[92] Die übrigen Inschriften auf dem Bild geben ebenfalls die Lehre des Autors wieder. Benedikt hält in der Rechten den Abtsstab, und seine leicht erhobene Linke befindet sich genau vor dem Buch, zwischen den Händen des Dedizierenden. Die Assoziation der Hände des Autors und des Buchträgers suggeriert, dass es sich bei letzterem um den Buchhersteller handelt. Ähnliche Inszenierungen von Händen und Büchern haben wir bereits im Echternacher Evangelistar und in der ersten Bibel Karls des Kahlen festgestellt (Abb. 5, 9).[93] Auf der Dedikation im Eadui-Psalter sind noch zwei weitere Hände sichtbar: Der Mönch hinter dem Buchträger hält ein Gefäss in der Linken, offenbar ein weiteres Geschenk an Benedikt, und der Mönch im Vordergrund am rechten Bildrand hält seine offene linke Hand leicht vorgestreckt, ein Gestus, der als Reaktion auf denjenigen Benedikts interpretiert werden kann. Auch diese Korrespondenz der Gestik könnte auf eine Mitarbeit des Mönchs am dargebrachten Kodex hinweisen.

Während das Bild im Eadui-Psalter in der Forschung korrekt als Dedikation an den Autor gedeutet wurde, wurden die Buchübergaben im Beisein von Nonnen statt Mönchen, denen ich mich im folgenden zuwende, bisher ausnahmslos als Donationen des Autors an die Frauen interpretiert. Wie ich zeigen werde, deutet die Gestik auf diesen Bildern jedoch darauf hin, dass die Nonnen die Dedizierenden sind.

Staatsbibliothek, Msc. Lit. 142, fol. 65r. Regensburger Buchmalerei, Kat. 14, Tafel 92. – Aldhelm: De virginitate. London, Lambeth Palace Library, Ms 200 (Part II), fol. 68v. Elzbieta Temple: Anglo-Saxon Manuscripts 900–1066 (A survey of Manuscripts illuminated in the British Isles), London, Oxford 1976, Kat. 39, Abb. 132. – Oxford, Bodleian Library, Ms Bodley 577. Temple: Manuscripts, Kat. 57, Abb. 180.

[91] Isidor: Contra Judaeos (Nordostfrankreich um 800). Paris, Bibliothèque Nationale, Ms lat. 13336, fol. 1v. Karl der Grosse. Werk und Wirkung. Katalog zur Ausstellung im Rathaus und im Kreuzgang des Domes Aachen, 26. Juni bis 19. September 1965, Kat. 408 und Abb. 52.

[92] London, Britisch Library, Arundel 155, fol. 133. Temple: Manuscripts, Nr. 66, Abb. 213.

[93] Vgl. oben S. 26.

Das Regelbuch von Niedermünster (um 990) enthält neben einer Regel für Benediktinerinnen die Regel des Cäsarius von Arles, auf deren Frontispiz (Folio 65r) der stehende nimbierte Cäsarius ein offenes Buch in der linken Hand hält, während er mit der erhobenen Rechten zu zwei neben ihm stehenden Nonnen spricht (Abb. 14a).[94] Im Buch sind die Anfangsworte seiner Regel zu lesen. Die Inschrift über der Szene lautet: «S(an)c(tu)s cesarius commendans ius monachal(ibus)» (Der heilige Cäsarius übergibt das Gesetz den Nonnen). Die vorderste Nonne ergreift die Regel mit verhüllten Händen, ein Motiv, das bereits auf frühchristlichen Traditio-legis-Bildern vorkommt, die Christus bei der Übergabe einer Buchrolle an Petrus zeigen, der diese mit verhüllten Händen entgegennimmt.[95] Auch Moses wird beim Empfang des göttlichen Gesetzes zuweilen mit verhüllten Händen dargestellt, so zum Beispiel auf dem Frontispiz der Bibel von San Paolo oder in der Farfa-Bibel.[96] Verhüllte Hände charakterisieren jedoch nicht notwendigerweise den Buchempfänger, sondern manchmal auch den Dedizierenden: So zeigt die Dedikation an König Karl in der ersten Bibel Karls des Kahlen die zwei Buchhersteller am linken Bildrand mit dem Riesenkodex, den sie in ein Tuch eingehüllt tragen (Abb. 9). Auch die Äbtissin Hadavvich auf dem Frontispiz der oben erwähnten verschollenen Fuldaer Heiligenvita bringt Maria ihren Kodex in der rechten verhüllten Hand dar (Abb. 11a), dasselbe gilt für Mathilde von Lothringen auf dem Frontispiz des *Ordo Romanus*, den sie König Mieszko überreicht (Abb. 29).[97]

Die angeführten Vergleichsbeispiele zeigen, dass die Nonne mit den verhüllten Händen im Niedermünsterer Regelbuch die Buchurheberin sein könnte, die Schreiberin oder Malerin, und legen nahe, dass es sich bei dieser Szene um eine Kombination von *traditio* an die Nonnen und *dedicatio* an den Autor handelt. Dass die Nonnen von Niedermünster das Buch geschrieben und gemalt haben, suggeriert ausserdem das ganzseitige Bildnis der Äbtissin Uta auf Folio 58v, zwischen der Benediktinerinnenregel und der Regel des Cäsarius. Sie hält ein Buch in der linken Hand und präsentiert die leere rechte Handfläche auf Brusthöhe (Abb. 14b). Wie ich weiter unten zeigen werde, handelt es sich um einen Gestus, der auf Bildnissen von Buchurheberinnen häufig vorkommt.[98] Auch die Nonnen in den Medaillons an den vier Ecken des rautenförmigen, reich ornamentierten Bildrahmens könnten Buchherstellerinnen sein. Vergleichbare Büsten, die ebenfalls als Buchurheberinnen gedeutet werden können, finden sich am Ende des *Hortus Deliciarum* der Herrad

94 Bamberg, Staatsbibliothek, Msc. Lit. 142, fol. 65r. Regensburger Buchmalerei, Kat. 14, Tafel 92. Jahr 1000, Kat. 13.

95 Lexikon des Mittelalters, hg. von Liselotte Lutz, Joyce M. McLellan u.a., München, Zürich 1977ff. (im folgenden LdMA), Bd. 4, 1391f.: «Traditio legis». Prochno: Schreiber, Nr. 84. Regensburger Buchmalerei, Kat. 21, Tafel 17. Fingernagel: Handschriften, Kat. 113, Abb. 390.

96 Vgl. unten S. 251.

97 Vgl. unten S. 52.

98 Bamberg, Staatsbibliothek, Msc. Lit. 142. Regensburger Buchmalerei, Kat. 14, Tafel 3.

von Hohenburg (Abb. 33b).[99] Weiter enthält das Encomium auf die Äbtissin von Niedermünster, das ihrem Bildnis folgt, eine Passage, die Uta als Buchurheberin beschreibt:

> Perdiscens legis postquam mandata libellis
> Hunc satagens propria comitem perluxit opella,
> Esset ut auctor ei, maneat quodcumque, docendi.[100]
> (Auswendig lernend das Gesetz, nachdem es den Büchern anvertraut worden war, sich eifrig bemühend um diesen Begleiter [Cäsarius von Arles][101] trat sie mit ihrem eigenen Werkchen an die Öffentlichkeit, so dass ihr ein Modell des Lehrens sei, was immer davon bleibt.)

Ebenfalls eine Regelübergabe ist auf dem Frontispiz einer Regensburger Benediktinerinnenregel (um 1025–1044) dargestellt, das eine kniende Nonne vor dem thronenden Heiligen zeigt (Abb. 15).[102] Wie im Regelbuch von Niedermünster halten die Nonne und Benedikt das offene Buch gemeinsam fest, hier wie dort hält es der Autor mit einer Hand, die Nonne mit beiden: Benedikt ergreift es mit der Rechten, die Nonne stützt es von unten mit beiden Händen. Dieselben Gesten finden sich auf Dedikationsbildern, die einen Autor bei der Buchübergabe an einen Würdenträger oder Heiligen zeigen. Hrabanus Maurus, der Papst Gregor sein Buch überreicht, hält es auf allen Bildern mit beiden Händen, während der nehmende Papst es mit der Rechten ergreift (Abb. 17–20).[103] Auch auf dem Dedikationsbild am Ende des Perikopenbuchs Heinrichs III. hält der gebende Abt das Buch in beiden Händen, während der König es mit einer Hand entgegennimmt. Im Unterschied zu Benedikt oder Cäsarius von Arles sind Papst Gregor und Heinrich III. nicht die Autoren des überreichten Werkes, was erklärt, warum sie ohne Redegestus oder begleitende Inschriften abgebildet sind, welche ihre Worte wiedergeben.

Die Inschrift, welche das Regensburger Dedikationsbild umrahmt, lautet: «Vivendi recte dilectas edocet ecce / normam districtus pater et pastor Benedictus.» (Siehe, richtig zu leben unterweist die Geliebten der vielbeschäftigte Vater und Hirt Benedikt.) Auf dem offenen Buch steht der Anfang der Benediktinerinnenregel: «ausculta o filia». Die Inschriften bezeichnen Benedikt als Autor des Buchs und als Lehrer der Nonnen. Hieraus aber zu folgern, das Bild sei dadurch «eindeutig als Regelübergabe (und nicht etwa als Dedikationsbild) bestimmt», wie es im Ausstel-

[99] Vgl. unten S. 70ff.
[100] Die Ottonenzeit, hg. von Karl Strecker (Monumenta Germaniae historica. Poetae latini medii aevi V/2), Berlin 1939, S. 433, Nr. 9, Z. 12–14.
[101] Vgl. Strecker: Poetae, S. 433, Anm. II, 13: «hunc» auf Caesarius zu beziehen.
[102] Berlin, Preussische Staatsbibliothek, Ms. theol. lat. qu. 199, fol. 67v. Prochno: Schreiber, Nr. 84. Regensburger Buchmalerei, Kat. 21, Tafel 17. Fingernagel: Handschriften, Kat. 113, Abb. 390.
[103] Rom, Vatikanische Bibliothek, Bibl. Reg. Christ. lat. 124, fol. 3v. Amiens, Bibliothèque Municipale, Ms 223, fol. 2v. Wien, Österreichische Nationalbibliothek, Cod. 652, fol. 2v. Cambridge, Trinity College Library, Ms B 16.3, fol. 1v. Prochno: Schreiber, Nr. 14. Temple: Manuscripts, Abb. 32, 33.

lungskatalog von Florentine Mütherich und Karl Dachs heisst[104], scheint mir nicht einleuchtend: Die Inschriften schliessen die Möglichkeit keineswegs aus, dass es sich bei der knienden Nonne um die Buchherstellerin handelt, welche Benedikt ihr Werk überreicht, und dass ihre Arbeit in einem Bild erscheint, welches sowohl als Dedikation an den Autor als auch als Donation des Autors an die Nonne interpretiert werden kann. Dass nur die Worte des Autors und nicht diejenigen der Buchherstellerin im Bild erscheinen, ist kein Argument gegen diese Interpretation, denn dieselbe Situation findet sich zum Beispiel auch auf der oben behandelten Regeldedikation an Benedikt im Eadui-Psalter von Canterbury (Abb. 13).

Herbert Köllner wies darauf hin, dass die Übergabe der Benediktinerinnenregel den Höhepunkt der Äbtissinnenweihe bildete, bei welcher der Bischof als Vermittler zwischen den heiligen Vätern und der Äbtissin fungierte. Deshalb nahm er an, es handle sich bei der knienden Nonne um eine Äbtissin.[105] Dagegen ist jedoch einzuwenden, dass auf dem Regensburger Dedikationsbild kein Bischof, sondern der Verfasser der Regel selbst erscheint, der als Abt gekleidet ist und in der Inschrift als solcher bezeichnet wird. Es handelt sich folglich nicht um die Abbildung einer Zeremonie, sondern um ein Autorenbild, das heisst um einen Bildtypus, zu dem die Darstellung einer Buchherstellerin passt.

Aldhelm und die Nonnen von Barking

Ebenfalls als Buchübergabe eines Autors an eine Nonne wurde die Federzeichnung in einer Ende 10. Jahrhundert in Canterbury entstandenen Handschrift von *De virginitate* des Aldhelm, Bischof von Sherborne (7. Jahrhundert), interpretiert (Abb. 16). Elzbieta Temple schreibt die qualitativ hochstehende Handschrift dem Skriptorium von Sankt Augustin zu.[106] Das Frontispiz zeigt den Autor, der wie der Regensburger Benedikt auf einem mit Löwenköpfen verzierten Stuhl thront, vor einer Gruppe stehender Nonnen. Die Federzeichnung findet sich am Ende des Prologs, in dem Aldhelm neun Nonnen von Barking begrüsst: die Äbtissin Hildelitha, Iustina, Cuthburga, Osburga, Scolastica, Hildburga, Berngitha, Eulalia und Tecla.[107] Dieselbe Anzahl Nonnen ist auf dem Frontispiz dargestellt. Die erhobene Rechte des Autors zeigt an, dass er zu ihnen redet. Aufgrund des begleitenden Textes wurde die Szene bisher als Übergabe des Werks an die Frauen interpretiert, und die Möglich-

[104] Regensburger Buchmalerei, Kat. 21, S. 35.

[105] Herbert Köllner: Eine wiedergefundene Handschrift aus Muri. Berlin MS. Theol. lat. 4° 199. In: Studien zur Buchmalerei und Goldschmiedekunst des Mittelalters. Festschrift für Karl Hermann Usener zum 60. Geburtstag am 19. August 1965, hg. von Frieda Dettwiler u.a., Marburg an der Lahn 1967, S. 293–326, hier S. 308.

[106] London, Lambeth Palace Library, Lib. 200, fol. 68v. Temple: Manuscripts, Kat. 39, Abb. 132, 133. Golden Age, Kat. 30, Abb. 30.

[107] Aldhelm: De virginitate. In: Aldhelmi Opera, hg. von Rudolf Ehwald (Monumenta Germaniae historica. Auctores antiquissimi XV/1), Berlin 1913, S. 228–323, hier S. 228f.

keit, es könnte sich bei den Nonnen von Barking um die Buchherstellerinnen handeln, wurde nicht in Erwägung gezogen.

Eine Buchübergabe Aldhelms an die Nonnen zeigt ein anderes, ebenfalls in Canterbury entstandenes Doppelfrontispiz von *De virginitate* (um 1000), ebenfalls eine Federzeichnung. Auf dem ersten Bild thront der nimbierte Autor neben einem Schreibpult, auf dem zweiten steht er mit dem Buch in der Hand vor vier Nonnen, deren vorderste die Hände danach ausstreckt.[108] Auf der eben erwähnten Federzeichnung ist jedoch eine andere Situation dargestellt. Sie weist einige interessante ikonographische Details auf, die dafür sprechen, dass hier nicht Aldhelm als der Gebende charakterisiert ist, sondern die Buchherstellerinnen vor dem Autor gezeigt werden, dem sie ihr Werk überreichen. Die Nonne vor Aldhelm umfasst mit beiden Händen das Buch, das dieser mit der Linken ebenfalls festhält, was, wie bereits gezeigt wurde, darauf hinweist, dass die Frau die Buchdedikatorin ist. Aldhelms Füsse ruhen auf einem Fussschemel, der ähnlich wie der Löwenthron ein traditionelles Attribut eines lehrenden Autors ist, und erstaunlicherweise stehen auch die Nonnen auf solchen Piedestalen. Drei von ihnen sind vollständig sichtbar. Die Frau am rechten Bildrand, das heisst auf der Gegenseite von Aldhelm, hält einen grossen Kodex in den Händen, der viel umfangreicher ist als das Buch, das die Nonne Aldhelm überreicht. Da der Träger eines Buchs als Gebender und/oder Lehrender gekennzeichnet ist und nicht als Empfänger – man vergleiche dazu zum Beispiel die Dedikationsbilder des Hrabanus Maurus (Abb. 17–20)[109] –, handelt es sich hier offenbar um eine dedizierende Frau. Weitere Bildelemente bestätigen dies: Zwischen den beiden Frauen mit den Büchern steht eine dritte, die dem Betrachter ihre offene leere rechte Handfläche entgegenhält. Die Bedeutung dieses Gestus wird durch den mit einer kostbaren Borte geschmückten weiten Ärmel ihres Gewandes unterstrichen. Dieser Ärmel ist das einzige verzierte Kleidungsstück einer Frau auf diesem Bild; alle übrigen tragen schmucklose Gewänder, im Gegensatz zu Aldhelm, dessen erhobene Rechte ebenfalls aus einem bortenverzierten Ärmel hervorragt. Die Handbewegung der Frau wird noch auf eine weitere Weise hervorgehoben: Die Nonne hinter ihr streckt dem Betrachter ebenfalls ihre rechte leere Handfläche entgegen, jedoch waagerecht, während ihre Nachbarin sie senkrecht auf Brusthöhe hält. Die Gestik der beiden Frauen scheint eine Reaktion auf Aldhelms Redegestus zu sein, denn die Hände aller übrigen Frauen sind entweder nicht sichtbar oder halten ein Buch. Eine vergleichbare Entsprechung der Gesten findet sich auf dem bereits untersuchten Dedikationsbild des Eadui-Psalters, ebenfalls aus Canterbury (Abb. 13), auf dem die leicht erhobene linke Hand des Autors der offenen waagerecht gehaltenen Linken des Mönches am rechten Bildrand entspricht.

[108] Oxford, Bodleian Library, Ms Bodley 577, fol. 1r und 1v. Temple: Manuscripts, Kat. 57 und Abb. 179 und 180.

[109] Vgl. ausserdem die Handschrift in Turin, Nationalbibliothek, Univ. K II 20, fol. 4v. Prochno: Schreiber, Nr. 13.

Der Gestus der Nonne von Barking mit dem bortenverzierten Ärmel, den wir bereits auf dem Bildnis der Äbtissin Uta von Niedermünster festgestellt haben (Abb. 14b), findet sich auch im Selbstbildnis der Schreiberin und Malerin Guda in einem süddeutschen Homiliar, die ihre rechte offene Handfläche vor die Brust hält (Abb. 1).[110] Wenn Guda ihre Tätigkeit nicht auf ihrem Spruchband beschrieben hätte, käme ein moderner Betrachter wohl kaum auf die Idee, ihre Geste als charakteristisch für eine Buchkünstlerin zu deuten. Für den mittelalterlichen Betrachter war dies jedoch einleuchtender: Das lateinische Wort für «Handfläche» *palma* bedeutet «Palme» oder «Siegespreis» und das davon abgeleitete Wort *palmarium* «Meisterstück». – Obwohl keine Inschrift auf dem Frontispiz von *De virginitate* die beiden ihre Handflächen präsentierenden Frauen als Buchherstellerinnen bezeichnet, hebt die Bildkomposition die zentrale Bedeutung ihrer Hände hervor: Diese befinden sich genau im Zentrum der Frauengruppe und werden von zwei Büchern flankiert, welche die Frauen links und rechts von ihnen halten. Überdies werden sie durch den verzierten Ärmel mit dem Redegestus des Aldhelm in Verbindung gebracht.

Dass die Gestik der beiden Frauen nicht Demut ausdrückt, verdeutlicht der Vergleich mit zwei Bildern des Perikopenbuchs Heinrichs II. Die Blätter 17v und 18r zeigen die heiligen drei Könige vor der thronenden Maria mit dem Jesuskind (Abb. 21). Maria und das Kind begrüssen die Herannahenden, die ihre Geschenke in den Händen tragen, mit ausgestrecktem rechten Arm. Das Kind hält eine Schriftrolle in der linken Hand und ist somit als Autor charakterisiert, während es mit ausgestrecktem Zeige- und Mittelfinger der Rechten die Könige segnet, wie Aldhelm die Nonnen von Barking. Auf beiden Bildern handelt es sich also um den Gestus eines lehrenden Autors. Maria dagegen begrüsst die Könige mit ihrer offenen rechten Handfläche, so wie die Nonnen von Barking Aldhelm. Ihre Handbewegung entspricht ihrer majestätisch thronenden hohen Gestalt, welche die stehenden Könige überragt. Nun könnte Marias Gestus auch als derjenige einer Empfängerin gedeutet werden, eine Annahme, welche dadurch bestärkt wird, dass der Gestus auch bei Märtyrern vorkommt, welche von der Hand Gottes gekrönt werden. Jedoch belegt eine Buchdedikation in dem Kapitelbuch von Vierzon (12. Jahrhundert), dass dem nicht so sein muss (Abb. 22):[111] Der Gestus erscheint hier auf der Seite der weltlichen Stifter – es handelt sich offenbar um die Gräfin von Vierzon, welche dem Betrachter ihre offene rechte Handfläche präsentiert. Dagegen hält der eine der beiden miteinander sprechenden Mönche am rechten Bildrand hinter dem nehmenden Abt die *linke* (nicht die rechte!) Handfläche erhoben.

Das Frontispiz von *De virginitate* enthält zwar keine Inschriften, doch geht aus der Lektüre der ersten Kapitel der Schrift hervor, dass das Bild sich auf den Text bezieht, und dieser bestätigt meine Interpretation der Frauen als Buchurheberin-

[110] Vgl. unten S. 59.

[111] Paris, Bibliothèque Nationale, Ms lat. 9865, fol. 5v. Walter Cahn: Romanesque Manuscripts. The Twelfth Century (A survey of Manuscripts illuminated in France), 2 Bde., London 1996, Kat. 6, Abb. 6.

nen: Aldhelm beginnt sein Lob der Jungfräulichkeit, indem er sich für die Briefe bedankt, die er vor einiger Zeit von den Nonnen erhalten hat. Die ersten Kapitel bestehen aus einer Lobpreisung der Autorinnen und ihrer schriftstellerischen Arbeit. Aldhelms Schrift ist also eine Antwort auf die Werke der Nonnen, die heute leider nicht mehr erhalten sind. Dieser literarischen Situation entspricht die Ikonographie des Frontispizes.

Aldhelm bedient sich einer metaphernreichen poetischen Sprache. In den Kapiteln 2 und 3 vergleicht er die Briefschreiberinnen mit Athleten der olympischen Spiele, wobei er präzisiert, dass die Nonnen an Wettkämpfen des *inneren* Menschen teilnehmen, die nicht um den Applaus im Stadion kämpfen, sondern «die weiten Rennbahnen der Heiligen Schrift durchlaufen» und «die subtile Tätigkeit ihres Geistes und ihrer lebhaften Intelligenz durch standhaftes Ausharren im Lesen» üben.[112] Im 4. Kapitel wechselt die Metaphorik abrupt:

> [...] ast tamen solertissimae apis industriam praedictis exemplorum formulis coaptari posse uberrima rerum experimenta liquido declarant, quae roscido facessante crepusculo et exorto limpidissimi solis iubare densos extemplo tripudiantium turmarum exercitus per patenes campos gregatim diffundunt [...][113]
> (Dennoch zeigt die überreiche Erfahrung des Lebens, dass die Tätigkeit der kunstreichen Biene den oben genannten Beispielen angepasst werden kann. [Die Bienen], die nach feuchter Nacht in der Morgenröte, beim Aufgang der strahlenden Sonne sofort als dichte Armeen frohlockender Scharen über die offenen Felder ausschwärmen [...])[114]

Die ausschwärmenden Bienen sind Metaphern für die Nonnen, welche die «blühenden Felder» der heilige Schriften studieren, das Produkt ihrer Arbeit, die honiggefüllten Waben, eine Metapher für ihre literarischen Werke. Hatte Aldhelm das Studium der Frauen zuerst mit den höchsten körperlichen Anstrengungen von Männern verglichen, bedient er sich hier einer Bildersprache, die bereits Ambrosius für Nonnen verwendet hatte: Wie Aldhelm vergleicht er die Biene mit der Jungfräulichkeit und der Kirche, ihre arbeitsame Lebensweise ebenso wie ihren Gehorsam gegenüber der Bienenkönigin mit dem Klosterleben.[115] Aldhelm jedoch dehnt die Bienenmetaphorik auf die literarische Produktivität der Nonnen aus, das heisst, er verwendet eine altbekannte und weitverbreitete Topik, welche Mary J. Carruthers in

112 Aldhelm: De virginitate, Ehwald, S. 231.
113 Aldhelm: De virginitate, Ehwald, S. 231.
114 Vgl. Aldhelm: The Prose Works, ins Englische übers. von Michael Lapidge und Michael Herren, Cambridge 1979, S. 61: "Nevertheless the richest experience of life declares that the industry of the highly ingenious bee might be adapted to the aformentioned schemes of examples – (the bees) who, when dewy night is departing and the light of the bright sun has risen, staightway pour out dense armies of rejoicing throngs in swarms through the open fields."
115 Des heiligen Kirchenlehrers Ambrosius von Mailand Exameron, ins Deutsche übers. von Johann Evangelist Niederhuber, München 1914, Buch V, Kap. 21, S. 218ff. Aldhelm: De virginitate, Ehwald, S. 233f.

ihrer umfassenden Studie über die Bedeutung der *memoria* im Mittelalter den «Leser/Autor-Topos» genannt hat. Die Biene wird dabei als Bild für literarische Rezeption *und* Komposition verwendet, zwei Tätigkeiten, welche, wie Carruthers überzeugend darlegt, in der antiken und mittelalterlichen Literaturtheorie als komplementäre, voneinander nicht zu trennende Aktivitäten betrachtet wurden.[116]

Im 7. Kapitel führt Aldhelm biblische *exempla* für die Jungfräulichkeit an und nennt an erster Stelle den Evangelisten und Autor der Apokalypse Johannes. Nach den Nonnen von Barking ist er der erste Autor, der erwähnt wird.

Aldhelms Metaphern finden sich auch bei anderen Autor(inn)en, welche literarische Tätigkeit und Buchproduktion von Frauen beschreiben. Ein Vergleich mit körperlich anstrengender Männerarbeit kommt zum Beispiel in der Vita der Äbtissinnen von Aldeneyck, Harlindis und Reinula, vor[117], «Rennen» als Metapher für die Tätigkeit von Buchproduzent(inn)en benutzen Herrad von Hohenburg und Hildegard von Bingen[118], die Bienenmetaphorik wird in Herrads Prolog des *Hortus Deliciarum* aufgenommen und mit der Bildersprache des Hohen Liedes verbunden[119]. Auch auf einen Vergleich einer geistlichen Autorin mit Johannes sei hingewiesen: Hildegard von Bingen setzt die Komposition des *Liber divinorum operum* mit der göttlichen Inspiration des Johannes in Beziehung, und ihr Bildnis auf dem Frontispiz des Kodexes von Lucca ist, wie weiter unten gezeigt wird, den Autorenbildern des Johannes in den Beregaudus-Apokalypsen des 13. Jahrhunderts eng verwandt (Abb. 46–48). Ein weiteres Bild einer visionären Autorin, dasjenige der Elisabeth von Schönau (Abb. 81), knüpft ebenfalls an die Ikonographie des Johannes der Apokalypse an.[120]

Anselms Orationes sive meditationes *in Admont*

Eine weitere Buchdedikation einer Frau an einen Autor findet sich in den mit zwölf Miniaturen geschmückten *Orationes* Anselms in Admont, welche dieser im Auftrag der Gräfin Mathilde von Tuskanien verfasst hat.[121] Die Handschrift (um 1160) wird von drei aufeinanderfolgenden ganzseitigen Autorenbildern eröffnet: Das erste (Folio 1v) zeigt Anselm in bischöflichem Ornat auf einem Thron sitzend, in der linken Hand den Bischofsstab und mit der rechten den reich verzierten Kodex ergreifend, den eine stehende Frau, die ein weitärmliges Gewand und einen Schleier trägt, mit beiden Händen umfasst (Abb. 23a). Otto Pächt sah in ihr die Auftraggeberin Mathilde. Blatt 2r zeigt wiederum den frontal thronenden Anselm, ebenfalls als Bischof, in beiden Händen offene Schriftrollen, die von vier sitzenden Mönchen

[116] Carruthers: Book, S. 164ff., S. 191f.
[117] Eberlein: Miniatur, S. 219, 400.
[118] Vgl. unten S. 66, S. 71 und S. 94f.
[119] Vgl. unten S. 64ff.
[120] Vgl. unten S. 180.
[121] Admont, Stiftsbibliothek, Ms. 289.

ergriffen werden, eine Szene, welche mit Anselms Aussage in der Widmung übereinstimmt, dass er die Gebete auf Wunsch einiger Mönche verfasst habe.[122] Auf der folgenden Seite findet sich Christus in der Mandorla zwischen zwei Engeln, zu seiner Rechten kniet Bischof Anselm, zu seiner Linken eine Frau in einem Schleier und einem weitärmligen Gewand, die wie die Frau auf dem Dedikationsbild von Pächt als Mathilde gedeutet wurde.[123]

Wie die oben besprochenen Buchdedikationen wurde also auch das Admonter Frontispiz, trotz der eindeutigen Gestik der beiden Personen, zuerst als Donation des Autors gedeutet. Dagegen hat Arturo Carlo Quintavalle zu Recht eingewendet, die Interpretation der Szene als Buchdedikation der Gräfin an den Bischof sei wahrscheinlicher, denn es sei kaum anzunehmen, dass Anselm die Widmung seiner Werke an Mathilde zum Anlass genommen habe, sich selbst zu zelebrieren, indem er sich auf einer *cathedra* thronend mit einem von zwei Löwen gestützten *antependium* neben der stehenden Gräfin abbilden liess. Adäquater sei die Deutung der Szene als Buchübergabe Mathildes an den Autor[124], eine Interpretation, die jedoch in Widerspruch zu der Widmung gerät und somit die Frage aufwirft, ob es sich bei der Dedizierenden wirklich um Mathilde handelt, um so mehr als keine Bildinschrift dies bestätigt. Die Beantwortung dieser Frage stellt keine Probleme: Die Handschrift stammt aus einem Frauenkloster der Diözese Salzburg und wurde für eine Äbtissin Humilitas hergestellt, welche als Diemuth von Traunkirchen identifiziert wurde.[125] Die Äbtissin ist zusammen mit den Nonnen Liukrat und Irmintrud unter der Himmelfahrt des heiligen Paulus kniend auf Folio 44v abgebildet. Die drei Frauen tragen die gleichen weitärmligen, langen Gewänder mit einem Schleier wie die Buchdedikatorin auf dem Frontispiz (Abb. 23b).[126] Im Gegensatz zu den beiden Nonnen und der Dedizierenden ist Humilitas nimbiert, was nahelegt, dass es sich bei der Dedizierenden nicht um die Äbtissin, sondern um eine Buchkünstlerin handelt.

Wie die Frauen auf Dedikationsszenen mit Büchern in den Händen kommen also auch die zu Füssen eines Heiligen knienden auf Devotionalszenen, wie die Nonnen unter der Himmelfahrt des Paulus in Anselms *Orationes*, als potentielle Buchherstellerinnen in Betracht: Als weitere Beispiele seien die zusammen mit einem Mönch vor dem heiligen Emmeram kniende Nonne im Evangeliar Heinrichs IV. (oder Heinrichs V.) angeführt (Abb. 24)[127], die Äbtissin Svanhild zusammen mit der Pröbstin Brigida zu Füssen der Muttergottes in Svanhilds Evangeliar (Abb. 25)[128] und

[122] Otto Pächt: The illustrations of St. Anselm's Prayers and Meditations. Journal of the Warburg and Courtauld Institute 19 (1956), S. 68–83, hier S. 71.

[123] Pächt: Illustrations, Abb. 16a, 16d, 17a.

[124] Wiligelmo a u.a., Mailand 1991, Kat. 198, S. 652ff.

[125] Pächt: Illustrations, S. 71.

[126] Pächt: Illustrations, Abb. 20b.

[127] Regensburger Buchmalerei, Kat. 26, Abb. 20.

[128] Zu den Urkunden über Svanhild und zur Identifizierung Brigidas vgl. Kahsnitz: Äbtissin, S. 33–37 und S. 61.

das Dedikationsbild eines Psalters aus dem Kloster Ursberg in Augsburg, das einen namenlosen Mönch und eine inschriftlich genannte «soror Mahthilt» in Gebetshaltung vor den Heiligen Nikolaus und Katharina zeigt[129]. Auf all diesen Bildern halten die Knienden nichts in den Händen, was auf ihre Buchurheberschaft hinweist. Doch ist ihre Präsenz am Anfang eines Evangeliars oder Psalters wohl schwerlich anders zu begründen als mit der Annahme, es handle sich um die Hersteller/innen dieser Bücher, um so mehr als alle Bilder geistliche Frauen und Männer zeigen.[130]

Amalberga von Susteren

Unter den mir bekannten Buchdedikationen von Frauen findet sich nur eine einzige, die eine Frau bei der Buchübergabe an einen hohen Würdenträger zeigt, der *nicht* der Autor des Werkes ist. Bezeichnenderweise handelt es sich nicht um einen Kleriker, sondern um einen Laien, nämlich um König Mieszko II. von Polen, dem die Gräfin Mathilde von Lothringen einen *Ordo Romanus* überreicht (Abb. 29).[131] Auf allen anderen mir bekannten Bildern übergeben die Frauen ihr Buch entweder einem Heiligen, der Muttergottes oder Christus, das heisst nicht lebenden Personen mit realer politischer Macht, sondern Verstorbenen, die eine Institution symbolisieren. Auf solchen Szenen ist das hierarchische Verhältnis zwischen den Gebenden und Nehmenden eindeutig: Der Akt der Buchübergabe verleiht den Buchstifterinnen in keinem Fall das Prestige einer lehrenden Autorität. Im Gegensatz dazu gibt es zahlreiche Bilder, welche Männer – Autoren und Buchhersteller – bei der Übergabe eines Kodexes an einen lebenden Machthaber zeigen, der an der Entstehung des Werks nicht beteiligt war. Als Beispiele seien hier die Dedikation in der ersten Bibel Karls des Kahlen, die Dedikation an Heinrich III. im Echternacher Perikopenbuch und die berühmten Autorenbilder des Hrabanus Maurus genannt (Abb. 9, 5b, 17–20).[132] Solche Bilder illustrieren den politischen und/oder theologischen Einfluss, den der Dedizierende auf den Empfänger ausübt oder ausüben möchte.

Es scheint mir, dass Buchdedikationen von Frauen an hohe geistliche Würdenträger, die nicht als Autoren des Werks charakterisiert sind, aus ähnlichen Gründen nicht dargestellt wurden wie geistliche Frauen als Buchschreiberinnen. Die Absenz einer solchen Ikonographie könnte die Stellung der Frauen innerhalb der kirchli-

[129] Augsburg, Staats- und Stadtbibliothek, 2° Cod. 5. Suevia Sacra, Kat. 197, Abb. 186. Die beiden Personen werden im Katalog als Stifter bezeichnet.

[130] Dieser Meinung war bereits Prochno: Schreiber, S. 95 und S. 62. Sie ist in der Forschung allgemein verbreitet.

[131] Florentine Mütherich: Epistola Mathildis Suevae. Zu einer verschollenen Handschrift aus dem 11. Jahrhundert. In: Studien zur Buchmalerei und Goldschmiedekunst des Mittelalters. Festschrift für Karl Hermann Usener zum 60. Geburtstag am 19. August 1965, hg. von Frieda Dettwiler u.a., Marburg an der Lahn 1967, S. 137–142. Richard Gameson: The Gospels of Margaret of Scotland and the Literacy of an Eleventh-Century Queen. In: Women and the Book. Assessing the Visual Evidence, hg. von Lesley Smith und Jane H. M. Taylor, London, Toronto 1997, S. 149–171, hier S. 159. Vgl. unten S. 52ff.

[132] Temple: Manuscripts, Abb. 32 und 33.

chen Hierarchie widerspiegeln, genauer gesagt das Lehr- und Predigtverbot für Frauen, das oft in der paulinischen Kurzformel «mulier taceat in ecclesia» zusammengefasst wird, ein Gebot, das dann eingehalten wird, wenn der kirchliche Buchempfänger als lehrender Autor inszeniert wird.

Eine aufschlussreiche Illustration der eben formulierten Regel liefert das Bildnis der Äbtissin Amalberga, der Gründerin des Klosters Susteren. Es handelt sich um das einzige mir bekannte Bild einer Frau mit einem Kodex in der Hand zusammen mit zwei geistlichen Würdenträgern, die *nicht* die Autoren sind (Abb. 26). Die beiden sind nimbiert, im Gegensatz zu Amalberga. Die Federzeichnung ist das Frontispiz eines aus dem 11. Jahrhundert stammenden Evangeliars, das sich heute in der Pfarrkirche von Susteren befindet.[133] Die Äbtissin steht mit ausgebreiteten Armen zwischen den Bischöfen auf einem flachen Hügel vor einer Säule und präsentiert in der linken Hand ein offenes Buch, während sie die rechte Handfläche dem Betrachter entgegenhält, ein Gestus, auf dessen Bedeutung in der Ikonographie der Buchurheberinnen bereits hingewiesen wurde. Im Gegensatz zu den bisher behandelten Frauen ist Amalberga, die durch ihr offenes Buch als Lehrende gekennzeichnet ist, den beiden Bischöfen nicht untergeordnet, weshalb das Bild bereits Prochno Kopfzerbrechen bereitet hat, der bemerkt: «Das Bild der Äbtissin ist wohl dem Typus des Repräsentationsbildes zuzurechnen. Denn eine äussere Beziehung zu den beiden Bischöfen ist nicht gegeben.»[134] Tatsächlich gleicht die Darstellung der Äbtissin Siegelbildern, auf denen thronende geistliche Würdenträger Stab und Buch in den Händen halten. Allerdings trägt Amalberga keinen Stab, im Gegensatz zu den Bischöfen links und rechts von ihr.

In genau derselben Körperhaltung, mit ausgebreiteten Armen und einem offenen Buch in der Linken, ist auf dem Devotionalbild eines Echternacher Sakramentars (nach 1028) Christus dargestellt, der wie Amalberga auf einem Hügel steht (Abb. 27).[135] Nur der Gestus seiner rechten Hand unterscheidet ihn von ihr. Mit ausgestrecktem Zeige- und Mittelfinger scheint Christus zugleich den Betrachter und den Mönch zu segnen, der mit erhobenen Händen unter ihm kniet und zu ihm emporblickt. Die Beine dieses Mönchs, wohl des Buchherstellers, liegen ausserhalb des Bildfeldes vor dem breiten ornamentierten Rahmen; er befindet sich in einer anderen Realitätsebene als Christus. Seine Unterschenkel und Füsse auf dem ge-

[133] Prochno: Schreiber, Nr. 69, hat darauf hingewiesen, dass die Äbtissin zum Zeitpunkt der Entstehung der Handschrift längst verstorben war, und hält es für möglich, dass ihr Bildnis eine Kopie nach einer älteren Darstellung ist.

[134] Prochno: Schreiber, Nr. 69.

[135] Fol. 18v. Echternacher Sakramentar und Antiphonar. Vollständige Faksimileausgabe der Handschrift 1946 aus dem Besitz der Hessischen Landes- und Hochschulbilbiothek Darmstadt (Codices selecti LXXIV). Kommentar hg. von Kurt Hans Staub, Paul Ulveling u.a., Graz 1982. Trierer und Echternacher Handschriften. Originale – Farbtafeln – Faksimiles. Katalog von Gunther Franz zur Ausstellung der Stadtbibliothek Trier, Trier 1987, Nr. 8.

musterten Bildrahmen erwecken den Eindruck, er schwebe vor seiner Vision Christi. Vergleichbare Körperhaltungen und Randpositionen finden sich häufig bei Buchurhebern und visionären Autoren.[136]

Auch Amalberga und die Bischöfe scheinen schwerelos zu sein. Wie der Echternacher Christus stehen sie auf flachen, unbewachsenen Hügeln, die ihren Aufenthalt im Jenseits symbolisieren: Amalbergas Hügel schwebt vor einer Säule und erinnert somit eher an eine Wolke als an eine Erderhebung. Die beiden Bischöfe dagegen stehen unter den beiden Arkaden. Die Architekturkulisse, eine von drei Säulen getragene Doppelarkade von Türmen und Dächern überragt, evoziert das Portal eines Kirchenschiffs oder ein Klostertor. Durch ihre Position *vor* dem Mittelpfeiler wird die Äbtissin aus der Bildkomposition herausgehoben; sie scheint sich auf einer Bildebene zu befinden, die zwischen dem Betrachter und den Bischöfen liegt. Ihrer vermittelnden Stellung entspricht der auf den Betrachter gerichtete Blick. Dagegen blicken die Geistlichen nicht aus dem Bild, sondern auf Amalberga.

Aus drei Säulen bestehende Architekturkulissen finden wir auch im Perikopenbuch Heinrichs II. (1007–1012, Abb. 21).[137] Auf den bereits erwähnten Blättern 17v und 18r mit den heiligen drei Königen vor Maria und dem Kind sind die meisten Figuren vor der mittleren Säule über der Basis plaziert: Auf dem linken Bild stehen der rechte Fuss des vordersten Königs und der linke Fuss des mittleren auf dem Wulst der Säulenbasis, auf dem rechten Bild steht Marias Thron mitsamt dem Piedestal auf der Basis der mittleren Säule. Beispiele solcher Bildkompositionen, die einen Vergleich der dargestellten Personen mit Säulen suggerieren, lassen sich häufen.[138] In Dedikationsbildern werden auch Bücher häufig vor Säulen abgebildet: Beispiele liefern die Dedikationsbilder des Hrabanus Maurus in Rom und Amiens, auf denen

[136] Vgl. unten S. 133ff. und 178ff.

[137] München, Bayerische Staatsbibliothek, Clm 4452, fol. 17v, 18r. Thesaurus librorum. 425 Jahre Bayerische Staatsbibliothek. Katalog von Karl Dachs und Elisabeth Klemm zur Ausstellung in der Bayerischen Staatsbibliothek München, 18. August bis 1. Oktober 1983, Wiesbaden 1983, Nr. 19. Zierde für ewige Zeit. Das Perikopenbuch Heinrichs II. Katalog von Hermann Fillitz, Rainer Kashnitz und Ulrich Kuder zur Ausstellung im bayerischen Nationalmuseum München, 20. Oktober 1994 bis 15. Januar 1995, Frankfurt a.M. 1994, Tafeln 14 und 15.

[138] Auf zwei weitere Szenen, die vor einer Säule in der Bildmitte komponiert sind, sei hier hingewiesen: Ein Passauer Evangelistar (um 1170–1180) zeigt die Darbringung Christi im Tempel (fol. 10v). Unter einer Doppelarkade steht links Maria mit einer Begleiterin, rechts der Priester Simon. Das Jesuskind, das von Maria und dem Priester gehalten wird, befindet sich vor der Säule im Bildzentrum. München, Bayerische Staatsbibliothek, Clm 16002. Thesaurus librorum, Nr. 32. Elisabeth Klemm: Die romanischen Handschriften der bayerischen Staatsbibliothek, Teil 1: Die Bistümer Regensburg, Passau und Salzburg, Wiesbaden 1980, Kat. 206, Abb. 474. Ebenfalls aus dem 12. Jahrhundert stammt das Dedikationsbild eines Salzburger Lektionars, das einen Abt bei der Übergabe eines reichverzierten, voluminösen Kodexes an einen Heiligen zeigt. Der Kodex, der von den beiden Personen gleichzeitig festgehalten wird, befindet sich im Zentrum des Bildes genau vor der Säule. Prag, Piaristenkolleg, fol. 1v. Prochno: Schreiber, Nr. 97. Christopher de Hamel: Medieval Craftsmen. Scribes and Illuminators, London 1992, S. 1.

das überreichte Buch vor einer Säule zwischen dem Papst und dem Autor abgebildet ist (Abb. 18, 20).

Ein weiteres Bild erweist sich in unserem Zusammenhang als besonders aufschlussreich: Auf dem bereits mehrmals erwähnten Schreiberbild im Echternacher Evangelistar sitzen die beiden Schreiber über ihre Arbeit gebeugt auf kubusähnlichen *cathedrae* (Abb. 5). Ihre geneigten Köpfe befinden sich genau unter den rechteckigen Kämpfern der Säulen, die das Klostergebäude stützen. Gleichsam wie antike Atlanten den Himmel scheinen die beiden Buchkünstler den Riesenbau des Klosters Echternach auf ihren Köpfen zu tragen. Ebenfalls als ‹Stütze der Kirche› wird auf der folgenden Dedikation (Abb. 5b) der Thron Heinrichs III. charakterisiert, dessen Säulen die Fortsetzung der Architekturkulisse bilden. Der überreichte offene Kodex findet sich ebenfalls vor einer Säule. Die Metapher der «Säule des Tempels Gottes», deren bildliche Inszenierung im Mittelalter so ausserordentlich häufig war, geht auf die Paulusbriefe zurück und bezeichnet die Mitarbeiter des Apostels.[139]

Kehren wir nun zum Bildnis der Amalberga zurück, der Äbtissin und Stifterin des Klosters von Susteren. Die Häufigkeit der Säulenmetaphorik im Bereich der Buchurheberschaft legt die Vermutung nahe, dass das Bild der Äbtissin zu Beginn des Evangeliars anstelle einer Dedikation an die Bischöfe gewählt wurde. Hat der Künstler, da die Darstellung einer Buchübergabe einer Frau an einen Bischof nicht in Frage kam, Amalberga in einer Körperhaltung und Position gezeigt, die ihr ein ähnlich grosses Prestige zuschreiben, nämlich dasjenige einer lehrenden *auctoritas*?

Brigitte von Schweden

Zum Vergleich mit Amalberga sei auf die einzigen mir bekannten Bilder des Mittelalters hingewiesen, welche Dedikationen einer Autorin an geistliche Würdenträger zeigen. Es handelt sich um die Bildnisse Brigittes von Schweden in drei illustrierten Handschriften ihres *Liber celestis* aus dem späten 14. Jahrhundert. Die Kodizes der Morgan Library und der Nationalbibliothek in Palermo zeigen in der I-Initiale des dritten Buches drei Personen: Brigitte und ein Bischof stehen sich gegenüber, über ihnen schwebt in einer Aureole Christus, dessen Unterleib hinter dem linken Bildrahmen verschwindet. Mit der Rechten überreicht Christus der emporblickenden Autorin ein Buch, das diese ebenfalls mit der Rechten ergreift, während sie mit der Linken ein zweites Buch dem Bischof übergibt.[140] Weitere simultane Darstellungen Brigittes als Buchempfängerin und -übergeberin finden sich in den Handschriften der Morgan Library und der Schwedischen Nationalbibliothek:[141] Die ganzseitige Miniatur auf Folio 94v im *Liber celestis* in Stockholm zeigt Brigitte bei der gleich-

[139] Gal 2,9 und 1 Kor 3,16. Vgl. auch Apc 3,12.

[140] New York, Morgan Library, M. 498, fol. 93. Palermo, Biblioteca Nazionale, MS IV. G. 2, fol. 43v. Nordenfalk, St. Bridget, Abb. 13 und 14.

[141] New York, Morgan Library, M. 498, fol. 343v. Stockholm, Königliche Bibliothek und Schwedische Nationalbibliothek (ehem. Schloss Ericsberg), A 70b, fol. 94v. Nordenfalk, St. Bridget, Abb. 5 und 6.

zeitigen Entgegennahme des Buchs aus dem Himmel und dessen Übergabe an zwei kniende tonsurierte Geistliche (Abb. 28). Diese umständlichen Inszenierungen Brigittes als Dedikatorin bestätigen meine Analyse der Rolle von Frauen auf Dedikationsbildern: Brigittes Buchübergabe an die Kleriker wird im Bild dadurch legitimiert, dass die himmlische Provenienz des Buches in das Dedikationsbild miteinbezogen wird. Diese Bildnisse gehören zum Typ, der Heilige als Vermittler zwischen dem Buchurheber und Christus oder Maria zeigt und den Joachim Prochno «Dedikation mit Vermittlung»[142] genannt hat.

Dedizierende Frauen

Mathilde von Lothringen

Während es im Mittelalter offenbar unmöglich war, eine Frau bei einer Buchübergabe an einen hohen Geistlichen abzubilden – ausser wenn es sich um den Autor desselben handelte, wodurch die *erste* Urheberschaft dem Geistlichen zugeschrieben wird –, gilt dies im weltlichen Bereich nicht: Das in einer Kopie von 1842 erhaltene Frontispiz eines *Liber de divinis officiis* zeigt Mathilde von Lothringen mit einem Kodex auf den verhüllten Händen vor dem thronenden König von Polen Mieszko II. Aus historischen und stilistischen Gründen kann die verlorene Handschrift aufgrund der erhaltenen Nachzeichnung um 1026/7 datiert werden (Abb. 29).[143] Mathilde trägt kein fürstliches Gewand, wie es ihrem Stand entsprechen würde, sondern einen Schleier. Ausserdem wird sie in der begleitenden Inschrift als Dedizierende und als Tochter des Fürsten Hermann von Schwaben bezeichnet: «Hunc librum regi Mahthilt donat Minigo (sic!) qua(m) genuit clarus Suevoru(m) dux Herimannus».[144] Die Handschrift enthielt ursprünglich ein ausführliches Widmungsschreiben Mathildes, in dem sie den polnischen König als Inbegriff des tugendhaften christlichen Herrschers preist, der mehr Kirchen gebaut habe als irgendeiner seiner Vorgänger. Die Herzogin nennt ihn den «unbesiegbaren König», dem «die Bestimmung des allmächtigen Gottes das königliche Diadem verliehen hat», und wünscht ihm «glücklichen Triumph über alle seine Feinde».[145] Zur Zeit der Abfassung dieses Schreibens befand sich Mathilde inmitten der lothringischen Opposition gegen König Konrad II., der den Königstitel, den Mieszko angenommen hatte, nicht anerkannte. Ihre Übersendung der Handschrift an den polnischen König deutet darauf hin, dass die lothringischen Herzöge eine politische Verbindung mit Polen gegen Konrad anstrebten.

[142] Prochno: Schreiber, S. 71.
[143] Mütherich: Epistola, S. 138.
[144] Mütherich: Epistola, Abb. 1.
[145] Harry Bresslau: Jahrbücher des Deutschen Reichs unter Konrad II., Bd. 1: 1024–1031, Leipzig 1879, S. 248f.

Auf dem Dedikationsbild ist Mathilde jedoch erstaunlicherweise nicht als verheiratete Frau und Fürstin, das heisst als Gemahlin Heinrichs von Lothringen, charakterisiert, sondern als Tochter Hermanns von Schwaben. Sie wird durch die Inschrift und Kleidung einer geistlichen Frau angeglichen, eine bildliche Inszenierung, die zu dem liturgischen Inhalt des überreichten Buches, des *Ordo Romanus*, passt. Zum Vergleich sei auf das oben behandelte Frontispiz der Regensburger Benediktinerregel hingewiesen, auf dem der «Vater» (*Abbas*) Benedikt und eine kniende Nonne ein offenes Buch halten, dessen Inschrift diese ebenfalls als Tochter bezeichnet: «ausculta o filia» (Abb. 15). Was aber bedeutet die Inszenierung Mathildes von Lothringen als geistliche Buchurheberin?

Florentine Mütherich hat auf die ikonographische Verwandtschaft von Mathildes Frontispiz mit der Dedikation im Perikopenbuch Heinrichs III. hingewiesen (Abb. 5). Hier wie dort geht die Buchübergabe mit einer Bitte um politische Unterstützung einher.[146] Mathilde scheint eine Position einzunehmen, die ihr Ehemann, der Fürst von Lothringen, nicht einnehmen konnte oder wollte. Jedenfalls sind mir Buchübergaben zwischen zwei weltlichen Fürsten nicht bekannt, denn die Überreichung eines Buches wurde im allgemeinen als religiöser Akt inszeniert.

Die Dedikation Mathildes wirft ein interessantes Licht auf die politische Rolle der Herzogin: Sie überreicht Mieszko II. den *Ordo Romanus* an Stelle einer kirchlichen Autorität, und ihr Akt kann als Bestätigung des Gottesgnadentums des polnischen Königs interpretiert werden, das von Konrad II. nicht anerkannt wurde. Das heisst, Mathilde übernimmt hier die Rolle einer Sibylle, die das Königtum Mieszkos legitimiert. Welch grosse Bedeutung sibyllinischen Königsprophetien im 11. Jahrhundert zugemessen wurde, belegt der bedeutendste sibyllinische Text der Zeit, die in Oberitalien entstandene *Tiburtina*, welche in zahlreichen Chroniken und Geschichtswerken überliefert ist und die Schicksale der Herrscherdynastien vom Beginn des Römischen Reichs bis an das Ende der Welt prophezeit. Die tiburtinische Sibylle, der diese Voraussagen weltgeschichtlicher Ereignisse in den Mund gelegt werden, tritt als trojanische Königstochter auf. Sie kommt also als Identifikationsfigur für Mathilde in Frage.[147]

[146] Mütherich: Epistola, S. 139.

[147] Vgl. unten S. 211f. Auch anderen mittelalterlichen Fürstinnen wurde die sibyllinische Gabe der Königsprophetie zugesprochen. Auf sehr sarkastische Art geschieht dies in Liudprands *Buch der Vergeltung* im Bericht über König Lamberts Sieg über den Markgrafen Adalbert von Tuszien, der auf Antrieb seiner Frau Bertha Pavia belagerte. Er wurde nach einem nächtlichen Trinkgelage von Lambert gefangengenommen, als er sich in einem Viehstall versteckte. Nach Liudprand richtete der siegreiche König folgende Worte an den Gefangenen: «Wir glauben, dass es der Geist der Sibylle war, der aus deiner Frau redete, als sie dir aus eigenem Wissen versprach, dich zum König oder zum Esel zu machen. Denn da sie aus dir keinen König machen wollte, vielmehr – was eher zu glauben ist – nicht konnte, liess sie dich, um nicht gelogen zu haben, zum Esel werden, als sie dich mit Arcadiens Vieh in den Stall zu fliehen nötigte.» Widukinds Sachsengeschichte, Adalberts Fortsetzung der Chronik Reginos, Liudprands Werke. Lat./Dt. (Quellen zur Geschichte der sächsischen Kaiserzeit), unter Benutzung

Christine von Pizan
Weitere Bilder, die eine Frau bei der Buchübergabe an einen Fürsten zeigen, sind mir vor dem 15. Jahrhundert nicht bekannt. Erst die Dedikationsbilder der *Epistre Othéa* (1400) und des *Livre du chemin de long estude* (1402) zeigen die Autorin Christine von Pizan bei Buchübergaben an die verschiedenen französischen Fürsten, denen sie ihr Werk gewidmet hat.[148] Im Gegensatz zu Mathilde von Lothringen, die ihren Kodex stehend darbringt, wird Christine vor den Herrschern kniend abgebildet, was wohl durch den Standesunterschied zwischen der bürgerlich gekleideten Autorin und den königlichen Buchempfängern bedingt ist (Abb. 30a). Wie Sandra L. Hindman in ihrer bahnbrechenden Studie über die illustrierten Manuskripte der *Epistre Othéa* aufgezeigt hat, hängt Christines Inszenierung als Buchdedikatorin in diesen Werken mit den politischen Intentionen der Autorin eng zusammen.[149] *Otheas Brief* und der *Weg des langen Studiums* sind Fürstenerziehungsschriften, die konkrete politische Anweisungen an den französischen König Charles VI. und dessen Bruder Louis von Orleans enthalten, denen Christine diese Werke gewidmet hat. Die Ikonographie der Dedikationsbilder, die, wie Hindman gezeigt hat, unter Christines persönlicher Leitung entstanden sein müssen, bezieht sich ebenfalls auf die politische Situation des französischen Königtums.[150]

Ähnlich wie das Frontispiz Mathildes von Lothringen, auf dem die Fürstin als Sibylle auftritt, lassen sich die Dedikationsbilder Christines von Pizan interpretieren. Sowohl in der *Epistre Othéa* als auch im *Livre du chemin de long estude* spielt die Identifikation der Autorin mit der Sibylle eine bedeutende Rolle. «Otheas Brief» ist ein fiktives Schreiben der antiken Göttin der Weisheit Othea an den trojanischen Fürsten Hektor, der, wie Hindman aufgezeigt hat, in Text und Bild als didaktisches Modell für Louis von Orleans inszeniert wird.[151] Auf der Rückseite der Dedikationsbilder Christines erscheint Hektor mit den Insignien des französischen Herrschers, dem Othea, mit einem weissen Schleier und einer Hals und Kinn bedecken-

der Übersetzungen von Paul Hirsch u.a. hg. und neu bearbeitet von Albert Bauer und Reinhold Rau, Darmstadt 1977, S. 287.

[148] Brüssel, Bibliothèque Royale, Ms 10982, fol. 1 und Ms 10983, fol. 1. Camille Gaspar / Frédéric Lyna: Les principaux manuscrits à peinture à la Bibliothèque Royale de Belgique, Bruxelles 1937, Tafel CI. Paris, Bibliothèque Nationale, Ms fr. 836, fol. 1. Bärbel Zühlke: Christine de Pizan in Text und Bild. Zur Selbstdarstellung einer frühhumanistischen Intellektuellen, Stuttgart, Weimar 1994, S. 359, Abb. 4. Paris, Bibliothèque Nationale, Ms fr. 848, fol. 1r und Ms fr. 606, fol. 1r. London, British Library, MS Harley 4431, fol. 1r, fol. 95r und fol. 178r. Hindman: Christine, Abb. A, C, 1, 4, 5, 7, 68. Oxford, Bodleian Library, Ms laud. Misc. 570, fol. 24. William Owen Hassall / Richard William Hunt: Treasures from the Bodleian Library, London 1976, S. 125–128 und Tafel 29.

[149] Frontispize anderer Werke Christines zeigen die Autorin als Buchschreiberin, z.B. Le livre de la mutacion de Fortune. Brüssel, Bibliothèque Royale, Ms 9508, fol. 2. Le livre de l'avision. Brüssel, Bibliothèque royale, Ms 10309, fol. 1. Le livre de paix. Brüssel, Bibliothèque Royale, Ms 10366, fol. 3. Gaspar / Lyna, Tafel CII. Cent balades. Paris, Bibliothèque Nationale, Ms fr. 835, fol. 1. Zühlke: Christine, Abb. 3.

[150] Hindman: Christine, S. 25ff., S. 169ff.

[151] Hindman: Christine, S. 37f.

den Rise bekleidet, ihren Brief überreicht (Abb. 30b).[152] Diese Kopfbedeckung trägt auch die Sibylle auf den Illustrationen des *Livre du chemin de long estude*. Die antike Göttin der Weisheit und die Sibylle sind also gleich gekleidet. Dagegen trägt Christine auf allen Bildern eine Haube.[153]

Othea stellt Hektor hundert berühmte und weise Frauen der Vergangenheit vor, die eine wichtige Rolle im Leben führender Politiker gespielt haben. Es handelt sich um einen Geschichtsunterricht anhand von hundert Exempeln, die immer von neuem die zentrale Bedeutung antiker Frauen in der Politik beweisen. An letzter, hundertster Stelle erzählt Othea die Geschichte der tiburtinischen Sibylle, die dem römischen Kaiser Augustus die Geburt Christi weissagt und ihn dadurch daran hindert, sich als Gott verehren zu lassen. In der Auslegung dieser Geschichte, die den Schluss des Werks bildet, identifiziert sich Othea mit der Sibylle, indem sie das Verhalten des Kaisers Augustus als vorbildlich für den (königlichen) Leser hinstellt. Zitate aus dem *Didascalion* Hugos von Sankt Viktor und aus dem *Ecclesiasticus* bekräftigen ihre Aufforderung, ein weiser Mann solle eine gute Lehre (nämlich diejenige Christines) befolgen.[154]

Eine noch zentralere Rolle spielt die Sibylle im *Livre du chemin de long estude*. Zu Beginn des Werks beschreibt Christine eine Traumvision. Während sie in ihrem Bett gelegen habe, sei eine ehrwürdige, mit einem Schleier bekleidete Frau erschienen, die sich zu ihren Füssen gesetzt und als Sibylle zu erkennen gegeben habe. Das literarische Vorbild ist unverkennbar: Es handelt sich um die Erscheinung der Philosophie vor Boethius am Anfang der *Consolatio Philosophiae*, welche sich ebenfalls zu Füssen des im Bett liegenden Autors setzt.[155] Die Fortsetzung der Geschichte orientiert sich an einem anderen literarischen Meisterwerk, nämlich an Dantes *Göttlicher Komödie*: Unter der Führung der Sibylle unternimmt die Autorin eine Reise in eine allegorische Traumwelt, in der sie von vier Königinnen über gute und schlechte Regierungen unterrichtet wird. Die Inszenierung erinnert an Dantes Jenseitsreise unter der Führung Vergils.[156] Wie der Autor der *Göttlichen Komödie* sich als Nachfolger des antiken Dichters inszeniert, stellt Christine ihr literarisches Werk in die Tradition der sibyllinischen Königsprophetie. Hindman hat gezeigt, dass die Suprematie des französischen Königtums, welche von englischer Seite bestritten wurde, das zentrale Thema des *Chemin* ist.[157]

[152] Hindman: Christine, Abb. B, D, 2, 6, 8.

[153] Paris, Bibliothèque Nationale, Ms fr. 836. Hindman: Christine, Abb. 69f. Zühlke: Christine, Abb. 4–11.

[154] Halina D. Loukopoulos: Classical Mythology in the works of Christine de Pisan, with an edition of «L'Epistre Othea» from the ms Harley 4431 (University Microfilms International, Ann Arbor), Michigan 1991, S. 288f.

[155] Boethius: Trost der Philosophie [Consolatio Philosophiae]. Lat./Dt., hg. und übers. von Ernst Gegenschatz und Olof Gigon, München 1990, S. 7, 1. prosa.

[156] Vgl. Zühlke: Christine, S. 138–180.

[157] Hindman: Christine, S. 169ff.

Zwischen dem Frontispiz Mathildes von Lothringen und denjenigen der Christine von Pizan liegen mehr als dreihundert Jahre, aus denen mir keine vergleichbaren Bilder bekannt sind. Es ist deshalb nur schwer zu beurteilen, ob es Zufall ist, dass die Dedikationsbilder der beiden Frauen mit der sibyllinischen Königsprophetie in Verbindung gebracht werden können. Jedoch könnte die politische und theologische Dimension mittelalterlicher Buchdedikationen darauf hinweisen, dass die aufgezeigten thematischen Übereinstimmungen zwischen den Frontispizen Mathildes und Christines nicht zufällig sind. Sowohl Mathilde von Lothringen als auch Christine von Pizan überreichen ihre Bücher Königen, deren Herrschaftsansprüche umstritten sind. Der selbsternannte polnische König Mieszko II. wird vom deutschen Kaiser nicht anerkannt, und der geistesgestörte Charles VI., dem Christine den *Chemin de long estude* zuerst gewidmet hat, muss seine Herrschaft nicht nur gegen die Machtgier seiner Verwandtschaft, sondern auch gegen die Ansprüche der englischen Plantagenet auf den französischen Thron verteidigen. Beide Frauen konsolidieren durch ihre Buchübergabe ein prekäres Königtum, und ihre Dedikationsbilder werfen ein aufschlussreiches Licht auf die politische Rolle, welche mittelalterliche Frauen als Sibyllen spielen konnten, eine Rolle, die einige Jahrzehnte nach Christines Fürstenerziehungsschriften von einer ungebildeten französischen Bauerstochter von neuem in Anspruch genommen wird, nämlich von Jeanne d'Arc, die von Christine in ihrem *Ditié de Jehanne d'Arc* emphatisch gefeiert wird und die nicht mit literarischen, sondern mit konkreten liturgischen und militärischen Mitteln für das französische Königtum kämpft.

Schlussfolgerungen

Mit Ausnahme von Brigitte von Schweden und Christine von Pizan, die als Vergleichsbeispiele herangezogen wurden, zeigen die bisher untersuchten Frauenbildnisse mit Sicherheit nicht die Autorinnen der Werke, in denen sie abgebildet sind, da es sich um Evangeliare, Regelbücher oder andere von Männern verfasste Werke handelt. Die ikonographische Analyse hat indessen gezeigt, dass alle diese Frauen als potentielle Buchherstellerinnen in Betracht kommen. Dies trifft auch dann zu, wenn es sich um Adlige oder Äbtissinnen handelt, denn die Arbeit als Buchkünstler wird zuweilen in Viten kirchlicher Würdenträger bewundernd erwähnt, was das damit verbundene hohe Prestige beweist.[158] Auch in Frauenviten kommen solche Erwähnungen vor, so wird in den Viten der Äbtissinnen von Aldeneyck, Harlindis und Reinula (9. Jahrhundert), deren Fähigkeit zu schreiben und zu malen hervorgehoben und als eine Arbeit bezeichnet, die «sogar den kräftigsten Männern heutzutage schwer erscheint».[159] Ähnliches wird von der Äbtissin Eadburg berichtet, welche die Apostelbriefe des Petrus für Bonifatius mit Goldschrift geschrieben hat, und von der Äbtissin Agnes von Quedlinburg (1184–1203).[160]

Spärlicher dagegen sind Nachrichten über Laien als Buchhersteller, die erst im 12. Jahrhundert häufiger werden.[161] Doch bereits Herbert Grundmann hat nachgewiesen, dass die Fähigkeit zu lesen und zu schreiben bei adligen Frauen verbreiteter war als bei Männern.[162] Dass adlige Frauen, die in einem Kloster erzogen wurden, als Buchkünstlerinnen ausgebildet werden konnten, liegt auf der Hand. In den Viten der Harlindis und der Reinula wird berichtet, dass diese beiden jungen Adligen zuerst im Kloster unterrichtet wurden, um danach zu ihren Eltern zurückzukehren. Da sie dort aber keine Möglichkeit sahen, ihre erworbenen Künste anzuwenden, gründeten die Eltern ein Kloster, in dem die beiden Töchter sich zusammen mit anderen adligen oder freien Frauen der Herstellung von Evangelien und Psaltern widmen konnten.[163]

Die Tatsache, dass die Frauen auf den Frontispizen in den meisten Fällen nicht durch Inschriften explizit als Buchkünstlerinnen bezeichnet werden, schliesst die Möglichkeit keineswegs aus, dass sie an der Herstellung der Kodizes beteiligt waren. Nach Hoffmann sind solche Inschriften, die Buchkünstler namentlich nennen, oft irreführend, da sie dem paläographischen Befund widersprechen. Häufig haben mehrere Hände an einem Kodex gearbeitet, und trotzdem wird in der Widmung

[158] Eberlein: Miniatur, S. 213ff. Alexander: Illuminators, S. 7f. Peter Dinzelbacher: Die Bedeutung des Buches in der Karolingerzeit. Archiv für Geschichte des Buchwesens 24 (1983), S. 258–287, hier S. 258f.
[159] Eberlein: Miniatur, S. 219, S. 400, Nr. 138. Eckenstein: Women, S. 231.
[160] Eckenstein: Women, S. 233f. Legner: Manus, S. 226f. Eberlein: Miniatur, S. 301.
[161] Hoffmann: Buchkunst, Bd. I, S. 55ff. Eberlein: Miniatur, S. 224ff.
[162] Grundmann: Frauen. Vgl. auch Weinhold: Frauen, S. 128ff.
[163] Eckenstein: Women, S. 231f.

oder im Schreiberkolophon nur ein *scriptor* erwähnt. Es muss deshalb angenommen werden, dass die in solchen Inschriften genannten *scriptor*es in vielen Fällen die Auftraggeber/innen oder Vorsteher/innen eines Skriptoriums waren, die das Buch schreiben liessen, und nicht die Künstler.[164] Hoffmann kommentiert seine Entdeckung folgendermassen: «Im Mittelalter scheint ein Sprachgebrauch gerechtfertigt gewesen zu sein, den wir heute als ein Täuschungsmanöver verurteilen würden.»[165] Aus seiner Untersuchung können wir schliessen, dass die Inschriften, in denen Buchurheber genannt werden, uns mit analogen Problemen konfrontieren wie die Bildnisse, auf denen wir ebenso vergeblich nach Abbildungen realer künstlerischer Produktion suchen. Wie die Namensnennung eines vermeintlichen Künstlers scheint auch seine bildliche Inszenierung von seiner sozialen oder politischen Stellung, literarischen Autorität, aber auch von seinem Geschlecht mindestens so abhängig gewesen zu sein wie von seiner tatsächlichen künstlerischen Leistung.

[164] Hoffmann: Buchkunst, Bd. I, S. 42ff. Vgl. Alexander: Illuminators, S. 7f. und Anm. 39.
[165] Hoffmann: Buchkunst, Bd. I, S. 46.

Selbstbildnisse von Buchherstellerinnen

Bildnisse in Initialen

Im 12. Jahrhundert werden Bildnisse von Künstlern bei der Arbeit häufig, und die Ikonographie der Buchherstellung wird vielfältiger: Neben Schreibern bei der Arbeit finden wir auch Maler, andere Etappen der Buchproduktion werden ebenfalls abgebildet, zum Beispiel das Glätten und Linieren des Pergaments, das Binden der Blätter usw. (Abb. 80).[166] Martin Stevens hat darauf hingewiesen, dass solche Bildnisse von Künstlern bei der Arbeit eine literarische Parallele haben; er verweist unter anderem auf die Autobiographien Abälards und Guiberts de Nogent sowie auf zahlreiche Prologe, in denen Autoren sich selbst bei der Ausübung ihrer Kunst inszenieren.[167] Stevens hält dieses Phänomen für eine der bedeutendsten künstlerischen Innovationen des 12. Jahrhunderts: "[...] the rise of the artist as a subject of his own work is a signal development of the 12th century. It must rank as one of the important artistic innovations of medieval culture [...]"[168] Stevens führt keine Selbstinszenierungen von Künstlerinnen an, aber die autobiographischen Prologe der Hildegard von Bingen und ihre Autorinnenbildnisse zeigen, dass das Phänomen in Kunstwerken von Frauen ebenfalls auftaucht.[169] Doch erstaunlicherweise gilt Stevens Beobachtung nicht für die Ikonographie der Buchkünstlerinnen, deren Tätigkeit nach wie vor nicht auf den Bildern erscheint. Nur die Inschriften werden häufiger, in denen Schreiberinnen oder Malerinnen ihre Arbeit beschreiben.

Eine solche Inschrift findet sich auf dem bereits erwähnten Selbstbildnis der Schreiberin und Malerin Guda, welche sich als Dreiviertelfigur in einer D-Initiale ihres Homiliars (2. Hälfte 12. Jahrhundert) mit einem weitärmligen Gewand und einem Schleier bekleidet abgebildet hat (Abb. 1). Sie hält dem Betrachter ihre offene rechte Handfläche entgegen[170], wodurch die Absenz eines Arbeitsinstruments geradezu betont wird, und hält in der Linken ein Spruchband: «Guda peccatrix mulier scripsit quae pinxit hunc librum.» (Die Sünderin Guda hat dieses Buch gemalt und geschrieben.)[171]

Vergleichbare Schreiberbildnisse finden sich als Randzeichnungen in drei zisterziensischen Handschriften des 12. Jahrhunderts, die Werke des Augustin, Hiero-

[166] Zum Beispiel Ambrosius: Opera varia. Bamberg, Staatsbibliothek, Ms. Patr. 5, fol. 1v. Legner: Manus, Abb. S. 219. Alexander: Illuminators, S. 12, Abb. 15. Gude Sackale-Redlefsen: Die Handschriften des 12. Jahrhunderts der Staatsbibliothek Bamberg, Wiesbaden 1995, Kat. 30, Abb. 71. De Hamel, Craftsmen.

[167] Martin Stevens: The Performing Self in 12th Century Culture. Viator 9 (1978), S. 193–212.

[168] Stevens: Self, S. 212.

[169] Vgl. unten S. 94 und S. 97ff.

[170] Zu diesem Gestus vgl. oben S. 43f.

[171] Frankfurt am Main, Stadt- und Universitätsbibliothek, Ms. Barth. 42, fol. 110vb. Ornamenta Ecclesiae, Bd. 1, S. 244, B 43.

nymus und Paulus enthalten.[172] Einige dieser Schreiber sind als Halbfiguren oder bis zu den Knien abgebildet[173], entweder mit leeren Händen oder ein Schriftstück haltend. Diese Schreiber sind keine Mönche, sondern Laien: In der Augustinhandschrift erscheint ein durch die Inschrift bezeichneter «GILBERTUS» mit langem Haar am linken Rand als Dreiviertelfigur. Die linke Hand hält er vor der Brust, und mit der rechten deutet er auf den von ihm geschriebenen Text.[174]

Auch «CLARICIA», deren Bildnis sich in einem süddeutschen Psalter des späten 12. Jahrhunderts befindet, war keine Nonne (Abb. 31).[175] Sie trägt ein weitärmliges, langes Kleid und hat zwei Zöpfe. Ihre Gestalt bildet den Querbalken der Q-Initiale am Anfang des 51. (52.) Psalms, an deren Oval sie sich mit beiden Händen festhält.[176] Claricias Gesicht ist dem Betrachter zugewandt, und ihre elegant geschwungene Gestalt gleicht einer Turnerin, die sich an einem Reck emporschwingt. Nach Dorothy Miner haben verschiedene Hände an dem Psalter gearbeitet, der im ganzen vier Illustrationen enthält, neben einer Geburt und Taufe Christi von zwei anderen Künstlern ein weiteres Frauenbildnis, das von der gleichen Hand sein könnte wie dasjenige Claricias: In der D-Initiale des 101. Psalms kniet eine betende Nonne, deren Name jedoch nicht genannt wird.[177] Auch bei dieser Nonne könnte es sich um das Bildnis einer Schreiberin handeln. Der Anfang des Psalms – «Domine, exaudi orationem meam, et clamor meus ad te veniat» (Herr, erhöre mein Gebet, und mein Rufen dringe zu dir) – bildet eine sinnvolle Ergänzung dieses Bildes. Dagegen lauten die Anfangsworte des 51. (52.) Psalms, welche die Gestalt der Claricia umgeben:

> Quid gloriaris in malitia, qui potens es in iniquitate? Tota die iniustitiam cogitavit lingua tua, sicut novacula acuta fecisti dolum.
> (Was rühmst du dich der Bosheit, Mächtige[r] im Unrecht? Den ganzen Tag sann deine Zunge Ungerechtigkeit; wie ein scharfes Messer übtest du Arglist.)

Ist es Claricias Zunge, die hier verwünscht wird? Handelt es sich bei den beiden Bildnissen um die Gegenüberstellung einer guten und einer schlechten Frau, einer wohl- und einer übelredenden, einer eleganten, weltlichen, welche Wert darauf legt, in der Öffentlichkeit zu glänzen (*clarare* = erhellen, verherrlichen), und einer geistlichen anonymen? Handelt es sich bei den beiden Bildnissen um Frauenlob und Frauenschelte?[178]

[172] Augustin: De Civitate Dei. Wien, Österreichische Nationalbibliothek, Cod. 650. Kommentare des Hieronymus, Wien, Österreichische Nationalbibliothek, Cod. 685. Briefe des Paulus mit Kommentaren. Ljubliana, National- und Universitätsbibliothek, Ms 3. Nataša Golob: Obsecro te. Images of manuscript workers. Arte medievale 8 (1994), S. 97–112, hier S. 100ff.

[173] Zu berücksichtigen ist allerdings, dass die Seiten beschnitten wurden. Es kann deshalb nicht sicher festgestellt werden, ob einige Schreiber eventuell ursprünglich als Ganzfiguren dargestellt waren.

[174] Wien, Österreichische Nationalbibliothek, Cod. 650, fol. 95v. Golob: Obsecro, Abb. 7.

[175] Baltimore, Walters Art Gallery, W. 26, fol. 64. Dorothy Miner: Anastaise and her sisters. Women artists of the middle ages, Baltimore 1974, Abb. 2 und S. 11ff.

[176] Petersen / Wilson: Women, Abb. II, 4.

[177] Miner: Anastaise, S. 12.

[178] Dass es sich um Frauenschelte handelt, meint Alexander: Illuminators, S. 19f. und Abb. 31.

Gegen diese Interpretation kann eingewendet werden, dass die Anfangsworte des 51. Psalms Claricia genausogut in den Mund gelegt werden können wie der erste Satz des 101. Psalms der betenden Nonne. Auch wenn Dorothy Miners Annahme, es handle sich um das Selbstbildnis der Künstlerin, nicht mit Sicherheit zu beweisen ist – was für die meisten Bildnisse von Buchhersteller(inne)n zutrifft –, muss festgehalten werden, dass das Bildnis der Claricia zumindest arbiträr ist, das heisst, es *muss* nicht als Invektive gegen Claricia gelesen werden, sondern kann ebensogut als Provokation der Buchkünstlerin interpretiert werden, die sich *gegen* Frauenschelte richtet. In diesem Fall würde das Bildnis sich an Leser/innen mit misogynen Vorurteilen gegen elegante Frauen richten.

Verwünschungen und Verfluchungen finden sich häufig in heiligen Büchern.[179] Als Beispiel einer Kombination von Schreiberbild und Verwünschung sei auf das Bildnis des Hildebert verwiesen, der sich am Schluss einer Prager Handschrift von Augustins *De civitate Dei* zusammen mit seinem Malergehilfen Everwin dargestellt hat.[180] Auf einem niedrigen Tisch hinter Hildebert liegt die Mahlzeit der Künstler, die von einer Maus verzehrt wird. Auf dem aufgeschlagenen Buch, das vor Hildebert auf dem Pult liegt, lesen wir: «Pessime mus sepius me provocas ad iram ut te deus perdat» (Elende Maus, allzuoft versetzt du mich in Zorn, Gott verdamme dich), was Anton Legner zu der Frage veranlasst hat: «Ob Hildebert tatsächlich nur die Maus mit seinem Verdammungsspruch treffen wollte?»[181]

Genauer als über Claricia sind wir über die Nonne Guta aus Schwarzenthann unterrichtet, die Schreiberin einer Sammelhandschrift, die der Mönch Sintram aus Marbach illustriert hat (1154).[182] Guta und Sintram sind am Anfang der Handschrift mit leicht erhobenen Händen links und rechts der thronenden Muttergottes abgebildet (Abb. 32). Es handelt sich um ein traditionelles Devotionalbild, wie zum Beispiel in den Evangeliaren Heinrichs IV. und der Äbtissin Svanhild (Abb. 24, 25). Ausführliche Inschriften, in denen die Schreiberin und der Maler sich Maria empfehlen, die ihnen himmlischen Lohn für ihr Buch verspricht, und eine sorgfältig kalligraphierte Widmung der Guta kommentieren die Szene. Guta bezeichnet sich zwar demütig als *peccatrix*, aber sie hat ihren Namen, ebenso wie denjenigen Marias, grossgeschrieben und farbig hervorgehoben. Diese Ehre hat sie dem Maler Sintram nicht erwiesen, der sich dafür im Bild zur Rechten, auf der nobleren Seite der

[179] Legner: Manus, S. 202. Die Funktion solcher Verwünschungen wurde von Marc Drogin untersucht. Marc Drogin: ANATHEMA! Medieval Scribes and the History of Book Curses, Totowa, New Jersey 1983.

[180] Prag, Kapitelbibliothek, Cod. A 21, fol. 153r. Legner: Manus, S. 202f., Abb. S. 204.

[181] Legner: Manus, S. 202.

[182] Strasbourg, Grand Séminaire, Ms 37 (früher 78), fol. 4v. Cahn: Manuscripts, Nr. 146. Die Zeit der Staufer. Geschichte, Kunst, Kultur, Katalog zur Ausstellung im Alten Schloss Schillerplatz 6 und im Kunstgebäude Schlossplatz 4, Stuttgart, 26. März bis 5. Juni 1977, hg. von Reiner Haussherr und Christian Väterlein unter Mitarbeit von Ursula Schneider und Hans Klaiber, 5 Bde., Stuttgart 1977–1979 (6. verbesserte Aufl.), Bd. I, Nr. 721. Ornamenta Ecclesiae, Bd. 1, S. 245, B 44.

Muttergottes, gemalt hat. Guta beschreibt ihre Arbeit in der Widmung: «[...] hunc librum famulante calamo manus summaque devotione suppeditante animi scribendo explicui.» (Dieses Buch habe ich, ein dienstbares Schreibrohr in der Hand und höchste Hingabe in der Seele, schreibend vollendet.)

Das Grabmal der Dyemuet von Wessobrunn

Dass Schreiberinnen nicht nur in Handschriften dargestellt wurden, sondern auch in monumentaler Kunst, geht aus einer in unserem Zusammenhang aufschlussreichen Nachricht über ein heute verlorengegangenes Grabmal im Benediktinerkloster Wessobrunn hervor. Das Grab wurde 1707 beim Abbruch einer Kapelle aus dem 8. Jahrhundert zusammen mit einer Bleitafel entdeckt. Bernhard Pez, der Bibliothekar von Wessobrunn, schreibt in seinem 1721 erschienenen *Thesaurus Anecdotorum Novissimus*:[183] Zur Zeit Gregors VII. habe die Nonne Dyemuet des Klosters Wessobrunn zahlreiche Bücher kopiert, in die sie aber aus Pietät weder Namen noch Datum eingetragen habe. Im Äbtekatalog des Klosters von Wessobrunn, der die Liste dieser Bücher enthält, wird ihre Tätigkeit erwähnt: «Dyemuet Virgo et Monialis S. Petri in Weissinsprunn, quae fuit exaratrix praedictorum librorum [...]»[184] (Dyemuet, Jungfrau und Nonne von Sankt Peter in Wessobrunn, die die Schreiberin der oben genannten Bücher war [...]). Nach ihrem Tod sei sie in der Klosterkirche begraben worden, und man habe ihr einen Grabstein errichtet mit ihrem Bildnis: «[...] erecta super id (monumento) effigie Virginis dexteram stylo armantis [...]»[185] ([...] darüber wurde ein Bildnis der Jungfrau mit einem Griffel in der rechten Hand errichtet [...]).

Der Gegensatz zwischen der selbstgewählten Anonymität der Buchkünstlerin und ihrer monumentalen Darstellung nach ihrem Tod scheint paradox; ähnlich wie die Selbstbezeichnungen der Buchkünstlerinnen als *peccatrix* illustriert er, wie eng Künstlerstolz und Künstlerdemut im Mittelalter zusammenhingen. Pez überliefert leider nicht, ob das Grabmal eine Inschrift trug. Aus seiner Beschreibung geht auch nicht hervor, ob es sich um ein vollständiges Schreiberinnenbildnis gehandelt hat, denn er erwähnt keine Schreibunterlage. Auffällig ist jedoch die Nennung eines *stilus* in der rechten Hand der Schreiberin, denn um die Tätigkeit der Dyemuet als Kopistin vor Augen zu führen, hätte der Künstler sie mit einem Schreibrohr oder einer Feder in der Hand abbilden müssen. Es scheint sich also nicht um das Bildnis einer Buchschreiberin gehandelt zu haben, sondern – wenn Dyemuet tatsächlich einen *stilus* in der Hand hielt – um ein Schreiberinnenporträt, das zeitgenössischen Autorinnenbildern angeglichen wurde, wie sie in denjenigen Baudonivias oder Hilde-

[183] Bernhard Pez: Thesaurus Anecdotorum Novissimus, Augsburg 1721, Bd. 1, Kap. 37f., S. 21ff.

[184] Pez: Thesaurus, Bd.1, Kap. 37, S. 21. Zu Dyemuet vgl. den Artikel in: Neue Deutsche Biographie, hg. von der historischen Kommission bei der bayerischen Akademie der Wissenschaften, Berlin 1971 (1953ff.), Bd. 3, S. 648 und Irma Bühler: Forschungen über Benediktiner-Doppelklöster im heutigen Bayern. Zeitschrift für bayrische Kirchengeschichte 5 (1930), S. 229–251, hier S. 243–245.

[185] Pez: Thesaurus, Bd. 1, Kap. 38, S. 26.

gards von Bingen erhalten sind (Abb. 38, 40, 46, 78, 97, 104). Falls Pez den Grabstein der Dyemuet genau betrachtet hat, hätten wir einen weiteren Beleg dafür, dass geistliche Frauen dieser Zeit nicht als Buchschreiberinnen dargestellt wurden und dass die Absenz solcher Bildnisse nicht überzeugend mit dem lückenhaften Erhaltungszustand der mittelalterlichen Kunstwerke begründet werden kann, sondern dass nach der Bildersprache geforscht werden muss, welche die Inszenierung religiöser Frauen als Buchproduzentinnen über Jahrhunderte hinweg prägte.

Der Hortus Deliciarum *der Herrad von Hohenburg*

Herrads Prolog

Wohl das schönste Beispiel des 12. Jahrhunderts, anhand dessen der Frage nach (Selbst-)Inszenierungen religiöser Frauen als Buchurheberinnen nachgegangen werden kann, ist leider nur in einer unvollständigen Kopie erhalten. Der *Hortus Deliciarum* Herrads von Hohenburg (ca. 1170–1180), eine der grossartigsten illustrierten Enzyklopädien des Mittelalters, verbrannte 1870 während des deutsch-französischen Kriegs im Chor der ehemaligen Dominikanerkirche Temple-Neuf zu Strassburg. Die Rekonstruktion des Kodexes unter der Leitung von Rosalie Green, die 1979 ediert wurde, basiert im wesentlichen auf zwei Monographien des 19. Jahrhunderts: auf derjenigen von Christoph Moritz Engelhardt, die 1818 erschien, und auf den umfangreichen Notizen und Skizzen des Comte Auguste de Bastard. Leider haben beide Gelehrte den *Hortus* nur teilweise kopiert.[186] Aus den erhaltenen Kopien kann zwar geschlossen werden, dass der Kodex mit grosser Wahrscheinlichkeit in derselben Region entstanden ist, in der er von Herrad bestellt worden war, aber ob in Hohenburg selbst Bücher hergestellt wurden oder ob ein bestimmtes Skriptorium der Umgebung als Entstehungsort in Frage kommt, scheint nicht mehr feststellbar zu sein.[187] Es bleiben uns die Texte und Bilder am Anfang und am Schluss des *Hortus*, in denen das Verhältnis der Kanonissen von Hohenburg zum *Hortus* inszeniert wird. Diese sollen im folgenden analysiert werden, um herauszufinden, ob und in welcher Weise diese Frauen als Buchkünstlerinnen vorgestellt werden.

Vom Anfang des *Hortus* sind zwei Texte erhalten, in denen Herrad das Buch den Nonnen widmet. Der erste ist ein Gedicht von 25 vierzeiligen Strophen, in dem die Äbtissin «die Jungfrauen freundlich grüsst und zum Glauben und zur Liebe des wahren Bräutigams ermuntert».[188] Im zweiten beschreibt Herrad ihre Arbeit an dem

[186] Herrad: Hortus. Kommentarband, Kap. 1–3.

[187] Vgl. dazu T. Julian Brown: The Paleography. In: Herrad: Hortus. Kommentarband, S. 81–86. Ein mit Szenen aus dem Leben Johannes des Täufers bemalter Pergamentstreifen ist mit dem *Hortus* stilistisch eng verwandt. London, British Library, MS Add. 42497. Cahn: Manuscripts, Kat. 151, Abb. 370–373.

[188] «Rithmus Herradis abbatisse per quem Hohenburgenses virginculas amabiliter salutat et ad veri sponsi fidem dilectionemque salubriter invitat.» Herrad: Hortus. Rekonstruktion, S. 2.

Buch, indem sie die Bedeutung des Titels *Hortus Deliciarum* folgendermassen auslegt:

> Sanctitati vestre insinuo, quod hunc librum qui intitulatur Hortus deliciarum ex diversis sacre et philosophice scripture floribus quasi apicula Deo inspirante comportavi et ad laudem et honorem Christi et Ecclesie, causaque dilectionis vestre quasi in unum mellifluum favum compaginavi. Quapropter in ipso libro oportet vos sedulo gratum querere pastum et mellitis stillicidiis animum reficere lassum, ut sponsi blandiciis semper occupate et spiritalibus deliciis saginate transitoria secure percurratis et eterna felici jucunditate possideatis, meque per varias maris semitas periculose gradientem fructuosis orationibus vestris a terrenis affectibus mitigatam una vobiscum in amorem dilecti vestri sursum trahatis. Amen.[189]
> (Eurer Heiligkeit offenbare ich, dass ich dieses Buch mit dem Titel *Garten der Freuden* aus verschiedenen Blumen der heiligen und philosophischen Schrift wie eine Biene, von Gott inspiriert, zusammengetragen habe; zum Lob und zur Ehre Christi und der Kirche und zu eurer Ergötzung habe ich [das Buch] zu *einer* honiggefüllten Wabe zusammengefügt. Aus diesem Grund müsst ihr die angenehme Nahrung fleissig in diesem Buch suchen und euren müden Geist mit Honiggüssen erfrischen, damit ihr – ständig mit den Koseworten des Bräutigams beschäftigt und von geistigen Genüssen gesättigt – die Vergänglichkeit sicher durcheilt und die Ewigkeit mit glücklichem Frohsinn besitzt und damit ihr mich, die ich auf verschiedenen Meerespfaden gefährlich schreite, durch eure fruchtbaren Gebete von irdischen Leidenschaften befreit zusammen mit euch zur Liebe eures Geliebten hochzieht. Amen.)

Die zentrale Metapher des Prologs ist die Honigmetapher, die den Inhalt oder Sinn der Literatur bezeichnet und die bereits Aldhelm und Ambrosius verwendet hatten. Die Autorin vergleicht sich mit einer Biene, die den Honig aus verschiedenen Schriften zusammengetragen hat, ihr Buch mit einer Honigwabe, die sie gebaut hat. Die honiggefüllten Bücher werden ausserdem mit Blumen verglichen, was der Bezeichnung von Herrads eigenem Werk als einem Garten entspricht. Bereits Aldhelm hatte von den «blühenden Feldern der Heiligen Schrift» gesprochen.[190] Aber Herrad vergleicht nicht nur sich selbst, sondern auch ihre Nonnen, welche sie zur Honigsuche im *Hortus* auffordert, mit Bienen. Doch der Honig, den die Nonnen sammeln und von dem sie sich nähren sollen, ist nicht für die Herstellung eines Buches, das heisst für den Bau einer Bienenwabe, bestimmt, sondern für die Vereinigung mit dem göttlichen Bräutigam, denn die Nonnen sollen den Honig, den sie in Herrads Buch

[189] Herrad: Hortus. Rekonstruktion, S. 4.

[190] Vgl. oben S. 45. Dass die Bienenmetapher nicht nur für Frauen verwendet wurde, geht z.B. aus der Enzyklopädie *Liber floridus* hervor, die Lambert von Saint Omer um 1120 nach dem Vorbild des Isidor von Sevilla geschrieben hat. Im Prolog vergleicht der Autor, ganz ähnlich wie Herrad, die Leser mit Bienen, die himmlischen Trank aus den Blumen trinken sollen, die er für sie gepflückt hat. Vgl. dazu Fritz Saxl: Illustrated Medieval Encyclopaedias I. The Classical Heritage. In: ders.: Lectures, Bd. I, hg. von Gertrud Bing, London 1957, S. 228–241, hier S. 242.

finden, in göttliche Liebesgespräche und «fruchtbare Gebete» umwandeln. Indem Herrad die antike Bienenmetaphorik[191] mit der Bildersprache des Hohen Liedes verbindet, weicht sie von Aldhelm ab, der die Nonnen von Barking als kämpferische *viragines* charakterisiert hatte.

Herrad schildert die Rezeption des Buchs durch die Nonnen als Nahrungsaufnahme. Diese Metapher kommt bereits in der Bibel vor: Sowohl der Prophet Ezechiel als auch Johannes, der Autor der Apokalypse, werden von Gott aufgefordert, ein Schriftstück zu verschlingen.[192] Im Falle des Ezechiel handelt es sich um eine Schriftrolle (*volumen*), bei Johannes um ein Büchlein (*libellum*). Beiden Propheten schmeckt das Schriftstück im Munde «süss wie Honig». Der Einverleibung des göttlichen Schriftstücks durch die beiden Propheten folgt die Aufforderung Gottes zur öffentlichen Prophetie. Bei Ezechiel heisst es: «Dann sprach er zu mir: Menschensohn, auf, gehe zum Hause Israel und rede zu ihnen meine Worte.»[193] Und bei Johannes: «Und man sagte zu mir: Du sollst abermals weissagen über viele Völker und Nationen und Sprachen und Könige!»[194]

Anstelle der Aufforderung Gottes zur öffentlichen Predigt, zu der Frauen in der Regel kein Recht hatten, steht bei Herrad die Aufforderung zum göttlichen Dialog, zum Liebesgespräch und zu fruchtbaren Gebeten; anstelle der politischen Reden des Propheten und des Apostels treten die privaten, intimen Liebesgespräche der Nonnen mit Gott.

Der Vergleich mit den beiden Bibelstellen macht deutlich, dass Herrad in ihrem Prolog als Stellvertreterin Gottes spricht: Der Urheber des honigsüssen Buches, das die biblischen Propheten verschlingen, ist Gott, die Urheberin des *Hortus* die «göttlich inspirierte Biene» Herrad. Wie Gott liefert Herrad Buch und Nahrung gleichzeitig. Die beiden Bibelstellen beschreiben ein Ereignis, das zwischen Autoren stattfindet, nämlich zwischen dem göttlichen Buchurheber, der das *exemplar* liefert, und den beiden Autoren Ezechiel und Johannes. Ausgehend von der Analogie zwischen Herrads Aufforderung an die Nonnen zu Liebesgesprächen mit dem himmlischen Bräutigam und der biblischen Aufforderung an die Propheten zur Verkündigung der Botschaft Gottes kann angenommen werden, dass Herrads Bienen- und Honigmetaphorik die Arbeit der Nonnen von Hohenburg an der Herstellung des *Hortus* thematisiert. Wie in der Bibel scheint die Ess- und Honigmetaphorik die Genese ihres eigenen literarischen Werks zu beschreiben.

[191] C. Plinius Secundus d. Ä.: Naturkunde [Naturalis historiae]. Lat./Dt., Liber XI, hg. und übers. von Roderich König und Joachim Hopp, Darmstadt 1990, S. 18ff. Ambrosius: Exameron, Buch V, Kap. 21, Niederhuber, S. 218ff.

[192] Ez 2,8–3,3. Apc 10,8–10. Horst Wenzel: Hören und Sehen – Schrift und Bild. Kultur und Gedächtnis im Mittelalter, München 1995, S. 228ff.

[193] Ez 3,4.

[194] Apc 10,11.

Die Annahme, dass die Nonnen von Herrad als Mitarbeiterinnen am Hortus charakterisiert werden, wird durch das auf den Prolog folgende *Incipit* bestätigt, das die Nonnen als Bienen beschreibt, die sich in den Blumen des *Hortus* tummeln; es handelt sich um genau dieselbe Metapher, mit der Herrad zu Beginn ihres Prologs ihre eigene literarische Tätigkeit geschildert hatte:

> Incipit Ortus deliciarum, in quo collectis floribus scripturarum assidue jocundetur turmula adolescentularum.[195]
> (Hier beginnt der Garten der Freuden, in dessen eifrig in den Schriften zusammengetragenen Blumen sich der Schwarm der jungen Mädchen tummelt.)

Wie Mary J. Carruthers dargelegt hat, fassten mittelalterliche Autoren die Komposition und Lektüre eines literarischen Werks als komplementäre, nicht voneinander zu trennende und vergleichbare Aktivitäten auf. Die Konsequenzen dieser Konzeption für den mittelalterlichen Autorenbegriff hat Carruthers folgendermassen beschrieben:

> The principle behind it is fundamental in the rhetorical tradition of text-making. As a "composition", the written exemplum is expansive; it offers a "common place" which collects subsequent comments, glosses, references, as readers apply, adapt, restate, meditate upon it. Truly it is commentary and imitation which make a text an "auctor" – not the activities of its writer but of its readers. This has little to do, I think, with literacy, but everything to do with the institutional nature of litera*ture* in a memorial culture. [...] Readers, in the course of familiarizing a text, became its authors too. No modern reader would think of adapting and adding to the work of someone else in the way that medieval readers freely did, sometimes indicating the difference by writing their own work in the margins, but often not. The results plague every editor of a medieval text.[196]

Carruthers Charakterisierung mittelalterlicher Literatur als ‹offene Kunstwerke› und des daraus resultierenden Autorenbegriffs scheint für den *Hortus*, eine kunstvoll komponierte Kompilation verschiedener theologischer und literarischer Quellen, in hohem Masse zutreffend und erhärtet meine Interpretation der Nonnen von Hohenburg als Koautorinnen des *Hortus*.

Herrad vermeidet jegliche Anspielung auf die konkrete Buchherstellung. Sie erwähnt weder Pergament noch Kodex, weder Schreibrohr noch Tinte, sondern ihre Metaphern stammen alle aus dem Bereich der Natur. Ihr Vergleich des Buchs mit einer honiggefüllten Wabe, auf den wir bereits in Aldhelms *De virginitate* gestossen sind[197], assoziiert den *Hortus* eher mit einer Wachstafel als mit einem Pergamentkodex, eine Assoziation, die nicht auf einer Metapher beruht wie der Vergleich des Buches mit einem Garten, sondern auf der Metonymie zwischen Honig und Wachs. Auch diese Assoziation findet sich bei anderen Autoren. Als weiteres poetisches Bei-

[195] Herrad: Hortus. Rekonstruktion, S. 4.
[196] Carruthers: Book, S. 213f.
[197] Vgl. oben S. 45.

spiel für die Verbindung der Honigmetapher mit einer Wachstafel sei ein Vers des Venantius Fortunatus (6. Jahrhundert) zitiert, der auf die Gedichte seiner königlichen Freundin Radegunde, die sie ihm auf einer Wachstafel übersandt hatte, folgendes antwortete: «Es gelingt dir, dem toten Wachs den Honig zurückzugeben.»[198] Wie Herrad assoziiert Fortunatus also das literarische Werk einer Frau mit einer Bienenwabe.

In dem 25strophigen Gedicht am Anfang des *Hortus* findet sich eine weitere Buchmetapher: Die Äbtissin ermahnt ihre Nonnen, das Buch in ihrem Herzen (*pectus*) immer wieder zu lesen (*volvere*).[199] Die Metapher des Buchs des Herzens passt zu der Honigmetapher, denn beide situieren den Sinn des Buches im *Inneren* der Nonnen, und wie die Honigmetapher kann das Buch des Herzens sowohl rezeptiv als auch kreativ gedeutet werden.[200] Bereits Ernst Robert Curtius hat auf die Häufigkeit dieser Metapher hingewiesen. Im Zusammenhang mit der Buchherstellung kommt sie in einer Predigt Hildeberts von Lavardin vor, der die Zubereitung von Pergament als Schreibunterlage, das Abschaben, Glätten und Linieren, mit dem menschlichen Herzen vergleicht, das für die göttliche Lehre empfänglich gemacht werden soll.[201] Während in Herrads Metaphorik das Herz der Nonnen mit dem Buch zu einer Einheit verschmilzt und das Lesen des Buchs somit zu einem Akt der Selbsterkenntnis wird, beschreibt Hildebert das Herz/Buch als ein Artefakt. Bei Hildebert wird die göttliche Lehre durch die *Herstellung* eines Buchs empfangen, das heisst durch Arbeit. Dagegen geschieht die Aufnahme der göttlichen Lehre bei Herrad durch die *Verinnerlichung* des Buchs. Hildebert beschreibt ein Verhältnis zwischen einem produktiven (männlichen) Subjekt und einem passiven, leidenden Objekt (Herz/Buch), dagegen hebt Herrad die Grenze zwischen dem weiblichen Subjekt und dem Objekt (Herz/Buch) auf: Die lesenden Frauen werden bei ihr, im metaphorischen Sinn, zu Verkörperungen des Buchs, was, in ein Bild übertragen, der Darstellung von Allegorien entsprechen würde.

Die gegensätzliche Verwendung der Metapher des Buchs des Herzens durch Herrad und Hildebert entspricht der Ikonographie der Buchherstellung, die als Männerarbeit inszeniert wird, während die Buchproduktion von Frauen aus dem ikonographischen und literarischen Kontext erschlossen werden muss.

Die Bildnisse der Kanonissen von Hohenburg

Dass Herrads Komposition alles andere ist als eine zufällige Kompilation, hat bereits Fritz Saxl festgestellt, der den *Hortus* als ein riesiges, die universale Geschichte der

[198] Zitiert nach Eckenstein: Women, S. 60.
[199] «Sit hic liber utilis / Tibi delectabilis / Et non cesses volvere / Hunc in tuo pectore.» Herrad: Hortus. Rekonstruktion, S. 3.
[200] Carruthers: Book, S. 164ff.
[201] Curtius: Literatur, S. 322.

Menschheit und der Natur umfassendes Bauwerk charakterisiert hat.[202] Und Rosalie Green beschreibt die Struktur des Werks folgendermassen: "[...] the wonder of the Hortus Deliciarum is not that it combines so many threads but that it is woven of so few. It is not by any means a seamless garment, but it is far from the patchwork quilt that some have seen."[203]

Wie im folgenden gezeigt werden soll, werden die Metaphern und Motive, die Buch- und Brautmetaphorik, die am Anfang des *Hortus* eingeführt werden, am Ende des Buchs wieder aufgenommen. Auf Folio 322v und 323r des *Hortus* befindet sich ein doppelseitiges Bild, das links die Gründungsgeschichte des Klosters mit den Äbtissinnen Odilie und Rilindis, auf der rechten Seite die Nonnen zur Zeit Herrads zusammen mit ihrer Äbtissin darstellt (Abb. 33). Rosalie Green vergleicht die Bilder mit dem zweiseitigen Schreiber- und Dedikationsbild am Ende des Perikopenbuchs Heinrichs III. (Abb. 5)[204], ein Vergleich, der insofern naheliegt, als wir es beide Male mit demselben Ort innerhalb eines Buches zu tun haben, an dem die Hersteller des Werks abgebildet sind; man könnte diese Bilder als gemalte Kolophone bezeichnen.

Solche gemalten Schreiberkolophone am Schluss eines Buchs sind keine Seltenheit. Es sei auf das ganzseitige Bildnis des Eadwine am Ende des von ihm gemalten und geschriebenen Psalters verwiesen (Abb. 59) oder auf den Maler Hildebert, der sich am Schluss einer Prager Handschrift von Augustins *De civitate Dei* zusammen mit seinem Gehilfen Everwin dargestellt hat.[205] Die beiden Bilder haben wegen ihrer aussergewöhnlichen Qualität und Pracht in der Forschung immer wieder Bewunderung erregt. Eadwine wird durch die Inschrift als *rex scriptorum* gerühmt, dagegen hat Hildebert sich in einer wenig ruhmreichen Situation dargestellt: Er wirft mit einem Gegenstand nach einer Maus, die gerade dabei ist, seine Mahlzeit zu verzehren, welche neben seinem Schreibpult auf einem Tisch liegt.

Ähnlich wie im *Hortus* wird auch im Perikopenbuch Heinrichs III. (Abb. 5) das Verhältnis des Klosters, in dem das Buch hergestellt wurde, zur weltlichen Obrigkeit thematisiert. Bereits Prochno hat darauf hingewiesen, dass die Dedikationsszene des Perikopenbuchs von den üblichen zeitgenössischen Darstellungen abweicht, und gefragt:

> Ob die Szene tatsächlich Dedikationsbild ist oder aber Überreichung einer Bittschrift, wofür die Worte sprechen könnten, die sich auf dem überreichten Buch finden, ist nicht ganz sicher. Ich halte die erste Möglichkeit für wahrscheinlicher, da sie dem übrigen Inhalt

[202] Saxl: Encyclopaedias I, S. 247. Vgl. auch Thérèse McGuire: Two Twelfth-Century Women and their Books. In: Women and the Book. Assessing the Visual Evidence, hg. von Lesley Smith und Jane H. M. Taylor, London, Toronto 1997, S. 97–105.

[203] Rosalie Green: The miniatures. In: Herrad: Hortus. Rekonstruktion, S. 17–36, hier S. 25.

[204] Herrad: Hortus. Rekonstruktion, Tafel 153, 154. Kommentar, Nr. 345, 346, S. 228.

[205] Siehe oben S. 61.

der Darstellung mehr entsprechen würde. Der Anlage nach gehört die Szene jedenfalls zweifellos in die Entwicklung des Dedikationsbildes hinein.[206]

Die Inschrift, die Prochno erwähnt, ist nur teilweise sichtbar, da sie von der Hand des Mönchs, der das Buch überreicht, verdeckt wird: «Salus nostra in manu tua [...] Respiciat su[...] nos [...]». Es handelt sich um ein Zitat von Gen 47,25: «Salus nostra in manus tua est: respiciat nos tantum dominus noster, et laeti serviemus regi.» (Unser Heil ist in deiner Hand; unser Herr behüte uns, und fröhlich werden wir dem König dienen.) Der Satz stammt aus der Josephsgeschichte: Im zweiten Jahr der Hungersnot in Ägypten kauft Joseph, als Verwalter des Pharao, sämtliches Ackerland Ägyptens von der hungernden Bevölkerung auf, wodurch die Ägypter zu Pächtern ihres eigenen Landes werden und dem Pharao Steuern zahlen müssen. Da Joseph sie aber vor dem Hungertod rettet, indem er ihnen Saatgut liefert, akzeptieren die Ägypter die Einschränkung ihrer Unabhängigkeit und antworten mit den oben zitierten Sätzen.

Zur Inschrift auf dem dargebrachten Buch passt das Fürstenlob über der Dedikationsszene:

Hic rex Henricus nulli probitate secundus
Regnum iusticiae regit et pietate paterna.
(Dieser König Heinrich, vortrefflich wie kein zweiter,
regiert das Reich gerecht und mit väterlicher Milde.)

Auch die Inschrift über dem Schreiberbild enthält eine Loyalitätserklärung an den König:

O rex iste tuus locus Efternaca vocatus
expectat veniam nocte dieque tuam.
(Oh König, dein Ort Echternach
erwartet deine Gnade Tag und Nacht.)

Dass auf dem linken Bild nicht zwei schreibende Mönche abgebildet sind, sondern ein Mönch und ein Laie, ist wohl kaum darauf zurückzuführen, dass ein Schreiber und ein Buchmaler bei der Arbeit gezeigt werden, wie es in der Forschung zuweilen vermutet wurde[207], sondern eher darauf, dass die Buchherstellung nicht als Gottesdienst, sondern als Dienst am König inszeniert wird. Die Darstellung eines weltlichen und eines geistlichen Schreibers veranschaulicht die enge Zusammenarbeit zwischen Kloster und Königshof.

Auch im *Hortus Deliciarum* wird das Verhältnis des Klosters zur weltlichen Obrigkeit thematisiert, jedoch geschieht dies nicht durch die Inszenierung der Buchproduktion und eine *dedicatio* wie im Perikopenbuch, in dem Männer abgebildet sind,

[206] Prochno: Schreiber, S. 49.
[207] Hoffmann: Buchkunst, Bd. I, S. 17, S. 54. Legner: Manus, S. 202.

sondern – da es sich um Frauen handelt – durch eine *traditio*:[208] Das linke Bild zeigt die Klostergründung durch den Fürsten Eticho, den Vater der ersten Äbtissin Odilie, der von Christus eine Lanze (oder einen Stab?) empfängt und seiner Tochter einen Schlüssel übergibt, ein Akt, der, ähnlich wie die Schlüsselübergabe Christi an Petrus, die politischen Herrschaftsansprüche der Äbtissinnen von Hohenburg legitimiert. Auch Herrads Vorgängerin, die Äbtissin Rilindis, ist abgebildet. Als einzige Figur wendet sie sich der Nonnengruppe auf dem gegenüberliegenden Bild zu und schafft dadurch eine Verbindung zwischen der Vergangenheit des Klosters und der gegenwärtigen Nonnengemeinschaft (Abb. 33). Interessanterweise ist kein einziger männlicher Vertreter des Klerus dargestellt, vielmehr spielt sich die Geschichte und Legitimierung des Klosters ganz ohne dessen Mitwirken ab! Dies scheint mir ein entscheidender Grund dafür zu sein, warum hier die Nonnengemeinschaft so anders inszeniert wird als in den bisher besprochenen Buchdedikationen, auf denen jeweils ein geistlicher «Vater» erscheint und nicht ein leiblicher wie der Vater Odilies, der Fürst Eticho.

Auf dem rechten Bild befinden sich sechzig gleichförmige, in sechs Reihen angeordnete Büsten der Nonnen, die nur durch die beigefügten Namen voneinander geschieden sind und nach links auf die *traditio* blicken. Herrad steht als einzige Ganzfigur neben der Nonnengruppe, welche ein Gebet an Christus richtet:

> Esto nostrorum pia merces Christe laborum.
> Nos electorum numerans in sorte tuorum.
> (Sei der fromme Lohn unserer Mühen, Christus,
> und zähle uns zu deinen Auserwählten.)

Die Antwort Christi steht in *versus rapportati*[209] auf dem langen, über die ganze Bildkomposition hinweglaufenden Spruchband, das er in der Linken hält:

> in terris
> Vos quas includit, frangit, gravat, atterit, urit,
> Hic carcer mestus, labor, exilium, dolor estus;
> in celis
> Me lucem, requiem, patriam, medicamen et umbram,
> Querite, sperate, scitote, tenete, vocate.
> (auf Erden
> Euch, die dieser traurige Kerker einsperrt, die Mühsal zerbricht, das Exil belastet, der Schmerz niederdrückt, die Glut brennt,
> im Himmel
> sucht mich, das Licht, erhofft die Ruhe, erkundet die Heimat, strebt nach Linderung, ruft nach dem Schatten.)

[208] Das Bild gehört in die Geschichte der Traditio-legis-Darstellungen, die Christus mit den Aposteln Petrus und Paulus zeigen, denen er eine Buchrolle und/oder einen Schlüssel übergibt. LdMA 4, 1391f.: «Traditio legis».

[209] Vgl. dazu Curtius: Literatur, S. 290f. und 295.

Das Gedicht besteht aus zwei Teilen, die durch die Überschriften *in terris* und *in celis* voneinander unterschieden werden. Den irdischen Mühen der Nonnen werden die himmlischen Freuden antithetisch gegenübergestellt. Den Schlüssel zum Verständnis der Bildkomposition liefert das Spruchband Herrads, auf dem folgendes Gedicht zu lesen ist:

> O nivei flores dantes virtutis odores,
> Semper divina pausantes in theoria,
> Pulvere terreno contempto currite celo;
> celo
> Que nunc absconsum valeatis cernere sponsum.
> (O weisse Blumen, die nach Tugend duften
> und immer in der göttlichen Schau ruhen,
> verachtet den irdischen Staub und lauft zum Himmel;
> im Himmel
> Jetzt könnt ihr den verborgenen Bräutigam erkennen.)

Wie im Prolog wendet Herrad sich an ihre Nonnen; ihr Vergleich der Frauen mit Blumen, die in der Betrachtung Gottes ruhen, entspricht der Anordnung der einförmigen Büstenreihen über dem grünenden Hügel von Hohenburg, die einen Blumengarten evoziert. Die Autorin variiert hier die Metaphorik des Buchtitels *Hortus Deliciarum* erneut. Im dritten Vers ihres Gedichts wird Bewegung beschrieben: «lauft zum Himmel». Jedoch kontrastiert diese Aufforderung merkwürdig mit der Darstellung der Nonnen als Büsten; im Gegensatz zu sämtlichen anderen Figuren auf der Doppelseite haben sie keine Füsse. Herrad spricht hier offenbar von einem Vorgang, der im Bild nicht dargestellt werden kann. Dem entsprechen auch die übrigen Verse der Strophe, welche suggerieren, dass die Nonnen sich bereits im Himmel befinden.

Vergleicht man die Komposition im *Hortus* mit einer Doppelseite des Metzer Sakramentarfragments, gewinnt diese Interpretation an Wahrscheinlichkeit.[210] Blatt 5v und 6r zeigen links eine *hierarchia coelestis* in fünf Büstenreihen übereinander angeordnet und rechts eine *Majestas Domini* flankiert von zwei Cherubim über den Allegorien von *Terra* und *Oceanus*. Die Mitglieder der himmlischen Hierarchie – es handelt sich von oben nach unten um Engel, Apostel, Märtyrer, Kirchenväter und heilige Frauen – wenden sich wie die Nonnen von Hohenburg der Erscheinung Christi auf der gegenüberliegenden Seite zu. Im Unterschied zu den Nonnen, welche ohne Arme dargestellt sind, tragen die Himmelsbewohner im Metzer Sakramentar Gaben in den Händen, die sie Christus darbringen: Die Engel und die Frauen präsentieren Weihekronen, die Apostel und Kirchenväter Bücher und Schriftrollen, die Märtyrer Palmen. Im *Hortus* dagegen tritt anstelle der Darbringung von Gaben an den himmlischen Herrscher das Zwiegespräch zwischen den Nonnen und Christus.

[210] Sakramentar von Metz, Fragment. Paris, Bibliothèque Nationale, Ms Lat. 1141. Vollständige Faksimile-Ausgabe (Codices selecti XXVIII), Einführung von Florentine Mütherich, Graz 1972, fol. 5v und 6r.

Das Gedicht, in dem Herrad sich am Schluss des Buches an die Nonnen wendet, weicht von der Metaphorik ihres Prologs ab, in dem die Autorin sich und die Nonnen mit Bienen verglichen hatte. Die Blumen, eine Metapher, die Herrad am Anfang für ihre theologischen und philosophischen Quellen benutzt hatte, werden hier, am Schluss des Buchs, zu einer Metapher für die Nonnen, die dadurch nicht mehr als Produzentinnen charakterisiert werden, sondern als literarische Werke. Der Honig, den Herrad gesammelt hat, stammt aus Blumen, nämlich aus Schriften, und ist für «tugendhaft duftende» Blumen, die Nonnen, bestimmt. Ähnlich wie Herrads Metapher des Buchs des Herzens suggeriert ihre Blumenmetaphorik eine Symbiose zwischen dem Buch und den Nonnen. Diese werden hier, am Schluss der Enzyklopädie, zu Metaphern für das Werk selbst, das sie gleichsam wie Allegorien verkörpern und dessen Sinn sie enthalten.

Von den sechzig Nonnen im *Hortus* sind achtundfünfzig durch Inschriften mit ihrem Namen bezeichnet. Nur die erste Frau oben links und die letzte unten rechts sind namenlos. Rosalie Green nimmt an, es handle sich um das Abbild der Gesamtheit des Konvents, das die zukünftigen und bereits verstorbenen Mitglieder einbezieht.[211] Eine weitere Möglichkeit wäre, dass die Darstellung von sechzig Nonnen eine symbolische Konnotation einschliesst. Die Zahl sechzig kommt im Hohen Lied vor (Ct 6,7):

> Der Königinnen sind sechzig,
> und der Nebenfrauen sind achtzig,
> dazu der Mädchen unzählbar viel.

Es handelt sich also um eine Zahl, welche die Nonnen als Bräute Christi charakterisiert. Eine weitere Symbolik lässt sich von der Zahl sechs herleiten, die auf die Vollkommenheit der in sechs Tagen erschaffenen Schöpfung hinweist, und von zehn, der Zahl der zehn Gebote; sechzig symbolisiert demnach die Vollkommenheit der guten Werke.[212] Die Zahl der Nonnen von Hohenburg kann folglich als Hinweis auf ihre Arbeit am *Hortus Deliciarum* interpretiert werden.

Auf der folgenden Seite des *Hortus* (Folio 323v) stehen zwei Lieder mit dem Titel *Rithmus de monte Hohenburc.*[213] Im ersten Lied wird, ähnlich wie in den bisher untersuchten Texten, Bienen-, Buch- und Brautmetaphorik miteinander verbunden[214], und in der achten Strophe ist vom Schreiben die Rede:

[211] Herrad: Hortus. Kommentarband, S. 228.
[212] Nach Heinz Meyer / Rudolph Suntrup: Lexikon der mittelalterlichen Zahlenbedeutungen, München 1987, S. 749ff.
[213] Herrad: Hortus. Kommentarband, S. 506, Nr. 1162 und 1163.
[214] Herrad: Hortus. Kommentarband, S. 506, Nr. 1162, Z. 3ff.: «Esum vite sine lite / Congestant apicule / Nectar clarum scripturarum / Potant liberaliter [...]»

Aula Dei virginei
Chori sunt et thalamus,
Dictat namque sic utrumque
Cito scribens calamus.
(Gottes Palast und das Brautgemach
sind für den jungfräulichen Chor,
So nämlich diktiert es
das schnell schreibende Schreibrohr.)

Geht man einmal davon aus, dass der *calamus* nicht einfach um des Reimes willen genannt wird, so stellt sich die Frage, warum gerade hier ein Schreibutensil erwähnt wird, nach dem wir so lange vergeblich gesucht haben. Aus den vier Versen geht zwar hervor, *was* beschrieben wird, nämlich die Hochzeit Gottes mit dem Chor der Jungfrauen, wir erfahren aber weder, *wer* hier schreibt oder verfasst, noch, auf welche Schreibunterlage geschrieben wird. Die nächstliegende Interpretation, es handle sich um den *calamus* Herrads oder einer Nonne, mit dem der *Hortus* geschrieben wird, geht aus dem Text nicht explizit hervor.[215] Schreiberin und Autorin bleiben verborgen, genauso wie der «wahre Bräutigam, der jetzt im Palast des Himmels verborgen ist», von dem am Anfang der folgenden Strophe gesungen wird.[216] Von der Unsichtbarkeit des himmlischen Bräutigams ist auch in der sechsten Strophe die Rede. Der *calamus*, von dem Herrad singt, ist folglich eine Metapher für etwas Unsichtbares, das nur im Jenseits, «wenn der Spiegel weggenommen wird», «mit den Augen betrachtet werden kann».[217]

Die Verborgenheit der Schreiberinnen des *Hortus* erstaunt nicht mehr, denn die Metaphorik des *Lieds vom Berg Hohenburg* fügt sich in diejenige ein, die in den Inszenierungen im Prolog und auf dem zweiseitigen Bild am Ende des Buchs aufgezeigt wurde. Herrads metaphorische Konstruktion der Nonnengemeinschaft als Verkörperungen oder Sinn des Buchs, ihre Metaphern der Vereinigung und Symbiose, ihre Braut- und Bienenmetaphorik, die das Verhältnis der Frauen zum Buch beschreibt, läuft einer Inszenierung der Nonnen als arbeitende Buchkünstlerinnen zuwider, welche die Frauen als vom Buch unabhängige Subjekte charakterisieren müsste. Die Reflektiertheit und Konsequenz, mit der die Autorin dieses Verhältnis inszeniert, lässt die Möglichkeit, der *Hortus* sei ausserhalb von Hohenburg entstanden, als abwegig erscheinen.

Leider sind vergleichbare Inszenierungen einer Nonnengemeinschaft in einem von ihnen hergestellten und für sie bestimmten Buch aus dem 12. Jahrhundert nicht

215 In der Rekonstruktion von Rosalie Green wird die Variante *Spiritus sanctus* angeführt. Herrad: Hortus. Rekonstruktion, S. 506, Nr. 1162, Anm. 20. Es scheint sich um die Zugabe eines der Kopisten des 19. Jahrhunderts zu handeln, der sich offenbar ebenfalls darüber Gedanken gemacht hat, *wer* hier mit dem *calamus* schreibt.
216 «Verus sponsus nunc absconsus / In celi palacio [...]»
217 «Illum spectat vix exspectat / Ut remoto speculo / Bone spei faciei / Contempletur oculo.»

erhalten. Doch das um 1300 entstandene Graduale der Zisterzienserin Gisle von Kerzenbroecke, das Gisle, wie die Inschrift zu Beginn des Buches bezeugt, gemalt und geschrieben hat, enthält zwei Selbstbildnisse.[218] Die Initiale der Weihnachtsmesse zeigt Gisle singend mit fünf Nonnen. Sie hält ein offenes Gesangbuch und deutet auf den Text. Auf dem zweiten Bild kniet sie neben der Initiale des *Introitus* der Ostermesse, die den auferstandenen Christus zeigt. Gisles Selbstinszenierungen zu Beginn der beiden liturgischen Gesänge, welche die Geburt und Auferstehung Christi begleiten, weist thematische Parallelen auf zu den Bildnissen der Nonnen von Hohenburg im *Hortus*. Gisle stellt sich einmal als Rezipientin und Interpretin ihres eigenen Werks dar, das andere Mal als Braut Christi, als Visionärin der Auferstehung, eines Ereignisses, das nach den Evangelien ohne menschliche Zeugen stattgefunden hat.[219] Auf dem Bild jedoch sieht Gisle den Auferstandenen, noch *bevor* dieser dem ersten Menschen, nämlich Maria Magdalena, erschienen ist, das heisst, sie hat sich in einem privilegierteren und unmittelbareren Verhältnis zu Christus dargestellt als die drei Marien in den Evangelien, eine Situation, die mit dem Zwiegespräch der Nonnen von Hohenburg am Ende des *Hortus* vergleichbar ist, die nach Herrad «in der göttlichen Schau ruhen».

Bräute des Hohenlieds: Zwei Frontispize des Kommentars von Honorius Augustodunensis

Die am *Hortus* gemachten Beobachtungen legen die Vermutung nahe, dass es sich auch bei anderen Frauen in mittelalterlichen Büchern, die in der Forschung bisher sehr allgemein als Bräute Christi gedeutet wurden, um Buchherstellerinnen handeln könnte. Während Selbstinszenierungen mittelalterlicher Autorinnen als liebende Seele im Zwiegespräch mit Christus ein längst bekanntes und ausführlich untersuchtes literarisches Phänomen sind – man denke an die Werke Gertruds von Helfta, Mechthilds von Magdeburg oder Margarethes d'Oingt –, ist nach ikonographischen Parallelen solcher Inszenierungen bisher nicht geforscht worden.

Als Beispiel sei das Frontispiz eines in Benediktbeuern entstandenen, reich mit Federzeichnungen ausgestatteten Hohenliedkommentars des Honorius Augustodunensis (um 1170) angeführt, das Braut und Bräutigam gekrönt und nimbiert innerhalb einer aus drei Türmen und einer mit Zinnen bekrönten Mauer bestehenden Architektur nebeneinander thronend darstellt (Abb. 34).[220] Elisabeth

[218] Codex Gisle, Osnabrück, Gymnasium Carolinum und Bischöfliches Generalvikariat. Judith Oliver: Worship of the Word. Some Gothic Nonnenbücher in their Devotional Context. In: Women and the Book. Assessing the Visual Evidence, hg. von Lesley Smith und Jane H. M. Taylor, London, Toronto 1997, S. 106–122, hier S. 108ff., Abb. 56 und 57.

[219] Mt 28, Mk 16, Lk 24, Joh 20.

[220] München, Bayerische Staatsbibliothek, Clm 4550. Klemm: Thesaurus, Nr. 30. Elisabeth Klemm: Die romanischen Handschriften der bayerischen Staatsbibliothek, Teil 2: Die Bistümer Freising und Augsburg. Verschiedene Provenienzen, Wiesbaden 1988, Kat. 196. Heinrich der Löwe, B 8, S. 76f.

Klemm kommentierte das Frontispiz folgendermassen: «Dem Honorius folgend, tritt die Sponsa in zweierlei Gestalt auf: als Ecclesia im himmlischen Jerusalem und als Personifikation der noch in dieser Welt stehenden Kirche, welche die ganze Menschheit verkörpert.»[221] Honorius spricht jedoch nicht von zwei, sondern von vier Bräuten, von denen drei, die Tochter Babylons, Sunamitis und Mandragora, im Bildzyklus der Handschrift erscheinen, zwei weitere auf dem Frontispiz. Insofern als im ganzen *fünf* statt nur vier Bräute dargestellt sind, verlangen die zwei Frauen auf dem Frontispiz nach einer Erklärung. Dies könnte darauf hinweisen, dass eine der Bräute in zweierlei Gestalt erscheint, wie Klemm annimmt, oder aber, wie ich vermute, dass die Figur der irdischen Braut eine konkrete Person ist, zum Beispiel die Buchherstellerin.

Die irdische Braut befindet sich am rechten Bildrand, ausserhalb der Architekturkulisse, die das himmlische Jerusalem symbolisiert. Sie trägt einen Schleier und ein mit Borten geschmücktes weitärmliges Gewand und hält in der linken Hand eine halboffene Schriftrolle. Die himmlische Braut hält ein offenes Buch in der rechten Hand vor der Brust und ein Szepter in der linken. Der Bräutigam hat seine Rechte auf ihre Schultern gelegt und streckt die Linke durch ein Fenster des Turmes zwischen ihm und der irdischen Braut und berührt ihr Gesicht mit der offenen Handfläche. Aus einer Wunde auf seiner Hand fliesst Blut, das über ihren Oberkörper strömt. Zitate aus dem Hohen Lied kommentieren die Szene, wir lesen auf dem offenen Buch der himmlischen Braut: «Osculetur me osculo oris suo» (Er möge mich küssen mit dem Kuss seines Mundes, Ct 1,1), links neben ihr: «dextera illius amplexabatur me» (Seine Rechte umfing mich, nach Ct 8,3), und auf der halb aufgerollten Schriftrolle der irdischen Braut: «Manum suam per foramen misit dilectus meus, et ad tactum eius intremuit venter meus» (Mein Geliebter streckte seine Hand durch die Luke, und bei seiner Berührung bebte mein Unterleib, Ct 5,4). Die Inschriften beschreiben also die Begegnung der beiden Frauen mit dem himmlischen Bräutigam. Dieser spricht nicht zu seiner himmlischen Braut. Aus den Inschriften zwischen ihm und der irdischen Braut geht vielmehr hervor, dass die beiden Zwiesprache halten, ähnlich wie Christus und die Nonnen im *Hortus Deliciarum*. Auf dem Fensterrahmen, durch den der Bräutigam seine Hand streckt, steht: «leva et subeapr[i]te meo» (Steh auf und öffne mir). Eine weitere Inschrift auf dem Baumstamm, vor dem die Braut halb kniend schwebt, gibt ebenfalls die Worte des Bräutigams wieder: «Sub arbore malo suscitavi te» (Unter dem Apfelbaum habe ich dich aufgehoben, Ct 8,5). Nach dem Text des Hohen Liedes handelt es sich um den Apfelbaum, von dem Eva gegessen hat.[222] Die Inschriften auf der Rolle, auf dem Baumstamm und neben der Luke laufen vertikal von unten nach oben, was dem lesenden Betrachter suggeriert, die Braut erhebe sich.

[221] Thesaurus, Nr. 30, S. 90.

[222] Ct 8,5: «Sub arbore malo suscitavi te; ibi corrupta est mater tua, ibi violata est genitrix tua.»

Das thronende Königspaar lässt sich mit dem etwa gleichzeitigen Tympanon der Kathedrale von Senlis vergleichen (um 1170), der ältesten monumentalen Darstellung des Themas der Marienkrönung, wie Jean Wirth dargelegt hat.[223] Maria hält zwei Attribute in den Händen, welche sie als Braut und Kirche kennzeichnen: in der Rechten ein gefaltetes Tuch auf dem Knie[224] und in der Linken ein offenes Buch vor der Brust, wie die Braut auf dem Honorius-Kommentar.

Die beiden Bräute auf der Benediktbeurer Federzeichnung können folglich als Typen Marias und Evas gedeutet werden, auf allegorischer Ebene als himmlische und irdische Kirche. Es stellt sich nun die Frage, ob das Bild auch einen *sensus historicus* hat. Für meine Vermutung, dass die irdische Braut eine konkrete historische Person darstellt, nämlich die Buchherstellerin, sprechen folgende ikonographischen Merkmale: Ihre kniend schwebende Körperhaltung findet sich auch auf Bildnissen visionärer Autorinnen, zum Beispiel der Elisabeth von Schönau und der Adelgunde von Maubeuge (Abb. 81, 82). Auch Buchhersteller werden zuweilen in ähnlicher Haltung dargestellt, so etwa der Mönch auf dem Devotionalbild des Echternacher Sakramentars (Abb. 27). Das Motiv der Luke kommt auf Bildnissen von Autoren und Buchkünstlern vor, so auf denjenigen Hildegards von Bingen in den Rupertsberger *Scivias* und im *Liber divinorum operum* in Lucca, und erscheint um die Mitte des 13. Jahrhunderts auf Autorenbildern des Johannes der Apokalypse (Abb. 40, 46–48).[225]

Ein Buchhersteller, der durch eine Luke blickt, ist auf Hildegards Autorinnenbild im Rupertsberger *Scivias*-Kodex dargestellt (Abb. 40). Er hält einen offenen unbeschriebenen Kodex auf den Knien, wodurch auf seine Funktion innerhalb der Buchherstellung hingewiesen wird. Wie die irdische Braut auf dem Honorius-Frontispiz befindet er sich am rechten Bildrand, ausserhalb des Gebäudes, in dem die Hauptperson sitzt. Diese ist auf beiden Bildern ein Autor. Das Hohe Lied ist ein Zwiegespräch zwischen Braut und Bräutigam, Hildegards Visionen sind ein Dialog mit Gott. Hildegards Zuschauer und die irdische Braut haben noch ein weiteres gemeinsames körperliches Merkmal: die in der Luft schwebenden Füsse.[226]

Die Vergleichsbeispiele legen die Vermutung nahe, der Honorius-Kommentar von Benediktbeuern sei von einer Frau geschrieben und illustriert worden, die sich auf dem Frontispiz als irdische Braut Christi inszeniert hat. Dies soll im folgenden noch genauer untersucht werden.

[223] Jean Wirth: L'image médiévale. Naissance et développements (VIe–XVe siècle), Paris 1989, S. 224f. und Abb. 23.

[224] Ein solches Tuch hält Maria auch auf der Geburt Christi des Einzelblatts in Cleveland aus einem Helmarshauser Evangeliar, das ebenfalls die Hohenliedthematik illustriert, vgl. Abb. 85.

[225] Vgl. unten S. 115ff. Auf die Vergleichbarkeit des Honorius-Frontispizes mit der Johannes-Ikonographie hat bereits Lewis hingewiesen: Images, S. 298ff., Abb. 231 und 232.

[226] Vgl. unten S. 95.

Das Frontispiz evoziert eine enge Zusammengehörigkeit zwischen der irdischen Braut, ihrer Schriftrolle und dem Baum, vor dem sie halb kniend schwebt. Diese drei Bildelemente befinden sich dicht beieinander, und ihre Bedeutung wird zudem durch drei vertikale Inschriften hervorgehoben. Kein anderer Teil des Bildes ist mit so zahlreichen Inschriften versehen. Eine vergleichbare Häufung von Inschriften findet sich auf dem Bildnis Herrads von Hohenburg im *Hortus*, welche wie die irdische Braut mit einem Schriftband am rechten Bildrand erscheint (Abb. 33).

Die Bildkomposition des Hohenliedfrontispizes hat ein Pendant im Text zu Beginn des Honorius-Kommentars: Der Auslegung des Titels *Canticum canticorum* folgt die auf Isidor zurückgehende etymologische Herleitung des Wortes *liber*, für das der Autor vier verschiedene Bedeutungen anführt:

> Liber est aequivocum. Est enim liber, Bacchus Deus vini: et est liber homo ingenuus; est quoque liber interior cortex, qui de arbore trahitur, in quo antiqui solebant scribere, unde et librarii dicebantur. Est enim liber in quo legitur. Hic liber est unus de septem agiographicae.[227]
> (*Liber* ist mehrdeutig. Es bedeutet Bacchus, der Gott des Weins; es bedeutet der freie Mensch; es bedeutet auch die innere Rinde, die vom Baum abgezogen wird, auf der die Alten zu schreiben pflegten, weshalb sie Schreiber genannt wurden. Es bedeutet auch das Buch, in dem gelesen wird. Dieses Buch ist eines der sieben Heiligen Schriften.)

Von diesen Wortbedeutungen weist die dritte auf die Herstellung von Büchern aus Baumrinde, die vierte auf das konkrete Buch des Hohen Liedes. Auf dem Frontispiz halten nur die Frauen Bücher: Maria/Ecclesia einen Kodex, Eva eine Rolle. Während erstere das offene Buch vor ihre Brust hält – was den Topos des Buchs des Herzens evoziert –, verläuft die offene Rolle der letzteren parallel zum Baumstamm, eine Komposition, die etymologisch versierten Betrachtern suggeriert, dass sie das Bildnis der Buchherstellerin vor sich haben.

Meine Interpretation gewinnt an Wahrscheinlichkeit, wenn weitere Frontispize des Hohen Lieds zum Vergleich herangezogen werden. In Elisabeth Klemms Katalog findet sich eine um 1200 wahrscheinlich in Tegernsee entstandene Federzeichnung zum Hohenliedkommentar des Honorius, welche der Benediktbeurer Komposition ziemlich exakt entspricht, nach Klemm jedoch nicht als direkte Kopie betrachtet werden kann, sondern auf einen gemeinsamen Prototyp zurückzuführen ist (Abb. 35).[228] Auf zwei bedeutsame Unterschiede sei jedoch aufmerksam gemacht: Die Füsse der irdischen Braut werden vom rechten Bildrahmen abgeschnitten, ihre Schriftrolle befindet sich *vor* statt neben dem Baumstamm, und die Konturen der

[227] Honorius Augustodunensis: Expositio in cantica canticorum. PL 172, S. 350C. Mit den sieben Heiligen Schriften meint Honorius: Iob, Psalmi, Proverbia, Canticum canticorum, Sapientia und Ecclesiasticus.

[228] München, Bayerische Staatsbibliothek, Clm 18125, fol. 1v. Klemm: Handschriften, Teil 2, Kat. 24, Abb. 106.

beiden Motive gehen unmittelbar ineinander über, wodurch ihre enge Zusammengehörigkeit noch stärker hervorgehoben wird als auf dem Benediktbeurer Frontispiz.

Ein weiteres Frontispiz eines Hohen Liedes, wiederum aus Benediktbeuern, das Klemm in das 3. Viertel des 12. Jahrhunderts datiert, zeigt eine Dedikation mit einem vor seiner *cathedra* stehenden Abt und einem knienden Mönch, dessen Füsse vom rechten Bildrahmen abgeschnitten werden; beide Männer tragen benediktinische Tracht (Abb. 36).[229] Nach Klemm sind ihre Nimben von einer späteren Hand hinzugefügt worden. Der Mönch hält in der rechten Hand ein Buch, das der Abt mit der linken ergreift, und in der anderen eine offene Rolle, die der Abt am anderen Ende in seiner rechten Hand hält. Klemm weist auf eine später ausradierte Inschrift auf der Rolle hin, die vielleicht die Namen der Dargestellten nannte. Ob es sich bei dem Mönch um den Schreiber oder um den Autor eines Kommentars handelt, der vielleicht ursprünglich an das Hohe Lied angefügt war, kann nicht festgestellt werden, da der Text sich nicht mehr in seinem ursprünglichen Kontext befindet, sondern in einem Sammelband von Schriften verschiedener Provenienz aus dem 12. bis 14. Jahrhundert.[230]

Ungewöhnlich an diesem Frontispiz ist die *gleichzeitige* Übergabe von Rolle und Buch, die vielleicht darauf hindeutet, dass die Buchdedikation von einem Gespräch zwischen den beiden Personen begleitet wird. Ausserdem geht aus der Gestik der beiden nicht eindeutig hervor, wer der Gebende und wer der Empfänger von Buch und Rolle ist, was Zweifel daran aufkommen lässt, ob es sich hier überhaupt um eine Dedikation handelt. Vergleicht man dieses Bild mit den beiden Honorius-Frontispizen, so drängt sich die Frage auf, ob wir hier eine Umwandlung eines Schreiberinnen- in ein Schreiberbildnis vor uns haben könnten. Ob der Künstler anstelle der beiden Bräute Christi nur ihre Attribute Buch und Rolle dargestellt hat und anstelle des thronenden Christus seinen Stellvertreter, den Abt? Wenn dem so wäre, würde dies bedeuten, dass der Künstler des Hohenliedfrontispizes die Allegorien der irdischen Braut auf den Honorius-Kommentaren als Bildnisse von Buchherstellerinnen interpretierte. Wir hätten dann eine mittelalterliche Rezeption dieser Frontispize vor uns, welche meine Deutung der irdischen Braut Christi als Buchherstellerin bestätigt.

Nach Irma Bühler war Benediktbeuern im 12. Jahrhundert ein Doppelkloster und pflegte enge Beziehungen zu Tegernsee, ebenfalls einem Benediktinerkloster. Das auch dort Frauen gelebt haben, geht aus dem Tegernseer Nekrolog hervor: Zu Beginn des 13. Jahrhunderts sind drei Frauen aus Benediktbeuern eingetragen: Judinta, Jutta

[229] München, Bayerische Staatsbibliothek, Clm 4623, fol. 1r. Klemm: Handschriften, Teil 2, Kat. 213, Abb. 475.

[230] Klemm: Handschriften, Teil 2, S. 149.

und Alheidis.[231] In seiner Monographie über Benediktbeuern berichtet Joseph Hemmerle ausserdem von Einflüssen des naheliegenden Frauenklosters Kochel auf das Benediktbeurer Skriptorium.[232] All dies lässt eine enge Zusammenarbeit zwischen Buchkünstlerinnen und -künstlern sowie eine Ausstrahlung auf Tegernsee als durchaus wahrscheinlich erscheinen und stützt meine Deutung der irdischen Braut Christi auf dem Honorius-Frontispiz als Buchherstellerin.

Nun könnte auch eine neue Interpretation der Schriftrolle der irdischen Braut erwogen werden: «Manum suam per foramen misit dilectus meus, et ad tactum eius intremuit venter meus» (Mein Geliebter streckte seine Hand durch die Luke, und bei seiner Berührung bebte mein Unterleib, Ct 5,4). Ob das Beben des Unterleibs auf Empfängnis (*conceptio*) und auf die Kreativität der Buchkünstlerin anspielt?

Vor diesem Hintergrund sei noch einmal auf das von Lesley Smith publizierte Bild einer schreibenden Zisterzienserin aus dem Anfang des 14. Jahrhunderts hingewiesen, das einzige mir bekannte Bild einer geistlichen Buchschreiberin im Mittelalter (Abb. 2).[233] Die neben einer I-Initiale auf einer Bank sitzende Nonne schreibt mit Feder und Radiermesser auf ein Pergamentblatt; es lehnt an der Initiale und scheint nur lose auf einem einbeinigen Ständer aufzuliegen, dessen Konturen in den Rand der I-Initiale übergehen. Auffällig ist weiter, dass die I-Initiale oben und unten in zwei Äste ausläuft, wodurch ein Baumstamm evoziert wird. Die feinen Federstriche und -tupfen, welche Blümchen und Blättchen andeuten und die Szene umgeben, verstärken diese Assoziation. Die pflanzlichen Motive suggerieren, dass die Schreiberin in freier Natur arbeitet, und kontrastieren mit der fein skulptierten Sitzbank, auf der die Nonne nicht wirklich zu sitzen scheint, denn ihre Knie sind nur leicht gebeugt. Sie schreibt vielmehr in beinahe aufrechter Haltung, sogar mit unmerklich zurückgelehntem Oberkörper. Durch ihre halb sitzende, halb stehende Körperhaltung ebenso wie durch die Absenz einer soliden Schreibfläche bekommt ihre ganze Gestalt etwas Schwebendes, ein Eindruck, der dadurch verstärkt wird, dass ihre Füsse von ihrem langen Gewand vollständig bedeckt sind. Ihre instabile Körperhaltung wie auch die Assoziation ihres Pergamentblatts mit einem Baumstamm erinnern an die irdische Braut auf dem Benediktbeurer Frontispiz.

Assoziationen von Buchurheberinnen mit Pflanzen begegneten uns bereits in den Texten und Bildern des *Hortus Deliciarum*, in dem die Nonnen als Blumen über dem

[231] Irma Bühler: Forschungen über Benediktiner-Doppelklöster im heutigen Bayern. Zeitschrift für bayrische Kirchengeschichte 3 (1928), S. 197–207, hier S. 201ff. Dies.: Forschungen über Benediktiner-Doppelklöster im heutigen Bayern. Zeitschrift für bayrische Kirchengeschichte 4 (1929), S. 1–13 und S. 199–299, hier S. 201–207.

[232] Josef Hemmerle: Das Bistum Augsburg, Teil 1: Die Benediktinerabtei Benediktbeuern (Germania Sacra NF 28. Die Bistümer der Kirchenprovinz Mainz), Berlin, New York 1991, S. 270. Vgl. auch Bühler: Forschungen (1929), S. 8–11.

[233] Smith: Scriba, S. 33 und Abb. 11.

grünenden Hügel von Hohenburg aufgereiht erscheinen. Auch Aldhelm schildert die literarische Arbeit der Nonnen als Blumenlese. Die Pflanzenmetaphorik scheint in diesen Beispielen auf die Fabrikation von Büchern hinzuweisen.

Schlussfolgerungen

Meine Untersuchungen von Bildnissen, die als reale Darstellungen mittelalterlicher Buchurheberinnen in Frage kommen und in dieser Hinsicht dem modernen Porträtbegriff entsprechen, sind als erste Schritte in ein relativ wenig erforschtes Gebiet aufzunehmen. In der immer noch von männlichen Vorurteilen geprägten Forschung sind Bildnisse von Männern bisher weit häufiger unhinterfragt als solche von Buchkünstlern interpretiert worden als weibliche, deren erstaunlich häufige Fehlinterpretationen meine Analyse aufgezeigt hat. Mein Beitrag bildet somit eine ‹Korrektur des herrschenden Blicks›.[234]

Das zentrale Ergebnis meiner Untersuchung ist die Bestätigung der Hypothese, von der ich ausgegangen bin, nämlich dass es sich bei einer weit grösseren Anzahl weiblicher Bildnisse um Buchkünstlerinnen handelt als bisher angenommen wurde. Der Haupteinwand, der gegen meine Bild- und Textanalysen vorgebracht werden kann, nämlich dass ihnen nicht dieselbe Beweiskraft zukommt wie einem Kolophon oder einer Widmungsrede, in denen Buchurheber/innen namentlich genannt werden, ist spätestens seit Hoffmanns paläographischen Ergebnissen entkräftet worden, die den primär symbolischen Charakter der Inszenierungen von Buchurheberschaft nachgewiesen haben. Im folgenden fasse ich die wichtigsten Ergebnisse kurz zusammen.

Die Absenz buchschreibender geistlicher Frauen scheint durch die Assoziation des Buchschreiberbildnisses mit dem Herrscherbild bedingt zu sein, welche die Inszenierung von Frauen in dieser mit Prestige und politischer Macht konnotierten Position offenbar behinderte.

Dagegen scheint die Absenz von Schreiberinnen zusammen mit einem diktierenden geistlichen Autor weniger durch eine geschlechterspezifische Rollenverteilung bedingt zu sein als durch eine Segregation der Geschlechter. Dies suggeriert der Vergleich der Hieronymus-Frontispize in den karolingischen Bilderbibeln mit den Bildnissen Hildegards von Bingen, der überdies auch illustriert, dass die Vertauschung der Geschlechter im religiösen Autorenbild keine Vertauschung der Schreibutensilien zur Folge hat: Hier wie dort schreiben die Männer in Bücher, die Frauen auf Wachstafeln und Schriftrollen.

Die Absenz buchschreibender Frauen hat ein Pendant in der Ikonographie der Dedikationen: Auf sämtlichen mir bekannten Bildern übergeben Frauen ihre Bücher

[234] Ich zitiere hier den Titel «FrauenKunstGeschichte. Zur Korrektur des herrschenden Blicks» (Kunstwissenschaftliche Untersuchungen des Ulmer Vereins Bd. 13), hg. von Cordula Bischoff u.a., Giessen 1984.

geistlichen Würdenträgern, welche die Autoren der überreichten Bücher sind. Die Frauen, die ihre Bücher dem Autor darbringen, konsolidieren und akzeptieren durch ihren Akt dessen Autorität. Sie treten ihm gegenüber in der Regel ‹sprachlos› auf, das heisst, ohne sich in begleitenden Widmungsreden oder Inschriften zu Wort zu melden, weshalb sie in der Forschung bisher als Buch*empfängerinnen* galten. Meine Analyse ihrer Positionen, Körperhaltungen, Gesten und der begleitenden Texte hat jedoch aufgezeigt, dass das Verhältnis zwischen solchen Autoren und den dedizierenden Frauen kein einseitig hierarchisches ist, sondern ein literarischer oder künstlerischer Austausch stattfindet, so zum Beispiel auf Bildnissen von Hieronymus und Aldhelm. Daraus folgt, dass die Rolle dieser Frauen als Koautorinnen und/oder Buchkünstlerinnen neu überdacht werden muss.

Mit welch grossem politischem Prestige eine Buchdedikation konnotiert wurde, belegt das Frontispiz der Mathilde von Lothringen, das sie bei der Übergabe des *Ordo Romanus* an den polnischen König zeigt. Aus dem hier behandelten Zeitraum ist es das einzige mir bekannte Bild einer Frau, die einem weltlichen Fürsten ein Buch übergibt. Im Unterschied zu den geistlichen dedizierenden Frauen wendet Mathilde sich an den König in einem Widmungsschreiben, das ihre bedeutende politische und quasi liturgische Funktion illustriert, die mit ihrem Akt verbunden war.

Von Autorenbildern unabhängige Inszenierungen weiblicher Buchurheberschaft sind die Bildnisse der Äbtissinnen Amalberga von Susteren und Uta von Niedermünster. Weitere finden sich im *Hortus Deliciarum* und auf den Frontispizen des Hohenliedkommentars des Honorius Augustodunensis aus Benediktbeuern und Tegernsee, auf denen anstelle eines Autors Christus abgebildet ist, mit dem die Frauen Zwiesprache halten. Dass es sich bei diesen Bräuten Christi um die Buchkünstlerinnen handeln kann, hat die Analyse des literarischen Kontextes dargelegt.

Abschliessend kann festgehalten werden, dass Symbole geistlicher Macht in weiblichen Bildnissen fehlen. Zu solchen Machtsymbolen scheint der Schreibakt in ein Buch zu zählen, ebenso wie das Schreibpult, das Bischofsornat oder der Löwenthron. Aus dieser Beobachtung können wir aber keineswegs ableiten, dass geistliche Frauen ihre künstlerischen Leistungen nicht bildlich festgehalten haben. Das Gegenteil ist vielmehr der Fall: Die ikonographische Vielfalt der vorgestellten Bildnisse zeugt vom ausserordentlichen Erfindungsreichtum der Künstlerinnen. Sie nehmen auf den Bildern keineswegs nur untergeordnete Positionen ein. So kommt die Inszenierung einer direkten Abhängigkeit von einem realen Kleriker auf den hier behandelten Bildern überhaupt nicht vor, sondern die dargestellten Männer sind in der Regel bereits verstorbene Autoren. Die prestigeträchtigsten Positionen, die Frauen einnehmen, sind diejenigen von Vertrauten oder Freundinnen eines heiligen Mannes oder von Bräuten Christi. Erstere sind bisher zu oft einfach als Schülerinnen, letztere als Allegorien, und somit als irreale Frauen, interpretiert worden.

Teil II
Die Bildnisse zweier mittelalterlicher Autorinnen

Baudonivia von Poitiers

Die Viten der Radegunde von Venantius Fortunatus und Baudonivia

Aus dem 11. Jahrhundert ist mir nur ein einziges Bildnis einer mittelalterlichen Autorin mit Schreibutensilien bekannt. Es befindet sich in einer Sammelhandschrift in Poitiers, die eine illustrierte Vita der heiligen Radegunde (†587) und zwei Autorenporträts enthält.[1] Der aus dem 11. Jahrhundert stammende Teil des Kodexes wird durch ein ganzseitiges Autorenbild des Bischofs Venantius Fortunatus eröffnet, des Verfassers der ersten Vita der Radegunde (Folio 21v, Abb. 37)[2]; es folgen zwanzig Bilder, die seine Vita illustrieren. Das Autorinnenbildnis auf Blatt 43v (Abb. 38) ist das letzte Bild der Handschrift; auf der folgenden Seite beginnt der Bericht Gregors von Tours über die Beerdigung der Radegunde. Bereits Emile Ginot, der die erste kritische Edition der Handschrift besorgte, stellte durch einen Vergleich mit einer ebenfalls in Poitiers entstandenen Kopie aus dem 13. Jahrhundert fest, dass das Autorinnenporträt ursprünglich eine zweite Vita der Radegunde eröffnete, die, wie es die gotische Abschrift[3] annehmen lässt, ebenfalls illustriert war. Die Identifizierung der Autorin als Baudonivia geht ebenfalls auf Ginot zurück[4], dessen Ergebnisse von der Forschung allgemein anerkannt wurden.[5] Die jüngste kodikologische Untersuchung durch Jean Vezin hat erbracht, dass die zweite Vita Radegundes bereits Anfang des 16. Jahrhunderts, als die Sammelhandschrift die heutige Form erhielt,

[1] Poitiers, Bibliothèque Municipale, Ms 250 (136). Für eine ausführliche Beschreibung der Handschrift und ihrer Bilder vgl. Jean Vezin: Etude paléographique et codicologique du manuscrit de la vita Radegundis. In: La vie de Sainte Radegonde, Poitiers, Bibliothèque municipale 250 (136), hg. von Robert Favreau, Paris 1995, S. 115–126. Piotr Skubiszewski: Le décor de la «vie de Radegonde» de Poitiers, l'état de la question. Ebd., S. 127–237.

[2] Sämtliche Illustrationen der Handschrift (fol. 21v–43v) sind wiedergegeben in: La vie de Sainte Radegonde, Poitiers, Bibliothèque municipale 250 (136), hg. von Robert Favreau, Paris 1995, S. 9–54.

[3] Poitiers, Bibliothèque municipale, Ms 252. Die Bilder der Vita wurden im 18. oder 19. Jahrhundert herausgeschnitten und sind heute verschollen. Es existieren Nachzeichnungen von Dom Perrety, vgl. Michel Laverret: L'Iconographie de Sainte Radegonde dans les manuscrits. Bulletin de la Société des Antiquaires de l'Ouest et des Musées de Poitiers 2 (1988), S. 85–112, hier S. 88 und Abb. 13–29.

[4] Emile Ginot: Les manuscrits de Sainte Radegonde de Poitiers et ses peintures du 11e siècle. Bulletin de la Société Française de Reproduction de Manuscrits à Peintures, 4e année, Nr. 1, Paris 1914–20, S. 9–80, hier S. 18f., 27, 31, 61.

[5] Skubiszewski: Décor, S. 128.

nicht mehr vorhanden war.[6] Wir können daraus folgern, dass wir die Überlieferung des Autorinnenporträts der Baudonivia wohl der Tatsache verdanken, dass es sich auf der Rückseite des letzten Blattes der Vita des Fortunatus befindet, deren vollständige Erhaltung von den Kompilatoren der Sammelhandschrift im 16. Jahrhundert beabsichtigt war.

Das Verfassen zweier Viten derselben Heiligen durch zwei Hagiographen, einen Mann und eine Frau, scheint eher selten gewesen zu sein; ein vergleichbares Beispiel ist aber bekannt: Die erste Fassung des Lebens der heiligen Adelgunde (7. Jahrhundert) wurde von Abt Subin geschrieben, und erst im nachhinein verfasste eine Nonne des Klosters von Maubeuge auf Wunsch der Äbtissin eine zweite Vita. Es ist diejenige, die uns heute erhalten ist.[7]

Eine ähnliche Entstehungsgeschichte haben die Viten der Radegunde von Fortunat und Baudonivia. Radegunde, Königin von Frankreich und Gemahlin Klothars, war die Gründerin der Abtei vom Heiligen Kreuz in Poitiers und des dazugehörigen Frauenklosters, in das sie sich gegen Ende ihres Lebens zurückzog. Nach ihrem Tod um 587 schrieb Fortunatus, der Bischof von Poitiers, ihre Vita.[8] Seine kurze Fassung befriedigte jedoch die Nonnen des Klosters nicht, da der Bischof sich fast ausschliesslich auf die Beschreibung des Lebensabschnitts der Königin beschränkte, den diese im Kloster verbracht hatte, ihre übrigen politischen und religiösen Aktivitäten aber vernachlässigte. Den Nonnen von Poitiers war die Fassung des Fortunatus, welche vor allem die monastische Lebensweise und die Wunder der Heiligen behandelt, zu unpolitisch, denn wie die übrigen Dokumente der Handschrift suggerieren, ging es ihnen um eine Sicherung ihrer auf Radegundes Initiative zurückgehenden Privilegien.[9] Deshalb beauftragte die Äbtissin Dedimia im Namen der Kongregation Baudonivia, eine Leibeigene der Königin, die zusammen mit Radegunde aufgewachsen war und diese später ins Kloster begleitet hatte, eine zweite Vita zu ver-

6 Vezin: Etude, S. 118.

7 Michel Rouche: Fortunat et Baudonivie. Deux biographes pour une seule sainte. In: La vie de Sainte Radegonde, Poitiers, Bibliothèque municipale 250 (136), hg. von Robert Favreau, Paris 1995, S. 239–249, hier S. 242 und Anm. 17.

8 Fortunatus: Vita Radegundis. In: Fredegarii et aliorum chronica. Vitae sanctorum, hg. von Bruno Krusch (Monumenta Germaniae historica. Scriptores rerum Merovingicarum II), Hannover 1898, S. 358–376. Der Text der Handschrift von Poitiers wurde kürzlich ediert und mit einer französischen Übersetzung versehen von Yves Chauvin, Georges Pon u.a. In: La vie de Sainte Radegonde, Poitiers, Bibliothèque municipale 250 (136), hg. von Robert Favreau, Paris 1995, S. 56–114.

9 Die Handschrift enthält neben der Vita des Fortunatus einen Bericht Gregors von Tours über das Begräbnis der heiligen Radegunde, Homilien über die Hauptfeste der Heiligen und am Schluss vier Dokumente: 1. einen Brief Radegundes, in dem sie die Abtei unter den Schutz der Bischöfe von Frankreich stellt, 2. zwei gefälschte, Klothar und seinen vier Söhnen zugeschriebene Urkunden, die Gründung der Abtei und Stiftungen an die Kirche der heiligen Radegunde betreffend, 3. eine gefälschte, Ludwig dem Stammler zugeschriebene Urkunde, die die Privilegien bestätigt, die dem Kloster von Ludwig dem Frommen und Karl dem Kahlen zugestanden wurden. Ginot: Manuscrits, S. 12f. Vezin: Etude, S. 124f.

fassen, was Baudonivia kurz nach 600 ausführte.[10] Ihre Vita beginnt denn auch bezeichnenderweise mit der königlichen Herkunft und Familie der Radegunde: «De origine vel de celsitudine eius et de rege Chlotario.»[11]

Auch Fortunatus hatte Radegunde persönlich gekannt. Er war sogar ein enger Freund von ihr. In seiner Vita erzählt er von vertraulichen Mitteilungen, die Radegunde ihm gemacht habe[12]; ausserdem hat er mehrere Gedichte für sie geschrieben.[13] Aber im Gegensatz zu Baudonivia, die ihr persönliches Verhältnis zur Heiligen in ihrem Prolog thematisiert[14], erwähnt Fortunatus Radegunde in seiner Vorrede nicht, sondern behandelt das Verhältnis von Christus zum schwachen Geschlecht der Frauen im allgemeinen. Nur im letzten Satz spielt er auf Radegunde im besonderen an: «[...] illa, cuius vitae praesentis cursum, licet tam privato sermone, ferre temptamus in publico, ut cuius est vita cum Christo, memoria gloriae relicta celebratur in mundo.»[15] ([...] jene, deren irdischen Lebenslauf, von dem im Privaten soviel gesprochen wird, wir in die Öffentlichkeit zu tragen versuchen, damit ihr Leben mit Christus in ruhmreicher Erinnerung bleibe und in der Welt gefeiert werde.)

Dass Radegunde Königin von Frankreich war, geht aus dem Prolog nicht hervor. Fortunats Vita erwähnt weder die Klostergründung durch Radegunde noch die Ausstattung der Klosterkirche durch die Reliquien des Heiligen Kreuzes, weder Radegundes Beziehungen zum merowingischen Königshaus, durch dessen Unterstützung das Bestehen des Klosters gesichert wurde, noch Radegundes Beziehungen zu ortsfremden Bischöfen, zum Beispiel zu Gregor von Tours. Fortunatus begnügt sich damit, die Heilige als christliche Heldin zu stilisieren, die der Welt entsagt durch Askese und karitative Tätigkeit.[16] Dass Fortunatus Gründe hatte, wichtige Ereignisse aus dem Leben der Radegunde, die ihm nachweisbar sehr wohl bekannt waren, zu verschweigen, hat Sabine Gäbe aufgezeigt.[17] Denn Fortunatus war zur Zeit, als er die Vita verfasste, bereits Bischof von Poitiers. Die Ereignisse aus dem Leben der Radegunde, die er übergeht, hatten Radegunde in Konflikt mit seinem Amtsvorgänger

[10] Krusch (Scriptores rerum Merovingicarum II), S. 359. Baudonivia: Vita Radegundis. In: Fredegarii et aliorum chronica. Vitae sanctorum, hg. von Bruno Krusch (Monumenta Germaniae historica. Scriptores rerum Merovingicarum II), Hannover 1898, S. 377–395.

[11] Krusch (Scriptores rerum Merovingicarum II), S. 378, Z. 11. Yvonne Labande-Mailfert hat die Vita ins Französische übersetzt: Vie de Sainte Radegonde par la moniale Baudonivie. Lettre de Ligugé 239 (1987), S. 9–32.

[12] Krusch (Scriptores rerum Merovingicarum II), S. 366, Z. 4 und 25, S. 372, Z. 33, S. 374.

[13] Sabine Gäbe: Radegundis – sancta, regina, ancilla. Zum Heiligkeitsideal der Radegundisviten von Fortunat und Baudonivia. Francia 16/1 (1989), S. 1–30.

[14] «Cum ego minima omnium minimarum, quam ab ipsis cunabulis ante sua vestigia (nämlich Radegundes) peculiarem vernulam familiariter enutrivit, ut inpensi muneris de eius claro opere, etsi non plene, vel ex parte conplexa constringerem [...]» Krusch (Scriptores rerum Merovingicarum II), S. 377, Z. 18f.

[15] Krusch (Scriptores rerum Merovingicarum II), S. 364f.

[16] Gäbe: Radegundis, S. 5ff.

[17] Gäbe: Radegundis, S. 16ff.

Bischof Marovius gebracht, der seine Vormachtstellung durch Radegundes politische und religiöse Tätigkeit gefährdet sah. Marovius hatte allen Grund dazu, denn das Kreuzkloster hatte als königliche Gründung die Regel des Caesarius von Arles angenommen, in der die Unabhängigkeit der Äbtissin vom ortsansässigen Bischof festgelegt war durch ein Privileg des Papstes Hormisdas.[18] Und vor allem nach dem Nonnenaufstand zwei Jahre nach Radegundes Tod, der durch Rangstreitigkeiten unter den Nonnen königlicher Abstammung entstanden war und ganz Poitiers in Unruhe versetzt hatte, da er zu einer militärischen Auseinandersetzung zwischen den verschiedenen Parteien führte[19], war Fortunatus daran gelegen, in seiner Vita den kirchlichen Gehorsam und die Weltabgewandtheit seiner Freundin zu betonen.

Während Fortunatus in seiner Vita die Interessen der Amtskirche berücksichtigte, vertrat Baudonivia diejenigen des Kreuzklosters. Das merowingische Königtum, das dem Kloster Schutz und Unabhängigkeit garantierte, wird von ihr positiv gewertet, die weltliche und religiöse Führungsrolle Radegundes betont.

Die Analyse der verschiedenen Positionen der beiden Hagiographen lässt eine Vermutung aufkommen, die das Verschwinden der Radegunde-Vita der Baudonivia aus der Handschrift von Poitiers erklären könnte: Möglicherweise hielten die Kompilatoren des 16. Jahrhunderts Baudonivias positive Schilderung von Radegundes eigenmächtigem Verhalten gegenüber dem Bischof von Poitiers für inakzeptabel. Die Herstellung von gefälschten königlichen Privilegien in der Handschrift, welche die Unabhängigkeit des Klosters vom ortsansässigen Bischof garantieren sollten, wurde nur bis in die Karolingerzeit fortgesetzt. Und vermutlich erschien in der Folgezeit das asketische Leben einer Klosterfrau, wie Fortunat es beschrieb, als Heiligkeitsideal angemessener als dasjenige einer geschickten und erfolgreichen Politikerin.

Das Bildnis der Baudonivia

Das Bildnis der Baudonivia (Abb. 38) ist meines Wissens das einzige ganzseitige Porträt einer mittelalterlichen Autorin, das erhalten ist. Ein anderes ganzseitiges Bild zeigt eine antike Autorin: Es handelt sich um die tiburtinische Sibylle am Anfang der Chronik des Ekkehard von Aura (Abb. 90). Keines der anderen Autorinnenbilder der Zeit, die ich gefunden habe, nimmt eine ganze Seite ein. Wie die Viten der Radegunde sind auch die Bilder der Handschrift von Poitiers von der Forschung eingehend untersucht worden, jedoch wurde der Tatsache, dass es sich bei dem Autorinnenporträt der Baudonivia um eine ikonographische Seltenheit handelt, bisher nicht genügend Beachtung geschenkt.[20]

[18] Rouche: Fortunat, S. 245.

[19] Vgl. dazu Yvonne Labande-Mailfert u.a.: Histoire de l'abbaye Sainte-Croix de Poitiers, Poitiers 1986, S. 62ff.

[20] In den jüngsten ikonographischen Untersuchungen der Illustrationen werden die beiden Autorenporträts nur kurz erwähnt. Laverret: Iconographie. Magdalena Carrasco: Spirituality in context. The

Das Frontispiz zeigt den nimbierten und tonsurierten grauhaarigen Fortunatus im Bischofsornat frontal auf einem Thron sitzend, der mit einem Fussschemel und einem länglichen Kissen ausgestattet ist (Abb. 37). Ein solcher Thron befindet sich auch auf dem ersten Bild der Radegunde-Vita (Folio 22v); es handelt sich um den Thron Klothars I. Wie Percy E. Schramm gezeigt hat, wurden seit karolingischer Zeit die Bischofssitze zunehmend den Herrscherthronen angeglichen.[21] Vor Fortunatus schwebt ein Schreibbrett mit einem Tintenhorn; mit Feder und Radiermesser ausgerüstet hat er auf ein weisses Papier INCIPIT PROLOGUS geschrieben. Dieselben Worte sind auch auf dem vergoldeten Bildrahmen zu lesen. Fortunatus ist somit beim Schreiben des Anfangs seines Werks dargestellt, wodurch er als *auctor* (Verfasser, Urheber, Gründer) charakterisiert ist. Auf der gegenüberliegenden Seite steht die Überschrift des Werks auf Purpurgrund, die den Autor und seinen Status vorstellt: «Incipit vita beatae Radegundis composita a sancto Fortunato, pictavorum episcopo.» (Hier beginnt das Leben der seligen Radegunde, verfasst vom heiligen Fortunatus, Bischof von Poitiers.)

Ganz anders verhält es sich mit dem letzten Bild der Handschrift, demjenigen der Baudonivia. Die Autorin ist nicht an der Arbeit, sie hält weder Buch noch Pergamentbogen, sondern ein offenes Diptychon auf ihrem linken Knie, so dass der Betrachter die beiden geöffneten leeren Seiten vollständig sieht, und in der rechten Hand einen Griffel. Eine begleitende Überschrift, die diese Autorin oder ihr Werk identifizieren würde, fehlt. Baudonivia trägt einen Schleier und kostbare Kleidung. Ihr Gewand ist mit Gold und farbigen Borten verziert. Ein Vergleich der Kleidung der Baudonivia mit derjenigen der Radegunde und der übrigen Frauen, die in der Vita dargestellt sind, macht deutlich, dass die Tracht der Nonnen des Kreuzklosters sich ikonographisch weder von derjenigen einer Königin noch von derjenigen der ausserhalb des Klosters lebenden Frauen stark unterscheidet; sie alle tragen dieselben langen, teilweise mit Borten geschmückten Kleider und einen Schleier. Auf den ersten Bildern der Vita, die Radegundes Leben am Hof Klothars schildern, trägt Radegunde ausserdem eine Krone über dem Schleier. Die Farbe ihres Gewandes ist je nach Bild verschieden. Baudonivia unterscheidet sich von den übrigen Frauen einzig durch die Zweifarbigkeit ihres Schleiers, der blau und goldgrünfarben ist.

romanesque illustrated life of St. Radegund of Poitiers (Poitiers, Bibl. Mun., MS 250). Art Bulletin 72 (1990), S. 414–435. Dies.: Sanctity and experience in pictorial hagiography. Two illustrated lives of saints from Romanesque France. In: Images of sainthood in medieval Europe, hg. von Renate Blumenfeld-Kosinski und Timea Szell, Ithaca, London 1991, S. 33–66. Piotr Skubiszewski: Un manuscrit peint de la *Vita Radegundis* conservé à Poitiers. Les idées hagiographiques de Venance Fortunat et la spiritualité monastique du XIe siècle. In: Venazio Fortunato tra Italia e Francia. Atti del Convegno Internazionale di Studi. Valdobiaddene, 17 maggio 1990 – Trevisio, 18–19 maggio 1990, Trevisio 1993, S. 195–235. Ders.: Décor. Dagegen geht Ginot: Manuscrits, S. 61f., kurz auf das Bildnis der Baudonivia ein.

[21] Schramm, Percy Ernst u.a.: Herrschaftszeichen und Staatssymbolik. Beiträge zu ihrer Geschichte vom 3. bis zum 16. Jahrhundert, Band 3 (Schriften der Monumenta Germaniae historica 13/3), Stuttgart 1956, S. 707ff.

Die klösterliche Lebensweise der Frauen wird nicht mit einer spezifischen Nonnentracht verbunden, sondern ihr Aufenthalt im Kloster wird durch die Architektur gekennzeichnet: Von Radegunde ist nach ihrem Eintritt ins Kloster häufig nur der Oberkörper sichtbar, der aus einem Arkadenfenster des Klosters herausragt, von dem aus sie ihre wunderbaren Heilungen vollbringt (Folio 31v, 34r, 34v, 35r, 37r, 37v, 41r).[22] Auf den Bildern, die Radegunde als Ganzfigur zeigen, wird ihr Aufenthalt im Kloster oder in der Kirche durch einen zurückgeschlagenen Vorhang symbolisiert. Ein solcher findet sich auch auf Baudonivias Bildnis. Während auf dem Bild des Fortunatus kein architektonischer Rahmen angedeutet ist, sitzt Baudonivia unter einer Arkade hinter zwei um die beiden seitlichen Säulen geschlungenen geöffneten Vorhängen. Solche Vorhänge finden sich im Bilderzyklus der Vita zum ersten Mal auf Folio 24r. Das dreiszenige Bild stellt das asketische Leben der Königin von Frankreich dar. Es zeigt Radegunde neben dem König an der gedeckten Tafel sitzend, vor einem Altar kniend und am Boden vor dem königlichen Bett hingestreckt, in dem Klothar allein liegt. Alle drei Szenen sind von einer Arkade umrahmt, aber nur der Raum mit dem Altar zeigt die zurückgeschlagenen Vorhänge. Dass sie einen gottgeweihten Raum bezeichnen, wird aus den folgenden Darstellungen ersichtlich. Auf Folio 27v wird Radegunde zur Diakonissin geweiht, Folio 31v zeigt ihren Eintritt ins Kloster und Folio 36v eine ungehorsame Nonne vor dem Altar. Jedes Mal ist der Raum mit einem zurückgeschlagenen Vorhang geschmückt. Das Motiv taucht innerhalb der Handschrift noch drei weitere Male auf: Folio 35v und 39r zeigen Radegunde bei der Heilung kranker Frauen, und auf Folio 38r sehen wir die Heilige, die sich mit einer Rute kasteit, umrahmt von zwei zurückgeschlagenen Vorhängen. Aus der Aufzählung geht hervor, dass nur Szenen, die sich innerhalb von Kirche oder Kloster, das heisst in einem gottgeweihten Raum abspielen, einen Vorhang aufweisen.[23]

Baudonivias Thron ist mit bunten Steinen inkrustiert. In der Radegunde-Vita ist kein vergleichbarer Stuhl abgebildet. Ein solcher findet sich aber zum Beispiel in einem um 900 entstandenen versifizierten Martyrolog des Prümer Mönches Wandelbert (†848). Folio 30r zeigt den schreibenden Mönch auf einem inkrustierten, mit einem bunten Kissen ausgestatteten Stuhl vor einem Schreibpult an der Arbeit sitzend.[24] Auch von Rupert von Deutz ist ein Schreiberbildnis erhalten, das ihn in

[22] Zur Bedeutung von Büstendarstellungen, vgl. unten S. 131 (über das Sakramentar von Metz) und S. 151f., Anm. 270 (über die Fenster der Kathedrale von Canterbury).

[23] Zur Geschichte des Vorhangmotivs vgl. Johann Konrad Eberlein: Apparitio regis – revelatio veritatis. Studien zur Darstellung des Vorhangs in der bildenden Kunst von der Spätantike bis zum Ende des Mittelalters. Wiesbaden 1982, S. 15ff. Eberlein hat die Herkunft des Motivs aus der spätantiken Herrscher- und Götterikonographie aufgezeigt. Er liefert zahlreiche Beispiele für die Übernahme des Motivs in die Marienikonographie ebenso wie für Evangelistenbilder. Die zurückgeschlagenen Vorhänge dienen nach Eberlein im Mittelalter nach wie vor dazu, die Erscheinung des Göttlichen zu umrahmen.

[24] Rom, Vatikanische Bibliothek, Cod. Reg. christ. lat. 438. Prochno: Schreiber, Nr. 17. Schramm / Mütherich: Herrschergeschichte, Abb. 36 und S. 241.

Mönchskutte auf einem inkrustierten Stuhl beim Schreiben zeigt.[25] Beide Autoren sind als Mönche gekleidet, und nur der kostbare Stuhl unterscheidet ihren Status als Autor von demjenigen eines einfachen Schreibers.

Auch die Sibyllen (Abb. 86a) im Codex Cassinensis sitzen auf inkrustierten Stühlen, ebenso wie die Dichter, die Philosophen (Abb. 86b) und der (alttestamentliche?) König zu Beginn des Kapitels *De magis*. Die Sibyllen und die Dichter sind ausserdem auch ähnlich farbenprächtig gekleidet wie Baudonivia. Es scheint sich bei diesen Stühlen also um ein Statussymbol zu handeln, das einen Autor ohne besonderen kirchlichen Rang auszeichnet.[26]

Die Wachstafel der Baudonivia

Es stellt sich nun die Frage, warum Baudonivia, anders als die Sibyllen im Codex Cassinensis, mit denen sie ikonographisch vergleichbar ist, und auch im Unterschied zu den monastischen Autoren Wandelbert von Prüm, Rupert von Deutz und dem Bischof Fortunatus nicht auf einen Pergamentbogen schreibt, sondern mit Schreibtafel und Griffel ausgestattet ist.

Ginot bringt Baudonivias Wachstafel in Zusammenhang mit der Bescheidenheitstopik, die sie in ihrem Prolog verwendet:

> Si cette besogne préliminaire (das Schreiben auf der Tafel) pouvait paraître un peu dépourvu de noblesse aux peintres chargés d'illustrer des manuscrits, nous ne saurions oublier ici qu'à l'humble nonne qui tremble devant la grandeur de la tâche imposée par son altesse, tâche aussi difficile, dit-elle «que d'atteindre le ciel avec le doigt», convenaient seules les tablettes de cire, qui supportent sans dépense, sinon sans peine, toutes les retouches nécessaires ou ordonnées. Au seul Fortunat, auteur célèbre autant que précieux, «véritable fontaine d'éloquence», dira la modeste compagne de Radegonde, le peintre a pu confier sans crainte la blancheur fragile du vélin [...][27]

Ginots Beschreibung der Autorin als «humble nonne» und «modeste compagne» steht im Widerspruch zur Ikonographie des Autorinnenbildnisses: Stuhl, Kleidung und Mäanderrahmen unterstreichen den Status der Autorin. Ausserdem ist die Bescheidenheitstopik in Baudonivias Prolog, auf die Ginot anspielt, ein Charakteristikum des Genres der Hagiographie[28] und wird auch von Fortunatus verwendet.

Im Zentrum des Autorenbilds des Fortunatus befindet sich das Blatt mit dem INCIPIT, auf das er Schreibrohr und Radiermesser setzt. Das Zentrum der Komposition des Autorinnenporträts bildet Baudonivias erhobene rechte Hand mit dem Griffel, den sie mitten vor der Brust hält. Ihre Tätigkeit als Schriftstellerin wird also

[25] München, Bayerische Staatsbibliothek, Clm 14355, fol. 1v. Klemm: Handschriften, Teil 1, Kat. 19, Abb. 25.

[26] Schramm: Herrschaftszeichen, erwähnt keine inkrustierten Stühle.

[27] Ginot: Manuscrits, S. 61f.

[28] Vgl. dazu das ausgezeichnete Handbuch von Grégoire: Manuale, S. 219ff.

nicht durch den Schreibakt dargestellt, sondern durch die geistige Komposition der Vita, die *(prae)cogitatio*, die der Niederschrift vorausgeht.[29]

Autoren mit Wachstafeln in vergleichbarer Körperhaltung habe ich erst aus viel späterer Zeit ausfindig machen können. Es handelt sich um die beiden höfischen Dichter von Gliers und Gottfried von Strassburg im Kodex Manesse (um 1300, Abb. 39). Von Gliers hat das rechte Knie etwas höher gestellt als das linke; sein Kopf und sein Körper sind nach rechts geneigt wie bei Baudonivia. Mit beiden Händen hält er das geöffnete Diptychon, so dass der Betrachter die beiden Flügel sieht. Dagegen hält Gottfried von Strassburg das offene Diptychon auf dem rechten, angewinkelten Knie und die linke Hand vor der Brust wie Baudonivia ihre rechte. Da er keinen Griffel in der Hand hat, scheint er nicht zu komponieren, sondern zu rezitieren. Seine verhaltene Gestik kontrastiert mit den ihn umgebenden, heftig gestikulierenden Hofleuten, die offenbar über seine Gedichte disputieren. Wie alle übrigen Dichter der Liederhandschrift sind von Gliers und Gottfried von Strassburg ohne Schreibutensil abgebildet – nicht literarische Komposition, sondern mündlicher Vortrag wird hier gezeigt.[30] Dagegen wird das Verfassen eines Gedichts als Diktat dargestellt: Die Bildnisse Konrads von Würzburg und Bliggers von Steinach zeigen die Autoren beim Diktieren, während die Schreiber zu ihren Füssen sitzen. Im Bild des Reinmar von Zweter schreibt eine Frau auf eine Pergamentrolle und ein junger Mann auf ein Wachstafeldiptychon. Das Schreiben erscheint hier als Aufgabe untergeordneter Nebenfiguren, nicht als stolze Manifestation des *auctors* wie auf dem Bildnis des Fortunatus.

Keines der 137 Bilder des Kodexes zeigt einen Autor mit einem Buch oder einem beschrifteten Pergamentblatt, viele von ihnen halten jedoch unbeschriebene offene Schriftrollen, so zum Beispiel Kaiser Heinrich IV.[31] Die Dichter werden in der Regel abgebildet, als ob sie mit der Textgenese ihres Werks nichts zu tun hätten. Auf den meisten Bildern wird die Darstellung einer standesgemässen Beschäftigung oder

[29] Zur *cogitatio* in der mittelalterlichen Literaturtheorie vgl. Carruthers: Book, S. 199ff.

[30] Vgl. dazu Max Schiendorfer: Die Lieder. Vortragsformen und Tradierung. In: Die Manessische Liederhandschrift in Zürich. Katalog zur Ausstellung im Schweizerischen Landesmuseum Zürich, 12. Juni bis 29. September 1991, hg. von Claudia Brinker und Dione Flühler-Kreis, mit Beiträgen von Martin Lassner u.a., Zürich 1991, S. 59–63.

[31] Dass es sich um Schriftrollen und nicht etwa um Spruchbänder handelt, haben Mary und Richard Rouse überzeugend dargelegt: Roll and Codex. The transmission of the Works of Reinmar von Zweter. In: dies.: Authentic Witnesses. Approaches to Medieval Texts and Manuscripts, Indiana 1991, S. 13–22. Schriftzüge werden in der Manesse-Handschrift nur dreimal dargestellt. Ein einziger Autor hält ein beschriftetes Spruchband; es handelt sich um Bruder Eberhard von Sax, einen Dominikaner, der mit betend erhobenen Händen vor einem Altar kniet, auf dem sich eine Marienstatue befindet. Die beiden anderen Personen, die ein beschriebenes Pergament halten, sind keine Autoren: Neben dem Minnesänger Waltram von Gresten sitzt eine Frau mit einem offenen Buch auf dem Knie und neben Konrad von Würzburg ein Lohnschreiber, der auf ein Pergamentblatt schreibt.

Situation derjenigen des Verfassens oder Vortragens vorgezogen. Heinrich IV. etwa ist thronend dargestellt, Konrad II. auf der Jagd, die bürgerlichen Dichter bei der Ausübung ihres Handwerks, die geistlichen im Gebet usw.

Wie Marie-Dominique Chenu in ihrer grundlegenden Diskussion des mittelalterlichen Autorenbegriffs aufgezeigt hat, wird der Terminus *auctor* (von *augere* = vergrössern, vermehren) im Mittelalter zunehmend mit dem Begriff der *auctoritas* konnotiert, während *actor* (von *agere* = handeln, tun) unter anderem auch den Verfasser eines Werks bezeichnen kann. Eine weitere Schreibweise war *aut(h)or*, die etymologisch von *authenticus* hergeleitet wurde.[32] Chenus Differenzierung erscheint für die ikonographische Deutung von Autorenbildern hilfreich: Fortunatus, im Bischofsornat auf einem Thron sitzend, ist zweifellos eine *auctoritas*, während Baudonivia, welche, wie gezeigt wurde, ohne Herrschaftsattribute dargestellt ist, mit ihrer Wachstafel die Authentizität ihres Werks bezeugt, ähnlich wie die Dichter von Gliers und Gottfried von Strassburg im Kodex Manesse. (Dagegen könnte man die Bilder der übrigen Dichter der Manesse-Handschrift als Darstellungen von *actores* charakterisieren.) Während Fortunatus als Buchschreiber erscheint, das heisst bei der Anfertigung eines Textes, der für die Veröffentlichung und Verbreitung bestimmt ist, wird Baudonivia als Komponierende gezeigt, das heisst bei der geistigen Tätigkeit, die dem Verfassen eines Werks vorausgeht und die, wie Mary J. Carruthers in ihrer ausgezeichneten Studie aufgezeigt hat, im Mittelalter *cogitatio* genannt wurde.[33]

[32] Chenu: Auctor, S. 81–86.

[33] Carruthers: Book, S. 197ff.

Die Rupertsberger *Scivias*-Handschrift

Die Rupertsberger Handschrift der *Scivias* ist die älteste der drei illustrierten Visionsschriften Hildegards. Das Original, das sich seit Beginn des 19. Jahrhunderts in der Hessischen Landesbibliothek zu Wiesbaden befand, ist seit 1945 verschollen. Erhalten sind eine Fotokopie in Originalgrösse von 1927 und ein handgefertigtes Pergament-Faksimile, das die Benediktinerinnen der Abtei Eibingen in den Jahren 1927–1933 herstellten.[34] Die genaue Datierung der Handschrift ist in der Forschung umstritten. Sie schwankt zwischen 1165, als Hildegard 67 Jahre alt war und auf der Höhe ihres Ruhmes stand, und 1180, kurz nach Hildegards Tod um 1179. Umstritten sind weiter, ob Hildegard die Herstellung des Kodexes persönlich geleitet hat und ob der Kodex überhaupt auf dem Rupertsberg entstanden ist oder in einem anderen mittelrheinischen Skriptorium.[35] Ein Eintrag des 13. Jahrhunderts auf der Innenseite des Vorderdeckels bestätigt, dass der Kodex damals im Besitz des Klosters Rupertsberg war. Die Annahme, dass er dort in dem von Guibert von Gembloux bezeugten Skriptorium geschrieben und gemalt wurde, ist folglich die nächstliegende.

Die Handschrift enthält 35 farbenprächtige, reich vergoldete Illustrationen: Der Vorrede ist das Bild der Autorin in Begleitung eines Mönchs vorangestellt (Abb. 40), es folgen die Bilder von 34 Visionen, die sich eng an den Text halten. Die Bilder sind innovativ: Wie bereits Louis Baillet festgestellt hat, war die bildliche Darstellung von Visionen, die ein ganzes Buch illustrieren, mit Ausnahme der Apokalypse des Johannes eine Neuheit.[36] Ähnliches gilt für das Autorinnenporträt am Anfang des Vorworts.[37] Im Gegensatz zu den Bildnissen in den Handschriften von Salem und Lucca

[34] Beide Kopien befinden sich in der Bibliothek der Abtei St. Hildegard in Eibingen. Hildegardis Bingensis Scivias (Corpus Christianorum Continuatio Mediaevalis XLIII, XLIII A), hg. von Adelgundis Führkötter OSB und Angela Carlevaris OSB, Turnhout 1978, Einleitung, S. XXXII.

[35] Zu diesen Fragen vgl. Scivias, Einleitung, S. XXXIIff. Marianna Schrader / Adelgundis Führkötter: Die Echtheit des Schrifttums der heiligen Hildegard von Bingen (Beihefte zum Archiv für Kulturgeschichte 6), Köln, Graz 1956, S. 42. Albert Derolez: The Manuscript Transmission of Hildegard of Bingen's Writings. The State of the Problem. In: Hildegard of Bingen. The Context of her Thought and Art, hg. von Charles Burnett und Peter Dronke (The Warburg Institute, School of Advanced Study, University of London), London 1998, S. 17–28. Madeline Caviness: Hildegard as the Designer of the Illustrations to her Works. Ebd., S. 29–62. Saurma-Jeltsch: Miniaturen, S. 4ff. Dies.: *Scivias*-Handschrift.

[36] Louis Baillet: Les miniatures du Scivias de Sainte Hildegarde. Monuments et mémoires publiés par l'Académie des Inscriptions et Belles-Lettres 19 (1912), S. 49–149, hier S. 53. Zur Ikonographie des Johannes der Apokalypse vgl. unten S. 115ff.

[37] Folgende Arbeiten erwähnen das Autorinnenbild kurz: Baillet: Miniatures, S. 54ff. Hiltgard Keller: Mittelrheinische Buchmalereien in den Handschriften der Hildegard von Bingen, Diss. Stuttgart 1933. Joseph Schomer: Die Illustrationen der hl. Hildegard von Bingen als künstlerische Neuschöpfungen, Diss. Bonn 1937. Rita Otto: Zu einigen Miniaturen einer Sciviashandschrift des 12. Jahrhunderts. Main-

ist das Bild hier dem Prolog vorangestellt und illustriert ihn, wodurch Hildegard als Urheberin des folgenden Textes charakterisiert wird, ähnlich wie zum Beispiel Boethius in der C-Initiale der *Consolatio* der Bodleian Library in Oxford (Abb. 69b). Dagegen sind die Autorinnenbilder der beiden anderen, nach Hildegards Tod entstandenen illustrierten *Scivias*-Handschriften den Visionsbildern untergeordnet; Hildegard wird dort als Rezipientin von Bildern, nicht als Produzentin von Texten dargestellt, was, wie ich unten zeigen werde, auf die Tradition der Sibyllenikonographie zurückgeführt werden kann.

Unter den zehn vollständig erhaltenen *Scivias*-Handschriften ist die Rupertsberger die einzige ohne *titulus*. Dieser wird hier durch das Autorinnenbild ersetzt, das über dem Anfang des Prologs steht. Die beiden Anfangsworte «Et ecce» kann der Leser sowohl auf das Bild als auch auf den Text beziehen. In den meisten anderen *Scivias*-Handschriften dagegen lautet der Untertitel des Prologs: «Protestificatio (oder praetestificatio) veracium visionum a deo fluentium» (Bezeugung der wahrhaftigen Visionen, die von Gott ausströmen).[38] *Protestificatio* definiert sowohl die Funktion des Prologs als auch diejenige des Autorinnenbilds.[39]

Die Komposition des Bildnisses ist auf dem Gegensatz von innen und aussen aufgebaut: Im Innern einer von zwei Türmen flankierten Ädikula sitzt die Autorin in Nonnentracht vor einem goldenen Hintergrund. Ihre Füsse ruhen auf einem Schemel. Von der Decke herunter laufen rote Streifen über ihr Gesicht und in ihre Augen, das himmlische Feuer, das Hildegard in der *protestificatio* als ihre Inspirationsquelle beschreibt. Sie hält eine Schreibtafel auf dem linken Knie und schreibt mit einem riesigen Griffel. Die Tafel, welche sich genau im Zentrum der Komposition befindet, hat die Form eines zusammengeklappten, oben abgerundeten Diptychons. Hildegard blickt jedoch nicht auf ihre Arbeit, sondern auf das Gesicht des bärtigen Mönchs, der seinen Kopf durch die Luke der Ädikula streckt und sie ansieht, während sein übriger Körper sich ausserhalb des vergoldeten Innenraums befindet. Der Mönch – er gilt in der Forschung als Hildegards Mitarbeiter Volmar, wird im Prolog der *Scivias* jedoch nicht mit Namen genannt – sitzt rechts im Bild auf einer Bank vor der grünen Wand eines Turms, seine Füsse baumeln in der Luft. Seine linke

zer Zeitschrift. Mittelrheinisches Jahrbuch für Archäologie, Kunst und Geschichte 67/8 (1972/73), S. 128–138. Adelgundis Führkötter: The miniatures from the book Scivias – Know the ways – of Saint Hildegard of Bingen from the illuminated Rupertsberg Codex (Amaria patristica et mediaevalia 1), Turnhout 1977. Christel Meier: Zum Verhältnis von Text und Illustration im überlieferten Werk Hildegards von Bingen. In: Hildegard von Bingen 1179–1979. Festschrift zum 800. Todestag der Heiligen, hg. von Anton Ph. Brück, Mainz 1979, S. 385–412. Suzuki: Strukturproblem. Ausführlicher behandelt wird das Bild bei Saurma-Jeltsch: Miniaturen, S. 25–31, und Suzuki: Bildgewordene Visionen, S. 190–194.

[38] Scivias, Einleitung, S. III.

[39] Als Beweis für die Authentizität der Visionen wird der *Scivias*-Prolog auch in Theoderichs Vita der Hildegard angeführt. Vita Sanctae Hildegardis (Corpus Christianorum Continuatio Mediaevalis CXXVI), hg. von Monica Klaes, Turnhout 1993, S. 6f.

Hand ruht auf einem geöffneten leeren Kodex oder Pergamentblatt. Er hält kein Schreibinstrument. Sowohl die Blicke der beiden Figuren als auch ihre Hände entsprechen sich: Die Rechte der Autorin, die den Griffel führt, ist deutlich sichtbar, während ihre Linke von der Schreibtafel fast vollständig verdeckt wird. Dagegen liegt die linke Hand des Mönchs untätig auf den leeren Seiten des Buches, die rechte wird von seiner Kutte bedeckt. Die Komposition erweckt den Eindruck, als ob es sich um zwei Hände *eines* Körpers handeln würde, denn um die Silhouetten der beiden Figuren könnte man beinahe einen Kreis ziehen. Diese Darstellung hat eine Entsprechung in Hildegards Prolog, in dem die enge Zusammengehörigkeit der beiden Verfasser aus der Perspektive Gottes geschildert wird:

> Unde in amore meo scrutatus est in animo suo, ubi illum inveniret, qui viam salutis curreret. Et quendam invenit et eum amavit, agnoscens quod fidelis homo esset et similis sibi in aliqua parte laboris illius qui ad me tendit. Tenensque eum simul cum illo in omnibus his per supernum studium contendit, ut absconsa miracula mea revelarentur. Et idem homo semetipsum se non posuit, sed ad illum in ascensione humilitatis et in intentione bonae voluntatis, quem invenit, se in multis suspiriis inclinavit.[40]
>
> (So sann sie [Hildegard] denn aus Liebe zu mir [Gott] in ihrer Seele nach, wo sie einen finden könne, der auf dem Weg des Heils eilt. Und sie fand einen [Volmar] und liebte ihn in der Erkenntnis, dass er ein treuer Mensch sei, der gleich ihr sich um meinen [Gottes] Auftrag mühe. Und sie hielt ihn fest. Gemeinsam arbeiteten sie im hochstrebenden Eifer, meine [Gottes] verborgenen Wunder kundzutun. Er aber erhob sich nicht über sich selbst, sondern neigte sich in der Selbsterhöhung der Demut und in der Zielstrebigkeit guten Wollens seufzend der Gefundenen zu.)[41]

Der Text ist verwirrend, da Hildegard sowohl sich selbst als auch Volmar als *homo* bezeichnet. Der Satz «Er aber erhob sich nicht über sich selbst [...]», der im lateinischen Text mit «Et idem homo [...]» beginnt, kann sich deshalb ebensogut auf Hildegard wie auf Volmar beziehen, eine grammatische Ambivalenz, welche die Gemeinsamkeit der beiden, die im Bild durch die Korrespondenz der Hände und Blicke ausgedrückt wird, besonders deutlich hervorhebt.[42] Hildegard wiederholt das

[40] Hildegard: Scivias, Protestificatio, Führkötter / Carlevaris, Z. 67–75.

[41] Vgl. die Übersetzungen von Böckeler und Storch: Hildegard von Bingen: Wisse die Wege. Nach dem Originaltext des illuminierten Rupertsberger Kodex der Wiesbadener Landesbibliothek ins Deutsche übertragen und bearbeitet von Maura Böckeler, Salzburg [6]1975 (1928), S. 90; Hildegard von Bingen: SCIVIAS – Wisse die Wege. Eine Schau von Gott und Mensch in Schöpfung und Zeit, hg. und übers. von Walburga Storch (vollständige Übersetzung der lateinischen textkritischen Edition Corpus Christianorum Continuatio Mediaevalis XLIII, XLIIIA), Augsburg 1997, S. 6. Gott nennt Hildegard *homo* und spricht von ihr in der männlichen Form. Um den Text leichter verständlich zu machen, habe ich die weibliche Form gewählt, die sie von Volmar unterscheidet.

[42] Lynn Staley Johnson hat diese enge Gemeinsamkeit als spirituelle Ehe charakterisiert: "Through the Living Light, who speaks in the first person, Hildegard describes her relationship with the monk Volmar as a kind of marriage, in which Volmar displays all the fidelity, industry and humility of a prelapsarian Eve. He labors with Hildegard; he yields not only his stylus but his will to her; he becomes the perfect

Verb *tendere*, das unter anderem «streben» oder «eilen» bedeutet, das heisst Spannung und Bewegung ausdrückt, dreimal. Dadurch wird ihr Verhältnis zu Volmar als ein gemeinsames Streben zu Gott hin beschrieben.

Aus dem Prolog geht nicht hervor, aus welchem Grund Hildegard einen Mitarbeiter sucht; seine konkrete Aufgabe wird nicht definiert, und von einer Arbeitsteilung beim Verfassen der Visionsschrift, wie sie die beiden Hagiographen Hildegards schildern, ist hier nicht die Rede[43], sondern die Autorin nennt Volmar einen, «der auf dem Weg des Heils eilt», eine Charakterisierung, die in merkwürdigem Widerspruch steht zu der Körperhaltung des Mönches auf dem Bild, dessen Füsse in der Luft baumeln. Einen ähnlichen Widerspruch haben wir bereits bei der Interpretation der Brustbildnisse der Nonnen im *Hortus Deliciarum* festgestellt, die von Herrad aufgefordert werden, zum Himmel zu laufen.[44] Wie die Nonnen von Hohenburg eilt Volmar «auf dem Weg des Heils», und wie diese ist er an der Buchherstellung beteiligt, worauf der offene Kodex hinweist, den er auf dem Schoss hält.

Ebensowenig erwähnt der *Scivias*-Prolog eine weitere Funktion von Hildegards Mitarbeiter: Er ist Augenzeuge bei Hildegards göttlicher Illumination durch das himmlische Feuer. Und auch diese Rolle teilt er mit den Nonnen im *Hortus*, die nach Herrads Worten «in der göttlichen Schau ruhen».

Die Architekturkulisse

Hildegard sitzt in einer von zwei wehrhaften Türmen flankierten Ädikula. Es handelt sich um ein Motiv, das in all ihren Bildnissen auftaucht – wenn auch nicht in dieser massiven Form –, was darauf hinweist, dass ihm eine spezifische Bedeutung zukommt. Die räumliche Situation der Autorin auf dem Rupertsberger Bild widerspricht ihrer eigenen Schilderung im Prolog, sie habe ihre Gesichte «nicht an abgelegenen Orten» (*in abditis locis*), sondern «an allgemein zugänglichen Orten» (*in apertis locis*) empfangen.[45] Dagegen evoziert das Bild der eingeschlossenen Autorin eine Inklusin, die mit ihrem Beichtvater durch das Fenster ihrer Zelle kommuniziert. Nach Paulette L'Hermite-Leclercq bestand die überwiegende Mehrheit der mittelalterlichen Inklusen aus Frauen, und zwar nicht aus Nonnen, sondern aus Laien, deren Situation L'Hermite-Leclercq folgendermassen beschreibt:

partner in the Lords work." Lynn Staley Johnson: The Trope of the Scribe and the Question of Literary Authority in the Works of Julian of Norwich and Margery Kempe. Speculum. A Journal of Medieval Studies 66 (1991), S. 820–838, hier S. 823.

[43] Volmars Funktion als Korrektor von Hildegards Latein wird in anderen Texten konkreter beschrieben, z.B. in der Vita des Theoderich: Vita Sanctae Hildegardis, S. 20f., und im Vitenfragement, dem 38. Brief des Guibert von Gembloux: Guiberti Gemblacensis Epistolae (Corpus Christianorum Continuatio Mediaevalis LXVI A), hg. von Albert Derolez, Turnhout 1989, S. 378.

[44] Vgl. oben S. 71.

[45] Hildegard: Scivias, Protestificatio, Führkötter / Carlevaris, Z. 45ff. Übersetzung Böckeler, S. 89. Storch, S. 6.

> La grande différence avec l'érémitisme réside dans ce qu'on pourrait appeler le paradoxe du reclus. Ne pouvant sortir, l'Eglise ne lui reconnaissant pas non plus le droit de se laisser mourir, il est l'être le plus dépendant qui soit.[46]

Zu einer in ihrer Zelle eingeschlossenen Inklusin, die nur durch ein kleines Fenster mit der Aussenwelt kommuniziert, gehört immer mindestens eine weitere Person, die für ihren Lebensunterhalt sorgt. Eine vergleichbare Situation wird auf dem Rupertsberger Autorinnenbild evoziert.

Als *inclusa* wird Hildegard auch von Gebeno, dem Prior der Zisterzienserabtei von Eberbach, bezeichnet, der um 1220 eine Kompilation ihrer Visionsschriften hergestellt hatte mit dem Titel *Speculum futurorum temporum sive Pentachronon*[47], die in der Folgezeit eine weit grössere Verbreitung erfuhr als Hildegards originale Werke. Gebeno nennt die Visionärin in seinem Vorwort eine *virgo inclusa*, «eine vom Heiligen Geist erleuchtete Inklusin»[48], eine Bezeichnung, die weder mit der Biographie der Äbtissin des Klosters von Eibingen, die bekanntlich weite Reisen unternahm und öffentlich predigte, noch mit ihrer eigenen Inszenierung der Visionen in den Prologen übereinstimmt. Dies war Gebeno sicherlich bekannt. Offensichtlich bediente er sich eines literarischen Topos, mit dem die Komposition literarischer Werke als geheime, innerliche Tätigkeit beschrieben wird, die in der Einsamkeit geschieht. Als weiteres Beispiel für diesen Topos sei eine Stelle aus dem Prolog des *Legatus divinae pietatis* Gertruds der Grossen angeführt, welche niederschreibt, «was sie im Herzen fühlte, wenn sie – *bislang im Geheimen* – mit dem Geliebten sprach».[49]

Eine ähnlich massive, von Türmen flankierte Ädikula wie das Rupertsberger Autorinnenbild zeigt das Bildnis Notkers des Stammlers im Zürcher Staatsarchiv (um 1070, Abb. 41)[50], das, wie Albert Boeckler nachgewiesen hat, ursprünglich den Sequenzen im Kodex 376 der Sankt Galler Stiftsbibliothek vorangestellt war.[51] Auf beiden Bildern füllt die Architekturkulisse den ganzen Bildraum aus. Notker sitzt in Mönchstracht und Kapuze vor einem Pult, auf das er den linken Ellenbogen lehnt, den Kopf melancholisch in die Hand gestützt. In der Rechten hält er ein Buch auf

[46] Paulette L'Hermite-Leclercq: La femme à la fenestrelle du reclusoir. In: La femme au Moyen Age, hg. von Michel Rouche, Maubeuge 1990, S. 49–64, hier S. 53.

[47] Einige Auszüge aus diesem Werk wurden von Pitra ediert: Analecta Sanctae Hildegardis Opera Spicilegio Solesmensi parata, hg. von Johannes Baptista Card. Pitra (Analecta Sacra VIII), Montecassino 1882, S. 483–488.

[48] Gebeno: Speculum, Pitra, S. 484.

[49] Hervorhebung K. Graf. Vgl. unten S. 257.

[50] Zürich, Staatsarchiv, AG 19 XXXV. Johannes Duft: Die Abtei St. Gallen. Ausgewählte Aufsätze in überarbeiteter Fassung, hg. zum 75. Geburtstag des Verfassers von Peter Ochsenbein und Ernst Ziegler, Bd. 1: Beiträge zur Erforschung ihrer Manuskripte, Sigmaringen 1990, Abb. 17, S. 108f., S. 253.

[51] Albert Boeckler: Das Züricher Notkerbild und die St. Galler Buchmalerei im 11. Jahrhundert, hg. von Lotte Kurras. In: Studien zur Buchmalerei und Goldschmiedekunst des Mittelalters. Festschrift für Karl Hermann Usener zum 60. Geburtstag, hg. von Frieda Dettweiler u.a., Marburg an der Lahn 1967, S. 161–166 und Abb. 1. Duft: Abtei, Abb. 17.

dem Oberschenkel oder – was mir wahrscheinlicher erscheint – eine Rolle, und seine Füsse ruhen auf einem Schemel. Auf der ursprünglich gegenüberliegenden Zierseite mit dem *Incipit* der Sequenzen steht folgendes Gedicht:

> Optans misceri Notkerus in aethere plebi,
> cuius dulcisonis vox numquam cessat ab ymnis,
> gaudia dum licuit crucis hoc in carmine lusit,
> quod domino laudi galloque studebat honori.[52]
> (Notker wünscht, sich mit den himmlischen Scharen zu vermischen, deren süsstönende Stimme nie aufhört, Hymnen zu singen. Solange es ihm erlaubt war, hat er die Freuden des Kreuzes in diesem Lied gespielt, da er das Lob des Herrn und die Ehre des Gallus erstrebte.)

Wie passt diese Lobpreisung Notkers als engelsgleicher Sänger zu seiner bildlichen Darstellung als Melancholiker, der in seinem Verlies einsam vor sich hinbrütet? Sowohl seine melancholische Pose als auch seine räumliche Situation kontrastieren mit der Lobpreisung seines himmlischen Gesangs auf der folgenden Seite der Handschrift. Ob diese widersprüchliche Inszenierung Notkers auf einem ähnlichen Prinzip künstlerischer Charakterisierung beruht wie sein Beiname *balbulus*, «der Stammler»? Die Frage ist nicht abwegig, denn ähnlich wie auf dem Autorenbild seiner Sequenzen wird der geniale Musiker dadurch als Kranker charakterisiert. Der Name *balbulus* weist auf die Inadäquatheit zwischen Notkers Körper und seiner Seele hin, genauer gesagt auf die Diskrepanz zwischen der Disharmonie seiner Sprache und der Harmonie seiner Musik. Notkers Beiname *balbulus* hebt die Vollkommenheit seiner Hymnen quasi *ex contrario* hervor.

Die Darstellung der turmbewehrten Ädikula scheint mit dem hier skizzierten Autorentypus zusammenzuhängen. Der Vergleich des Rupertsberger Bildnisses mit dem Notkerbild legt die Vermutung nahe, dass das Auftauchen dieses Motivs in der Hildegard-Ikonographie durch die Selbstinszenierung der Autorin als körperlich hinfälliger Mensch im *Scivias*-Prolog bedingt ist, die im folgenden analysiert werden soll.

Hildegards Physiologie des Schreibens

In der *Protestificatio* beschreibt die Autorin zweimal, wie sie von Gott niedergeworfen wird. Beide Male geht ihre Niederwerfung mit einer Schilderung körperlicher Krankheit einher. Hildegard schildert ihre erste Berufung folgendermassen:

> Sed puellari meta transacta, cum ad praefatam aetatem perfectae fortitudinis pervenissem, audivi vocem de caelo dicentem: Ego lux vivens et obscura illuminans hominem quem volui et quem mirabiliter secundum quod mihi placuit excussi in magnis mirabilibus trans metam antiquorum hominum, qui in me multa secreta viderunt, posui; sed

[52] Boeckler: Notkerbild, S. 161 und Abb. 2.

in terram stravi illum, quod se non erigeret in ulla elatione mentis suae [...] Ipse enim in medullis et in venis carnis suae doluit, constrictum animum et sensum habens atque multam passionem corporis sustinens [...][53]
(Als ich die Mädchenjahre überschritten hatte und zu dem erwähnten gereiften Alter gekommen war, hörte ich eine Stimme vom Himmel sagen: Ich bin das lebendige Licht, das alles Dunkel durchleuchtet. Den Menschen, den ich erwählt und den ich, wie es mir gefiel, machtvoll erschüttert habe, stellte ich in grosse Wunder hinein, mehr noch als die Menschen der alten Zeiten, die viele Geheimnisse in mir schauten. Doch warf ich ihn zur Erde nieder, damit er sich nicht in Geistesaufgeblasenheit erhebe [...] Er leidet Schmerzen in seinem Marke und in den Adern seines Fleisches. Sinn und Gefühl sind ihm beengt, schweres Leiden duldet er in seinem Körper [...])[54]

Auch die biblischen Propheten Ezechiel und Johannes fallen zu Boden beim Anblick Gottes und stehen erst auf seinen Befehl wieder auf.[55] Wie David Edward Aune aufgezeigt hat, gleicht ihr Fussfall vor der göttlichen Majestät einem kaiserlichen Hofzeremoniell.[56] Dagegen wird Hildegard aus ganz anderen Gründen zu Boden geworfen. Gottes Aussage «doch warf ich ihn zur Erde nieder» (*sed in terram stravi illum*) folgt bei ihr unmittelbar auf die Charakterisierung Hildegards als eine, die «mehr als die Menschen der alten Zeiten» an Gottes Wundern teilhat.[57]

Hildegards zweite Niederwerfung ist die Strafe Gottes für ihre Verweigerung des göttlichen Schreibbefehls: «[...] ich weigerte mich zu schreiben. Nicht aus Hartnäckigkeit, sondern wegen meiner Verpflichtung zur Demut [...] bis Gottes Geissel mich auf das Krankenlager warf.»[58] Hildegard wird in dem Moment gesund, in dem sie zu schreiben beginnt: «Als ich nun zu schreiben begann und alsbald, wie anfangs berichtet, die Gabe tiefsinniger Schriftauslegung in mir wirksam fühlte, kam ich wieder zu Kräften und stand von meiner Krankheit auf.»[59] Beide Male ist Hildegards Krankheit keine Begleiterscheinung, sondern körperlicher Beweis ihrer Auserwähltheit, gleichsam ihre Antithese, denn die Krankheit tritt genau dann auf, wenn

[53] Hildegard: Scivias, Protestificatio, Führkötter / Carlevaris, Z. 49–63.
[54] Übersetzung Böckeler, S. 90, vgl. Storch, S. 6.
[55] Ez 2,1: «Et vidi, et cecidi in faciem meam, et audivi vocem loquentis, et dixit ad me: Fili hominis, sta super pedes tuos, et loquar tecum.» Apc 1,17: «Et cum vidissem eum, cecidi ad pedes eius tanquam mortuus. Et posuit dexteram suam super me, dicens: Noli timere [...]»
[56] David Edward Aune: The Influence of Roman Imperial Court Ceremonial on the Apocalypse of John. Biblical Research Chicago III 28 (1983), S. 5–26.
[57] Dass dies auf Hildegards Modernisierung der alttestamentlichen Prophetie hinweist, die sie mit der augustinischen Erkenntnislehre verbindet, wird im folgenden Kapitel dargelegt, vgl. unten S. 101ff.
[58] Hildegard: Scivias, Protestificatio, Führkötter / Carlevaris, Z. 81–83: «[...] sed in humilitatis officio scribere recusavi, quousque in lectum aegritudinis flagello Dei depressam caderem [...]» Vgl. Böckeler, S. 90, Storch, S. 6.
[59] Hildegard: Scivias, Protestificatio, Führkötter / Carlevaris, Z. 87–89: «Quod dum facerem, altam profunditatem expositionis librorum, ut praedixi, sentiens, viribusque receptis de aegritudine me erigens[...]» Übersetzung Böckeler, S. 90, vgl. Storch, S. 7.

Hildegard ein aussergewöhnlicher Status zugeschrieben wird: das erste Mal als Prophetin, das zweite Mal als Schriftstellerin.

Hildegards antithetische Selbstinszenierung als Visionärin und Kranke, als Schriftstellerin und Geschwächte ist nicht neu. So charakterisiert ja auch die Bezeichnung Notkers als «Stammler» seine Kunst als Heilung von einem körperlichen Defekt. Als älteres Beispiel sei auf den Anfang der *Consolatio Philosophiae* des Boethius hingewiesen, wo der melancholisch trauernde Autor durch die Erscheinung der Philosophie geheilt wird. Bei Boethius ist es die geistige, bei Hildegard die körperliche Genesung, die mit dem Beginn des Werkes eintritt. Wie Hildegard und Notker wurde auch Boethius zuweilen als eingeschlossener Autor dargestellt (Abb. 69a, 70).[60]

Von den Schreibutensilien Griffel und Schreibtafel, die im Autorinnenbild erscheinen, ist in Hildegards *Protestificatio* nicht die Rede. Anstatt die konkrete Ausführung des göttlichen Schreibbefehls zu schildern, entwickelt die Autorin eine Physiologie des Schreibens, indem sie ihr Verfassen nicht als konkrete Arbeit schildert, sondern als Reaktion auf ihre körperliche Befindlichkeit, wodurch der Eindruck entsteht, als sei die Schreibunterlage nicht ein Buch oder eine Wachstafel, sondern vielmehr Hildegards Körper.[61] Beschreibungen von Krankheit und Genesung kommen auch in anderen Visionstexten mittelalterlicher Autorinnen vor[62], doch kaum eine hat ihre schriftstellerische *persona* so grundlegend mit ihrer körperlichen Befindlichkeit assoziiert wie Hildegard von Bingen.[63] Die Krankheits-

[60] Vgl. unten S. 155f. und S. 165.

[61] Dass der Körper heiliger Personen im Mittelalter metaphorisch mit einem Buch assoziiert werden konnte, zeigte bereits Curtius: Literatur, S. 315ff.

[62] Zum Beispiel im Prolog des *Legatus divinae pietatis* Gertruds der Grossen, vgl. dazu unten S. 257.

[63] Bereits Christel Meier wies darauf hin, dass die von Hildegard von Bingen verwendete Körpermetaphorik als konstitutiv für ihre Prophetenrolle zu deuten ist, und charakterisierte Hildegards Selbstinszenierung als *incorporatio* und *incarnatio* von Wahrheiten in der Autorin. Meier liefert jedoch keine literarische Analyse dieser Autorinnenrolle. Christel Meier: Scientia Divinorum Operum. Zu Hildegards von Bingen visionär-künstlerischer Rezeption Eriugenas. In: Eriugena redivivus. Zur Wirkungsgeschichte seines Denkens im Mittelalter und im Übergang zur Neuzeit, Vorträge des V. Internationalen Eriugena-Colloquiums, Werner-Reimers-Stiftung Bad Homburg, 26. bis 30. August 1985, hg. von Werner Beierwaltes, Heidelberg 1987, S. 89–141, hier S. 140. Dies.: Hildegard von Bingen. In: Die deutsche Literatur des Mittelalters. Verfasserlexikon, begründet von Wolfgang Stammler, fortgeführt von Karl Langosch, 2. Aufl., hg. von Kurt Ruh u.a., Berlin, New York 1978ff. (im folgenden Verfasserlexikon), Bd. 3, 1257–1280. Dies.: Prophetentum als literarische Existenz. Hildegard von Bingen (1098–1179) – Ein Porträt. In: Deutsche Literatur von Frauen, Bd. 1: vom Mittelalter bis zum Ende des 18. Jahrhunderts, hg. von Gisela Brinker-Gabler, München 1988, S. 76–87, hier S. 78ff. Dies.: Eriugena im Nonnenkloster? Überlegungen zum Verhältnis von Prophetentum und Werkgestalt in den *figmenta prophetica* Hildegards von Bingen. Frühmittelalterliche Studien 19 (1985), S. 466–497. Zu Hildegard und der Physiologie ihrer Zeit vgl. Danielle Jacquart: Hildegarde et la physiologie de son temp. In: Hildegard of Bingen. The Context of her Thought and Art, hg. von Charles Burnett und Peter Dronke (The Warburg Institute, School of Advanced Study, University of London), London 1998, S. 121–134.

beschreibungen mittelalterlicher Autorinnen wurden von der Forschung bisher zu wenig als literarische Inszenierungen erkannt, sondern in der Regel als (auto-)biographische Tatsachen interpretiert.[64] Dabei blieb oft unberücksichtigt, dass Krankheit und körperliche Hinfälligkeit im Mittelalter oft auch in bezug auf männliche Autoren thematisiert wurden, so zum Beispiel in den Viten Hermanns des Lahmen oder Notkers des Stammlers.[65] Eine vergleichende Studie, die die literarische Funktion solcher Krankheitsbilder bei verschiedenen Autorinnen und Autoren analysiert, steht bisher aus.[66]

Selbstinszenierungen, die den Prozess des Schreibens als Genesung schildern, gibt es auch in der modernen Literatur. Der berühmte Kranke Friedrich Nietzsche schreibt in der Vorrede zur *Fröhlichen Wissenschaft*: «Aber lassen wir Herrn Nietzsche: was geht es uns an, dass Herr Nietzsche wieder gesund wurde?»[67] Diese Frage kann man sich ebensogut in bezug auf Hildegard von Bingen stellen, die wie Nietzsche einen sehr aussergewöhnlichen schriftstellerischen Status für sich in Anspruch genommen hat. Während Nietzsches Genesung als körperliche Bestätigung seiner Überwindung des wissenschaftlichen durch den dionysischen Schriftsteller interpretiert werden kann, geht es bei Hildegard um die Überwindung des äusseren, kranken, weiblichen Menschen durch den inneren, göttlich inspirierten Autor. Während Hildegards Gesundung ein Beweis ihrer schriftstellerischen Autorität gegenüber «der Zweifelsucht, dem Achselzucken und dem mannigfachen Gerede der Menschen» ist, beweist Nietzsches Genesung seine Überwindung der Moral. Beide Male handelt es sich um Selbstinszenierungen von Einzelkämpfern gegenüber einer übermächtigen Tradition, und beiden Autoren geht es bei der Beschreibung ihres ‹literarischen Körpers› um die Rechtfertigung einer ‹unmoralischen› Angelegenheit.

Der Vergleich zwischen Hildegards schriftstellerischem Selbstverständnis und demjenigen von Friedrich Nietzsche ist nicht so abwegig, wie er auf den ersten Blick

[64] So z.B. noch von Caroline Walker Bynum: Jesus as mother. Studies in the Spirituality of the High Middle Ages, Los Angeles, London 1982. Dies.: Holy Feast and Holy Fast. The Religious Significance of Food to Medieval Women, Berkeley, Los Angeles, 1987. Dasselbe gilt für die Arbeiten von Barbara Newman über Hildegard. Barabara Newman: Sister of Wisdom. St. Hildegard's Theology of the Feminine, Berkeley 1987 (deutsche Übersetzung: Hildegard von Bingen. Schwester der Weisheit, aus dem Amerikanischen von Anette Esser und Monica Priester, Freiburg i. Br. 1995). Dies.: Divine Power Made Perfect in Weakness. St. Hildegard on the Frail Sex. In: Medieval Religious Women, Vol. II: Peaceweavers (Cistercian Studies Series 72), hg. von Lilian Thomas Shank und John A. Nichols, Kalamazoo, Michigan 1987, S. 103–122. Auch die Dissertation von Claudia Eliass liefert keine Analyse literarischer Topoi: Die Frau ist die Quelle der Weisheit. Weibliches Selbstverständnis in der Frauenmystik des 12. und 13. Jahrhunderts, Pfaffenweiler 1995.

[65] Zu Notker vgl. Verfasserlexikon 6, 1185f., zu Hermann dem Lahmen Verfasserlexikon 3, 1082–1090.

[66] Eine Ausnahme bilden die Aufsätze Jacqueline Cerquiglinis über den Topos der Einäugigkeit bei französichen Dichtern des 15. Jahrhunderts, vgl. unten S. 120.

[67] Friedrich Nietzsche: Die fröhliche Wissenschaft, Vorrede zur zweiten Ausgabe. Sämtliche Werke (Kritische Studienausgabe in 15 Bänden), hg. von Giorgio Colli und Mazzino Montinari, Berlin, New York 1980, Bd. 3, S. 347.

scheinen könnte, denn Nietzsche hat das Unzeitgemässe seiner Inspiration stark betont:

> Dies ist *meine* Erfahrung von Inspiration; ich zweifle nicht, dass man Jahrtausende zurückgehen muss, um Jemanden zu finden, der mir sagen darf «es ist auch die meine».[68]

Und weiter ähnelt Nietzsches Beschreibung seiner Inspiration derjenigen Hildegards in verblüffender Weise:

> Hat Jemand, Ende des neunzehnten Jahrhunderts, einen deutlichen Beweis davon, was Dichter starker Zeitalter *Inspiration* nannten? Im andren Falle will ich's beschreiben. – Mit dem geringsten Rest von Aberglauben in sich würde man in der That die Vorstellung, bloss Incarnation, bloss Mundstück, bloss medium (sic) übermächtiger Gewalten zu sein, kaum abzuweisen wissen. Der Begriff Offenbarung, in dem Sinn, dass plötzlich mit unsäglicher Sicherheit und Feinheit, Etwas *sichtbar*, hörbar wird, Etwas, das Einen im Tiefsten erschüttert und umwirft, beschreibt einfach den Thatbestand. Man hört, man sucht nicht; man nimmt, man fragt nicht, wer da gibt; wie ein Blitz leuchtet ein Gedanke auf, mit Nothwendigkeit, in der Form ohne Zögern – ich habe nie eine Wahl gehabt.[69]

Nietzsche weigerte sich, seine körperlichen Zustände als göttliche Zeichen zu interpretieren. Dagegen stellte Hildegard ihre Visionen auf eine erkenntnistheoretische Basis, die an Augustins christliche Zeichenlehre anknüpft. Dieser Aspekt ihrer philosophischen Reflexion, der von der Forschung bisher unbeachtet geblieben ist, war jedoch für die Anerkennung der Autorin durch bedeutende Theologen ihrer Zeit wie auch für ihre Ikonographie von zentraler Bedeutung, wie im folgenden dargelegt werden soll.

Hildegards Augustin-Rezeption im Prolog

Das Rupertsberger Autorinnenbild stellt das Verfassen der Visionsschrift als Blickkontakt durch ein Fenster zwischen einem *inneren* und einem *äusseren* Menschen dar, die durch eine Trennwand voneinander geschieden sind. In der Vorrede ist die Unterscheidung des inneren und äusseren Menschen das entscheidende Argument für die göttliche Herkunft der Visionen:

> Visiones vero quas vidi, non eas in somnis, nec dormiens, nec in phrenesi, nec corporeis oculis aut auribus exterioris hominis, nec in abditis locis percepi, sed eas vigilans et circumspecta in pura mente, oculis et auribus interioris hominis, in apertis locis, secundum voluntatem Dei accepi. Quod quomodo sit, carnali homini perquirere difficile est.[70]
> (Die Gesichte, die ich schaue, empfange ich nicht in traumhaften Zuständen, nicht im Schlaf oder in Geistesgestörtheit, nicht mit den Augen des Körpers oder den Ohren des äussern Menschen und nicht an abgelegenen Orten, sondern wachend, besonnen und

[68] Friedrich Nietzsche: Ecce homo. Wie man wird, was man ist. Sämtliche Werke, Bd. 6, S. 340.
[69] Nietzsche: Ecce homo, S. 339.
[70] Hildegard: Scivias, Protestificatio, Führkötter / Carlevaris, Z. 43–48.

mit klarem Geiste, mit den Augen und Ohren des inneren Menschen, an allgemein zugänglichen Orten, so wie Gott es will. Wie das geschieht, ist für den mit Fleisch umkleideten Menschen schwer zu verstehen.)[71]

Hildegards Insistieren auf der Behauptung, ihre Gesichte seien *keine* Traumvisionen, welche, zum Beispiel nach Hugo von Sankt Viktor, an «abgelegenen, ruhigen, geheimen und privaten Orten» stattfinden[72], weist auf den aussergewöhnlichen Status hin, den sie als Visionärin beansprucht. Sie greift hier eine Erkenntnistheorie auf, die Augustin in seinem Dialog *De magistro*, der umfassendsten Zeichenlehre der Antike[73], ausführlich dargelegt hat. Der Dialog ist ein fiktives Gespräch über die semantische Funktion der Zeichen zwischen Augustin selbst und seinem sechzehnjährigen Sohn Adeodatus. Im letzten Kapitel des Dialogs endet das Zwiegespräch, und die anschliessende Unterscheidung zwischen dem inneren und äusseren Menschen wird von Augustin allein vorgetragen. Seine Darlegungen widersprechen der vorangegangenen Untersuchung der Zeichen, denn er stellt jetzt fest, dass die Bedeutung eines unbekannten Worts nicht durch das Zeichen, wie er vorher behauptet hatte, sondern durch die Wahrnehmung der Sache selbst gelernt wird. Ist die unmittelbare Überprüfung des Mitgeteilten nicht möglich, so kann man nur glauben, nicht aber wissen.

Diese Entwertung der semantischen Funktion der Zeichen geht einher mit der Aufwertung einer andern Instanz. Der Erkenntnisprozess, der über die *äusseren* Zeichen nicht stattfinden kann, geschieht im *Inneren* des Menschen:

De universis autem quae intellegimus non loquentem qui personat foris, sed intus ipsi menti praesidem consulimus veritatem, verbis fortasse ut consulamus admoniti. Ille autem qui consulitur, docet, qui in interiore homine habitare dictus est Christus, id est incommutabilis Dei Virtus atque sempinterna Sapientia: quam quidem omnis rationalis anima consulit.[74]
(Über alle Dinge aber, die wir geistig wahrnehmen, befragen wir nicht einen Sprechenden, der draussen seine Stimme ertönen lässt, sondern die im Innern unseren Geist selbst regierende Wahrheit, wobei wir durch Wörter vielleicht angeregt sind, dieselbe zu befragen. Jener aber, der um Rat gefragt wird, lehrt, der, von dem es heisst, dass er im inneren Menschen wohnt; es ist Christus, die unwandelbare Kraft und die ewige Weisheit Gottes. Bei ihr holt sich jede vernünftige Seele Rat.)[75]

[71] Übersetzung Böckeler, S. 89, vgl. Storch, S. 5f.
[72] Hugo von Sankt Viktor, Apc Joan., Lib. I, c 4, PL 116, S. 703: «locus remotus et quietus et secretus et privatus».
[73] Eugenio Coseriu: Die Geschichte der Sprachphilosophie von der Antike bis zur Gegenwart. Eine Übersicht, Teil 1, Tübingen 1970, S. 126.
[74] Aurelius Augustinus: De magistro, XI 38. In: Aurelii Augustini opera II, 2 (Corpus Christianorum Series Latina XXIX), hg. von Klaus Detlef Daur und Wilhelm M. Green, Turnhout 1970, S. 157–203, hier S. 195f.
[75] Erwin Schadel: Aurelius Augustinus – De magistro. Einführung, Übersetzung und Kommentar. Diss. Bamberg 1975, S. 84.

Im Inneren des Menschen wohnt Christus, «die unwandelbare Tugend Gottes und die ewige Weisheit». Hier wird der Vorgang, der am Anfang des Dialogs als Gebet beschrieben worden war[76], auf jeden Erkenntnisvorgang ausgedehnt. Cornelius Petrus Mayer hat darauf hingewiesen, dass sich gegen Ende des Dialogs die Begriffe *foris* und *intus* auffällig häufen: «Draussen (*foris*) und drinnen (*intus*) sind völlig verschiedene Seinsebenen, deren Beachtung für ein Erfassen der Zeichentheorie Augustins konstitutiv ist [...] die Kluft zwischen *mundus sensibilis* und *intelligibilis* ist unüberbrückbar. So widersprüchlich das klingt, *die Zeichen haben keine semantische Funktion* [...] Worin besteht die *utilitas verborum (signorum)*? Die Antwort Augustins – sie ist im ganzen Dialog verstreut – lautet: Im *admonere* [...] in der *commemoratio sensibilis* des *homo interior*».[77]

Die Kluft zwischen *foris* und *intus* entspricht der sinnlichen und geistigen Wahrnehmung: mit den Sinnen nehmen wir die *sensibilia*, mit dem Geist die *intelligibilia* wahr; in der Sprache der Bibel entspricht dies der Dualität von *carnalia* und *spiritualia*.[78]

Die Darstellung Mayers ist in einem wichtigen Punkt ergänzungsbedürftig: die Kluft zwischen den *sensibilia* und den *intellegibilia* kann nämlich durch das Auge überbrückt werden. Es ist zwar nicht so, dass Augustin das Sehen als *intelligere* auffasst – der Sehsinn gehört in den Bereich der *sensus*, ist aber von allen Sinnen dem *intelligere* am nächsten, das heisst, er ist der geistigste von allen Sinnen. Dies wird deutlich aus Augustins Definition der wahren Erkenntnis. Er beschreibt die Wahrheit als Licht, das mit dem inneren Auge der Seele betrachtet wird. Wenn die Seele sich aber einmal irrt, so kann, laut Augustin, der Fehler nicht beim Licht gesucht werden:

> Et si quando fallitur, non sit vitio consultatae veritatis, ut neque huius, quae foris est, lucis vitium est, quod *corporei oculi* saepe falluntur: quam lucem de rebus visibilibus consuli fatemur, ut eas nobis quantum cernere valemus, ostendat.[79]
> (Und wird die Seele einmal getäuscht, geschieht dies nicht durch einen Fehler der befragten Wahrheit. Ebensowenig ist es ja ein Fehler des Lichtes, das draussen ist, wenn die körperlichen Augen oftmals getäuscht werden. Dieses Licht, so geben wir zu, wird über die sichtbaren Dinge um Rat gefragt, damit es uns diese, soweit wir sie zu sehen vermögen, zeige.)[80]

Das körperliche Auge wird bei Augustin zu einer Metapher für die nach Wahrheit suchende Seele. Auch in Hildegards Vorrede kommt dem Sehen der erste Rang zu: Es wird gleich zu Beginn erwähnt, und erst danach folgt die Stimme Gottes:

[76] Aurelius Augustinus: De magistro, I 2, Daur / Green, S. 159: «[...] nos intus apud animum loqui, si quoque locutione nihil aliud agere quam commonere, cum memoria cui verba inhaerent, ea revolvendo facit venire in mentem res ipsas quarum signa sunt verba.»

[77] Cornelius Petrus Mayer: Die Zeichen in der geistigen Entwicklung und in der Theologie des jungen Augustinus, Diss. Würzburg 1968, S. 240f.

[78] Aurelius Augustinus: De magistro, XII 39, Daur / Green, S. 196f.

[79] Aurelius Augustinus: De magistro, XII 38, Daur / Green, S. 196.

[80] Schadel: Aurelius Augustinus – De magistro, S. 84.

> Et ecce quadragesimo tertio temporalis cursus mei anno, cum caelesti visioni magno timore et tremula intentione inhaererem, vidi maximum splendorem, in quo facta est vox de caelo ad me dicens [...][81]
> (Und siehe! Im dreiundvierzigsten Jahre meines Lebenslaufes *schaute* ich ein himmlisches *Gesicht*. Zitternd und mit grosser Furcht spannte sich ihm mein Geist entgegen. Ich *sah* einen sehr grossen Glanz. Eine himmlische Stimme erscholl daraus.)[82]

Dieser Anfang der Vorrede steht genau unter dem Autorinnenbildnis und kann deshalb gewissermassen als seine Legende interpretiert werden. Das literarische Vorbild, das Hildegard hier abwandelt, ist die Berufung und erste Vision des Propheten Ezechiel:

> Es begab sich im dreissigsten Jahre, am fünften Tage des vierten Monats, als ich am Flusse Chebar unter den Verbannten war, da tat sich der Himmel auf, und ich sah göttliche Gesichte [...] Ich sah aber, wie ein Sturmwind daherkam von Norden her und eine grosse Wolke, umgeben von strahlendem Glanz und einem unaufhörlichen Feuer [...] Als ich sie sah, fiel ich auf mein Angesicht, und ich hörte die Stimme eines, der da redete [...][83]

Durch die Verknüpfung des alttestamentlichen Vorbilds mit der Erkenntnislehre Augustins präsentiert Hildegard ihre Visionen als *visiones intellectuales*. Die Unterscheidung der *visio intellectualis* von der *visio spiritualis* und der *visio corporalis* geht ebenfalls auf Augustin zurück, nämlich auf seinen Genesiskommentar *De genesi ad litteram*, dessen zwölftes Buch der Beschreibung und Unterscheidung verschiedener Visionstypen gewidmet ist. Nach Augustin ist die *visio intellectualis* die ausgezeichnetste aller Visionen; sie ist unfehlbar, und wer sie versteht, erkennt die Wahrheit:

> Intellectualis autem visio non fallitur; aut enim non intellegit, quid aliud opinatur quam est, aut, si intellegit, continuo verum est.[84]
> (Die verstandesmässige Vision täuscht sich nicht. Dem Menschen, der etwas für etwas anderes hält, als es eigentlich ist, fehlt es an Einsicht; besitzt er aber Einsicht, dann merkt er sofort, was wahr ist.)[85]

[81] Hildegard: Scivias, Protestificatio, Führkötter / Carlevaris, Z. 5–8.
[82] Übersetzung Böckeler, S. 89, vgl. Storch, S. 5.
[83] Ez 1,1, 1,4 und 2,1: «Et factum est in trigesimo anno, in quarto, in quinta mensis, cum essem in medio captivorum iuxta fluvium Chobar, aperti sunt caeli, et vidi visiones Dei [...] Et vidi, et ecce ventus turbinis veniebat ab aquilone, et nubes magna, et ignis involvens, et splendor in circuitu eius [...] Et vidi et cecidi in faciem meam, et audivi vocem loquentis, et dixit ad me [...]» Vgl. Newman: Sister, S. 26, und Peter Dronkes Einleitung in: Hildegardis Bingensis Liber Divinorum Operum (Corpus Christianorum Continuatio Mediaevalis XCII), hg. von Albert Derolez und Peter Dronke, Turnhout 1996, S. XXXVf.
[84] Aurelius Augustinus: De genesi ad litteram, XII 14, 29. La genèse au sens littéral (Œuvres de Saint Augustin 49/7). Lat./Franz., hg. und übers. von Paul Agaësse und Aimé Solignac, Paris 1970, S. 374ff.
[85] Aurelius Augustinus: Über den Wortlaut der Genesis. Der grosse Genesiskommentar in zwölf Büchern, ins Deutsche übers. von Carl Johann Perl, Bd. 2, Paderborn 1964, S. 255.

Als Objekte der intellektuellen Visionen bezeichnet Augustin zuerst die Allegorien der Tugenden und Laster und dann das Licht:

> Nam illud iam ipse Deus est, haec autem creatura, quamvis rationalis et intellectualis ad eius imaginem facta, quae cum conatur lumen illud intueri palpitat infirmitate et minus valet. Inde est tamen quidquid intellegit sicut valet.[86]
> (Denn dieses Licht ist bereits Gott selbst, während sie [die Seele] Geschöpf ist, vernünftig freilich und verstandesmässig, erschaffen nach seinem Bild, und sobald sie versucht, dieses Licht zu schauen, erzittert sie vor Schwachheit und sinkt dahin. Trotzdem kommt ihr von diesem Licht allein die ganze Einsicht, soweit sie überhaupt zu sehen vermag.)[87]

Augustins Beschreibung der Reaktion der Kreatur auf das göttliche Licht (*palpitat infirmitate et minus valet*) erinnert an Hildegards Furcht und Zittern (*magno timore et tremula intentione inhaererem*) beim Anblick Gottes. Auf dem Rupertsberger Autorinnenbild wie auch auf dem ersten Bild des Kodexes von Lucca wird die Präsenz Gottes durch den Goldgrund und die roten Strahlen symbolisiert, die von oben über Hildegards Stirn laufen und sich um ihre Augen und ihr Gesicht legen.[88] Diese Bilder weichen von Hildegards Beschreibung etwas ab, nach der ihr ganzer Oberkörper vom göttlichen Feuer erwärmt wird:

> [...] totum cerebrum meum transfudit et totum cor totumque pectus meum velut flamma non tamen ardens sed calens ita inflammavit, ut sol rem aliquam calefacit super quam radios suos ponit. Et repente intellectum expositionis librorum, videlicet psalterii, evangelii et aliorum catholicorum tam veteris quam novi Testamenti voluminum sapiebam [...][89]
> (Es durchströmte mein Gehirn und durchglühte mir Herz und Brust gleich einer Flamme, die jedoch nicht brannte sondern wärmte, wie die Sonne den Gegenstand wärmt, auf den sie ihre Strahlen legt. Nun erschloss sich mir plötzlich der Sinn der Schriften, des Psalters, des Evangeliums und der übrigen katholischen Bücher des Alten und Neuen Testaments.)[90]

Das feurige Licht, das Gehirn, Herz und Brust durchströmt, gebiert also reinen Sinn, das heisst innere Zeichen, die im folgenden sofort, ganz im Sinne von Augustins Zeichenlehre, vollständig abgegrenzt werden von der Kenntnis der äusseren Zeichen:

> [...] non autem interpretationem verborum textus eorum nec divisionem syllabarum nec cognitionem casuum aut temporum habebam.[91]
> (Doch den Wortsinn ihrer Texte, die Regeln der Silbenteilung und der Fälle und Zeiten erlernte ich dadurch nicht.)[92]

[86] Aurelius Augustinus: De genesi ad litteram, XII 31, 60, Agaësse, S. 434ff.
[87] Perl: Aurelius Augustinus – Über den Wortlaut der Genesis, S. 287.
[88] Zur Farbensymbolik vgl. Christel Meier: Die Bedeutung der Farben im Werk Hildegards von Bingen. Frühmittelalterliche Studien 6 (1972), S. 245–355.
[89] Hildegard: Scivias, Protestificatio, Führkötter / Carlevaris, Z. 27–33.
[90] Übersetzung Böckeler, S. 89, Storch, S. 5.
[91] Hildegard: Scivias, Protestificatio, Führkötter / Carlevaris, Z. 33–35.
[92] Übersetzung Böckeler, S. 89, Storch, S. 5.

Moses als Vorbild Hildegards

Wie die Ädikula ist auch die Schreibtafel ein konstantes Motiv der Hildegard-Ikonographie. Im Rupertsberger Kodex liegt sie auf dem linken Knie der Autorin, im Zentrum der Bildkomposition, was ihre Bedeutung hervorhebt (Abb. 40). Dagegen schreibt Hildegard in den Kodizes von Lucca und Salem nicht auf dem Knie, sondern sitzt an einem Schreibpult oder hält die Tafeln in der Hand (Abb. 46, 78). Hildegards Schreibtafel hat, ähnlich wie das Motiv der Ädikula, keine textliche Grundlage; das heisst, sie wird weder in ihren Prologen noch in ihren Viten erwähnt.

Hildegards Bildnisse gehören zweifellos zum Typ der visionären geistlichen Autorenbilder, auf denen die Schreibtafel als unmittelbares Medium göttlicher Botschaft fungiert, wie zum Beispiel die Bildnisse Gregors des Grossen (Abb. 58, 75).[93] Jedoch wird die Tafel auf dem Rupertsberger Bildnis, anders als in den Kodizes von Salem und Lucca, nicht zu einem Visionsbild in Beziehung gesetzt, sondern zum göttlichen Feuer und zum Augenzeugen. Es handelt sich um drei Motive, die auch in der Moses-Ikonographie existieren, wie im folgenden aufgezeigt werden soll.

Das Diptychon im Rupertsberger Autorinnenbild gleicht in Farbe und Form den Gesetzestafeln des Moses, den die Synagoge auf dem Visionsbild der fünfzehnten Schau auf ihren verschränkten Armen trägt, über den übrigen Patriarchen, die weiter unten in ihrem Schoss sitzen. Moses scheint ihr Lieblingssohn zu sein, denn er hat einen bevorzugten Sitzplatz an ihrer Brust. In der erhobenen Rechten hält er die geöffneten Tafeln. Die Darstellung entspricht dem Text, der Moses' Sonderstellung folgendermassen begründet:

> [...] et in pectore eius Moyses: quia in praecordia hominum divinam legem ille attulit [...][94]
> ([...] in ihrer Brust Moses, denn er legte das göttliche Gesetz in die Herzen der Menschen [...])[95]

Die Gesetzestafeln des Moses sind die hervorragendsten Schreibtafeln, die das Mittelalter kannte, denn die Bibel bezeugt, sie seien «vom Finger Gottes» geschrieben. Was Hildegards Prolog angeht, so lassen sich sowohl der göttliche Schreibbefehl[96] als auch die Definition ihrer Visionen als *visiones intellectuales*, die sie im wachen

[93] Vgl. unten S. 169ff.

[94] Hildegard: Scivias, I, 5, Führkötter / Carlevaris, Z. 97f.

[95] Übersetzung Böckeler, S. 137, vgl. Storch, S. 88.

[96] Hildegard: Scivias, Protestificatio, Führkötter / Carlevaris, Z. 9–21: «O homo fragilis, et cinis cineris, et putredo putredinis, dic et scribe quae vides et audis. Sed quia timida es ad loquendum et simplex ad exponendum et indocta ad scribendum ea, dic et scribe illa non secundum intellectum humanae adinventionis nec secundum voluntatem humanae compositionis, sed secundum id quod ea in caelestibus desuper in mirabilibus Dei vides et audis, ea sic edisserendo proferens, quemadmodum et auditor verba praeceptoris sui percipiens, ea secundum tenorem locutionis illius, ipso volente, ostendente et praecipiente propalat. Sic ergo tu, o homo, dic ea quae vides et audis; et scribe ea non secundum te nec secundum alium hominem, sed secundum voluntatem scientis, videntis et disponentis omnia in secretis mysteriorum suorum.» Vgl. Böckeler, S. 89. Storch, S. 5.

Zustand empfängt, mit der zweiten Gottesbegegnung des Moses auf dem Berg Sinai vergleichen, und auf bildlicher Ebene erinnern das lichtüberflutete Angesicht und die Tafeln der Autorin an diese Bibelstelle (Ex 34,27–29):

> Und der Herr sprach zu Moses: Schreibe dir diese Worte auf; denn auf Grund dieser Worte schliesse ich mit dir und mit Israel einen Bund [...] Und er schrieb auf die Tafeln die Worte des Bundes, die zehn Worte. Als Moses darnach vom Berge Sinai herabstieg (Moses hatte aber die beiden Tafeln des Gesetzes in der Hand als er vom Berge herabstieg), da wusste er nicht, dass die Haut seines Antlitzes strahlend geworden war, während der Herr mit ihm redete.

Auch von ihren Hagiographen Theoderich und Guibert wird Hildegard mit Moses in Zusammenhang gebracht. Theoderich vergleicht ihre Visionen im Prolog des zweiten Buchs seiner Vita mit den göttlichen Gesprächen des Propheten: Wie Moses unablässig im Tabernakel gewesen sei, so habe Hildegard in ihren Visionen verharrt. Und wie jener habe sie dabei entweder von Gott etwas gelernt oder ihre Zuhörer etwas gelehrt.[97]

Das Vitenfragment Guiberts von Gembloux enthält eine ausführliche Schilderung von Hildegards schriftstellerischer Berufung. Darin vergleicht er die Zusammenarbeit zwischen Hildegard und ihrem Mitarbeiter mit Moses und Aaron: Moses, mit dem Gott wie zu einem Freund spricht, hält sich für ungeschickt zum Reden, weshalb Gott ihn auf die Hilfe seines redegewandteren Bruders Aaron verweist.[98] Der Vergleich bezieht sich auf die Bibelstelle Ex 6,28–7,2:

> Damals nun, als der Herr mit Mose im Lande Ägypten redete, da sprach er zu ihm: Ich bin der Herr; sage dem Pharao, dem König von Ägypten, alles, was ich dir sagen werde. Mose aber sprach vor dem Herrn: Siehe, ich bin ungeschickt im Reden; wird da der Pharao auf mich hören? Da sprach der Herr zu Mose: Siehe, ich mache dich zum Gotte für den Pharao, und dein Bruder Aaron soll dein Prophet sein. Du sollst ihm alles sagen, was ich dir gebieten werde, und dein Bruder Aaron soll es dem Pharao sagen, damit er Israel aus seinem Lande ziehen lasse.[99]

[97] Vita Sanctae Hildegardis, Klaes S. 17, Z. 14ff.: «Nempe sicut legitur Moyse, quod indesinenter fuerit in tabernaculo, videlicet ut sicut ille, sic ista a Deo aut aliquid disceret aut auditores suos aliquid doceret.» Vita Sanctae Hildegardis / Leben der heiligen Hildegard. Lat./Dt., hg. und übers. von Monika Klaes (Fontes Christiani 29), Freiburg, Basel u.a. 1998, S. 112f., Z. 15ff.

[98] Guiberti Gemblacensis Epistolae, Derolez, S. 378, Z. 409ff.: «[...] cum ea que impossibilia sunt apud homines, possibilia sunt apud Deum; recolens quoque quod Moyses, qui loquebatur cum deo quasi homo cum amico suo, dum incircumcisum labiis et ineloquentem se memoraret, Aaron fratrem suum in subsidium proferendi sermonis ab ipso Deo acceperit [...]»

[99] Ex 6,29–7,2: «Et locutus Dominus ad Moysen, dicens: Ego Dominus: loquere ad Pharaonem regem Aegypti, omnia quae ego loquor tibi. Et ait Moyses coram Domino: En circumcisus labiis sum, quomodo audiet me Pharao? Dixitque Dominus ad Moysen: Ecce constitui te Deum Pharaonis: et Aaron frater tuus erit propheta tuus. Tu loqueris ei omnia quae mando tibi: et ille loquetur ad Pharaonem, ut dimittat filios Israel de terra sua.»

Die beiden Hagiographen haben zwei Episoden aus dem Leben des Moses gewählt, die für die mittelalterliche Rezeption des Propheten untypisch anmuten und in der bildenden Kunst äusserst selten vorkommen, die Moses meist als Führer des Volkes Israel und im Zwiegespräch mit Gott bei der Gesetzesübergabe oder vor dem brennenden Dornbusch zeigt. Der Sprachfehler des Moses wird auf solchen Szenen nicht thematisiert. Dagegen schildern Hildegards Hagiographen Moses gerade *nicht* als politisch agierenden Führer, sondern wählen Situationen aus, die ihnen als vorbildlich für das Redeverhalten einer geistlichen Frau erscheinen: sein zurückgezogenes Zwiegespräch mit Gott im Tabernakel und seine Scheu, vor dem weltlichen Herrscher das Wort zu ergreifen, die ihn veranlasst, Aaron, den Vertreter des Priesterstandes, an seiner Stelle sprechen zu lassen. In der Ikonographie des 12. Jahrhunderts ist Moses als Laie gekleidet (Abb. 42, 101, 102), im Gegensatz zu Aaron, der im Priesterornat erscheint.[100] Die beiden Episoden in den Viten charakterisieren Hildegards Stellung innerhalb der Kirche: sie ist diejenige einer göttlich inspirierten Lehrerin ohne Priesteramt.

Eine weitere Parallele zwischen der Hildegard- und der Moses-Ikonographie ist die Figur des Augenzeugen: Die drei grossen karolingischen Bilderbibeln aus Tours und Reims enthalten je ein zweiszeniges Frontispiz, auf dem oben die Gesetzesübergabe auf dem Berge Sinai, unten Moses mit den Tafeln vor dem Volk Israel dargestellt ist. Auf allen sechs Szenen erscheint der Prophet zusammen mit einem Augenzeugen am linken Bildrand (Abb. 42).[101] In allen drei Bibeln steht Moses mit nach oben gewandtem Gesicht auf dem Berg und streckt seine Arme den Tafeln entgegen, die ihm die Hand Gottes vom Himmel herabreicht. Das göttliche Licht, das dabei auf Moses' Antlitz fällt, wird in der Bibel von Moutier-Grandval durch goldene Strahlen dargestellt (Abb. 42). In den beiden anderen Bibeln ist Moses nimbiert. In der ersten Bibel Karls des Kahlen und der Grandval-Bibel wird die Szene durch folgende Inschrift kommentiert:

> SUSCIPIT LEGEM MOYSES CORUSCA REGIS E DEXTRA SUPERI SED INFRA / DOCET XPI POPULUM REPLETUS NECTARE SANCTO
> (Moses nimmt das Gesetz aus der schimmernden Rechten des höchsten Königs aber [von] unten / Er lehrt das Volk Christi, erfüllt von heiligem Nektar)

Das Adjektiv *corusca* (schimmernd, zuckend) für die Hand Gottes charakterisiert die Gesetzesübergabe als ein Lichtphänomen, einem Blitz vergleichbar, und lenkt die Aufmerksamkeit des Betrachters auf das lichtumflutete Antlitz des Moses. In der Inschrift, die zum unteren Bild gehört, wird Moses als «vom heiligen Nektar erfüllt» (*repletus nectare sancto*) bezeichnet. Diese Formulierung stellt ihn an die Seite der

[100] Beispiele finden sich bei Mellinkoff: Moses. Vgl. auch François Garnier: Le langage de l'image au Moyen Age, Bd. 1: Signification et symbolique, Paris 1982, Abb. 43, und Louis Grodecki u.a.: Le Vitrail roman, Fribourg [2]1983 (1977).
[101] Abb. bei Kessler: Bibles, und Dutton / Kessler: Bible.

Propheten Ezechiel und Johannes, die beide ein göttliches Schriftstück verschlingen, welches im Munde «süss wie Honig» schmeckt, bevor Gott sie als Prediger vor das Volk schickt. Es handelt sich um einen literarischen Topos, der, wie wir gesehen haben, sowohl den Autor als auch den Rezipienten eines Werks charakterisieren kann.[102]

Die Präsenz des Augenzeugen geht auf Ex 24,13 zurück: «Und Moses machte sich auf mit seinem Diener Josua und stieg auf den Berg Gottes.» Josuas Darstellung bei der Gesetzesübergabe ist relativ selten, kommt jedoch bereits auf frühchristlichen Sarkophagen vor.[103] In allen drei Bibeln steht Josua am linken Bildrand am Fuss des Berges Sinai, hinter dem seine Füsse verschwinden, so dass er erst von den Knien an sichtbar ist. Sein Blick ist auf Moses' Rücken gerichtet; die Hand Gottes und die Tafeln sieht er nicht, da die Gestalt des Propheten ihm den Blick verstellt. Auch auf den unteren Szenen, die Moses als Prediger vor dem Volk zeigen, steht Josua am linken Bildrand, hinter Moses' Rücken.

Selbst wenn Josua ein weniger privilegierter Augenzeuge ist als Hildegards Mitarbeiter, der auf ihr strahlendes Antlitz und nicht auf ihren Rücken blickt, zeugt seine Präsenz auf allen Bildern dennoch von der Bedeutung, die seiner Rolle zugemessen wird: Er scheint zu garantieren, dass die Gesetzestafeln «vom Finger Gottes» geschrieben worden sind. Josuas Funktion ist somit derjenigen vergleichbar, die Hildegards Mitarbeiter auf dem Rupertsberger Autorinnenbild innehat. Während Volmar mit in der Luft baumelnden Füssen dargestellt ist, verschwinden Josuas Füsse hinter dem Berg. Es handelt sich um ikonographische Merkmale, denen wir bei göttlichen Visionären oder Augenzeugen häufig begegnen.[104]

Auf der Suche nach spätantiken Vorbildern

Die einzigartige Komposition des Rupertsberger Autorinnenbildnisses, das Hildegard und ihren Mitarbeiter im Blickkontakt zeigt, lässt sich wohl mit der künstlerischen Leitung der Autorin bei der Herstellung der Handschrift begründen. Das Blickmotiv wird in den Kodizes von Salem und Lucca nicht wieder aufgenommen, und die Augenzeugin, die auf dem Frontispiz in Lucca erscheint, steht wie Josua hinter Hildegards Rücken (Abb. 46).

Versucht man, das Rupertsberger Bildnis auf eine spätantike Tradition zurückzuführen, so kommen Bilder von Autoren mit Musen in Betracht, ebenso wie von Evangelisten mit einem Zeugen. Nach den wenigen Autorenbildern zu urteilen, die aus der Spätantike erhalten sind, scheint ein Blickkontakt zwischen einem Autor und einer Muse in der spätantiken Ikonographie nicht existiert zu haben.[105] Entweder schauen der Autor und die Muse sich gar nicht an, wie zum Beispiel auf dem zwei-

[102] Vgl. oben S. 65.
[103] Kessler: Bibles, S. 60.
[104] Vgl. oben S. 76 und 95.
[105] Vgl. die Abb. 24ff. im Kommentarband der Faksimileausgabe des Wiener Dioscurides.

ten Autorenbild des Wiener Dioscurides (Folio 5v). Es zeigt die Muse Epinoia (Macht des Gedankens) mit einer Mandragora in der rechten Hand zwischen dem über seinen Kodex gebeugten Autor und einem Maler (Abb. 43). Weder Maler noch Autor blicken auf das Gesicht der Muse: ersterer richtet den Blick auf die Mandragora, letzterer auf sein Buch. Oder das Verhältnis zwischen Autor und Muse wird als Lehrgespräch inszeniert: In diesem Fall blicken die beiden Gesprächspartner auf den Gegenstand, der beide interessiert. Dies gilt zum Beispiel für das erste Autorenbild des Wiener Dioscurides auf Blatt 4v, das den Autor sitzend vor der stehenden Muse zeigt, die ihm eine Mandragora präsentiert.

Die Ikonographie des spätantiken Autorenbilds wurde auf die Evangelisten übertragen.[106] Das Markusporträt im Rossano-Kodex (6. Jahrhundert)[107] zeigt, ähnlich wie das erste Autorenbild des Wiener Dioscurides, einen sitzend schreibenden Autor vor einer stehenden Muse (Abb. 44a). Dieses Markusbild ist das einzige erhaltene Beispiel eines präikonoklastischen Evangelistentypus, der in der frühchristlichen Buchmalerei höchstwahrscheinlich relativ verbreitet war.[108] William C. Loerke interpretiert die aufrecht vor Markus stehende, mit blauer Tunika und Mantel bekleidete Frau als die göttliche Weisheit (Sophia), indem er auf ihre unkörperliche Erscheinung hinweist, die er damit erklärt, dass es sich um die Hypostase eines göttlichen Attributs handelt. Tatsächlich ist ihre Gestalt flacher modelliert als Markus, ausserdem sind unter dem Saum ihres langen blauen Gewands keine Füsse zu sehen; sie steht nicht, sondern schwebt. Von ihrem Körper sind nur das Gesicht und die rechte Hand sichtbar, die sie auf die Rolle legt, welche Markus beschreibt. Was Loerke nicht bemerkt hat, ist die Tatsache, dass die Darstellung des Schreibaktes – Markus schreibt mit gesenktem Kopf auf eine Diplomrolle – nicht von einem antiken Autorenbild herzuleiten ist[109], sondern, worauf bereits Theodor Birt hinwies[110], von einem antiken Herrscherbild. Ein solches ist zum Beispiel auf dem linken Flügel des Elfenbeindiptychons des Rufius Probianus zu sehen: Rufius schreibt wie Markus auf eine Diplomrolle (Abb. 45). Ein weiterer Beleg für die Abstammung des Markusporträts von einem Herrscherbild ist die Darstellung des Hohenpriesters im Rossano-Kodex

[106] Vgl. dazu die interessante Studie von William C. Loerke: The Rossano Gospels. The Miniatures. In: Commentarium zur Faksimile-Ausgabe, hg. von Guglielmo Cavalli, Jean Gribomont und William C. Loerke, Rom, Salerno, Graz 1987, S. 109–167 (italienische Fassung: I Vangeli di Rossano. Ebd., S. 45–107).

[107] Codex Purpureus Rossanensis. Vollständige Faksimileausgabe des Codex des Museo dell'Arcivescovado Rossano Calabro (Codices selecti LXXXI), Rom, Salerno, Graz 1987.

[108] Vgl. Kurt Weitzmann: Spätantike und frühchristliche Buchmalerei, München 1977, Tafel 33, S. 97: «Es ist ein Hinweis auf die vielen Verluste an frühchristlicher Buchmalerei, dass das am häufigsten dargestellte Thema, das Evangelistenporträt, nur in einem einzigen griechischen Beispiel erhalten ist, und zwar im Markus des Rossano-Evangeliars.»

[109] Loerke: Miniatures, S. 159.

[110] Theodor Birt: Die Buchrolle in der Kunst. Archäologisch-antiquarische Untersuchungen zum antiken Buchwesen, Leipzig 1907 (Nachdruck Hildesheim, New York 1976), S. 208.

selbst, der auf dem gleichen Thronsessel sitzt und gleich gekleidet ist wie der Evangelist (Abb. 44a).

Obwohl auf dem Markusbild kein Blickkontakt zwischen dem Autor und der Sophia besteht, weist es erstaunliche Parallelen zu Hildegards Rupertsberger Porträt auf: Wie Hildegard sitzt Markus im Zentrum einer von zwei Türmen flankierten Arkade. Beide Autoren haben einen Fussschemel, aber keine Pulte und schreiben auf dem Knie. In den Zentren der beiden Kompositionen befinden sich der Kopf des Evangelisten und Hildegards Schreibtafel. Die Hände von Markus und Sophia entsprechen sich auf ähnliche Weise wie diejenigen Hildegards und Volmars: Während bei Markus und Hildegard nur die rechte, schreibende sichtbar ist, ist es bei Sophia die rechte, bei Volmar die linke Hand, die untätig auf der Schreibunterlage ruht. Volmar und Sophia stehen beide nicht auf ihren Füssen, sondern schweben. Sophias Körper befindet sich nur zur Hälfte vor dem hellblauen Hintergrund, der den Raum des Autors symbolisiert, ihr leicht vorgeneigter Kopf aber vollständig. Dies erinnert an die Körperhaltung Volmars, der seinen Kopf ins Innere des vergoldeten Raums der Autorin streckt. Auch Hildegard und Sophia sind vergleichbar: Beide tragen ein langes blaues Gewand und einen Schleier, von ihrem Körper sind nur das Gesicht und eine einzige Hand sichtbar. Auf beiden Bildern beugen die Männer den Rücken, während die Frauen ihn geradehalten. Diese geschlechtsspezifischen Körperhaltungen finden sich in sämtlichen Bildnissen Hildegards wieder. Die aufrechte Haltung der Seherin drückt aus, dass ihre Autorschaft nicht als *humilitas* interpretiert werden kann. Auch aus Hildegards Vorrede geht dies hervor, in der die Autorin erklärt, sie habe dem göttlichen Schreibbefehl anfangs aus *humilitas* nicht Folge geleistet – «tamdiu non in pertinacia, sed in humilitatis officio scribere recusavi».[111] Dagegen drückt sich *humilitas* im gebeugten Rücken des Mönchs aus, was ebenfalls dem Prolog entspricht, in dem Hildegard die Demut ihres Mitarbeiters mit einer für ihren Stil charakteristischen Wortfigur beschreibt, dem Oxymoron:

> Et idem homo (Volmar) super semetipsum se non posuit, sed ad illum in ascensione humilitatis et in intentione bonae voluntatis, quem invenit, se in multis suspiriis inclinavit.[112]
> (Er aber erhob sich nicht über sich selbst, sondern neigte sich in der Selbsterhöhung der Demut und in der Zielstrebigkeit guten Wollens seufzend dem zu, den er gefunden.)[113]

Dagegen entspricht Hildegards aufrechte Körperhaltung der göttlichen Aufforderung: «Surge ergo, clama et dic!» (Erhebe dich also, ruf und sprich!)[114] Ihre Haltung charakterisiert sie demnach als eine im Namen Gottes *Sprechende* und nicht als eine im Dienste Gottes *Arbeitende*. Noch deutlicher als auf dem Rupertsberger Bild sind

[111] Hildegard: Scivias, Protestificatio, Führkötter / Carlevaris, Z. 81f.
[112] Hildegard: Scivias, Protestificatio, Führkötter / Carlevaris, Z. 73–75.
[113] Übersetzung Böckeler, S. 90, vgl. Storch, S. 6.
[114] Hildegard: Scivias, I, 1, Führkötter / Carlevaris, Z. 44.

die Körperhaltungen in den Kodizes von Lucca und Salem unterschieden, in denen die aufrechte Haltung der Autorin mit dem über seine Schreibarbeit gebeugten Rücken des Mönches kontrastiert (Abb. 46, 78). Wie im Rossano-Kodex wird hier die geistige literarische Konzeption der Frau, die materielle Arbeit dem Mann zugeordnet.

Markus und Sophia schauen sich nicht an – genauso wie im antiken Lehrgespräch zwischen Autor und Muse –, sondern richten ihre Blicke auf die Papyrusrolle, auf die Sophia ihren Zeigefinger legt, und zwar an die Stelle, wo APXH steht, das griechische Wort für «Anfang», mit dem Markus seine Schrift einleitet. Wie im antiken Autorenporträt wird die Lehre hier also durch das *Wort* vermittelt, dagegen ist die *visuelle* Erscheinung der göttlichen Weisheit für den Autor offenbar nicht von Bedeutung.

Ähnliches lässt sich auf zweifigurigen frühchristlichen Evangelistenbildern beobachten, die einen schreibenden Evangelisten vor einem stehenden Zeugen zeigen. Diese Bilder entsprechen den monarchianischen Evangelienprologen, aus denen hervorgeht, dass keiner der vier Evangelisten ein Jünger Christi gewesen ist, noch diesen persönlich gekannt hat.[115] Die Evangelisten waren somit auf Zeugenaussagen über das Leben Jesu angewiesen. Nach Carl Nordenfalk ist der Zeuge «ein Motiv, das in der frühchristlichen Kunst öfters bei Theophanien vorkommt, zu denen ja das Schreiben von Evangelien unter göttlicher Inspiration auch gezählt werden kann».[116] Wie die antiken Bilder eines Autors mit einer Muse zeigen die Evangelistenbilder keinen Blickkontakt zwischen Autor und Zeuge, sondern die Übermittlung einer *Aussage* durch den Zeugen.

Der kurze Überblick über die Ikonographie spätantiker und frühchristlicher zweifiguriger Autorenbildnisse hat ergeben, dass Hildegards Augenzeuge nicht auf eine spätantike Bildtradition zurückgeführt werden kann, da diese entweder ein Lehrgespräch oder eine Zeugenaussage zum Gegenstand hat und nicht eine Vision. Einer anderen Wertung der *visio* begegnen wir erst auf karolingischen Bildern göttlich inspirierter Autoren, auf denen der visuellen Erscheinung des Göttlichen eine zentrale Bedeutung zukommt. Und erst im karolingischen Autorenbild findet sich auch der Augenzeuge, dessen Funktion ich weiter unten ausführlicher untersuchen werde.[117]

[115] Die antimarcionitischen Evangelienprologe, hg. von Jürgen Regul, Freiburg i. Br. 1969, S. 29–35.
[116] Nordenfalk: Evangelist, S. 178ff. Dazu gehört auch Josua bei der Gesetzesübergabe an Moses, vgl. oben S. 108f.
[117] Vgl. unten S. 128ff.

Der *Liber divinorum operum* in Lucca

Der *Liber divinorum operum* ist ein Spätwerk Hildegards, das sie ihren eigenen Angaben zufolge zwischen 1163 und 1170 verfasste.[118] Die Handschrift in Lucca ist der einzige illustrierte Kodex dieses Werks, der sich erhalten hat.[119] Sie befand sich laut einer Eintragung auf Folio 1r bereits im 18. Jahrhundert in der Bibliothek des Klosters Santa Maria in Corte Orlandegna in Lucca, wo sie bis heute geblieben ist. Vorher war sie nachweislich im Besitz des Luccheser Erzbischofs Giovanni Domenico Mansi, der sie 1761 edierte. Mansi bezeichnet den Kodex als ein Werk aus seiner Bibliothek (*bibliotheca mea*). Ob er damit seine private oder die des Klosters Santa Maria meinte, bleibt unklar, ebenso, ob er den Kodex selbst erworben hatte oder ob dieser bereits seit Jahrhunderten im Besitz der Familie Mansi war, die ursprünglich aus der Nähe von Mainz stammte.[120]

Der Stil der Illustrationen deutet auf eine Entstehung nach 1220 am Mittelrhein hin[121], ebenso die paläographische Verwandtschaft des Lucca-Kodexes mit einer Trierer Handschrift der Briefe Hildegards, auf die Marianna Schrader und Adelgundis Führkötter aufmerksam gemacht haben.[122] Genauere Informationen über den Entstehungsort sind nicht bekannt, jedoch spricht nichts gegen die nächstliegende Annahme, dass die Handschrift aus dem Rupertsberger Skriptorium selbst stammt.

Der Kodex ist etwa zur selben Zeit entstanden, in der das Kloster Rupertsberg bei Bingen sich um die Kanonisation der verstorbenen Äbtissin bemühte. Seit 1227 wur-

[118] Vgl. den Prolog Hildegards: «Diese Vision habe ich endlich mit Mühe vollendet, obwohl ich sieben Jahre daran schrieb. Es war also im Jahre 1163 der Menschwerdung des Herrn [...] Da erging vom Himmel eine Stimme an mich, die sprach [...]». Hildegard von Bingen: Das Buch vom Wirken Gottes Liber divinorum operum. Erste vollständige Ausgabe. Vollständige Übersetzung der lateinischen textkritischen Edition in: Corpus Christianorum Continuatio Mediaevalis XCII, hg. und übers. von Mechthild Heieck, Augsburg 1998, S. 15. Hildegardis Bingensis Liber divinorum operum, hg. von Albert Derolez und Peter Dronke (Corpus Christianorum Continuatio Mediaevalis XCII), Turnhout 1996, S. 45, Z. 9–12: «Quam visionem tandem per septem annos scribendo vix consummavi. Itaque in millesimo centesimo sexagesimo tercio Dominice incarnationis anno [...]». Dronke hat jedoch aufgezeigt, dass das Buch um 1173 immer noch nicht ganz fertig war. Ebd., Introduction, S. Xff.

[119] Lucca, Biblioteca Statale, Cod. 1942. Abbildungen sämtlicher Illustrationen in Originalgrösse und eine ausführliche Beschreibung finden sich in: Sanctae Hildegardis Revelationes, hg. von Anna Rosa Calderoni Masetti und Gigetta Dalli Regoli, Lucca 1973. Vgl. auch die Tafeln I,1–III,5 in Derolez / Dronke: Liber divinorum operum.

[120] Diese Thesen werden diskutiert bei Calderoni Masetti / Dalli Regoli, Revelationes, S. 22, Anm. 1. Derolez / Dronke, Liber divinorum operum, Introduction, S. CIIIf. Vgl. auch Kotzur (Hg.): Hildegard, Nr. 69, S. 244–246.

[121] Rita Otto: Zu den gotischen Miniaturen einer Hildegardhandschrift in Lucca. Mainzer Zeitschrift. Mittelrheinisches Jahrbuch für Archäologie, Kunst und Geschichte 71/72 (1976/77), S. 110–126, hier S. 110.

[122] Es handelt sich um eine Handschrift aus dem Kloster Sankta Maria in Pfalzel bei Trier. Berlin, Preussische Staatsbibliothek, Ms lat 4° 674. Schrader / Führkötter: Echtheit, S. 79f.

den Hildegards Werke von Papst Gregor IX. zur Einsicht angefordert, und obgleich die Kanonisation nicht gelang, wurden ihre Schriften in Italien bekannt.[123] Danièle Sansy wies darauf hin, dass die Porträts der Hildegard im Lucca-Kodex die doppelte Funktion der Autorin als Visionärin und Verfasserin weit stärker betonen, als dies in den beiden illustrierten *Scivias*-Handschriften der Fall ist (Abb. 40, 78), und vermutet in den Illustrationen ein Plädoyer für die Anerkennung der Heiligkeit der Visionärin.[124]

Die Handschrift enthält zehn ganzseitige Illustrationen, Visionsbilder, die jeweils von einem Autorinnenporträt begleitet werden (Abb. 46, 97). Dass ein Verfasserinnenbild bei jeder Vision wiederholt wird, hat eine Parallele bereits in den spätantiken Illustrationen der Trierer Apokalypse.[125] Hildegard, in Nonnentracht, sitzt jeweils am unteren Rand des Bildes in einer Ädikula, ein aufgeklapptes Diptychon und einen Griffel in den Händen, und schaut zu ihrer Vision empor. Ihr nach oben gewandtes Gesicht erinnert an die Sibyllen in Sant'Angelo und im Helmarshauser Evangeliar, die sich ebenfalls unterhalb ihrer Vision befinden und nach oben blicken (Abb. 84, 85). Hildegard setzt ihren Griffel auf die Schreibtafel. Vision und Niederschrift werden hier als *gleichzeitige* Tätigkeiten dargestellt – ganz einer Stelle in Hildegards Vorrede entsprechend:

> Quod dum facerem sursum ad verum vivensque lumen aspexi quid scribere deberem [...][126]
> (Während ich das tat, blickte ich abermals auf zu dem wahren und lebendigen Licht, was ich denn schreiben sollte.)[127]

Das erste Autorinnenbild

Anders als in der Vorrede der *Scivias* ist im Prolog des *Liber divinorum operum* vom himmlischen Feuer als Inspirationsquelle nicht die Rede, Hildegard spricht nur vom göttlichen Licht. Dennoch erscheint das Feuer, welches auf das Gesicht der Autorin herabfliesst, auf dem Frontispiz (Folio 1v, Abb. 46). Das Bild zeigt Hildegard mit ihren zwei Mitarbeitern, die sie bereits in der *protestificatio* der *Scivias* genannt hatte und in der Vorrede des *Liber divinorum operum* von neuem erwähnt:

[123] Otto: Gotische Miniaturen, S. 110.

[124] Danièle Sansy: Iconographie de la prophétie. L'image d'Hildegarde de Bingen dans le *Liber divinorum operum*. In: Les textes prophétiques et la prophétie en Occident (12e–16e siècle), hg. von André Vauchez. Ecole française de Rome 85 (1990), S. 115–126. Vgl. Calderoni Masetti / Dalli Regoli, Revelationes, S. 21.

[125] Trierer Apokalypse. Vollständige Faksimileausgabe des Codex 31 der Stadtbibliothek Trier (Codices selecti LXVIII), 2 Bände, Graz 1975.

[126] Hildegard: Liber divinorum operum, Derolez / Dronke, S. 46, Z. 31ff.

[127] Übersetzung Heieck, S. 16.

[...] testificante homine illo, quem velut in prioribus visionibus meis prefata sum, occulte quesieram, et inveneram, testificante etiam eadem puella, cuius in superioribus visionibus mentionem feci [...][128]
(Das bezeugt jener Mann (Volmar), den ich, wie schon in früheren Visionen erwähnt, insgeheim gesucht und gefunden hatte, und das bezeugt auch das Mädchen, das ich in meinen früheren Visionen erwähnte.)[129]

Hildegard ist nicht der erste Autor mit feuerüberflutetem Gesicht: Die Illustration des zwölften Psalms im Utrecht-Psalter zeigt den Psalmisten unter einem Baum sitzend, während Christus, über einem Berg schwebend, in der rechten Hand eine brennende Fackel hält, deren Strahlen auf das Gesicht des emporblickenden Autors fallen.[130] Das Bild illustriert die Bitte des Psalmisten: «[...] schaue her, erhöre mich, o Herr, mein Gott! Mache hell meine Augen, dass ich nicht zum Tod entschlafe [...]»[131]

Das himmlische Feuer fliesst auf Hildegards Gesicht durch eine Luke, die in den unteren Bildrahmen der Vision eingelassen ist. Das Motiv der Luke oder des Fensters, dem wir bereits auf den Hohenliedfrontispizen des Honorius-Kommentars aus Benediktbeuern und Tegernsee begegnet sind (Abb. 34, 35), taucht um die Mitte des 13. Jahrhunderts in englischen Apokalypse-Zyklen mit dem Kommentar des Berengaudus auf (Abb. 47, 48).[132] Suzanne Lewis hat die Autorenbilder des Johannes in diesen Zyklen folgendermassen kommentiert:

Aside from the few passages where the text explicitly requires a representation of John writing, however he is not characterized as an *auctor*. His role transcends reportage to serve a more direct authenticating function for the reader; his graphic presences validate the experience of the visions in the written record by reenacting his seeing and hearing of each event. John frequently witnesses them as a spectator physically isolated from the vision as he stands outside the frame, suggesting that he shares a place in the corporal world of the reader, apart from the spiritual, timeless realm depicted within the frame. By demonstrating his extraordinary ability to move from one realm to the other by shifting his position back and forth, within and outside the frame, John becomes a powerful intermediary through whom the reader can "see" and experience his visions "in the spirit".[133]

[128] Hildegard: Liber divinorum operum, Derolez / Dronke, S. 46, Z. 29f.
[129] Übersetzung Heieck, S. 15f.
[130] Folio 7r. Utrecht-Psalter. Vollständige Faksimile-Ausgabe im Originalformat der Hs 32 aus dem Besitz der Bibliothek der Rijksuniversiteit te Utrecht (Codices selecti LXXV und LXXV*), Graz 1984. Kommentarband, hg. von Koert van der Horst u.a., S. 65.
[131] Ps 12 (13),4.
[132] Der Name des sonst unbekannten Autors wird aus dem Kryptogramm am Ende seines Kommentars hergeleitet. Die Datierung des Kommentars schwankt zwischen dem 9. und 12. Jahrhundert. LdMA 1, 748–755: «Apokalypse». Zahlreiche Abbildungen finden sich bei Lewis: Images.
[133] Lewis: Exegesis, S. 267 und Abb. 43, 50. Eine ausführlichere Analyse der Autorenbilder des Johannes liefert dies.: Images, S. 19–39.

Die Darstellungen des Johannes in den Berengaudus-Apokalypsen unterscheiden sich sowohl von der spätantiken Tradition, wie sie in der Trierer Apokalypse überliefert ist, als auch von den zeitgenössischen Darstellungen in der sogenannten Corpus-Lambeth-Gruppe[134], die den Autor in die Bildkompositionen integrieren, wodurch er nach Lewis als idealer Priester oder Prediger charakterisiert wird, der die *unmittelbare* Wiedergabe des göttlichen Geschehens garantiert.[135] Dagegen wird durch die Isolierung des Autors vom Visionsbild ein Betrachterstandpunkt inszeniert, der sich von der göttlichen Perspektive unterscheidet und die Rolle des Autors als Zeuge und Vermittler zwischen der Vision und dem Betrachter akzentuiert. Nach Lewis symbolisiert der marginale Standpunkt des Johannes "an abdiction of authority over his own text".[136] Durch die Wiederholung des Autorenbilds neben fast jeder Vision erscheint der ganze Bildzyklus als ein Teil der Vita des Johannes, welche in den Berengaudus-Zyklen zusammen mit dem Text überliefert ist.[137] Berengaudus identifiziert zu Beginn seines Kommentars den Autor der Apokalypse mit dem Apostel und mit dem Evangelisten Johannes, eine Identifikation, die, wie Lewis gezeigt hat, im Mittelalter durchaus nicht allgemein anerkannt wurde:[138]

> Dieses Buch wurde von keinem anderen Johannes geschrieben als von dem, welcher das Evangelium geschrieben hat und am Hochzeitstisch an der Brust des Herrn lag, in der alle Schätze der Weisheit und des Wissens verborgen liegen, von dem er für würdig befunden wurde, eine immense Weisheit zu erlangen. Deshalb bestätigte er das Zeugnis des Wortes Gottes, als er sagte: «Am Anfang war das Wort, und das Wort war Gott.»[139]

Berengaudus schätzt Johannes nicht nur höher als alle übrigen Apostel, sondern stellt ihn auch über alle Evangelisten, indem er ihm einen visionären Überblick über die ganze Weltgeschichte zuschreibt. Johannes zeugt als einziger vom Anfang und vom Ende der Welt; seine Visionen haben eine kosmologische Dimension. Johannes' Inszenierung als marginaler Augenzeuge auf den Bildern scheint seinem höchsten Grad an Weisheit zu entsprechen, die er an der Brust des himmlischen Bräutigams Christus liegend empfangen hat. Ähnliches gilt für Hildegard, die die Genese des *Liber divinorum operum* in einer autobiographischen Notiz beschreibt, in der sie sich als Nachfolgerin des Johannes inszeniert. Der Text suggeriert, dass die Autorin den Berengaudus-Kommentar gekannt hat:

[134] Vgl. dazu die Bibliographie mittelalterlicher Apokalypse-Illustrationen von Richard Kenneth Emmerson und Suzanne Lewis: Census and bibliography of medieval manuscripts containing apocalypse illustrations, ca. 800–1500. Traditio 40 (1984), S. 337–379, und Traditio 41 (1985), S. 367–409.

[135] Lewis: Exegesis, S. 271f.

[136] Lewis: Images, S. 22.

[137] Lewis: Images S. 25ff.

[138] Lewis: Images, S. 28f.

[139] Berengaudus, Apokalypsenkommentar, übersetzt nach Lewis: Images, S. 28.

Die erwähnte Schau lehrte mich die Worte und den Inhalt des Evangeliums, das vom Anfang des Werkes Gottes handelt, und gab mir das Verständnis dazu [...] Wie sanfte Regentropfen träufelte es aus Gottes Inspiration in mein Bewusstsein, so wie der Heilige Geist den Evangelisten Johannes betaut hat, als er aus Jesu Brust die gewaltige Offenbarung zog, dass im Anfang das Wort war.[140]

Im Gegensatz zu Johannes, der nicht schreibend, sondern meist *neben* seinen Visionen stehend oder sitzend abgebildet ist, erscheint Hildegard *unterhalb* ihrer Visionen mit Griffel und Schreibtafel, welche sie als Autorin im Sinne von *authentica* charakterisieren.[141] Die räumliche Inszenierung der beiden visionären Autoren hat ein literarisches Pendant in einer *persona* des Ich-Erzählers in der spätmittelalterlichen französischen Lyrik, welche Friedrich Wolfzettel untersuchte. Wie Wolfzettel zeigen konnte, inszenieren sich viele Dichter als Augenzeugen, die an den von ihnen geschilderten Ereignissen selbst nicht aktiv teilnehmen, sondern diese von einem abseits liegenden Betrachterstandpunkt aus beobachten, vom Geschehen durch ein Hindernis – eine Hecke oder eine Mauer etwa – getrennt. Die *persona* des voyeuristischen Dichters, der von einem Versteck aus eine Szene beobachtet, ist jedoch keine Erfindung der Poesie des 15. Jahrhunderts, wenn sie dort auch häufig vorkommt, sondern hat eine lange literarische Tradition, die meines Wissens bisher nicht erforscht wurde. Sie kann zum Beispiel in der Hagiographie Gregors des Grossen nachgewiesen werden[142] oder auch in der Worcester Chronik, in der Grimbald, der Leibarzt Heinrichs I., die Alpträume des Königs aus «einem Winkel im Palast versteckt» beobachtet.[143] Wolfzettel beschreibt die Rolle des Dichters als Augenzeuge folgendermassen:

N'est-ce pas déjà un statut tout moderne de spectateur intellectuel qui est conféré ici au poète et narrateur, comme si la prise de conscience du point de vue individuel n'allait pas sans l'expérience concomitante d'une passivité impuissante [...] D'un autre côté, les faits narrés ont perdu leur autonomie signifiante et n'ont plus de sens que pour le témoin privilégié dont la vision personnelle garantit pour ainsi dire leur caractère exemplaire. Tout l'art consiste dorénavant à s'approcher suffisamment de la scène pour *voir de près* et pour comprendre.[144]

Dass dieser so modern anmutende Betrachterstandpunkt des Ich-Erzählers neben der literarischen ausserdem auch eine ikonographische Tradition hat, belegen

[140] Hildegard von Bingen, zitiert nach Storch, Einleitung S. XXI. Vgl. Liber divinorum operum, Introduction, S. IX. Dronke: Women, S. 236f.
[141] Vgl. oben S. 106.
[142] Vgl. unten S. 123ff.
[143] Vgl. unten S. 150f.
[144] Friedrich Wolfzettel: La poésie lyrique en France comme mode d'appréhension de la réalité: remarques sur l'invention du sens visuel chez Machaut, Froissart, Deschamps et Charles d'Orléans, S. 410f. In: Mélanges de langue et littérature française du Moyen Age et de la Renaissance offerts à Charles Foulon, Bd. 1, Rennes 1980, S. 409–419.

unsere Autorenbildnisse. Die Autorinszenierung, die Wolfzettel «l'invention du sens visuel» nennt, existiert bereits in der Ikonographie mittelalterlicher Visionäre. Dagegen trifft die «passivité impuissante», welche Wolfzettel als charakteristisch für die Situation des Augenzeugen bezeichnet, auf die Bilder des Johannes in der Berengaudus-Apokalypse zwar zu, nicht aber auf Hildegard im Lucca-Kodex, welche als aktive Rezipientin und Verfasserin abgebildet ist. Im Gegensatz zum Blick des Johannes erscheint Hildegards Schauen als für die Text*genese* konstitutiv, ein Aspekt, welcher in den Berengaudus-Zyklen nicht hervorgehoben wird, die Johannes vielmehr als *homo viator* zwischen dem Diesseits und Jenseits inszenieren, als Protagonist einer spirituellen Reise, an der teilzunehmen der Leser/Betrachter aufgefordert wird.[145]

Johannes und Hildegard sind nicht die einzigen Autoren, welche durch eine Luke auf ihre Vision blicken: Matthieu von Paris hat in seiner illustrierten Vita des heiligen Alban diesen dargestellt, wie er durch ein kleines Fenster den vor einem Altar knienden Amphibalus beobachtet. Aus der Inschrift über dem Bild geht hervor, dass es sich um eine Traumvision Albans handelt (Abb. 49).[146]

Die Augenzeugin

Innerhalb der Hildegard-Ikonographie trifft Friedrich Wolfzettels Charakterisierung der Augenzeugenrolle als passiv und ohnmächtig auf den Mönch Volmar im Rupertsberger Autorinnenbild zu, dessen linke Hand untätig auf dem unbeschriebenen Pergament auf seinem Schoss ruht. Wie der Johannes der Berengaudus-Apokalypse befindet sich Volmar auf der rechten Seite der Szene, die er durch eine Luke in einer Trennwand beobachtet (Abb. 40, 47–48).

Völlig passiv verhält sich auch die Augenzeugin auf dem Frontispiz des Lucca-Kodexes, ebenfalls auf der rechten Bildseite (Abb. 46), im Unterschied zu Volmar jedoch hinter Hildegards Rücken, welche die Hände untätig übereinanderlegt. Seltsamerweise sieht diese Nonne, die von der Forschung als Hildegards Mitarbeiterin Richardis von Stade identifiziert wird[147], nur mit *einem*, nämlich mit dem rechten Auge, das auf das göttliche Feuer über Hildegards Kopf gerichtet ist, während ihr linkes, dem Betrachter zugewandtes Auge pupillenlos und vollständig weiss ist, eine Merkwürdigkeit, die durch den farblichen Kontrast zwischen ihrem dunklen, über die Wange herabfallenden Schleier und dem Weiss des Augapfels unterstrichen wird.[148]

[145] Lewis: Images, S. 32ff.

[146] Dublin, Trinity College, MS 177, fol. 31. Lewis: Images, S. 38 und Anm. 121, Abb. 23.

[147] Über Hildegards Beziehung zu Richardis von Stade vgl. Schrader / Führkötter: Echtheit, S. 131–138.

[148] Auf meine schriftliche Anfrage an die Staatsbibliothek in Lucca, ob das Fehlen der Pupille auf einen Defekt des Bildes zuruckgeführt werden kann, habe ich keine Antwort erhalten. Auf der ausgezeichneten Faksimile-Abbildung bei Calderoni Masetti und Dalli Regoli, Revelationes, Tafel 1, sind jedoch schadhafte Stellen, an denen die Farbe abgeblättert ist, deutlich zu erkennen, so z.B. die beschädigte Pupille Hildegards auf Folio 118r. Das Auge der Richardis scheint dagegen unversehrt.

Innerhalb der Hildegard-Ikonographie erscheinen die Augenzeugen zusammen mit dem himmlischen Feuer. Auf den neun Visionsbildern des Lucca-Kodexes, die auf das Frontispiz folgen, ist die Autorin allein, und an die Stelle des Feuers treten andere Inspirationsquellen, nämlich offene unbeschriebene Rollen, die von der Hand Gottes gehalten werden, göttliche *exemplares*, ähnlich wie sie auf Evangelistenbildern begegnen (Abb. 97).[149] Die Aufgabe der Augenzeugen ist also die Bestätigung des göttlichen Feuers: Volmar blickt auf das Gesicht der Autorin, und Richardis steht *hinter* Hildegard, während die Pupille ihres rechten Auges auf das Feuer gerichtet und ihr linkes, pupillenloses dem Betrachter zugewandt ist. Ihre Körperhaltung gleicht derjenigen des Johannes im Londoner Berengaudus-Zyklus auf Folio 6r (Abb. 47)[150], der rechts ausserhalb des Bildrahmens steht und durch eine Luke auf die Vision blickt, welche der Öffnung des vierten Siegels folgt: den Reiter des Todes. Wie Richardis legt Johannes die Hände über dem Unterleib übereinander; sein Blick ist nicht auf den reitenden Tod gerichtet, sondern er schaut wie die Nonne auf den oberen Bildrand, von dem allerdings nicht himmlisches Feuer fliesst, sondern ein nimbierter Adler, das Symboltier des Autors, stösst aus einer Wolke herab mit einer unbeschriebenen offenen Rolle im Schnabel. Der Vergleich zeigt, dass Richardis als visionäre Autorin charakterisiert ist. Ihre Einäugigkeit kontrastiert mit Hildegards nach oben gewandtem Gesicht und ihren weit geöffneten Augen.

Ebenfalls nur mit einem Auge sieht ein anderer Zeuge eines göttlich inspirierten Autors: Es handelt sich um den Schreiber auf dem berühmten Trierer Einzelblatt eines *Registrum Gregorii*, das Gregor den Grossen mit der Taube des Heiligen Geistes zeigt (983/4, Abb. 55).[151] Zwischen Gregor und dem Schreiber hängt ein weisser, zwischen zwei Säulen aufgespannter Vorhang. Der Schreiber hält eine viereckige Wachstafel in der Linken und in der Rechten einen Griffel, mit dem er soeben ein Loch durch den Vorhang gebohrt hat, durch das er die Taube beobachtet. Die halb sitzende, halb stehende Körperhaltung des Schreibers, sein labiles Gleichgewicht, kontrastiert mit dem majestätisch thronenden Gregor und scheint mit seiner Zeugenrolle zusammenzuhängen, ebenso wie sein einäugiges Beobachten der göttlichen Erscheinung. Seine räumliche Situation erinnert an die visionären Autoren Hildegard oder Johannes, die ebenfalls durch eine Trennwand von ihrer Vision isoliert sind.

Das Trierer Gregorbild ist das älteste, das Gregor mit einem durch ein Loch im Vorhang spähenden Schreiber zeigt. Jedoch ist ein Augenzeuge bereits im Sakramentarfragment von Metz (um 870) dargestellt (Abb. 52).[152] Das Autorenbild zeigt

[149] Vgl. dazu Sansy: Iconographie, S. 123f.
[150] London, Lambeth Palace Library, Ms 209, fol. 6r. Lewis: Exegesis, Abb. 50. Dies.: Images, S. 84, Abb. 47.
[151] Trier, Stadtbibliothek, Ms. 171/1626. Jahr 1000, Kat. 37, Abb. 110.
[152] Sakramentar von Metz, Fragment. Paris, Bibliothèque Nationale, Ms lat. 1141, fol. 3r.

Gregor mit der Taube des Heiligen Geistes hinter einem Vorhang thronend, vor dem zwei Schreiber sitzen. Der eine hebt mit der rechten Hand den Vorhang hoch, erblickt Gregor jedoch nicht mit beiden Augen, sondern nur mit einem, da sein Kopf im Profil gemalt ist. Auch hier deuten die Füsse des Zeugen Bewegung an: Er berührt den Boden nur mit einem Fuss, während der andere in der Luft hängt.

Meines Wissens die einzigen Studien über den Topos der Einäugigkeit sind die Aufsätze von Jacqueline Cerquiglini.[153] Sie hat das Motiv in der französischen Literatur des 14. und 15. Jahrhunderts untersucht und aufgezeigt, dass die bekanntesten Dichter dieser Zeit sich selbst als Einäugige oder Schielende inszenieren. Der Topos des visuellen Defekts geht häufig einher mit der Beschreibung eines weiteren, desjenigen des Hinkens. Cerquiglini deutet diese Topoi einerseits als Metaphern für Impotenz und soziale Abhängigkeit[154], andererseits als paradoxe Affirmation eines schriftstellerischen Status:

> Il dit l'humilité du témoin, du serviteur, mais dans le même mouvement l'orgueil du juge, du créateur [...] borgne et subtil, le clerc aux XIVe et XVe siècles est un nouveau héros, le héros de l'écriture.[155]

Selbst wenn Cerquiglinis Interpretation nicht wortwörtlich auf die Augenzeugen Gregors und Hildegards übertragen werden kann, liefert ihre Analyse einen hilfreichen Ansatz für deren Deutung. Cerquiglini weist auf die Zeugenrolle der einäugigen Dichter hin und beschreibt sie folgendermassen: «La vision que les textes proposent, leur ‹vérité›, n'est plus garantie par Dieu mais par le sujet qui relate et par la place de celui-ci»[156], eine Formulierung, die suggeriert, dass die Dichter die Definition ihres Standpunkts von demjenigen Gottes herleiten und unterscheiden. Dieser implizite Vergleich der dichterischen Perspektive mit der göttlichen scheint mir die Selbstinszenierung dieser Poeten als körperlich schwache und kranke Menschen besser zu begründen als ihre soziale Abhängigkeit von ihren fürstlichen Mäzenen oder ihr standesgebundenes Ausgeschlossensein von Minnedienst und Rittertum, die Cerquiglini anführt.[157] Während des ganzen Mittelalters sind (Selbst-)Inszenierungen körperlicher Schwäche überaus verbreitet. Besonders häufig sind diese Topoi in der Hagiographie[158], wohl nicht zufällig, da gerade in diesem literarischen Genre der Autor ja gewissermassen in Konkurrenz zur göttlichen Perspektive tritt, indem er die Heiligkeit seines Protagonisten bezeugt.[159] Wie ich anhand des

[153] Cerquiglini: Clerc. Dies.: Ecriture.
[154] Cerquiglini: Ecriture, S. 25.
[155] Cerquiglini: Ecriture, S. 31.
[156] Cerquiglini: Clerc, S. 483ff., hier S. 488. Dies.: Ecriture, S. 30f., hier S. 30.
[157] Cerquiglini: Clerc, S. 483. Dies.: Ecriture, S. 25.
[158] Vgl. oben S. 99f.
[159] In bezug auf die von Cerquiglini untersuchten Dichter könnte folglich die Frage gestellt werden, ob deren Selbstinszenierungen mit dem Gottesgnadentum ihrer fürstlichen Mäzene zusammenhängen.

Scivias-Prologs dargelegt habe, können Selbstinszenierungen mittelalterlicher Autor(inn)en als kranke Menschen als Beweise für göttliche Auserwähltheit fungieren.[160] In ähnlichem Sinne ist wohl auch das pupillenlose Auge der Richardis auf dem Frontispiz des Lucca-Kodexes zu deuten: Ihre Halbblindheit hebt ihre Rolle als Visionärin *ex contrario* hervor.[161]

Die Analyse der Hildegard-Ikonographie hat die Aufmerksamkeit auf die Rolle der Visionäre Volmar und Richardis gelenkt, welche die göttliche Inspiration der Autorin bezeugen. Augenzeugen bestätigen die göttliche Provenienz eines Textes auch auf Bildern, die Moses beim Gesetzesempfang und Gregor den Grossen mit der Taube des Heiligen Geists zeigen (Abb. 42, 101, 102, 55–57). Dass Hildegards Augenzeugin noch eine zusätzliche, sehr konkrete Funktion haben könnte, suggeriert der Vergleich mit den beiden Bildnissen des Franziskanermönches William in der *Chronica Majora* des Matthew Paris (Abb. 50).[162] Wie Richardis trägt William ein geistliches Gewand, eine Kutte mit einer Kapuze, und wie die Nonne hat er die Hände, die von den überlangen Ärmeln seiner Kutte verdeckt werden, über seinem Unterleib gekreuzt. William ist höchstwahrscheinlich identisch mit dem englischen Maler gleichen Namens, dessen Zeichnung eines apokalyptischen Christus Matthew in seinen *Liber Additamentorum* eingefügt hat.[163] Der Vergleich mit den Bildnissen Williams legt die Vermutung nahe, dass es sich bei der Darstellung der vermeintlichen Richardis um ein Selbstbildnis der Malerin des Lucca-Kodexes handeln könnte, die dadurch – ebenso wie Volmar im Rupertsberger Kodex – eine doppelte Funktion innehätte, nämlich als Zeugin *und* Buchherstellerin. Diese

[160] Vgl. oben S. 97ff.

[161] Eine Visionärin, die zuerst ein Auge, dann das andere verliert, existiert in der persischen Literatur des 12. Jahrhunderts. Im 6. Buch der *Masnavi* des Djalal-od-Din Rumi wird beschrieben, wie Moses sein Gesicht verhüllt während seines Gesprächs mit Gott. Djalal-od-Din Rumi: Mathnawi. La quête de l'absolu, übers. von Eva de Meyerovitch, Djamchid Mortazavi, Paris 1990, S. 1568, Verse 3082ff.: «Ce voile était devenu rayonnant: c'était le froc d'un mystique au moment de l'extase. Le feu est déposé dans l'amadou, parce qu'il est déjà habitué au feu. Et en fait Sarufa (la femme de Moïse), par désir et amour de cette lumière qui guide, sacrifia ses deux yeux. D'abord elle ferma un œil et contempla la Lumière du visage de Moïse avec l'autre, et cet œil fut perdu. Ensuite, elle ne put se retenir et ouvrit l'autre œil et le perdit en regardant cette Lune. De même le guerrier (spirituel) sacrifie son pain; mais, quand la lumière de la dévotion le frappe, il sacrifie sa vie.» Den Hinweis verdanke ich Mahmoud Lameï. Ich habe bisher keine Hinweise dafür gefunden, ob diese Episode in der lateinischen Literatur bekannt war. Wenn dem so wäre, wäre die Einäugigkeit der Richardis ein weiterer Beleg dafür, dass Hildegard mit Moses verglichen wird. Vgl. dazu oben S. 106ff. Zu den von Hildegard benutzten Quellen vgl. Hans Liebeschütz: Das allegorische Weltbild der Hildegard von Bingen (Studien der Bibliothek Warburg XVI), Berlin 1930. Peter Dronke: Problemata Hildegardiana. Mittellateinisches Jahrbuch 16 (1981), S. 97–131, hier S. 107ff. Ders.: Liber divinorum operum, Introduction, S. XII–XXXV.

[162] Cambridge, Corpus Christi College, Ms 16, fol. 67 und 26. Suzanne Lewis: The Art of Matthew Paris in the *Chronica Majora*, Berkeley, Los Angeles 1987, S. 63, Abb. 27 und 28.

[163] British Library, Cotton Nero D.I, fol. 156. Lewis: Art, S. 64ff. und Abb. 29.

Interpretation würde einerseits zum Stil der Handschrift passen, welcher eine Entstehung auf dem Rupertsberg nahelegt, andererseits auch zur Position der Nonne am rechten Bildrand, welche bei Buchurheber(inne)n häufig ist, wie wiederholt festzustellen war.

Exkurs I: Der Augenzeuge Gregors des Grossen

Zwei Motive in den Bildern Hildegards verdienen besondere Beachtung: die Augenzeugin, die, wie wir gesehen haben, einen bestimmten, auch literarisch belegten Typus einer Visionärin verkörpert und die mit grosser Wahrscheinlichkeit mit der Malerin der Handschrift zu identifizieren ist, und die Wachstafel als Hildegards wichtigstes Attribut. Die nachfolgenden Exkurse sollen die Untersuchung dieser beiden Motive vertiefen, um die Bedeutung von Hildegards aussergewöhnlichen Porträts genauer zu erfassen und sie in die Geschichte des Autorenbildnisses des 12. und 13. Jahrhunderts einordnen zu können.

Die Figur des Augenzeugen begegnet – wie bereits erwähnt – in Bildnissen Gregors des Grossen. In der folgenden literarischen und ikonographischen Analyse des Zeugen Gregors soll der Frage nach der Bedeutung dieser Figur weiter nachgegangen werden, mit der sich Jahrhunderte später so bedeutende Dichter wie Rutebeuf oder Guillaume de Machaut identifizierten. Der Wachstafel ist Exkurs II gewidmet.

Der Augenzeuge in der Hagiographie

Die anonyme Vita aus dem Kloster von Whitby

Neben zahlreichen Autorenbildern, die Gregor allein mit der Taube darstellen[164], gibt es eine Gruppe von Bildern, die ihn beim Diktieren mit der Taube und einem Schreiber zeigen. Es handelt sich um traditionelle Diktatszenen, auf denen die Augenzeugenrolle des Schreibers nicht thematisiert wird.[165] Die literarische Quelle solcher Bilder ist die erste, anonyme Gregorvita aus dem Kloster Whitby in Yorkshire (um 713), in der eine Reihe von Wundern erzählt wird.[166] Einige davon handeln von Gregors Tätigkeit als göttlich inspirierter Prediger und Schriftsteller (Kap. 24–28). Der Erzähler verweist immer wieder auf Gregors Homilien und auch auf seine *Moralia in Hiob*. In Kapitel 24 wird Gregors Eloquenz als Prediger und Apostel mit derjenigen von Christus verglichen. Christus habe durch Gregor gesprochen, deshalb hätten die Römer ihn «den mit dem goldenen Mund» genannt.[167] Im folgenden Kapitel wird Gregors Kenntnis der Engel und sein vertrauter Umgang mit ihnen

[164] Vgl. z.B. Bloch / Schnitzler: Malschule, Bd. II, Abb. 650, 662, 664, 665. Von Euw: Gregor, Abb. 1.

[165] Vgl. z.B. Bloch / Schnitzler: Malschule, Bd. II, Abb. 645, 652, 653, 663. Von Euw: Gregor, Abb. 6, 13. Eberlein: Miniatur, Abb. 1–4, 16.

[166] The earliest life of Gregory the Great by an Anonymous Monk of Whitby. Lat./Engl., hg. und übers. von Bertram Colgrave, Cambridge 1968.

[167] Life, Colgrave, S. 116f.: «[...] ut a gente Romana que pre ceteris mundo intonat sublimius proprie de aurea oris eius gratia, os aureum appellatur.»

geschildert. In dieser Hinsicht sei Gregor sogar dem Kirchenvater Augustin überlegen gewesen. Die beiden Kapitel bereiten die Beschreibung des Taubenwunders in Kapitel 26 vor, das die beiden göttlichen Eigenschaften Gregors miteinander verbindet, nämlich seine Eloquenz, die als *imitatio Christi* beschrieben wird, und seinen Zugang zum Himmel. Das Taubenwunder bildet den Höhepunkt der Lobpreisung Gregors und soll beweisen, dass seine Schriften Gottes Worte wiedergeben. Der Hagiograph verbindet die Erscheinung der Taube mit der Vision des Ezechiel, der Empfängnis Christi und der Taufe Christi.[168] Mit dem Taubenwunder wird auch der Augenzeuge eingeführt:

> So soll einer von den Seinen, der ihm genug vertraut war, gesehen haben, dass eine weisse Taube über diesem Mann Gottes (Gregor) sass, als er die Homilien zu Ezechiel verfasste. Diesem Zuschauer (*videnti*) aber befahl er, sehr erzürnt über seine Indiskretion, dies, solange er selbst lebe, niemandem zu erzählen [...][169]

Der anonyme Erzähler, der genau das Gegenteil dessen tut, was Gregor seinem ebenfalls anonymen Vertrauten befohlen hatte, nämlich das Taubenwunder zu verschweigen, thematisiert seine Durchbrechung des Schweigegebots in keiner Weise. Die Tradierung des Wunders durch einen Zeugen wird zwar erwähnt, jedoch nicht inszeniert; ihre näheren Umstände werden nicht beschrieben. Dem Hagiographen geht es nicht darum, das Wunder aus einer bestimmten menschlichen Perspektive zu schildern, er redet vielmehr als Repräsentant Gottes, indem er es theologisch interpretiert. Seine Auslegung setzt er im folgenden Kapitel fort, wo er Gregor zuerst wiederum mit Ezechiel vergleicht, dann mit Petrus, der die Schlüssel zum Himmel hat. Der Hagiograph aus Whitby erzählt das Wunder *sub specie aeternitatis*; für eine historische Situierung der Geschichte interessiert er sich nicht.

Die Vita des Paulus Diaconus

Innerhalb der Gregor-Ikonographie gibt es eine kleine Gruppe von Darstellungen, die die Augenzeugenrolle des Schreibers besonders hervorheben. Unter ihnen befindet sich eine der künstlerisch wertvollsten, die uns erhalten ist, das Gregorbild des Trierer *Registrum Gregorii* (Abb. 55). Johann Konrad Eberlein stellte eine Anzahl weiterer Autorenbilder zusammen, die zwischen 1000 und dem Anfang des 13. Jahrhunderts entstanden sind, auf denen, wie auf dem Trierer Bild, der Schreiber mit einem Griffel einen Vorhang durchbohrt, um den göttlich inspirierten Autor zu beobachten (Abb. 56, 57).[170] Das Vorhangmotiv geht auf die zweite Gregorvita

[168] Life, Colgrave, S. 120.
[169] Life, Colgrave, S. 120, 122: «Ita super hunc virum Dei vidisse quidam dicitur de suis satis ei familiaris, albam sedisse columbam, cum in predictum Ezechielem fecit omelias. Cui scilicet videnti valde pro illo iratus accessu precepit ne quandiu ipse viveret in carne, id alicui indicaret [...]» Deutsche Übersetzung nach Eberlein, Miniatur, S. 344f.
[170] Eberlein: Miniatur, Abb. 7–15.

zurück, auf diejenige des Langobarden Paulus Diaconus (720/30–um 797), der die Vita des Anonymus von Whitby erweiterte und umschrieb:[171]

> Schliesslich haben wir von einem gläubigen und frommen Mann, der diesem unserem heiligen Vater durch das Verdienst seiner Frömmigkeit und Tüchtigkeit ein sehr enger Vertrauter war, getreu nach dessen Tod die Geschichte erfahren, nämlich dass, als dieses auserwählte Gefäss und Wohnstatt des Heiligen Geistes die letzte Vision des Propheten Ezechiel auslegte, sein Diener mit dem Griffel den Vorhang durchbohrte, der zwischen ihm (= dem Papst) und ebendiesem aufgehängt war, als er das Diktat seines Traktats aufnahm und, als jener von Zeit zu Zeit länger schwieg, bei Gelegenheit durch die Öffnung schaute und eine Taube, weisser als Schnee, sah, die über seinem Haupt sass und ihren Schnabel lange an seinen Mund hielt: Wenn sie sich vom Mund entfernte, begann der heilige Papst zu sprechen und der Notar auf der Wachstafel zu schreiben. Als aber die Stimme des Heiligen Geistes wieder schwieg, blickte der Diener wieder durch die Öffnung und sah, dass dieser mit wie beim Gebet zum Himmel erhobenen Händen und Augen den Schnabel der Taube nach gewohnter Art mit dem Mund aufnahm. Das merkte schliesslich der heilige Papst, da es ihm vom selben Geist enthüllt wurde, und er wurde aufs äusserste traurig und drohte dem Mitwisser des göttlichen Wunders mit seiner apostolischen Autorität, dass er dies Ereignis während seines Lebens keinem irgendwie kundtun dürfe.[172]

Das Wunder wird hier ausschliesslich aus der Perspektive des Augenzeugen erzählt, der zum Garanten für die Wahrheit des Geschehens wird. Deshalb beginnt Paulus Diaconus seinen Bericht mit einer Beschreibung der moralischen Qualitäten des Zeugen. Indem der Standpunkt des Betrachters und dessen räumliche Situation ausführlich geschildert wird, entsteht ein völlig anderes Bild des Ereignisses als in der Vita aus Whitby. Der Schwerpunkt liegt nun auf der *visuellen Realität* der Erscheinung des Heiligen Geistes und nicht mehr, wie im ersten Bericht, auf der theologischen Exegese: sie wird durch einen detaillierten Augenzeugenbericht ersetzt. Das Motiv des Vorhangs, durch den der Schreiber ein Loch bohrt, ist nicht durch die reale Situation des Diktats zu erklären, es handelt sich um eine literarische Konstruktion des Hagiographen, der dadurch den Zeugen in einer ganz bestimmten Situation darstellt, nämlich als einäugigen Zuschauer, der von seiner Vision durch eine Trennwand isoliert ist. Durch die Einführung des Vorhangs zwischen Gregor und dem Augenzeugen schafft der Hagiograph zwei verschiedene Realitätsebenen: die Domäne der göttlichen Offenbarung und diejenige des menschlichen Zuschauers. Anders als in der Vita von Whitby endet die Erzählung bei Paulus Diaconus nicht mit dem Schweigegebot Gregors, sondern fährt mit der Überlieferungsgeschichte des Wunders fort:

> Dieser (der Augenzeuge) hütete das Geheimnis zunächst lange. Nach dem Tod des heiligen Priesters erzählte er, genötigt durch den Neid gewisser Leute, die die Taten des heili-

[171] Von Euw: Gregor, S. 19–41.
[172] Zitiert nach der deutschen Übersetzung von Eberlein: Miniatur, S. 347.

gen Mannes schmälerten, indem sie sagten, er hätte geschwellt von Anmassung so viele grosse Dinge über die Mysterien der himmlischen Geheimnisse gesprochen, getreu, dass er dies in jeder Einzelheit so gesehen habe.[173]

Hier wird die Übertretung des Schweigegebots durch den Zeugen gerechtfertigt. Es geht ihm um den Beweis der *humilitas* Gregors.

Die Vita des Johannes Diaconus

Die dritte Gregorvita, die ausführlichste Lebensbeschreibung des Heiligen, stammt von Johannes Diaconus (825–880), der sie zwischen 873 und 875 für Papst Johannes VIII. verfasste. Im Widmungsgedicht wird Gregor als Vorbild für den Papst gepriesen:

> Er sei dir Vorbild und Zier, dein Spiegel, dein Weg und Lebensbild allezeit, wenn du das Priestertum auf ewig erwählst.[174]

Johannes Diaconus hat die Erzählung des Taubenwunders wiederum völlig neu gestaltet. Sie setzt nach der Beschreibung des Begräbnisses Gregors in der Peterskirche ein. Aus dem knappen Hinweis der Vita des Paulus Diaconus, der Zeuge habe vom Wunder nach dem Tod Gregors «genötigt durch den Neid gewisser Leute» berichtet, entwickelt Johannes die Erzählung der ganzen Begebenheit: Nach Gregors Tod sei in Rom eine Hungersnot ausgebrochen, welche die Gegner des Heiligen dazu veranlasst habe, den Verstorbenen als Verschwender des Kirchenschatzes zu beschimpfen, und da sie ausser Gregors Büchern keinen persönlichen Besitz des Heiligen finden konnten, schickten sie sich an, diese zu verbrennen. In diesem Moment tritt der Zeuge auf den Plan:

> Als schon einige Bücher verbrannt worden waren und sie die übrigen verbrennen wollten, soll Paulus Diaconus, ein sehr enger Vertrauter von ihm, der sein Gesprächspartner in den vier Büchern der Dialoge gewesen war, sich sehr heftig dagegen gestellt haben, wobei er sagte, dass das Verbrennen der Bücher nichts bewirke, um das Andenken an ihn auszulöschen, da Abschriften von ihnen auf Grund verschiedener Bestellungen den Erdkreis durchdrungen hätten. Er fügte hinzu, dass es ein grosser Frevel sei, so viele und solche Bücher des so grossen Vaters zu verbrennen, über dessen Haupt, wenn er arbeitete, er selbst den Heiligen Geist in Gestalt einer Taube sehr häufig deutlich gesehen habe. Und als Diaconus sah, dass das ihm einst ergebene Volk die Gelegenheit ergriff und mit den Neidern aufbegehrte, soll er die Meinung aller dazu gebracht haben, dass sie von der Verbrennung der Bücher absehen sollten, wenn er das, was er gesagt hätte und durch seinen Eid bekräftige, sofort mit dem Tod bezahle, wenn er aber sein Zeugnis überlebe, würde er selbst sogar den Verbrennern zur Hand gehen. So stieg der ehrwürdige Levit Petrus mit dem Evangelium auf den Ambo und hauchte bald, um der Heiligkeit Gregors ein Zeug-

[173] Zitiert nach der deutschen Übersetzung von Eberlein: Miniatur, S. 347.

[174] «Forma, decus, speculum tibi sit, via, vita peraevum, si cupis aeternam ferre sacerdotiam». Zitiert nach von Euw: Gregor, S. 22.

nis zu liefern, mit den Worten des wahren Bekenntnisses seinen Geist aus, und er, der ohne Todesschmerz gestorben war, verdiente, als Bekenner der Wahrheit *am Fuss des Ambo* (iuxta pyri basim)[175], wie man bis heute sehen kann, beerdigt zu werden.[176]

War eine möglichst genaue Inszenierung der Augenzeugenperspektive das Hauptinteresse des Paulus Diaconus, so interessiert sich dieser Hagiograph nur noch für den Zeugen selbst. Um die Existenz des Taubenwunders zu beweisen, wertet er dessen Person noch mehr auf als sein Vorgänger. Der Zeuge tritt aus der Anonymität heraus, erhält den Namen Petrus und wird als *litteratus* vorgestellt, nämlich als Koautor der Dialoge Gregors. Er wird hier also als eine Person beschrieben, die Gregor ebenbürtig ist. Sein Name und sein Märtyrertod auf dem Ambo, mit dem Evangelium im Arm, machen «den ehrwürdigen Leviten Petrus» zu einem Exempel für den Papst, der Intention entsprechend, die der Hagiograph in der Widmung der Vita formuliert. Dazu passt auch die Geschichte der Bücherverbrennung: Petrus stirbt, um Gregors göttlich inspirierte Schriften zu retten, von denen die Stellung des Papsttums abhängt. Johannes Diaconus macht aus dem verborgenen Augenzeugen einen öffentlichen Märtyrer, aus dem passiven Zuschauer einen aktiven Helden.

Was der Anonymus aus Whitby mit einer theologischen Exegese zu erreichen suchte und der zweite Hagiograph mit einer detaillierten Schilderung des Augenzeugenstandpunkts, realisiert der Verfasser der dritten Vita durch die literarische Kreation eines Märtyrerzeugen. Allerdings verfolgen die drei Hagiographen bei der Schilderung des Taubenwunders dieselbe Absicht: Es geht ihnen allen um den Beweis der göttlichen Inspiration von Gregors Schriften. Wie kritisch diese reflektiert wird, zeigen die drei verschiedenen Versionen des Taubenwunders. Dass jede Version die Erzählung des Wunders neu gestaltet, weist auf dessen hervorragende Bedeutung für das Papsttum hin: Seit dem 8. Jahrhundert wurden Gregors Schriften zur Grundlage für die Liturgie und ersetzten zunehmend diejenigen des Gelasius. Durch das Taubenwunder wurde die Liturgie der römischen Kirche zum Wort Gottes erklärt.[177] Dabei wurde Gregors göttliche Inspiration zu einer «historischen Wahrheit» umgeformt. Auf den einzigen Beweis dafür – die Glaubwürdigkeit des Augenzeugen – lenken Paulus und vor allem Johannes Diaconus die Hauptaufmerksamkeit der Erzählung. Dieses Zeugnis tritt an die Stelle der theologischen Exegese des Wunders, die nur den ersten Hagiographen interessierte.[178]

[175] Das heisst am Fuss des Türmchens, durch das man auf den Ambo gelangt. Johannes Diaconus: Vita Gregorii. PL 75, S. 222, Anm. (h).
[176] Eberlein: Miniatur, S. 345f.
[177] Auch die Ikonographie des Zwiefaltener Frontispizes, das Gregor mit der Wachstafel zeigt, reflektiert dieses Anliegen. Vgl. Abb. 75.
[178] Dagegen deutet Eberlein: Miniatur, S. 97ff., das Verhaltens des Augenzeugen als *curiositas* und Tabubruch, den er mit dem Tod bezahlt. Dies beruht jedoch auf einer falschen Interpretation der Viten, denn die Aufwertung des Zeugen, der «Überschuss an Bedeutungsinvestition», den Eberlein in der Ikonographie feststellt, findet bereits in der Hagiographie statt. Es besteht also kein Widerspruch zwischen der literarischen und der bildlichen Entwicklung des Augenzeugenthemas, wie Eberlein irrigerweise annimmt.

Die Ikonographie des Augenzeugen

Das Metzer Sakramentarfragment

Das Sakramentarfragment von Metz (um 870), das höchstwahrscheinlich für Karl den Kahlen angefertigt wurde, ist um dieselbe Zeit entstanden wie die dritte Gregorvita. Das Autorenporträt Gregors ist das älteste Bild des Heiligen mit einem Augenzeugen, das uns erhalten ist (Abb. 52). Der Zeuge erscheint in der Gregor-Ikonographie somit zur selben Zeit, in der seine Bedeutung in der Hagiographie ihren Höhepunkt erreicht. Aus dem Bericht des dritten Hagiographen Johannes geht hervor, dass zu dieser Zeit die bildliche Darstellung Gregors mit der Taube bereits verbreitet war, denn er schliesst seine Erzählung des Taubenwunders mit folgender Bemerkung ab:

> Hinc est quod consuetudinaliter Spiritus sanctus in specie columbae super scribentis Gregorii caput depingitur [...][179]
> (Deshalb ist es üblich geworden, den Heiligen Geist in Form einer Taube über dem Haupt des schreibenden Gregors zu malen [...])

Von einem Augenzeugen spricht Johannes Diaconus jedoch nicht, dessen Darstellung muss also relativ selten gewesen sein.

Die Ikonographie des Gregorbilds im Metzer Sakramentar ist in vieler Hinsicht einzigartig. Während die meisten Bilder den Augenzeugen zeigen, wie er mit dem Griffel ein Loch durch den Vorhang bohrt, der ihn von Gregor trennt, hebt er im Metzer Sakramentar den Vorhang mit der rechten Hand, was darauf hinweist, dass dem Maler nicht die zweite Vita als Vorlage diente, sondern, wie ich weiter unten darlege, die anonyme Vita aus Whitby.

Ebenso einzigartig wie die Ikonographie des Gregorbilds (Folio 3r) ist diejenige des Krönungsbilds auf der gegenüberliegenden Seite (Folio 2v), die Karl den Kahlen zwischen zwei Bischöfen zeigt (Abb. 51). Die beiden Bilder stellen den Stifter und den Autor des Sakramentars dar, den König und den Papst.[180] Bereits Ernst H. Kantorowicz hat auf die Ähnlichkeit des Herrschers mit dem Salomon in der Bibel von San Paolo fuori le mura hingewiesen, der von zwei Priestern gesalbt wird.[181] Beide Könige sind als junge Krieger gekleidet, und beide sind bartlos.[182] Als junger, bartloser Krieger ist in dieser Bibel auch Saul auf dem Frontispiz des ersten Buchs der Könige dargestellt, das seine Salbung zeigt. Alle drei Bilder werden demselben Maler zugeschrieben, dem sogenannten Thronbildmeister. Staubach kommentiert die

[179] Johannes Diaconus: Vita Gregorii. PL 75, S. 222B.

[180] Ein vergleichbares Doppelbildnis, das Karl den Kahlen und Hieronymus zeigt, befindet sich im Pariser Psalter, Bibliothèque Nationale, Ms lat. 1152. Vgl. dazu Nikolaus Staubach: Rex Christianus. Hofkultur und Herrschaftspropaganda im Reich Karls des Kahlen, Teil II: Die Grundlegung der «religion royale» (pictura & poesis 2/II), Köln 1993, S. 229ff.

[181] Bibbia di San Paolo, fol. 185v, Frontispiz zu den Proverbia.

[182] Kantorowicz: King, S. 298f.

Ähnlichkeit des Herrschers im Metzer Sakramentar mit den alttestamentlichen Salbungsbildern folgendermassen:

> Denselben Typ des jugendlichen Herrschers, den der Herr vor seinen Genossen erwählt und durch das Zeichen der Salbung ausgezeichnet hat, glaubte der «Thronbildmeister» offenbar auch dem Sakramentar voranstellen zu sollen, das er im Auftrag Karls des Kahlen zu schaffen hatte. Denn die ikonographische Priorität der wahrscheinlich vom «Thronbildmeister» selbst zum Drei-Figuren-Schema ausgebildeten alttestamentlichen Salbungsszenen erklärt am ehesten, warum das «Stifterbild» sich so deutlich von den übrigen Herrscherporträts Karls des Kahlen unterscheidet.[183]

Die Funktion der beiden Bischöfe neben dem König ist, im Gegensatz zu späteren Herrscherbildern, auf ihre Rolle als Zeugen bei der Krönung des Königs durch die Hand Gottes reduziert.[184] Es handelt sich also nicht um die Darstellung der Krönungs*zeremonie*, wie es bei den ottonischen Bildern der Fall ist, die Florentine Mütherich als Vergleichsbeispiele anführt[185], sondern um eine symbolische Darstellung des sakralen Königtums.

Mütherich machte darauf aufmerksam, dass kein anderer karolingischer Herrscher solche Beinkleider trägt wie der hier dargestellte. Schon rein farblich sind sie auffällig; ihr helles Rot und das Blau der Stiefel sind die leuchtendsten Farben unter den Pastelltönen der Bildkomposition. Ausserdem ist der König innerhalb der beiden gegenüberliegenden Bilder die einzige Person, deren Beine überhaupt sichtbar sind, denn die Bischöfe und die Schreiber tragen die bis an die Füsse reichende Alba, und Gregors Beine werden von einem purpurfarbenen Vorhang verdeckt.

Obwohl das Metzer Sakramentar ein Fragment geblieben ist, ist es das am reichsten illustrierte unter den karolingischen Sakramentaren. Neben dem erwähnten Herrscher- und Autorenbild – Gregor ist der Autor des Messkanons – enthält es drei weitere ganzseitige Bilder: eine *Majestas Domini* (Folio 5r), die himmlische Hierarchie (Folio 5v) und Christus in der Mandorla mit Seraphim, *Oceanus* und *Terra* (Folio 6r), daneben eine illustrierte Initiale mit dem Bild des Gekreuzigten (Folio 6v). Die Bilder haben ein gemeinsames Thema; es handelt sich um Theophanien, deren Reihe eröffnet wird mit dem von der Hand Gottes gekrönten Herrscher und dem von der Taube des Heiligen Geistes inspirierten Papst. Die Thematik der Theophanie erklärt die Darstellung der beiden Bischöfe als Zeugen, ebenso wie diejenige der beiden Schreiber vor dem Vorhang im Gregorbild, die ebenfalls als Zeugen fungieren.

Karl der Kahle wurde um 869 zum König von Lothringen gekrönt und gesalbt, nachdem er die Königskrone bereits lange Jahre getragen hatte; sein Vater Ludwig der Fromme hatte sie ihm ohne jegliche kirchliche Zeremonie um 838 übergeben.[186]

[183] Staubach: Rex, S. 244.
[184] Sakramentar von Metz, Mütherich, Einleitung, S. 8ff.
[185] Sakramentar von Metz, Mütherich, Einleitung, S. 14f.
[186] Marc Bloch: Les rois thaumaturges. Etude sur le caractère surnaturel attribué à la puissance royale particulièrement en France et en Angleterre, Paris [3]1983 (1924), S. 70ff., S. 469ff.

Wie Marc Bloch aufzeigte, handelte es sich bei der Ölung und der Übergabe der königlichen Insignien an Karl den Kahlen durch den Erzbischof um die erste vollständige Königsweihe (*sacre du roi*) in Frankreich, die den Herrscher zu einem «Gesalbten des Herrn» machte, ein Privileg, das die Könige mit den Priestern und den Bischöfen teilten. Durch den Ritus wurde der Herrscher zu einem Stellvertreter Christi auf Erden.[187]

Die Ikonographie des Sakramentars von Metz illustriert diese Herrscherkonzeption: Als *primus inter pares* erscheint der nimbierte König zwischen den ebenfalls nimbierten Bischöfen auf der ersten Seite. Wie Kantorowicz darlegte, transportiert der Nimbus seinen Träger von *tempus* zu *aevum;* dies bedeutet, dass die Figuren des Metzer Sakramentars als Vertreter ihres unsterblichen Standes (*ordo*) dargestellt sind; der Nimbus symbolisiert ihre *sanctitas ex officio*.[188] Als einzige Gestalt auf der Doppelseite steht der König dem Betrachter frontal gegenüber und wendet sich an ihn mit erhobenem rechten Zeigefinger. Er erscheint somit als Vermittler zwischen dem Klerus und dem Betrachter[189], sein Gestus erinnert an den Segensgestus eines Priesters. Dazu passt auch seine Bartlosigkeit, die ihn den Bischöfen angleicht.[190]

Auch das Gregorbild ist ein Herrscherbild. Der Papst sitzt auf demselben mit Gold und Steinen verzierten Thron wie Karl der Kahle im *Codex Aureus* von Sankt Emmeram und im Psalter Karls des Kahlen.[191] Wie im *Codex Aureus* wird der Thronende während einer Theophanie gezeigt: Das Gregorbild stellt das Taubenwunder dar, im *Codex Aureus* nimmt der Herrscher an der Anbetung des Lammes durch die 24 Ältesten teil, was ihn als *Rex Sacerdos* kennzeichnet.[192] Die beiden Bilder haben noch ein weiteres Motiv gemeinsam: Hinter dem Kopf des Königs im *Codex Aureus* ist ein purpurfarbenes *aulaeum* an zwei Enden in die Arkade gehängt, unter der der Herrscher thront. Dieses Tuch ähnelt sowohl in bezug auf die Farbe als auch auf die Art seiner Befestigung dem *velum*, das vor Gregors Thron aufgespannt ist. Es hat auch dieselbe Funktion, nämlich die Bildräume in eine himmlische und eine irdische Domäne zu scheiden: Hinter dem Vorhang im *Codex Aureus* erscheint die Hand Gottes, hinter dem Vorhang Gregors die Taube des Heiligen Geistes.

Die Purpurfarbe des *velum* erinnert an den Vorhang des Tempels (*velum testimonii*) im Alten Testament. Bereits Beda hat den Tempelvorhang als Firmament

[187] Bloch: Rois, S. 70f. Ernst H. Kantorowicz: Les deux corps du roi. Essai sur la théologie politique au moyen âge. Traduit de l'anglais par Jean-Philippe Genet et Nicole Genet, Paris 1989, S. 360ff. (Übersetzung von: The King's two bodies. A study in medieval political theology, Princeton 1957).
[188] Vgl. dazu Kantorowicz: Corps, S. 76ff.
[189] Vgl. dazu Kantorowicz: Corps, S. 80f.
[190] Auf den meisten Bildern trägt Karl der Kahle einen Bart. Sakramentar von Metz, Mütherich, Einleitung, S. 13.
[191] München, Bayerische Staatsbibliothek, Clm 14000, fol. 5v. Paris, Bibliothèque Nationale, Ms lat. 1152, fol. 3v. Schramm: Kaiser und Könige, Abb. 40 und S. 170. Staubach: Rex, Abb. 4, 13.
[192] Konrad Hoffmann: Taufsymbolik im mittelalterlichen Herrscherbild, Düsseldorf 1968, S. 76.

gedeutet, das den Himmel von der Erde trennt. Nach Beda symbolisiert der Tempelvorhang sowohl die zwei Naturen Christi als auch die doppelte Kirche: die der Menschen und der Engel.[193]

Im Ashburnham-Pentateuch (Folio 76r) wird der Tempel des Volkes Israel mit zurückgeschlagenen bunten Vorhängen (*cortinae*) gezeigt, die unter dem Tempeldach und vor den Eingängen hängen. Ein purpurnes *velum* ist in der Mitte der Tempelsäulen befestigt, ungefähr auf Augenhöhe der Priester.[194] Ähnlich verhält es sich auf dem Metzer Gregorbild: Das *velum* hängt nur wenig höher als die Köpfe der beiden nimbierten Schreiber im Bildvordergrund. Innerhalb der Gregor-Ikonographie ist die Darstellung des Autors hinter einem purpurnen *velum* einmalig, sie wurde von späteren Künstlern nicht aufgenommen.[195] Diese Bildkomposition scheint aus der spätantiken Totenikonographie zu stammen: Eine Grabstele aus Palmyra (2. Jahrhundert) zeigt die Büste eines Verstorbenen hinter einem an zwei Ösen befestigten *velum*, das seinen Unterleib bedeckt.[196] Das *velum* unterscheidet hier die Domäne des Toten von derjenigen der Lebenden.

Innerhalb des Metzer Sakramentars ist Gregor nicht der einzige als Halbfigur dargestellte Autor. Blatt 5r zeigt eine *Majestas Domini* mit den vier Evangelistensymbolen und dem Chor der Engel. Unter dem thronenden Christus befinden sich vier nimbierte Halbfiguren, die gewöhnlich als die vier Evangelisten gedeutet werden. Es könnte sich aber ebensogut um die vier grossen Propheten handeln, die auf karolingischen und ottonischen *Majestas*-Darstellungen zuweilen neben den Evangelisten erscheinen und im Unterschied zu jenen nicht als ganzfigurige Schreiber dargestellt werden, sondern als Halbfiguren.[197] Wie Gregor befinden sich diese vier Autoren im Himmel.[198]

Der offene Himmel über Gregor, sein Thron und das purpurne *velum*, das Beda als Firmament gedeutet hatte, stellen Gregors Inspiration durch die Taube des Heiligen Geistes als kosmisches Ereignis dar. Diese Interpretation erinnert an die erste Vita aus Whitby, in der das Taubenwunder, anknüpfend an die Vision des Ezechiel, mit einer Reflexion über die Bedeutung des Wortes *firmamentum* eingeführt wird:

193 Kantorowicz: Corps, S. 67ff.

194 Paris, Bibliothèque Nationale, Nouv. acq. lat. 2334. Weitzmann: Buchmalerei, Abb. 47.

195 Dagegen bezeichnet Eberlein das Metzer Gregorbild fälschlicherweise als «Archetyp» für spätere Darstellungen Gregors mit dem Augenzeugen. Auch Staubach: Rex, S. 226, spricht vom «traditionsbildenden Erfolg dieser hier erstmals begegnenden und lange nachwirkenden ikonographischen Konzeption». Dagegen hat bereits J. Croquison die Komposition als «d'une remarquable originalité» bezeichnet: Les origines de l'iconographie grégorienne. Cahiers archéologiques 12 (1962), S. 245–262, hier S. 257; ähnlich Sakramentar von Metz, Mütherich, Einleitung, S. 25f.

196 Hoffmann: Buchkunst, Bd. I, Abb. 35.

197 So z.B. in der ersten Bibel Karls des Kahlen, in der Bibel von San Paolo, im Codex Aureus von Echternach, im Evangeliar der Sainte Chapelle und im Codex Aureus von St. Emmeran. Mayr-Harting: Ottonian Book, Bd. II, Abb. 120–122. Kessler: Bibles, Abb. 49, 50, 85. Auch Sakramentar von Metz, Mütherich, Einleitung, S. 27, weist auf die Ähnlichkeit der vier Figuren mit Propheten hin.

198 Vgl. dazu oben S. 71.

Er sagt: «Unter dem Namen des Firmaments können nämlich die himmlischen Mächte verstanden werden. Und das Feste (Firmament) kann der fleischgewordene eingeborene (Sohn) genannt werden, weil in ihm unsere Natur zur Ewigkeit hin befestigt worden ist.» In passender Weise verstehen wir nämlich manchmal die Himmel, manchmal aber den Himmel unter dem Namen des einzigen Firmaments, wovon wir nun ein getreu überliefertes Zeichen zum Zeugnis anführen, dass diesem unserem Papst die Himmel sich geöffnet haben, wodurch ihm Christus, der Herr, ein Zeichen seiner selbst durch himmlische Gnade gezeigt hat.[199]

Die verdeckten Füsse Gregors kontrastieren mit den auffällig bunten Beinkleidern des Herrschers auf dem benachbarten Bild. Die Gegenüberstellung lässt deren Symbolik erkennen: Die Beine des Herrschers, die auf der nackten Erde stehen, symbolisieren seine Herrschaft der *Welt*, dagegen deuten die nackten Füsse der Schreiber vor dem Vorhang auf die Armut der Geistlichen hin.[200] Anton von Euw wies darauf hin, dass Gregors Thron hinter dem Vorhang auf den Thron Gottes anspielen könnte, der in der persisch beeinflussten spätjüdischen Literatur auftaucht.[201] Der Thron Gottes begegnet auch in der Bibel (Jes 66,1): «So spricht der Herr: Der Himmel ist mein Thron und die Erde der Schemel meiner Füsse.»[202] Auf dem Metzer Gregorbild ist die Erde nicht dargestellt, sondern der blaue Bildhintergrund erstreckt sich bis zum unteren Bildrand, und die Füsse der Schreiber befinden sich auf einem steinernen Fussboden. Dagegen steht der Herrscher auf der nackten Erde. Insofern passt nur der erste Teil des Jesaia-Zitats «der Himmel ist mein Thron» zum Gregorbild, während der zweite «die Erde der Schemel meiner Füsse» durch das Herrscherbild illustriert wird.

Im Zentrum der beiden Bilder befindet sich das offene Buch, das Gregor in der linken Hand auf dem Schoss hält, und eine kostbar verzierte Schwertscheide, die am Gürtel des Königs hängt. Das Schwert symbolisiert die weltliche Herrschaft des Königs, das Buch die geistliche des Papstes. Auf dem Gregorbild wird nicht nur der göttliche Ursprung des Buchs – durch die Taube des Heiligen Geistes – dargestellt, sondern auch dessen Rezeption durch die beiden Priester, die vor dem Vorhang

199 Eberlein: Miniatur, S. 344. Life, Colgrave, S. 120: «‹[...] possunt enim› inquit ‹firmamenti nomine celestes potestates intellegi. Et potest firmamentum nominari unigenitus incarnatus / per hoc quod in eum nostra natura ad eternitatem firmata est.› Congrue itaque aliquando celos, aliquando vero celum, nomine solius firmamenti intellegimus, de quo nunc signum fideliter narratum huic nostro pape celos aperire testamur, quo eum Christum Dominum, sui in signum exempli gratia celesti monstrasse.»

200 Hier wird deutlich, dass die Ikonographie des Metzer Sakramentars kein Plädoyer ist für die weltlichen Machtansprüche des Papsttums, trotz Übernahmen aus der karolingischen Herrscherikonographie für den thronenden Gregor.

201 Von Euw: Gregor, S. 32.

202 Über die jüdische Herkunft des Throns Gottes, vgl. Marc Philomenko: Prêter sermon par le trône de Dieu (à propos de Matthieu 5,34). In: Le trône de Dieu, hg. von Marc Philomenko, Tübingen 1993, S. 243–251.

sitzen, von denen der eine nach Diktat schreibt, der andere den Vorhang hochhebt. Gregors Buch überliefert die Worte des Heiligen Geistes, die er den Schreibern diktiert. Aber der Beweis, dass der Heilige Geist der wirkliche Urheber (*auctor*) des päpstlichen Worts ist, geschieht nicht durch das Ohr, sondern wird vom Augenzeugen erbracht, der das *velum* hochhebt, das heisst durch eine *revelatio*.[203] Wie in den Gregorviten des Paulus und Johannes Diaconus garantiert hier der Augenzeuge die göttliche Provenienz der schriftlichen Überlieferung.

Während der König als einzige Person auf den beiden Bildern den Betrachter frontal ansieht, ist allein der Augenzeuge im Profil dargestellt, was nach François Garnier auf Inferiorität hindeuten kann.[204] Diese allgemeine Deutung soll im folgenden differenziert werden.

Gestik und Körperhaltung des Zeugen finden wir in einer um 850 entstandenen süddeutschen Handschrift der Briefe des Paulus wieder.[205] Der Kodex enthält zwei Federzeichnungen auf Blatt 119v und 120r zwischen den beiden Hauptteilen des Werks (Abb. 53). Die erste zeigt den Paulusschüler Titus auf ein Bifolium schreibend, während ein offener Kodex auf einem Lesepult vor ihm liegt, die zweite Paulus selbst auf einem kostbar durchbrochenen Stuhl sitzend mit einem Schreibbrett auf dem Knie. Victor Heinrich Elbern hat darauf hingewiesen, dass die beiden Bilder «eine deutliche theologische Unterscheidung zwischen Apostel und Schüler» machen.[206] Paulus hat den Kopf, der im Profil dargestellt ist, und beide Hände erhoben. Sein Blick ist auf die Hand Gottes gerichtet, die sich in der linken oberen Bildecke befindet. Der Apostel ist offensichtlich beim Schreiben unterbrochen worden; eine beschriebene Schriftrolle fällt von seinem Knie zu Boden. Wie der Schreiber im Metzer Gregorbild steht Paulus nur auf *einem* nackten Fuss. Das andere Bein ist nicht sichtbar. Die Körperhaltung des Apostels lässt in ihrer gewagten Verkürzung eine spätantike Vorlage vermuten.[207] Zwei Inschriften kommentieren die Szene. Über dem Kopf des Apostels neben der Hand Gottes steht: «IAM DUDUM SAULUS PROCERUM PRECEPTA SECUTUS» (Vorher hat Saulus die Gebote der Vornehmen befolgt), und neben der erhobenen Hand des Apostels: «PAULUS». Paulus wird hier als Bekehrter (*conversus*) charakterisiert, denn anstatt die Gebote der Vornehmen zu befolgen, blickt er auf die Hand Gottes. Seine merkwürdig verdrehte Körperhaltung und die Darstellung seines Kopfes im Profil deuten wie die Inschriften auf den Bewusstseinswandel des Apostels hin (*conversio* = Umdrehung, Bekehrung), der

[203] Staubach: Rex, S. 227.
[204] Garnier: Langage, S. 142.
[205] Pauli Epistolae. Düsseldorf, Landes- und Stadtbibliothek, A 14, fol. 120. Adolph Goldschmidt: Die deutsche Buchmalerei, Bd. 1: Die karolingische Buchmalerei, München 1928, Abb. 88. Das erste Jahrtausend. Kultur und Kunst im werdenden Abendland an Rhein und Ruhr. Tafelband von Victor Heinrich Elbern, Düsseldorf [2]1962, Abb. 276, 277 und S. 61.
[206] Elbern: Jahrtausend, S. 61.
[207] Elbern: Jahrtausend, S. 61.

vom Christenverfolger zum Christen geworden ist. Die Bekehrung des Paulus wird hier nicht durch eine Illustration der Apostelgeschichte dargestellt, nach der Saulus auf dem Weg nach Damaskus vom göttlichen Licht geblendet zu Boden stürzt, wie es zum Beispiel in den touronischen Bilderbibeln gezeigt wird.[208] Was die Bibel als visionäres Erlebnis mit heftigen körperlichen Folgen schildert – Paulus bleibt danach während dreier Tage blind und ohne Nahrung – wird in der Federzeichnung durch die Körperhaltung des Apostels ausgedrückt. Die Vision wird auf die Hand Gottes reduziert. Paulus hebt beide Arme in die Höhe. Dieser Gestus kommt bei Visionären häufig vor, so zum Beispiel auch bei Gregor dem Grossen und Hildegard von Bingen (Abb. 75, 78).[209]

In ähnlichem Sinne sind die Profildarstellung und die verdrehte Körperhaltung des Schreibers im Metzer Gregorbild, der sich auf ein Bein stützt, zu deuten. Hier wie dort handelt es sich um Autoren, die durch eine *revelatio* beim Schreiben unterbrochen werden. Ihr Balancieren auf einem Fuss entspricht ihrer schwebenden Situation zwischen zwei Welten, der irdischen und der himmlischen, die auf dem Gregorbild durch das *velum* voneinander geschieden sind, auf dem Paulusbild durch die Inschriften.

Zwei weitere Bildbeispiele, die meine Interpretation dieser Körperhaltung bestätigen, sollen hier angeführt werden: Der Evangelist Markus im Rossano-Evangelium stützt sich beim Schreiben auf einen Fuss, der andere ist unsichtbar. Dies drückt seine Kommunikation mit der aufrecht vor ihm stehenden göttlichen Weisheit aus, die ihn beim Schreiben inspiriert (Abb. 44a).[210] Ein weiterer einbeiniger Visionär findet sich in einem Lektionar aus Cîteaux (um 1120–1150, Abb. 54)[211], das ein Bild von Jesse mit der Mutter Gottes umgeben von vier alttestamentlichen Theophanien enthält: Daniel in der Löwengrube, die drei Männer im Feuerofen, Gideon mit dem Fliess und Moses vor dem brennenden Dornbusch. Moses zieht eben seinen rechten Schuh aus, was sehr häufig dargestellt wird[212], doch auffällig ist hier, dass er sich dazu nicht bückt, sondern aufrecht auf dem linken Bein steht. Den Blick zu Gott erhoben, der aus dem brennenden Busch zu ihm spricht, hält er den rechten Fuss mit der rechten Hand fest, so dass sein Schenkel waagerecht vom Körper absteht. Moses' Körperhaltung ist hier nicht allein durch das Ausziehen der Schuhe motiviert, sondern drückt auch seine Kommunikation mit Gott aus. Ein weiterer Visionär mit nur einem Fuss findet sich auf einem Oxforder Frontispiz der *Consolatio Philosophiae.* Es zeigt Boethius, der sich von den musizierenden Musen ab- und der

[208] Apg 9. Kessler: Bibles, Abb. 173, 174.

[209] Vgl. unten S. 178f.

[210] Vgl. oben S. 110.

[211] Dijon, Bibliothèque Municipale, Cod. 641, fol. 40v. François Boespflug: Un étrange spectacle. Le Buisson ardent comme théophanie dans l'art occidental. Revue de l'art 97 (1992), S. 11–31, hier Abb. 18. Cahn: Manuscripts, Kat. 61, Abb. 147.

[212] Vgl. die Abbildungen bei Boespflug: Spectacle.

Philosophie zugewendet hat, mit übereinandergeschlagenen Beinen in einer Ädikula sitzen (Abb. 69a). Sein in der Luft hängender, nackter linker Fuss – der einzige, der auf dem ganzen Bild sichtbar ist – entspricht seinem visionären Zustand.

Bei der Interpretation der Augenzeugen in der Hildegard-Ikonographie wurde darauf hingewiesen, dass die Topoi des Hinkens oder der Einbeinigkeit häufig mit Einäugigkeit kombiniert werden.[213] Als mögliche literarische Quelle sei auf die Definition des vernünftigen Menschen in der *Consolatio Philosophiae* des Boethius verwiesen. Im fünften Buch behandelt die Philosophie das Verhältnis der menschlichen Vernunft zur göttlichen Wahrheit und diskutiert die Prophetie (*providentia*). Als Beispiel dafür, wie die Vernunft Allgemeingültiges definiert, führt die Philosophie folgendes an: «Der Mensch ist ein zweifüssiges vernünftiges Lebewesen.»[214] Dieser erkenntnistheoretischen Abhandlung folgt kurz danach ein Lied, in dem die Philosophie gegen die stoische Auffassung vom bewegungslosen Geist polemisiert und die wechselseitige Bewegung von Geist und Körper besingt. Die Definition des Menschen als zweibeiniges vernünftiges Wesen erscheint also innerhalb eines Textes, der die Grenzen der Vernunft diskutiert. Die enge Verbindung von Erkenntnistheorie und Physiologie, die Boethius in diesem Zusammenhang erörtert, ist für die bildende Kunst des Mittelalters, die geistige Zustände in erster Linie in Körperhaltungen und Gesten ausdrückt, von Interesse. Ein Mensch, der auf einem Bein steht oder von dem nur ein Bein oder Fuss sichtbar ist, kann nach Boethius' Physiologie als irrationales Lebewesen interpretiert werden, das die Grenzen der Vernunft überschritten hat und die göttliche Wahrheit betrachtet.

Der Vergleich des Augenzeugen im Metzer Sakramentar mit Paulus und anderen einbeinigen Visionären hat gezeigt, dass Gregors Zeuge als Autor charakterisiert ist. Dies hat eine Parallele in der Hagiographie: In der Vita des Johannes Diaconus wird der Augenzeuge Petrus als Koautor der Dialoge Gregors vorgestellt. Von einem zweiten Schreiber ist in der Gregor-Hagiographie indessen nirgends die Rede, erwähnt wird nur ein einziger Augenzeuge. Die dreifigurige Bildkomposition des Metzer Sakramentars stammt aus dem spätantiken Herrscherbild, wie es das Diptychon des Rufius Probianus belegt, auf dem zwei notierende Schreiber links und rechts des Souveräns stehen (Abb. 45).[215] Der Künstler des Metzer

[213] Vgl. oben S. 120.

[214] Boethius: Consolatio Philosophiae, lib. V, 4. prosa, Z. 108f.: «Homo est animal bipes rationale.» Boethius: Trost der Philosophie [Consolatio philosophiae]. Lat./Dt., hg. und übers. von Ernst Gegenschatz und Olof Gigon, München 1990, hier S. 252f.

[215] Croquison: Origines, S. 257. Dass es sich bei der Figur des zweiten Schreibers um den Hagiographen Johannes Diaconus handeln könnte, wie Croquison, S. 256f., aufgrund einer Stelle aus dem Widmungsgedicht an Papst Johannes VIII. vorschlägt, wo der Hagiograph bittet, zu Gregors Füssen liegen zu dürfen, erscheint mir abwegig: erstens liegt dieser Schreiber nicht, sondern sitzt, zweitens schreibt er nach Diktat, was nicht der Arbeit eines Hagiographen entspricht.

Gregorbilds machte aus den antiken *notarii* nimbierte Autoren, in denen *visio* und *auditio* als zwei sich gegenseitig ergänzende göttliche Offenbarungen erscheinen.

Das Trierer Registrum Gregorii

Das in der Trierer Stadtbibliothek aufbewahrte Fragment eines *Registrum Gregorii*, der Briefe Gregors des Grossen, besteht aus dem bereits erwähnten Einzelblatt mit der Darstellung Papst Gregors und seines Schreibers (Abb. 55) und einem Doppelblatt mit Widmungsvers, *Incipit* und leerer Gegenseite.[216] Dazu gehörte ursprünglich auch das im Musée Condé von Chantilly aufbewahrte Einzelblatt (Ms. 14bis), das einen thronenden Kaiser Otto zeigt, dem die vier Provinzen Germania, Francia, Italia und Alemannia huldigen.[217]

In dem Widmungsgedicht des Erzbischofs Egbert von Trier ist von Kriegswirren die Rede, die Nitschke auf die Kämpfe zwischen Otto III. und Heinrich dem Zänker nach dem Tod Ottos II. (983) bezieht. Egbert hatte sich nach Ottos Tod gegen Otto III. auf die Seite Heinrichs des Zänkers gestellt. Um 985 unterwarf sich auf der Frankfurter Synode Heinrich der Regierung Theophanus. Die Widmungsverse müssten folglich vor Heinrichs Anerkennung Ottos III. geschrieben worden sein. Das Kaiserblatt aus Chantilly nimmt jedoch auf den noch lebenden Imperator Bezug, ist also vor dem Tod Ottos II. entstanden. Brigitte Nitschke nimmt an, das *Registrum Gregorii* sei ursprünglich für Otto II. geschrieben worden; der plötzliche Tod des Kaisers habe zur Folge gehabt, dass Egbert die Handschrift für den Trierer Dom abändern liess, sie mit einer neuen Widmung versah und das Bild Ottos aus dem Kodex entfernte.[218] Dagegen hält Carl Nordenfalk das Herrscherbild für ein postumes Bildnis Ottos II.[219]

Wie das Metzer Sakramentarfragment wurde das Trierer Registrum also ursprünglich von zwei Herrscherbildern eröffnet. Beide lassen sich auf spätantike Vorbilder zurückführen. Als Beispiele seien das Elfenbeindiptychon des Rufius Probianus (Abb. 45) für Gregor und dasjenige des Konsuls Clementius zwischen den Personifikationen von Rom und Konstantinopel für Otto angeführt.[220] Die Weihekrone über Gregors Kopf stammt ebenfalls aus der spätantiken Herrscherikonographie: Eine solche hängt zum Beispiel über dem zwischen den Personifikationen von Rom und Konstantinopel thronenden Konsul Magnus auf einer Pariser Elfenbeintafel.[221] Ähnlich wie im Metzer Sakramentar illustriert der ikonographische Zusam-

[216] Trier, Stadtbibliothek, Ms 171/1626. Jahr 1000, Kat. 37, Abb. 110–112.

[217] Brigitte Nitschke: Die Handschriftengruppe um den Meister des Registrum Gregorii, Recklinghausen 1966. Carl Nordenfalk: Archbishop Egbert's «Registrum Gregorii». In: Studien zur mittelalterlichen Kunst 800–1200. Festschrift für Florentine Mütherich zum 70. Geburtstag, hg. von Katharina Bierbrauer, Peter K. Klein und Willibald Sauerländer, München 1985, S. 87–100.

[218] Nitschke: Handschriftengruppe, S. 31.

[219] Nordenfalk: Archbishop, S. 87ff.

[220] Dioscurides, Kommentarband, Abb. 45.

[221] Dioscurides, Kommentarband, Abb. 47.

menhang des Trierer Gregorbilds die fundamentale Bedeutung des Taubenwunders für den Herrschaftsanspruch des Papsttums.

Gregor thront auf einem mit Löwenköpfen geschmückten Stuhl, auch die Rückenlehne von Ottos Thron ist mit Löwenköpfen verziert. Bereits Schramm wies auf die *imitatio imperii* der ottonischen Bischöfe hin, die ihre Sitze den weltlichen Herrscherstühlen nachahmten.[222] Beide Herrscher sitzen unter einer von Säulen gestützten Arkade: Otto unter einem an ein Ziborium erinnernden Baldachin, Gregor unter einer an ein Kirchenschiff erinnernden Architekturkulisse. Beide thronen vor einem Vorhang: Im Bild Ottos liegt ein Vorhang über der Rückenlehne des Throns, und Gregor sitzt vor einem Vorhang, der um die Säulen hinter seinem Rücken gespannt ist und ihn von seinem Schreiber trennt. Ein weiterer Vorhang hängt in der Arkade links im Bild über dem Schreiber; er ist in der Mitte zusammengeknotet, und sein Saum verläuft in zackigen Linien, was einen Kontrast bildet zu der ebenmässigen weissen Fläche des Vorhangs, vor dem Gregor sitzt. Die beiden Vorhänge entsprechen den Bewegungen der beiden Figuren des Bilds: Die unruhige Instabilität des Schreibers kontrastiert mit dem bewegungslos aufrecht thronenden Gregor.

Der zusammengeknotete Vorhang ist ein Motiv, das öfters bei Theophanien vorkommt.[223] Als Beispiel sei ein Einzelblatt aus der Handschriftengruppe um dem Meister des *Registrum Gregorii* genannt, das die Verkündigung an Maria zeigt.[224] Maria, die mit dem Engel spricht, steht neben einer Arkade mit einem zusammengeknoteten Vorhang, der Kopf des nimbierten Engels befindet sich unter einer von der Decke hängenden Weihekrone. In beiden Bildern hängt der geknotete Vorhang hinter der Person, die *Augenzeuge* der Theophanie ist, und die Krone über dem Stellvertreter Gottes.

Brigitte Nitschke hat darauf aufmerksam gemacht, dass «Griffel und Schreibtafel (des Schreibers) mit solcher Betonung in die Mitte der Vorhangsfläche gesetzt sind, dass darin geradezu ein programmatischer Zug sichtbar wird. [...] Die Tafel aber wird mit solcher Deutlichkeit dem Betrachter entgegengehalten, dass kein Zweifel darüber bestehen kann, wo die Erklärung für das Verhalten des Schreibers zu finden ist.»[225] Nun kommt gerade die Schreibtafel in der Gregorvita des Paulus Diaconus nicht vor, und innerhalb der Gregor-Ikonographie taucht sie hier zum ersten Mal auf. Auf der viereckigen Tafel ist in mittelalterlicher Kurzschrift ein Vers aus dem *Ecclesiasticus* (14,22) zu lesen: «Beatus vir qui in sapientia sua morabitur.»[226] Wer ist dieser «glückselige Mann, der in seiner Weisheit beharrt»? Zunächst scheint diese

[222] Schramm: Herrschaftszeichen, S. 708ff.
[223] Vgl. Eberlein: Apparitio.
[224] Würzburg, Universitätsbibliothek, M. p. th. q. 4°, fol. 4. Nitschke: Handschriftengruppe, Abb. 43. Jahr 1000, Kat. 42, Abb. 117.
[225] Nitschke: Handschriftengruppe, S. 43.
[226] Nitschke: Handschriftengruppe, S. 36.

Charakterisierung eher zu dem thronenden Gregor zu passen als zu dem unruhig auf einem Bein balancierenden Schreiber, auf den sie von der Forschung bezogen wird.[227] Liest man allerdings die folgenden Verse des *Ecclesiasticus* (14, 22–25), leuchtet die Beziehung zwischen Vers und Schreiber ein:

> Beatus vir qui in sapientia morabitur,
> Et qui in iustitia sua meditabitur,
> Et in sensu cogitabit circumspectionem Dei;
> Qui excogitat vias illius in corde suo,
> Et in absconditis suis intelligens,
> Vadens post illam quasi investigator,
> Et in viis illius consistens;
> Qui respicit per fenestras illius,
> Et in ianuis illius audiens;
> Qui requiescit iuxta domum illius,
> Et in parietibus illius figens palum,
> Statuet casulam suam ad manus illius,
> Et requiescent in casula illius bona per aevum.
> (Glückselig der Mann, der in der Weisheit beharrt,
> und der seine Gerechtigkeit erwägt,
> und in seinem Herzen über Gottes Vorsehung nachsinnt;
> der ihre Wege in seinem Herzen bedenkt,
> ihre Geheimnisse erforscht,
> ihr nachgeht wie ein Späher
> und auf ihren Wegen bleibt;
> der durch ihre Fenster hineinblickt
> und an ihren Türen lauscht;
> der nahe bei ihrem Hause wohnt
> und den Zeltpfahl bei ihren Wänden einschlägt,
> um seine Wohnung an ihrer Seite aufzurichten.
> Auf ewig wird in seinem Hause das Glück wohnen.)

Die Stelle zeigt an, dass die Körperhaltung ebenso wie die räumliche Situation des Schreibers die Vorbildlichkeit seines Verhaltens symbolisieren. Anders als der Augenzeuge im Metzer Sakramentar befindet sich der Trierer Schreiber nicht zu Gregors Füssen, sondern *an seiner Seite*, wie es dem Text des *Ecclesiasticus* entspricht. Die enge Zusammengehörigkeit der beiden wird überdies dadurch ausgedrückt, dass der Vers auf der Tafel des Schreibers «Beatus vir qui in sapientia sua morabitur» für sich allein genommen sowohl auf Gregor als auch auf den *notarius* bezogen werden kann. Im Unterschied zum Metzer Gregor, der die Taube *sieht*, die auf seinen Mund zufliegt, ist der Trierer Gregor als Empfänger des göttlichen *Worts* dargestellt,

[227] Nitschke: Handschriftengruppe, S. 36f. Eberlein: Miniatur, S. 98.

das ihm die Taube ins Ohr sagt. Nicht Gregor ist ein Visionär, denn er *sieht* die Taube nicht, sondern der Schreiber. Die *visio* des Schreibers und die *auditio* des Autors sind hier komplementär. Anders im Metzer Sakramentar, wo Gregor hinter dem Vorhang in einer überirdischen Sphäre thront, über den beiden Schreibern, welchen die *visio* und die *auditio* der göttlichen Inspiration zugeordnet sind. Das Trierer Gregorbild ist dagegen ein innerweltliches Herrscherbild. Gregor thront nicht unter offenem Himmel, sondern in einer Kirche; nur die Taube und der Nimbus symbolisieren den Bezug des Autors zum Jenseits. Diese innerweltliche Darstellung entspricht der Vita des Johannes Diaconus mit ihrem detaillierten Augenzeugenbericht des Taubenwunders.

Während die Komposition im Metzer Gregorbild einmalig geblieben ist, wurde der durch ein Loch im Vorhang spähende Schreiber in der Folgezeit von verschiedenen Künstlern aufgegriffen. Auf den meisten Bildern hält der Schreiber jedoch nur einen Griffel und keine Wachstafel.[228] Ein im 3. Viertel des 12. Jahrhunderts entstandenes Frontispiz der Dialoge Gregors zeigt indessen den nimbierten Autor mit einem offenen Buch in der Hand bei der *auditio* des göttlichen Worts, und neben ihm sitzt der Schreiber, der mit dem Griffel in der rechten Hand ein Loch durch den Vorhang in der Bildmitte gestossen hat und in der linken eine offene Schreibtafel in der Form eines oben abgerundeten Diptychons hält (Abb. 57).[229] Die gleiche Schreibtafel findet sich in einer aus Sankt Michael in Hildesheim stammenden Sammelhandschrift der Werke Gregors aus dem 12. Jahrhundert (Abb. 56).[230] Blatt 1v zeigt den nimbierten thronenden Autor mit der Taube vor dem Mund. Der hinter dem Vorhang stehende Schreiber ist fast gleich gross wie Gregor, wie dieser nimbiert und als Priester gekleidet, trägt allerdings keine Kasel. Die Gleichrangigkeit der beiden Autoren wird hier noch stärker betont als auf dem Trierer Bild. Auf dem offenen Diptychon, das der Schreiber dem Betrachter entgegenhält, stehen die ersten zwei Worte des *Ecclesiasticus* «Omnis sapientia», deren Fortsetzung lautet: «a Domino Deo est. Et cum illo fuit semper, et est ante aevum». (Alle Weisheit kommt von Gott und war immer bei ihm und war vor der Zeit.) Wie auf der Tafel im Trierer Gregorbild ist hier von Weisheit die Rede. Beide Zitate stammen aus dem *Ecclesiasticus*, was dem Betrachter nahelegt, den Schreiber mit dem Autor dieses Buches zu identifizieren und ihn als vorbildlichen Diener der Kirche (= *Ecclesiasticus*) zu interpretieren, eine Auffassung, welche, wie oben gezeigt wurde, der Beschreibung des Augenzeugen in der Gregorvita des Johannes Diaconus entspricht.[231]

[228] Eberlein: Miniatur, Abb. 7–10, 13, 15.
[229] Brüssel, Bibliothèque Royale, Ms 9916–17, fol. 2v. Eberlein, Miniatur, S. 33 und Abb. 11.
[230] Wolfenbüttel, Herzog August Bibliothek, Cod. Guelf. 50.4 Aug. 4°, fol. 1v. Eberlein: Miniatur, Abb. 14.
[231] Vgl. oben S. 126f.

Die Moralia in Iob *aus Saint-Urbain*

Im 12. Jahrhundert werden die Motive der Gregor-Ikonographie zunehmend auf andere göttlich inspirierte Autoren übertragen: Die Taube erscheint nun auch in Evangelistenbildern[232] oder im Autorenbild des Hieronymus[233], und die Schreibtafel wandert von der Nebenperson zur Hauptperson. Auch Gregor selbst wird jetzt mit der Tafel dargestellt, so auf einem Zwiefaltener Frontispiz der Predigten Gregors (Abb. 75) und auf einem Titelbild von Gregors *Moralia in Iob* aus dem Benediktinerkloster Saint-Urbain (Haute-Marre, Abb. 58).[234] Diese beiden Bilder sind in Hinblick auf die Hildegard-Ikonographie besonders aufschlussreich: Der Zwiefaltener Gregor mit Tafel und Griffel in den hoch erhobenen Händen ist dem Salemer Autorinnenbildnis der Hildegard ikonographisch verwandt (Abb. 78)[235], und das Frontispiz der *Moralia* in Paris ist das nächste Vergleichsbeispiel, das ich für das Autorinnenbild am Anfang des Kodexes von Lucca gefunden habe (Abb. 46).

Das Frontispiz der *Moralia* stellt oben links den thronenden Christus in der Mandorla dar, der von einem kleinen Teufel versucht wird, daneben den kranken Hiob mit seiner Frau und drei Versuchern. Die untere Bildhälfte zeigt Gregor und den Schreiber unter zwei durch einen Vorhang getrennten Arkaden sitzend. Es handelt sich um zwei fast identische Autoren gleichen Ranges: Beide sind nimbiert, sitzen auf gleichen Thronen und tragen gleiche Kleidung. Auffällig ist, dass sie trotz ihrer Tonsur nicht als Priester oder Mönche gekleidet sind wie auf allen bisher besprochenen Bildern, sondern Tunika und Toga tragen, das heisst, sie sind antiken Autoren angeglichen. Auf Gregors Schulter sitzt die Taube und spricht ihm ins Ohr. In der leicht erhobenen Rechten hält der Autor eine Blume, in der Linken ein geöffnetes Diptychon auf seinem Knie, auf das er seinen Blick richtet: Er erscheint als Diktierender, nicht als Schreibender. Noch merkwürdiger ist die Darstellung des Schreibers unter der Arkade rechts: Das Radiermesser in seiner Linken berührt die Schreibfläche des Pults, von dem er sich jedoch abgewendet hat, um mit dem Griffel in seiner Rechten ein Loch durch den Vorhang zu bohren, der ihn vom inspirierten Autor trennt, jedoch nicht, wie zu erwarten wäre, in Augenhöhe, sondern ungefähr auf der Höhe seiner Knie. Um durch das Loch überhaupt etwas sehen zu können, müsste er von seinem Thron hinabsteigen und sich auf den Boden kauern. Ebenso merkwürdig ist die Tatsache, dass der Schreiber ganz offensichtlich einen Griffel hält statt eine Feder oder ein Schreibrohr, das heisst ein Schreibutensil, das er für seine Arbeit gar nicht gebrauchen kann und das man eher in Gregors Hand erwarten würde, der mit einem Wachstafeldiptychon ausgestattet ist. Diese scheinbar inkohärente Darstellung des Schreibers deutet darauf hin, dass sein Handeln hier anders gewertet wird

[232] Vgl. z.B. den Evangelisten Johannes: Boulogne, Bibliothèque municipale, 11, fol. 107. Temple: Manuscripts, Kat. 44, Abb. 145. Und die Evangelisten Markus und Johannes: Avesnes, Musée de la Société Archéologique. Cahn: Manuscripts, Kat. 106, Abb. 255, 256.

[233] Cambridge, Corpus Christi College, 389, fol. 1v. Temple: Manuscripts, Kat. 36, Abb. 316.

[234] Paris, Bibliothèque Nationale, Ms lat. 15307, fol. 1v. Cahn: Manuscripts, Kat. 68, Abb. 156.

[235] Zur Analyse dieses Frontispizes, vgl. unten S. 178ff.

als auf den bisher besprochenen Bildern oder in den Gregorviten. Die beiden Szenen im oberen Teil des Frontispizes, welche den thronenden Christus mit Satan und Hiob mit seinen Versuchern zeigen, suggerieren, dass die Handlung des Schreibers hier als Versuchung zu werten ist, als unerlaubte Grenzüberschreitung.

Das Bild ist im Zusammenhang mit der Hildegard-Ikonographie besonders interessant, weil es Gregor mit der Wachstafel *und* dem Schreiber zeigt. Wir haben hier dieselbe Situation wie auf den Autorinnenbildern der Hildegard, als deren nächstes ikonographisches Vorbild es bezeichnet werden kann: Wie in den Kodizes von Lucca und Salem befinden sich der Autor und der von der göttlichen Vision ausgeschlossene Schreiber in getrennten Arkaden (Abb. 46, 78). Hier wie dort werden die relativ kleinen Autorenbilder den Visionsbildern, welche den grössten Teil der Frontispize einnehmen, untergeordnet und befinden sich am unteren Rand der Seite. Der Vergleich mit der Hildegard-Ikonographie verdeutlicht, wie Gregors Schreiber sich korrekt verhalten müsste: Über das Schreibpult gebeugt und den Blick auf seine Arbeit gerichtet sitzt Volmar in der von der göttlich inspirierten Autorin abgetrennten Ädikula.

Exkurs II: Die Wachstafel im Autorenbild

Mary und Richard Rouse haben darauf hingewiesen, dass Darstellungen von Autoren mit Wachstafeln im hohen Mittelalter häufig sind.[236] Aber obwohl solche Autorenbilder vom 11. Jahrhundert an tatsächlich häufiger werden, ist diese Feststellung zu ergänzen: im Vergleich zum Buch oder Pergamentbogen erscheint die Wachstafel in den Autorenporträts eher selten. Seit Wilhelm Wattenbachs grundlegender Studie über das mittelalterliche Schriftwesen[237] ist der Gebrauch von Wachstafeln in Schule und Literaturbetrieb von der mediävistischen Forschung eingehend untersucht worden. Archäologische Funde bezeugen ausserdem die Verwendung von Wachstafeln in der Liturgie, in Handel und Verwaltung sowie für private Aufzeichnungen und haben die literarischen Zeugnisse und bildlichen Darstellungen von Schreibtafeln ergänzt, so dass wir uns ein umfassendes Bild machen können von der fundamentalen Wichtigkeit dieses Schreibutensils in der mittelalterlichen Gesellschaft.[238]

Dem Symbolcharakter der Wachstafel dagegen wurde bisher keine Untersuchung gewidmet, und eine ikonographische Studie zum Thema wurde nicht unternommen. Die Frage, warum ein Autor mit einer Wachstafel gezeigt wird statt – wie es in der grossen Mehrheit der mittelalterlichen Autorenporträts der Fall ist – mit einem Buch oder Pergament, wurde in der Regel mit dem Hinweis beantwortet, es handle sich um eine Illustration der zeitgenössischen Praxis literarischer Komposition. Aber wenn dem tatsächlich so wäre, würde sich die Frage stellen, warum die Wachstafel denn *so selten* in den Autorenporträts vorkommt.

Eine realistische Schilderung der Herstellung literarischer Werke wird in den mittelalterlichen Autorenbildern ebensowenig angestrebt wie in den Schreiber(innen)-

[236] Richard H. Rouse / Mary A. Rouse: Wax tablets. Language and communication 9 (1989), S. 175–191, hier S. 179f.

[237] Wattenbach: Schriftwesen, Kapitel Wachstafeln, S. 51–89.

[238] Von der umfangreichen Forschungsliteratur seien hier nur die wichtigsten, neusten Veröffentlichungen erwähnt. Les tablettes à écrire de l'antiquité à l'époque moderne. Actes du colloque international du Centre national de recherche scientifique, Paris, Institut de France, 10–11 octobre 1990, hg. von Elisabeth Lalou, Turnhout 1992. Antjekathrai Grassmann: Das Wachstafel-Notizbuch des mittelalterlichen Menschen. In: Zur Lebensweise in der Stadt um 1200 – Ergebnisse der Mittelalter-Archäologie. Bericht über ein Kolloquium in Köln vom 31. Januar bis 2. Februar 1984, hg. von Heiko Steuer, Köln 1986, S. 223–235. Michelle P. Brown: The role of the wax tablet in medieval literacy. A reconsideration in light of a recent find from York. British Library Journal 20 (1994), S. 1–16. Umfangreiches Bildmaterial zur Wachstafel von der Antike bis in die Neuzeit findet sich bei Reinhard Büll: Vom Wachs. Hoechster Beiträge zur Kenntnis der Wachse, Bd. 1/9, Frankfurt a.M. 1986.

bildnissen. An einem berühmten Beispiel soll die Symbolik des Schreibens nochmals kurz dargelegt werden: Das Bildnis des Eadwine (Canterbury um 1150), das einzige ganzseitige Porträt eines mittelalterlichen Schreibers, das mir bekannt ist, zeigt diesen am Schluss seines Psalters mit Feder und Radiermesser ausgestattet über sein Schreibpult gebeugt (Abb. 59).[239] Eadwine schreibt in ein *fertiges Buch*, was nicht seiner realen Arbeitsweise entsprechen kann, sondern wohl die Bedeutung seiner Leistung erhöhen soll, denn die Darstellung eines Buches anstelle eines Pergamentblatts ist eine Übernahme aus den Autorenbildern schreibender Evangelisten oder Kirchenväter. Das Bildnis Eadwines mit einem fertigen Buch suggeriert, dass seine Schreibarbeit eine Tätigkeit ist, die erst *nach* der Buchherstellung einsetzt, dagegen wird in den Autorenbildern mit Wachstafeln das Verfassen eines Werks *vor* der Buchherstellung gezeigt.

Nach Mary und Richard Rouse sind Wachstafeln in Autorenbildern "an iconographic symbol that identifies the act of composition". Durch dieses Attribut werde der Dargestellte als Autor gekennzeichnet.[240] Allerdings gilt diese Beschreibung gerade für die Abbildung 2 im Artikel der Rouse nicht. Es handelt sich um das Frontispiz einer Sammelhandschrift der Schriften Bernhards von Clairvaux, die von Wilhelm von Tournai kompiliert wurde. Das Frontispiz (um 1300) zeigt Wilhelm von Tournai in Mönchstracht aufrecht auf seinem Bett sitzend (Abb. 60).[241] Seine Beine sind mit einer Decke zugedeckt, und seine Stiefel befinden sich auf einer Bank vor dem Bett. Vor ihm liegen sechs aufgeschlagene Bücher. In den Händen hält er ein dickes Wachstafelbuch und einen Griffel. Wilhelm wird hier nicht beim Komponieren, sondern beim Exzerpieren oder Kompilieren von Büchern gezeigt, deren Autor, Bernhard von Clairvaux, nicht dargestellt ist.

Die Ausstattung Wilhelms mit einem Wachstafelbuch anstelle von Pergament und Feder lässt sich in diesem Zusammenhang wohl dadurch erklären, dass Wilhelm offensichtlich nicht in der Lage ist, sein Bett zu verlassen, und trotz seiner körperlichen Schwäche arbeitet. Dass Schreiben als körperliche Schwerarbeit galt, bezeugen zahlreiche Gedichte und Unterschriften von Schreibern.[242] Ein Beispiel, das geradezu als ein Topos der Schreiberkolophone gelten kann, möge dies illustrieren:

> Scribere qui nescit, nullum putat esse laborem:
> Tres digiti scribunt et totus corpus laborat.[243]
> (Wer nicht schreiben kann, glaubt, das sei keine Arbeit:
> Drei Finger schreiben, und der ganze Körper arbeitet.)

[239] Canterbury Psalter. Cambridge, Trinity College Library, Ms R. 17.1, fol. 283v.
[240] Rouse / Rouse: Wax tablets, S. 179.
[241] Rouse / Rouse: Wax tablets, S. 181. Paris, Bibliothèque Mazarine, MS 753.
[242] Wattenbach: Schriftwesen, S. 278ff.
[243] Wattenbach: Schriftwesen, S. 284.

Gerade dies tut Wilhelm nicht! Eine verbreitete Metapher für die Schreibarbeit der Kopisten war der Vergleich mit der bäuerlichen Schwerarbeit des Pflügens (*arare* oder *exarare*), auf dessen antike Herkunft Ernst Robert Curtius verwies und wofür er eine Reihe mittelalterlicher Beispiele zitierte, darunter Isidor von Sevilla und Hrabanus Maurus.[244] Die Metaphorik des Schreibens als Pflügen bleibt durch das ganze Mittelalter hindurch erhalten. Im *Ackermann aus Böhmen* lautet der erste Satz des dritten Kapitels: «Ich bins genannt ein ackermann, von vogelwat ist mein pflug.» Die *vogelwat* (das Vogelkleid) ist ein Bild für die Schreibfeder, die mit einem Pflug verglichen wird.[245]

Einen weiteren Hinweis dafür, dass Wilhelm von Tournai nicht als Autor dargestellt ist, liefert die Form seines Wachstafelnotizbuchs. Die zeitgenössischen Autorenbildnisse zeigen in der Regel nicht solche Tafeln, sondern ein oben abgerundetes Diptychon, wie wir es bei Baudonivia, Hildegard von Bingen, Gregor dem Grossen und der Sibylle finden (Abb. 38, 40, 46, 75, 78, 97, 98, 104). Dass Wilhelm kein Autor ist, geht weiter daraus hervor, dass er auf seinem Bett sitzt statt auf einer *cathedra* oder einem Thron. Zwar gibt es einige Bildnisse, die einen Autor auf einem Bett liegend darstellen – so zum Beispiel Boethius am Anfang der *Consolatio Philosophiae* (Abb. 66) – doch, wie ich weiter unten darlegen werde, stellen diese Bildnisse Boethius nicht *während*, sondern *vor* dem Verfassen der *Consolatio* dar.[246] Im strengen Sinne handelt es sich also ebensowenig um Autorenbilder wie beim Bildnis des Wilhelm von Tournai.

Weltliche Autoren

Kaiser Gratian

Ein weiteres Bildnis mit einer Wachstafel zeigt den römischen Kaiser Gratian in einer nordfranzösischen Handschrift eines Werkes, das Ambrosius von Mailand ihm gewidmet hat: *De fide ad Gratianum*.[247] Die Handschrift, die etwa zur gleichen Zeit wie die Radegunde-Viten aus Poitiers entstanden ist (Ende 11. Jahrhundert), wird mit einem Brief des Kaisers an Ambrosius eröffnet[248], auf der folgenden Seite steht die Widmung des Ambrosius an Gratian.[249] Beide Briefe werden durch eine riesige

[244] Curtius: Literatur, S. 317f. Vgl. auch Richard A. Rouse / Mary A. Rouse: The vocabulary of wax tablets. In: Vocabulaire du livre et de l'écriture au moyen âge. Actes de la table ronde, Paris, 24–26 septembre 1987 (CIVICIMA, Etudes sur le vocabulaire intellectuel du moyen âge II), hg. von Olga Weijers, Turnhout 1989, S. 220–230. Eine überarbeitete Version mit demselben Titel findet sich in: Harvard Library Bulletin NS 1 (1990), S. 12–19.

[245] Curtius: Literatur, S. 318.

[246] Vgl. unten S. 161.

[247] Alençon, Bibliothèque municipale, ms 11.

[248] Er wurde von Migne veröffentlicht. PL 16, S. 913f.

[249] Ambrosius von Mailand: De fide ad Gratianum Augustum. Sancti Ambrosii Opera, Pars VIII (Corpus Scriptorum Ecclesiasticorum Latinorum 78), hg. von Otto Faller, Wien 1962, S. 3ff.

illustrierte Initiale eingeleitet, welche die halbe Seite ausfüllt (Abb. 61).[250] Auf der einen ist Gratian, auf der anderen die Königin von Saba mit Salomon abgebildet. Der Autor des Werks, Ambrosius, ist nicht dargestellt.

Gratian thront in der A-Initiale seines Briefs, die Krone auf dem Haupt und ein offenes Diptychon waagerecht in der linken Hand, auf das er mit einem langen Griffel schreibt. Er ist ähnlich gekleidet wie Baudonivia. Über einem bis zu den Füssen reichenden langen Gewand trägt er ein kürzeres, mit Borten verziertes und darüber einen Mantel, der an der Schulter durch eine Fibel zusammengehalten wird. Anstelle dieses Mantels trägt Baudonivia den Schleier. Gratian sitzt auf einem mit Löwenköpfen geschmückten Stuhl. Über seinem Kopf umarmen sich zwei nimbierte Gestalten, deren Büsten die Spitze der A-Initiale bilden und die wahrscheinlich das Verhältnis zwischen Kirche und Staat symbolisieren, wie die folgende Analyse zeigen wird.

Gratians Brief enthält eine Einladung an Ambrosius, ihn die christliche Religion zu lehren:

> Festina igitur ad me, religiose Dei sacerdos, ut doceas doctrinam vere credentem: non quod contentioni studeam, aut velim magis Deum verbis quam mente complecti; sed ut magis aperto pectori revelatio divinitatis insidat.
> (Eile also zu mir, heiliger Priester Gottes, um die Lehre dem wirklich Gläubigen beizubringen, nicht weil ich nach einem Streitgespräch trachte oder Gott mehr durch Worte als im Geist erfassen möchte, sondern damit die Offenbarung der Gottheit um so mehr in [mein] offenes Herz dringt.)

Der Kaiser tritt hier nicht als Autorität auf, sondern als Schüler des Ambrosius. Sein Bekenntnis zum christlichen Glauben und seine *humilitas* gehen Hand in Hand:

> Docebit enim me ille, quem non nego, quem fateor Deum ac Dominum esse meum [...] Ego infirmus et fragilis, quantum possum, praedico: non quantum est ipsa divinitas.[251]
> (Lehren nämlich wird mich jener Gott, den ich nicht leugne, den ich als meinen Gott und Herrn anerkenne [...] Ich schwacher und gebrechlicher Mensch preise Gott, so viel ich kann, aber nicht soviel, wie die Gottheit selbst ist.)

Der Brief endet mit der Bitte um die versprochene Schrift *De fide*.

Meines Wissens lässt sich Gratians Darstellung mit der Wachstafel weder von spätantiken noch von karolingischen Herrscherbildern herleiten. Wie ein schreibender Souverän in der Spätantike dargestellt wurde, zeigt das bereits mehrmals angeführte Elfenbeindiptychon des Rufius Probianus (um 400, Abb. 45), auf dem der frontal thronende *vicarius urbis Romae* zweimal erscheint: Auf dem rechten Flügel hält er die rechte Hand leicht erhoben vor der Brust, was anzeigt, dass er beim

[250] Pierre Courcelle: Recherches sur Saint Ambroise. «Vies» anciennes, culture, iconographie, Paris 1973, S. 183f. Abb. XXXIII, XXXIV.
[251] PL 16, S. 913A–914A.

Diktieren ist. In der Linken hält er eine Buchrolle auf dem Knie. Links und rechts neben ihm stehen zwei Schreiber mit Wachstafelbüchern. Dieselben Schreiber sind auch auf dem linken Flügel des Diptychons zu sehen. Hier schreibt Probianus auf eine Diplomrolle.[252] Auf die Übernahme dieser Darstellungen in mittelalterliche Autorenbilder ist von der kunsthistorischen Forschung immer wieder hingewiesen worden. In karolingischer Zeit ist die Wachstafel das Attribut schreibender *notarii* geblieben. Dies belegen die Bilder des musizierenden Königs David, auf denen die Nebenfiguren die Musik des Herrschers notieren (Abb. 4).[253] Dagegen habe ich einen König, der auf eine Wachstafel schreibt, nicht gefunden.

Die Ausstattung Gratians mit einer Schreibtafel hängt einerseits wohl damit zusammen, dass er nicht der Autor des Buches ist, an dessen Anfang er dargestellt wird, und andererseits damit, dass er kein offizielles Dokument verfasst, was wohl, wie bei Probianus, durch das Schreiben auf eine Diplomrolle gezeigt worden wäre, sondern einen persönlichen Brief an Ambrosius schreibt. Auf die Verwendung von Wachstafeln für Briefe hat bereits Wattenbach hingewiesen.[254] Auch mit der literarischen *persona* des Gratian könnte die Darstellung der Wachstafel zusammenhängen, denn dieser tritt in seinem Brief nicht als Kaiser des römischen Reiches auf, sondern als gläubiger Christ und sterblicher Mensch (*ego infirmus et fragilis*). Wie Ernst Kantorowicz in seinem grundlegenden Buch über die mittelalterliche politische Theologie *The King's two bodies* aufgezeigt hat, geht die Unterscheidung der zwei Personen (oder der zwei Körper) des Königs, nämlich der politischen, unsterblichen und der privaten, sterblichen Person, auf die Antike zurück.[255] In unserem Autorenbildnis sind beide Personen des Gratian dargestellt: die Herrschaftssymbole Krone und Löwenthron repräsentieren seine politische Person, die Wachstafel seine religiöse und private. Ähnlich wie Baudonivia (Abb. 38) wird Gratian durch die Schreibtafel von kirchlichen Autoritäten unterschieden, die in ein Buch oder auf Pergament schreiben. Die Ikonographie des Gratian beim Verfassen eines Briefs an Ambrosius von Mailand passt somit zu Ambrosius' Definition der Stellung des christlichen Kaisers zur Kirche: «Der Kaiser ist in der Kirche aber nicht über der Kirche.»[256]

[252] Bruce M. Metzger: When did scribes begin to use writing desks? In: ders.: Historical and literary Studies. Pagan, Jewish and Christian, Leiden 1968, S. 122–137, Tafel III.

[253] Hugo Steger: David rex et propheta. König David als vorbildliche Verkörperung des Herrschers und Dichters im Mittelalter, nach Bilddarstellungen des achten bis zwölften Jahrhunderts (Erlanger Beiträge zur Sprach- und Kunstwissenschaft 6), Nürnberg 1961. Tilman Seebass: Musikdarstellungen und Psalterillustration im frühen Mittelalter. Studien ausgehend von einer Ikonologie der Handschrift Paris Bibliothèque Nationale Fonds Latin 1118, 2 Bde., Bern 1973.

[254] Wattenbach: Schriftwesen, S. 52f. Als Beispiel für einen Briefwechsel auf Wachstafeln sei der bereits erwähnte zwischen Venantius Fortunatus und der heiligen Radegunde genannt, vgl. oben S. 67 und 85.

[255] Kantorowicz: Corps, S. 360ff.

[256] Ambrosius von Mailand: Sermo contra Auxentium, 36. Lexikon für Theologie und Kirche, begr. von Michael Buchberger, 2., völlig neu bearb. Aufl., hg. von Josef Höfer und Karl Rahner, 11 Bde., Freiburg i. Br. 1957–1967 (im folgenden LThK), Bd. 1, 1957, 427ff.: «Ambrosius von Mailand».

Das Verhältnis von Kirche und Staat wird auch in der zweiten Illustration der Ambrosius-Handschrift thematisiert. Auf der folgenden Seite leitet eine riesige R-Initiale den Brief des Ambrosius ein, die den König Salomon und die Königin von Saba umgeben von vier Männern zeigt. Zwei von ihnen tragen Gefässe in den erhobenen Händen, die Geschenke, die die Königin Salomon darbringt. Die Königin von Saba und Salomon halten beide ein Szepter in der Hand. In der erhobenen Linken hält sie ausserdem einen Kelch, den sie ihm präsentiert. Hinter ihr befindet sich ein grüner Drache, dessen überlanges Hinterteil den Schrägbalken der R-Initiale bildet. Das Schwanzende dieses Ungeheuers endet in dem grotesk gekrümmten Körper eines Mannes, der seinen Kopf in der Hand hält. Dieses Monster weist auf die unheimliche und exotische Seite der Königin von Saba hin; sie ist eine Königin der Heiden. Dass die Figuren in der R-Initiale das Verhältnis zwischen Kirche und Königtum illustrieren, geht aus dem Text des Ambrosius hervor, der folgendermassen beginnt:

> Regina Austri venit audire sapientiam Solomonis, ut in libro Regum legimus. Hiram quoque rex ad Solomonem misit, ut cognosceret eum. Tu quoque, sancte imperator Gratiane, veteris imitator historiae, fidem meam audire voluisti. Sed non ego Solomon, cuius mireris sapientiam; neque tu unius gentis, sed totius orbis Augustus fidem libello exprimi censuisti, non ut disceres, sed ut probares.[257]
> (Die Königin des Südens kommt, um die Weisheit Salomons zu hören, wie wir im Buch der Könige lesen. Auch der König Hiram sandte nach Salomon, um ihn kennenzulernen. Auch du, heiliger Imperator Gratian, ein Nachahmer der alten Geschichte, hast meinen Glauben hören wollen. Aber ich bin nicht Salomon, dessen Weisheit du bewunderst, wie auch du nicht Herrscher eines Volks, sondern der ganzen Welt bist, der es für gut gehalten hat, dass der Glaube in einem Buch dargelegt werde, nicht um ihn zu lernen, sondern um ihn zu bestätigen.)

Das Herrscherpaar präfiguriert das Verhältnis zwischen Gratian und Ambrosius: Salomon weist auf die Stellung des Bischofs von Mailand hin und die ihm huldigende Königin von Saba auf Gratian, der in der A-Initiale seines Briefes als *rex christianus* mit einer Wachstafel erscheint, das heisst mit einer Schreibunterlage, die seiner weiblich konnotierten Position gegenüber der Kirche und Ambrosius entspricht.

Karl der Grosse

Für das Autorenbild des Gratian mit der Wachstafel habe ich kein ikonographisches Vorbild ausfindig machen können, wohl aber ein literarisches: Ein Kaiser, der seine persönlichen Schreibübungen auf einer Wachstafel macht, ist in der Vita Karls des Grossen von Einhard überliefert, der folgendes berichtet:

[257] Ambrosius: De fide, Faller, S. 3f.

Temptabat et scribere; tabulasque et codicellos ad hoc in lecto sub cervicalibus circumferre solebat, ut cum vacuum tempus esset, manum litteris effigiendis adsuesceret. Sed parum successit labor praeposterus ac sero inchoatus.[258]
(Auch zu schreiben versuchte er und pflegte deswegen Wachstafeln und Notizbücher im Bett unter dem Kopfkissen mit sich herumzuführen, um in müssigen Stunden seine Hand an die Gestaltung von Buchstaben zu gewöhnen. Indes brachte er es hierin mit seinen Bemühungen nicht weit, da er es zu spät angefangen hatte.)[259]

Ausser der Stümperhaftigkeit der Schreibversuche Karls fällt an dieser Mitteilung vor allem der seltsame Aufbewahrungsort seiner Schreibutensilien unter dem Kopfkissen auf, der nahelegt, dass Karl auf dem Bett sitzend oder liegend geschrieben hat. Einem solchen Autor sind wir bereits begegnet: Das Bildnis Wilhelms von Tournai zeigt diesen auf seinem Bett sitzend beim Exzerpieren der Werke Bernhards von Clairvaux in sein Wachstafelnotizbuch. Hier wie dort suggeriert die Darstellung, dass der Schreibende sich in einer Position der Schwäche befindet. Karl ist ein Stümper und Wilhelm kein inspirierter Autor, sondern nur der Kompilator Bernhards von Clairvaux.

Einhards Mitteilung über die Schreibversuche Karls des Grossen wird in der um 870 entstandenen *Visio Caroli Magni* eines anonymen Mainzer Klerikers etwas abgewandelt. Hier beschränkt sich die literarische Tätigkeit des Kaisers nicht auf klägliche Schreibversuche, Karl der Grosse schreibt vielmehr seine Träume auf:

Karolus, imperator quondam Francorum diversarumque gentium, ubicumque noctu manebat, sive domi sive in expeditione, lucernas et tabulas sibi contiguas habere solitus erat; et quicquid vidit in somnis memoria dignum, litteris tradere curavit, ne a memoria labi potuisset.[260]
(Karl, einst Kaiser der Franken und verschiedener anderer Völker, hatte die Gewohnheit, Lampen und Wachstafeln bei sich zu haben, wo immer er die Nacht verbrachte, sei es zu Hause oder auf einem Feldzug; und was immer er sah in seinen Träumen, was der Erinnerung wert war, bemühte er sich aufzuschreiben, damit er es nicht vergass.)

Wie Gratian schreibt Karl hier nicht als offizielle, sondern als private Person, laut Einhard schreibt er «in müssigen Stunden», nach der *Visio* nachts. Obwohl die

[258] Einhard: Vita Karoli Magni, 25, hg. von Oswald Holder-Egger (Scriptores rerum Germanicarum in usum scholarum ex Monumentis Germaniae historicis separatim editi), Hannover 1965 (Reprint der Ausgabe Leipzig 1911), S. 30. Paul Edward Dutton: The politics of dreaming in the carolingian empire, Lincoln, London 1994, S. 200.
[259] Vgl. Einhard / Notker der Stammler: Leben und Taten Karls des Grossen, ins Deutsche übers. von Otto Abel und Wilhelm Wattenbach, München ^{2}1968 (1965), S. 28.
[260] Visio Caroli Magni, hg. von Philipp Jaffé (Bibliotheca rerum Germanicarum 4), Berlin 1868, S. 701–704, hier S. 701. Dutton: Politics, S. 200.

Träume Karls des Grossen ein beliebtes Thema der mittelalterlichen Kunst sind[261], ist mir kein Bild bekannt, das den Kaiser bei der Niederschrift seiner Träume zeigt. Die Vorstellung eines nachts auf seinem Bett sitzenden, auf Wachstafeln schreibenden Kaisers, welche die beiden geistlichen Autoren evozieren, diente keinesfalls dazu, ihn lächerlich zu machen, wie Paul Dutton in seiner aufschlussreichen Studie über die politische Funktion der Träume in der Karolingerzeit aufzeigte. Es handelt sich vielmehr um eine literarische Inszenierung, welche die Authentizität und damit die Glaubwürdigkeit der *Visio Caroli* beim gelehrten Leser erhöhen sollte.[262] Wie Dutton nachwies, übten die Autoren, welche die Träume der karolingischen Herrscher wiedergaben, dadurch politische Kritik an ihrer Gegenwart:

> Though they may not have entered into or have changed historical actions very often, these dream texts followed the shifting flash points of political anxiety. If we probe their politics, we find a tone of urgent alarm, for to compose an oneiric fiction was not an idle activity: it was the imperative stratagem of the committed.[263]

Dutton interpretiert die karolingischen Traumvisionen als Fürstenerziehungsschriften und beschreibt die Intention ihrer Autoren folgendermassen:

> In writing down dreams, these thinkers refused to resign themselves to defeat. Rather, they wanted to move their kings and so their world back onto the path that would lead to God's merciful favor. Einhard and Audradus may have complained that their kings had ignored their warnings, and the very composition and circulation of dream texts may have been the strategy of those desperate to convince the obdurate, but they nevertheless wrote because they must have thought that they and their dreams might make a difference. Einhard and the others showed, indeed, an encouraging degree of confidence in their royal society and its chances for improvement.[264]

Grimbald und die Träume Heinrichs I.

Vergleichbare politische Intentionen wie die karolingischen Verfasser königlicher Träume hatten im 12. Jahrhundert die Autoren der Worcester Chronik (1130–1140), welche die Träume König Heinrichs I. aufschrieben und illustrierten. Die von den beiden Mönchen Florentius und Johannes geschriebene Chronik ist eines der Hauptwerke der englischen Geschichtsschreibung des 12. Jahrhunderts; sie endet

[261] So z.B. die Glasfenster von Chartres und Saint-Denis, die den König schlafend zeigen. Colette Deremble-Mannes: Die Traumwelt der Legenden in den Glasmalereien von Chartres. In: Träume im Mittelalter. Ikonologische Studien, hg. von Agostino Paravicini Bagliani und Giorgio Stabile, Stuttgart, Zürich 1989, S. 41–54, hier S. 45ff.
[262] Dutton: Politics, S. 202f.
[263] Dutton: Politics, S. 254.
[264] Dutton: Politics, S. 255.

mit dem Jahr 1140.[265] Der eine Chronist, Johannes von Worcester, schrieb die Träume Heinrichs I., die ihm, wie er berichtet, von Grimbald, dem Leibarzt des Königs, mitgeteilt worden waren, unter dem Jahr 1130 auf. Die vier kolorierten Federzeichnungen, die den Bericht illustrieren, gehören zu den frühesten erhaltenen Chronikillustrationen des Mittelalters (Abb. 62), und schon allein die Tatsache, dass diese Bilder neben einem Christus am Kreuz die einzigen der ganzen Chronik sind, weist darauf hin, welch hervorragende Bedeutung einer glaubwürdigen Inszenierung der königlichen Traumvisionen hier zugemessen wurde. Der Chronist verweist im Text mehrere Male auf die Abbildungen (*sicut compositum est*), was darauf hinweist, dass die Zeichnungen vor dem Text entstanden sind.

Die drei ersten Bilder zeigen den schlafenden Heinrich I., der im Traum von Bauern, Rittern und Prälaten heimgesucht wird, die sich alle über zu hohe Steuern beklagen.[266] Das vierte Bild zeigt den König, umgeben von seinen Hofleuten, auf einem Schiff im Sturm. Der Text erzählt, Heinrich habe in Seenot das Versprechen gegeben, die Steuern während sieben Jahren nicht zu erhöhen und eine Pilgerreise nach Bury Sankt Edmund zu machen, worauf der Sturm sich gelegt habe. Links der Traumszenen befinden sich drei Bildnisse Grimbalds, der die Bilder mit erhobenem Zeigefinger kommentiert. Auf dem ersten Bildnis hält er mit der linken Hand ein Uringlas in Augenhöhe, auf dem zweiten ein Arzneigefäss und auf dem dritten, das sich neben Heinrichs Traum von den aufgebrachten Prälaten befindet, ein kleines, offenes Diptychon zwischen Daumen und Mittelfinger der linken Hand.[267] Grimbald sitzt jeweils zu Füssen des schlafenden Königs, wobei er auf dem dritten Bild stärker in die Traumszene integriert ist als auf den beiden vorangehenden, auf denen er vom schlafenden König durch eine Textspalte vollständig abgetrennt wird. Grimbalds Blick und sein rechter Zeigefinger sind auf das Diptychon gerichtet: Er ist beim Vorlesen seiner Aufzeichnungen abgebildet. Die unterschiedliche Inszenierung Grimbalds in den drei Szenen entspricht dem Text der Chronik, in dem der Arzt erst bei der Erzählung der dritten Vision eingeführt wird:

> In einem Winkel des Palastes versteckt beobachtet jemand diese seltsamen Dinge. Solange die Nacht währt, schweigt er über alles. Das war Grimbald, der sehr bewandert war in der medizinischen Kunst. Es erzählte in Winchcombe – ich war zugegen und hörte es – alles

[265] Oxford, Corpus Christi College, Ms 157. Claus Michael Kauffmann: Romanesque Manuscripts 1066–1190 (A survey of Manuscripts illuminated in the British Isles), London 1975, Kat. 55, Abb. 139, 141, 142. Claude Carozzi: Die drei Stände gegen den König. In: Träume im Mittelalter. Ikonologische Studien, hg. von Agostino Paravicini Bagliani und Giorgio Stabile, Stuttgart, Zürich 1989, S. 149–160, Abb. 1 und Farbabb. 28 und 29.

[266] Oxford, Corpus Christi College, Ms 157, fol. 382f.

[267] Carozzis Deutung der drei Gegenstände als Geldbörse, Helm und Diptychon, auf dem die Namen der Toten stehen, für die die Messe gelesen werden soll, ist unwahrscheinlich, denn Grimbald wird in der Chronik ausdrücklich als Arzt bezeichnet; als solcher erscheint er mit seinen Attributen im Bild. Carozzi: Stände, S. 156.

dem Abt des Klosters, Gottfried. Bei Tagesanbruch eilte er zum König, der noch auf seinem Bette lag, und befragte ihn über das, was er gesehen hatte. Der König erzählte ihm alles, was er im Traum erduldet hatte. Grimbald jedoch, ein Mann von grosser Weisheit, jetzt sein Vertrauter geworden, belehrte den König durch die Deutung des Traumes und verpflichtete ihn, seine Schuld durch Almosen wiedergutzumachen, so wie es einst Nabuchodonosor auf den Rat Daniels tat.[268]

Interessanterweise zeigt der Künstler Grimbald nicht als weisen Traumdeuter vor dem wachen König, sondern als nächtlichen Zeugen des Träumenden. Was auf seinem Diptychon steht, ist also nicht die Deutung der Träume, sondern sind seine Beobachtungen des Schlafenden, der mehrere Male vom Bett aufspringt, um sich gegen die herandrängenden Traumgestalten zu wehren. Dies entspricht dem Text, in dem Grimbalds Schilderung als verlässlicher Zeuge, der alles «in einem Winkel des Palastes versteckt» beobachtete, und sein mündlicher Bericht an den Chronisten (ein Ereignis, das viel später stattfand) noch *vor* der Deutung des Traumes beschrieben werden. Um zu signalisieren, dass sich sein Bild auf einen Augenzeugenbericht stützt, hat der Maler Grimbald mit einer Wachstafel ausgestattet, einer Schreibunterlage, die bei Augenzeugen öfters anzutreffen ist, wie die Analyse der Gregor- und Hildegard-Ikonographie gezeigt hat.

Aber nicht nur Grimbalds Status als Augenzeuge, sondern auch der Inhalt des dritten königlichen Traumes scheint mit der Darstellung der Wachstafel verbunden zu sein. Der Konflikt zwischen Kirche und König charakterisiert den Schlafenden weit deutlicher als Empfänger einer göttlichen Botschaft als die beiden vorangehenden Bilder mit den rebellischen Bauern und Rittern. Heinrich befindet sich hier in einer ähnlichen Situation wie Kaiser Gratian gegenüber Ambrosius von Mailand oder Karl der Grosse, der im Traum ein Schwert von der Hand Gottes erhält.[269] Die Bischöfe und Äbte, die hinter dem schlafenden König Heinrich auftauchen, illustrieren den Inhalt des Traums. Ihr Wortführer ist durch eine aufgerollte Schriftrolle gekennzeichnet, die er in der linken Hand hält. Dass der König die Botschaft vernimmt, wird auf zweierlei Weise ausgedrückt: Der Bischof, der hinter dem Sprecher steht, sticht mit seinem Stab auf die Brust des Schlafenden, und der Sprecher selbst steht hinter dem König auf der Höhe von dessen Unterleib und Oberschenkel. Die Art, wie der Schlafende und der Sprechende zueinander in Beziehung gesetzt sind, erinnert an den schlafenden Jesse, dessen prophetische Traumerscheinung, die Wurzel Jesse, an derselben Körperstelle emporwächst.[270]

[268] Übersetzung nach Carozzi: Stände, S. 150.
[269] Visio, Jaffé, S. 703f.
[270] Ikonographisch eng verwandt sind die Traumdarstellungen auf den Glasfenstern der Kathedrale von Canterbury (ca. 1180), die das Leben und die Wunder des hl. Thomas Becket darstellen, v.a. die Vision des schlafenden William von Kellet, dem Becket im Bischofsornat im Traum erscheint. (Dagegen handelt es sich beim Traum Ludwigs VII. nicht um eine originale Komposition, sondern um eine Rekonstruktion, die auf der Vision des William von Kellet basiert.) Madeleine Harrison Caviness: The win-

Der Maler der Worcester Chronik begnügte sich nicht einfach damit, die Traumvision des Königs wiederzugeben, sondern strebte eine genaue Inszenierung ihrer Vermittlung an, um ihre Authentizität zu beweisen. Die bildliche Beschreibung wird durch den Text ergänzt, in dem der Chronist Johannes berichtet, er habe die Visionen Heinrichs I. von Grimbald während seines Aufenthalts in Winchcombe von 1134 bis 1139 erfahren. Grimbalds Bildnis mit der Wachstafel veranschaulicht seine Vermittlerrolle zwischen (Traum-)Bild und Text, zwischen mündlichem und schriftlichem Bericht.

Ausführliche Schilderungen der äusseren Umstände einer Vision, der Person des Visionärs und der Vermittlung der Vision durch glaubwürdige Zeugen und Redaktoren sind charakteristisch für die Visionsliteratur des 12. Jahrhunderts, das die literarisch komplexesten Visionsberichte hervorgebracht hat.[271] Es handelt sich um Inszenierungen, die Zweifel an der Wahrheit des Geschauten und die zunehmende Kritik an Visionsberichten beseitigen sollen.[272] Ähnliche Intentionen hatte der Maler der Visionsbilder in der Worcester Chronik.

Die Senatoren des Julius Cäsar

Grimbald, der Leibarzt Heinrichs I., trägt kein geistliches Gewand, sondern ist als hoher höfischer Beamter nach der Mode des 12. Jahrhunderts gekleidet, ähnlich wie die Senatoren Cäsars in der Weltchronik Ottos von Freising, die ebenfalls mit Schreibtafeln dargestellt sind (Abb. 63). Die Illustrationen in der Handschrift von Jena (2. Hälfte 12. Jahrhundert) gelten als Kopien nach dem Original, das Otto 1157 Kaiser Friedrich Barbarossa überreichte.[273] Die ganzseitige Federzeichnung auf Folio

dows of Christ Church Cathedral Canterbury (Corpus Vitrearum Medii Aevi, Great Britain II), London 1981, Abb. 259, Abb. 327. Beim Durchblättern dieses Bandes wird der Betrachterin ausserdem auch deutlich, wie sich eine Traumvision von einem Krankenbesuch oder einer Totenklage ikonographisch unterscheidet: Von den Personen, die hinter dem auf dem Bett liegenden Träumenden dargestellt sind und diesem im Schlaf erscheinen, sind die Füsse nie zu sehen, sondern immer versteckt, dagegen werden die Füsse der realen Personen bei einem Bettlägrigen immer dargestellt, selbst wenn sie sich hinter dem Bett befinden. Die Darstellung der Füsse ist hier also ein Indiz für die Realitätsebene, auf der das Bild gelesen werden soll. Ähnliches haben wir bereits in einem anderen ikonographischen Zusammenhang festgestellt, nämlich bei den Nonnenporträts im *Hortus Deliciarum*; auch dort ist die Nichtdarstellung des Unterleibs eine Bildmetapher für den Aufenthalt der Nonnen im Jenseits. Vgl. oben S. 71.

[271] Vgl. Peter Dinzelbacher: Vision und Visionsliteratur im Mittelalter (Monographien zur Geschichte des Mittelalters 23), Stuttgart 1981. Claude Carozzi: Le voyage de l'âme dans l'au-delà d'après la littérature latine (V^{e}–XIIIe siècle). Ecole Française de Rome 1994.

[272] Über die im 12. Jahrhundert zunehmende Kritik an den Visionen vgl. Carozzi: Voyage, S. 529ff.

[273] Jena, Universitätsbibliothek, Cod. Jenensis Bose q. 6, fol. 2b. Abb. in: Otto Bischof von Freising: Chronik oder die Geschichte der zwei Staaten [Chronica sive Historia de duabus Civitatibus], deutsche Übersetzung von Adolf Schmidt, lateinischer Text hg. von Adolf Hofmeister (Ausgewählte Quellen zur deutschen Geschichte des Mittelalters, Freiherr von Stein-Gedächtnisausgabe XVI), hg. von Walter Lammers, Darmstadt ^{3}1974 (1960), Tafel 5. Zur Beschreibung der Handschrift vgl. Walter Scheidig: Der Miniaturenzyklus zur Weltchronik Ottos von Freising im Codex Jenensis Bose q. 6 (Studien zur deutschen Kunstgeschichte Heft 257), Strassburg 1928.

20v ist in zwei Szenen unterteilt: Oben ist die Zerstörung Karthagos durch schwergepanzerte Krieger, darunter der Tod des Julius Cäsar dargestellt, der von seinen mit Griffeln und Wachstafeldiptychen bewaffneten Senatoren angefallen und erstochen wird.[274] Die Waffen der Krieger im oberen Bild und diejenigen der Senatoren in der unteren Szene werden einander gegenübergestellt, Cäsars Sieg und Tod auf einer Seite zusammengefasst. Auch die Inschriften auf dem Rahmen zwischen den zwei Bildern stellen einen Zusammenhang her zwischen diesen Ereignissen:

> Cesar tot fatis terra pelago superatis
> Patribus ingratus superatis est superatus
> (Als Cäsar das Schicksal zu Land und zu Meer bezwungen hatte,
> wurde der Undankbare von den bezwungenen Patriziern bezwungen)

Bilder und Inschriften suggerieren, dass die Senatoren, die Cäsar ermorden, dieselben sind, die im oberen Bildteil Karthago erobern. Dass sie den Herrscher nicht mit Dolchen oder Schwertern ermorden, sondern mit Schreibutensilien, ist deshalb um so frappierender.

Obwohl der Gebrauch von Griffeln als Waffen im Mittelalter belegt ist[275], scheint mir der Hinweis auf die mittelalterliche Wirklichkeit ungenügend für die Interpretation der Szene, bei der vielmehr die Symbolik des Wachstafeldiptychons mitberücksichtigt werden muss: Während Grimbalds Diptychon in der Worcester Chronik Medium der kirchlichen Fürstenkritik ist, sind die Diptychen der Senatoren in der Chronik Ottos von Freising Mittel zum Fürstenmord. Grimbald ist als Fürstenerzieher charakterisiert, und wie oben gezeigt wurde, sind auch die auf Tafeln schreibenden Kaiser Gratian und Karl der Grosse keine souveränen gesetzgebenden Autoren, das heisst keine *auctoritates*, sondern Empfänger des göttlichen Worts, das ihre weltliche Macht begrenzt und dem sie unterworfen sind. Es scheint sich bei der Wachstafel somit um eine Bildmetapher für eine literarische Gattung zu handeln, welche die königliche Macht kritisiert und ihr deshalb bedrohlich werden, ja sogar ihren Untergang herbeiführen kann, wie es die Weltchronik Ottos von Freising anschaulich illustriert.

Boethius als Autor der Consolatio Philosophiae

Ein weiterer Autor, der zuweilen mit einer Wachstafel dargestellt wurde, ist ebenfalls ein hoher höfischer Beamter: Anicius Manlius Severinus Boethius (ca. 480–525) stammte aus einer römischen Senatorenfamilie und wurde im Alter von dreissig Jahren Konsul und ranghöchster Minister des Westens unter Kaiser Theoderich, der ihn

[274] Eine Kopie der Handschrift (Mailand, Biblioteca Ambrosiana, F. 129 SUP) enthält ebenfalls diese Szenen mit denselben Inschriften. Scheidig: Miniaturenzyklus, S. 94ff., Tafel III. Über diese Handschrift vgl. Luisa Tognoli Bardin: Una Chronica di Ottone di Frisingia a Milano. Arte cristiana – Arte in Lombardia dal Medioevo al secolo 20. Studi in onore di Gian Alberto Dell'Acqua 77 (1989), S. 83–87.
[275] Grassmann: Wachstafel-Notizbuch, S. 226.

später wegen seiner Parteinahme für den römischen Senat und gegen den Hof von Ravenna des Hochverrats anklagte und hinrichten liess. Sein durch den Arianer Theoderich veranlasster Tod wurde früh als Martyrium gedeutet, und die Rezeption seiner Schriften im Mittelalter war immens.[276] Zahlreiche Autorenporträts zeugen von dem ungeheuren Prestige, das Boethius im Mittelalter genoss.[277] Neben den vielen Bildnissen, die den Autor mit einem offenen Buch, schreibend oder meditierend zeigen, habe ich vier Darstellungen von ihm mit einer Schreibtafel gefunden; sie alle illustrieren den Anfang der *Consolatio Philosophiae.*

Ein Frontispiz in der British Library

Die im 19. Jahrhundert kompilierte Sammelhandschrift Harley 2688 in der British Library enthält auf Folio 22v eine Federzeichnung, auf der Boethius zusammen mit der Philosophie und drei Musen dargestellt ist (Abb. 64).[278] David Ganz, der das Bild publizierte, datiert es vor 950.[279] Die Zeichnung befand sich ursprünglich in der Handschrift Harley 3095, die zwei Viten des Boethius, die *Consolatio Philosophiae* mit den Kommentaren des Bovo und des Anonymus von Einsiedeln, die *Opuscula sacra* und kleine liturgische Schriften verschiedener Provenienz enthält.[280]

Das Bild zeigt die hohe Gestalt der Philosophie auf einem Hügel zwischen dem Autor und den erschrocken zurückweichenden Musen. Ihre Erscheinung hat Boethius bei seiner Tätigkeit unterbrochen, dem Schreiben auf ein Wachstafeldiptychon nach dem Diktat der Musen. Boethius hat sich von seinem Schreibpult

[276] Aus der umfangreichen Literatur über die Rezeption des Boethius im Mittelalter seien hier einige Titel angegeben: Noel Harold Kaylor Jr.: The Medieval Consolation of Philosophy. An Annotated Bibliography, New York und London 1992. Diane K. Bolton: The Study of the Consolation of Philosophy in Anglo-Saxon England. Archives d'histoire doctrinale et littéraire du Moyen Age 44 (1977), S. 33–78. Fabio Troncarelli: Boethiana Aetas. Modelli grafici e fortuna manoscritta della «Consolatio Philosophiae» tra IX e XII secolo, Alessandria 1987. Margaret Gibson: Boethius in the carolingian schools. In: dies.: «Artes» and Bible in the Medieval West (Variorum Collected Studies), Great Yarmouth, Norfolk 1993, VI (erstmals erschienen in: Transactions of the Royal Historical Society 32 (1982), S. 43–56). Dies.: Codices Boethiani. In: dies.: «Artes» and Bible in the Medieval West (Variorum Collected Studies), Great Yarmouth, Norfolk 1993, VII (erstmals erschienen in: Revue d'histoire des textes 14–15 [1984–85], S. 71–75).

[277] Abbildungen bei Pierre Courcelle: Histoire littéraire des grandes invasions germaniques, Paris ^{3}1964 (1948). Ders.: La Consolation de Philosophie dans la tradition littéraire. Antécédants et postérité, Paris 1967. Fabio Troncarelli: Tradizioni perdute. La «Consolatio Philosophiae» nell'alto Medioevo, Padua 1981. Einen kurzen Überblick über die mittelalterlichen Illustrationen der Werke des Boethius gibt Diane Bolton: Illustrations in Manuscripts of Boethius' Works. In: Boethius. His Life, Thought and Influence, hg. von Margaret Gibson, Oxford 1981, S. 428–437.

[278] London, British Library, MS Harley 2688, fol. 22v. Margaret T. Gibson / Lesley Smith: Codices Boethiani (Warburg Institute Surveys and Texts XXV), London 1995, Nr. 120.

[279] David Ganz: A Tenth-Century Drawing of Philosophy Visiting Boethius. In: Boethius, his Life, Thought and Influence, hg. von Margaret Gibson, Oxford 1981, S. 275–277, Tafel VIII.

[280] London, British Library, MS Harley 3095. Gibson / Smith: Codices Boethiani, Nr. 124. Troncarelli: Aetas, Nr. 80.

abgewendet, auf dem seine Tafel liegt, und blickt nachdenklich, das Kinn auf die Hand gestützt, in der er den Griffel hält, zu der Philosophie empor, die ein Szepter in der linken und drei Buchrollen in der rechten Hand trägt und auf dem Kopf eine Lilienkrone über einem Schleier. Ihr langes Gewand ist mit kostbaren Borten geschmückt und wird auf der Brust von einer grossen Fibel zusammengehalten. Eine spätere Hand hat eine Leiter mit den Buchstaben π und θ auf ihre Gestalt gezeichnet.[281] Nach David Ganz stellt die Szene die Philosophie dar, die Boethius im Gefängnis besucht. Doch eine Architekturkulisse ist nicht zu sehen, und der mit pflanzlichen Ornamenten verzierte wellenförmige Hügel, auf dem die Philosophie steht, weist darauf hin, dass die Szene unter freiem Himmel spielt. Als Vergleichsbeispiel sei die Verkündigung an die Hirten im Perikopenbuch Heinrichs II. (1002–1012) angeführt: ein übergrosser Engel steht auf einer wellenförmigen Erhebung und beugt sich zu den winzigen Hirten am Fusse des Hügels hinunter, welche zu ihm emporblicken[282], ganz ähnlich wie Boethius und die drei Musen zur Philosophie. Himmlische Erscheinungen werden in der ottonischen Buchmalerei häufig auf einem Hügel plaziert. Als früheres Beispiel sei auf die Illustration des 42. Psalms im Stuttgarter Bilderpsalter hingewiesen, auf der die «ANIMA» des Psalmisten melancholisch auf einem mit Pflanzen bewachsenen Hügel sitzt[283], eine Position, die offenbar auf ihre göttliche Herkunft hinweist (Abb. 100).

Die Absenz einer Gefängnisarchitektur auf dem Boethius-Frontispiz suggeriert, dass der Zeichner das erste Lied der *Consolatio*, in dem die verzweifelte Lage des Autors besungen wird und auf dessen breite literarische Rezeption im Mittelalter Pierre Courcelle hinwies, nicht biographisch deutet, wie es in der modernen Forschung die Regel ist, welche die *Consolatio* als letztes Werk des Autors vorstellt, das er im Gefängnis vor seiner Hinrichtung geschrieben habe.[284] Wie es der Text der *Consolatio* selbst nahelegt, schildert der Künstler die Gefangenschaft des Autors als existentielle Situation, als Seelenzustand, nämlich als Gefangenschaft der unsterblichen Seele im vergänglichen Körper:

> Sin vero bene sibi mens conscia terreno carcere resoluta caelum libera petit, nonne omne terrenum negotium spernat, quae se caelo fruens terrenis gaudet exemptam?
> (Wenn aber der Geist seines Ranges wohl bewusst, aus dem irdischen Kerker entlassen, frei zum Himmel steigt, wird er da nicht jedes irdische Geschäft verschmähen, da er den Himmel geniessend sich freut, des Irdischen ledig zu sein?)[285]

[281] Ganz: Drawing, S. 275.
[282] München, Bayerische Staatsbibliothek, Clm 4452, fol. 8v. Mayr-Harting: Ottonian Book, Bd. I, Abb. 112.
[283] Solche Hügel sind auf folgenden Bildern dargestellt: Stuttgart, Württembergische Landesbibliothek, Bibl. Fol. 23, fol. 68v und 55r.
[284] Vgl. z.B. die Artikel über Boethius in Verfasserlexikon 1, 908–927 und LdMA 2, 308–315. Auch Kaylor: Consolation, S. 4.
[285] Boethius: Consolatio Philosophiae, lib. II, 7. prosa, Z. 74. Gegenschatz, S. 84f.

Pierre Courcelle zeigte in seiner umfangreichen Studie über die Rezeption der sokratischen Aufforderung «Erkenne dich selbst!» auf, dass die auf Plato zurückgehende Metapher des irdischen Gefängnisses der Seele, mit dem entweder der Körper oder auch die Welt gemeint sein konnte, sich im Mittelalter grosser Beliebtheit erfreute.[286] In der Visionsliteratur ist sie häufig zu finden, und die Seele, die das Gefängnis des Körpers verlässt, war ein allbekannter Topos für das Sterben.[287]

Die kontemplative Haltung des Boethius, der sich auf sein rechtes Knie stützt, kontrastiert mit der Bewegtheit der drei eng aneinandergedrängten Musen, die mit flatternden Gewändern und langen zerzausten Haaren dargestellt sind. Dass es sich um eine moralisierende Inszenierung der Musen handelt, legt der Vergleich mit einem Bild in der Bamberger Apokalypse nahe, auf dem vier königliche Tugenden in langen Gewändern und Schleiern auf vier Lastern stehen, welche sie mit ihren Lanzen in Schach halten. Die Laster sind durch Nacktheit und strähniges Haar charakterisiert.[288] Auf dem Boethius-Frontispiz sind die Musen zwar nicht nackt, jedoch barfüssig, im Gegensatz zur Philosophie, die Schuhe trägt. Barfüssigkeit bei Frauen ist in der mittelalterlichen Kunst ausserordentlich selten. Sie galt wohl als Zeichen von Schamlosigkeit, denn heilige Frauen wurden in der Regel mit bedeckten Füssen dargestellt, und dies im Gegensatz zu heiligen Männern, zum Beispiel den Aposteln oder Propheten, die sehr häufig barfüssig erscheinen.

Die Körperhaltung der Philosophie, die mit ausgebreiteten Armen und *gekreuzten* Beinen auf dem Hügel steht, deutet an, dass sie zwei gegensätzliche Parteien, nämlich Boethius und die Musen, voneinander trennt. Sie erscheint als Schiedsrichterin, die mit ausgestreckten Fingern auf die beiden Gegner deutet. Dass es sich hier um einen Literaturstreit handelt, suggeriert der Vergleich mit dem Frontispiz einer Terenz-Handschrift in der Vatikanischen Bibliothek, das Anfang des 12. Jahrhunderts entstanden ist, dessen Bildkomposition jedoch auf eine spätantike Vorlage zurückgeht (Abb. 65).[289] In der Hauptszene thront Calliopius, der *recitator* oder Herausgeber des Terenz, in der Bildmitte neben einem Lesepult vor dem römischen Publikum. Terenz sitzt zu seiner Rechten; wie Boethius stützt er den Kopf in die Hand und den Ellenbogen auf das Knie, und wie der Autor der *Consolatio* spricht er offenbar nicht, sondern meditiert. Auf der rechten Seite des Bildes stehen seine beiden literarischen Gegner, über denen «Luscius Livinius Adversarii» zu lesen ist, ähnlich wie die Musen dicht aneinandergedrängt und sich gegenseitig stützend, beide mit gekreuzten Beinen und lebhaften Redegesten. Ihre Instabilität scheint die Haltlosigkeit ihrer Argumentation auszudrücken. Der Schiedsrichter hat, im Gegen-

[286] Pierre Courcelle: Connais-toi toi-même de Socrate à Saint Bernard, Bd. 2, Paris 1975, S. 345–380. Vgl. auch Silvestre: Prison.

[287] Vgl. z.B. Dutton: Politics, S. 43.

[288] Bamberg, Staatsbibliothek, Ms. Bibl. 140, fol. 60. Mayr-Harting: Ottonian Book, Bd. II, Abb. 3.

[289] Vatikan, Biblioteca Apostolica, Lat. 3305, fol. 8v. Cahn: Manuscripts, Abb. 70, Kat. 33.

satz zur Philosophie, nicht die Beine, sondern die Arme gekreuzt und deutet mit ausgestreckten Zeigefingern auf die beiden Parteien. Wie die Philosophie blickt Calliopius auf die Gegner des Autors, deren Niederlage durch ihre Körperhaltung bereits angezeigt wird, ebenso wie diejenige der Musen auf dem Boethius-Frontispiz.

Der Interpretation des Titelbilds der *Consolatio* als Literaturstreit, der, wie im folgenden genauer ausgeführt werden soll, ein Streit der Künste ist, entsprechen die Attribute der Personen auf dem Bild: Die vorderste der drei Musen hält ein Winkelmass in der Hand, ein traditionelles Attribut der Geometrie.[290] Ihre beiden Kolleginnen sind leider nicht deutlich genug zu erkennen, um festzustellen, ob sie ebenfalls als Vertreterinnen der freien Künste gekennzeichnet sind, die Federzeichnung ist an dieser Stelle zu stark verwischt. Über den Köpfen der Musengruppe befindet sich die Hand der Philosophie mit drei Buchrollen, die sie als antike Autorin kennzeichnen; mit drei ausgestreckten Fingern deutet sie auf die drei winzigen Frauen unter sich, eine Komposition, die darauf hinweist, dass die Funktion der Musen durch die Schriften der Philosophie ersetzt werden soll.

Um die Erscheinung der Philosophie auf dem Hügel zu betrachten, hat Boethius seinem Schreibpult am rechten Bildrand den Rücken zugekehrt. Die Philosophie hat offenbar den Platz der nun zurückweichenden Musen eingenommen, denen Boethius während des Schreibens den Rücken zugekehrt hatte. Eine vergleichbare poetische Situation ist auf der bereits erwähnten Illustration des 42. Psalms im Stuttgarter Psalter dargestellt[291], die den Psalmisten auf einer Laute spielend neben der auf einem Hügel sitzenden «ANIMA» zeigt (Abb. 100). Die trauernde Seele hat den Kopf in die rechte Hand und den Ellenbogen auf das Knie gestützt und blickt nachdenklich auf den Musiker, der sein Gesicht von ihr abwendet und mit leicht geneigtem Kopf ins Leere schaut. Über dem Bild stehen folgende Verse:

> Confitebor tibi in cithara, Deus, Deus meus.
> Quare tristis es, anima mea?
> Et quare conturbas me?
> (Ich werde mich auf der Laute zu dir bekennen, Gott, mein Gott. Warum bist du traurig, meine Seele? Und warum ängstigst du mich?)

[290] Vgl. z.B. die Salzburger Federzeichnung in der Basler Sammlung Robert von Hirsch aus der Mitte des 12. Jahrhunderts mit den sieben *artes liberales* als Töchter der Weisheit. Philippe Verdier: L'Iconographie des arts libéraux dans l'art du Moyen Age jusqu'à la fin du quinzième siècle. In: Arts libéraux et philosophie au Moyen Age. Actes du 4e congrès international de philosophie médiévale. Université de Montréal, Montréal 27 aout – 2 septembre 1967, S. 305–356, Tafel II. Zur Assimilation der Musen mit den *artes liberales* in der mittelalterlichen Literatur vgl. Tanja Kupke: Où sont les muses d'antan? Notes for a study of the Muses in the Middle Ages. In: From Athens to Chartres. Neoplatonism and Medieval Thought. Studies in Honour of Edouard Jeauneau (Studien und Texte zur Geistesgeschichte des Mittelalters 35), hg. von Haijo Jan Westra, Leiden 1992, S. 421–436.

[291] Der Stuttgarter Bilderpsalter, Bibl. Fol. 23, Württembergische Landesbibliothek Stuttgart. Facsimile Lichtdruck, 2 Bde., Stuttgart 1956–1968, fol. 55r.

Die hier geschilderte existentielle und künstlerische Situation gleicht derjenigen des Boethius am Anfang der *Consolatio*. Hier wie dort ist die Kunst Ausdruck der Melancholie:

> Carmina qui quondam studio florente peregi
> Flebilis, heu, moestos cogor inire modos.
> (Der ich Gesänge vordem in blühendem Eifer vollendet,
> Wehe, wie drängt das Geschick traurige Weisen mir auf.)

Auf dem Boethius-Frontispiz erscheint die Abwendung des Autors von seiner Wachstafel als Abkehr von seiner *auditio* der Musen und als Zuwendung zur *visio* der Philosophie. Während dem melancholischen Künstler die Tafel zugeordnet ist, hält die Philosophie Buchrollen wie eine antike Autorin und ein Szepter, auf dem ein Frauenkopf sitzt, ein verkleinertes Abbild der Philosophie, das wie diese eine Lilienkrone trägt. Sie hält das Szepter in der linken Hand, mit der sie auf den aufblickenden Boethius deutet, während ihr Gesicht den Musen zugewandt ist. Boethius betrachtet also (noch) nicht das wahre Gesicht der Philosophie, sondern vorerst nur ihr Ebenbild.

Obwohl das Mittelalter die Philosophie häufig mit einem Szepter darstellte, trägt sie auf keinem der mir bekannten Bilder diese Szepterform, welche mir nur als Narrenszepter begegnet ist und erst sehr viel später, nämlich in der Kunst des 15. und 16. Jahrhunderts, zusammen mit der Schellenkappe zum gängigen Attribut der Narren wird. Ob die Narren ihr Szepter von der Weisheit übernommen haben? Es ist mir bisher nicht gelungen, einen Hinweis darauf zu finden, ob der Ursprung des spätmittelalterlichen Emblems der Torheit bei der frühmittelalterlichen Weisheit zu suchen sei. Aber die Hypothese ist nicht so abwegig, wie sie auf den ersten Blick scheinen könnte, denn die Etymologie der französischen Bezeichnung *marotte* weist darauf hin, dass das Narrenszepter ursprünglich ein Frauenbildnis gewesen sein könnte: Es handelt sich um ein Diminutiv von *Marie* und bedeutete im 15. Jahrhundert «Puppe».[292]

Werfen wir zum Schluss noch einen Blick auf die Verse unter dem Bild, die ebenso wie die Leiter der Philosophie von einer späteren Hand hinzugefügt wurden und die Szene mit einer Tugendlehre assoziieren. Es handelt sich um Sprüche 15,2, 15,17 und 11,2:

> Melius est vocari ad olera cum charitate,
> Quam ad vitulum saginatum cum odio.
> Ubi fuerit superbia, ibi erit et contumelia.

[292] Weitere Ableitungen von *Marie*, die eine ähnliche Bedeutung haben, sind *marionette* und *mariolle*. Maurice Lever: Le sceptre et la marotte. Histoire des Fous de Cour, Paris 1983, S. 53ff.

(Es ist besser, mit Liebe zu Gemüse geladen zu werden,
als mit Hass zu einem gemästeten Kalb.
Wo Hochmut ist, ist auch Schmach.)

Die Einladung zum Vegetariertum und Verurteilung des Fleischessens scheinen zunächst nicht recht zu der Szene zu passen; es scheint sich um ein sehr allgemeines Lob des geistlichen Lebens zu handeln, dessen asketische Bescheidenheit weltlicher Überheblichkeit und Schlemmerei entgegengesetzt wird. Dafür, dass der Schreiber dieser Verse das Frontispiz jedoch als Abkehr des als Laie gekleideten Boethius von weltlicher Kunst und als dessen Eintritt in den geistlichen Stand interpretierte, kann eine Bestimmung aus der Zisterzienserregel als Beleg dienen, die den Mönchen den Genuss von Fleisch untersagt, nicht aber den für das Kloster arbeitenden Künstlern: «Innerhalb des Klosters esse keiner Fleisch oder Speck, ausser Kranke oder angestellte Künstler» (*artifices*).[293] Daraus lässt sich folgern, dass der Schreiber die Philosophie als die göttliche Weisheit deutet, als die Herrin der wichtigsten aller Künste, des Studiums der heiligen Schrift, auf das seit Augustin sämtliche übrigen Künste und Wissenschaften vorbereiten und hinführen sollten.[294] Es handelt sich also um eine Bilddeutung, die zu meiner ikonographischen Analyse der Philosophie als göttlicher Erscheinung und der Musen als lasterhafte Vertreterinnen der *artes liberales* passt.

Ein abschliessender Blick auf den Aufbau der Boethius-Sammelhandschrift Harley 3095, in der sich das Frontispiz ursprünglich befand, liefert eine zusätzliche, letzte Bestätigung meiner Interpretation: Zu Beginn des Kodexes finden sich zwei Viten des Boethius, auf die die *Consolatio Philosophiae* folgt. Liturgische Schriften verschiedener Herkunft und die *Opuscula sacra*, die theologischen Traktate des Boethius, bilden den zweiten Teil der Handschrift.[295] Die *Consolatio* leitet hier also eine Kompilation liturgischer und theologischer Texte ein, das heisst, sie bildet eine Einführung in das Studium der göttlichen Wissenschaft, und das Frontispiz zeigt Boethius nicht am Ende seiner politischen Karriere im Gefängnis, wie bisher angenommen wurde, sondern zu Beginn seiner geistlichen Laufbahn.

Eine Sammelhandschrift in der Bibliothèque Nationale

Die um 1000 in Fleury geschriebenen Boethius-Sammelhandschrift enthält vier völlig unterschiedliche Autorenporträts des Boethius. Die beiden ersten gehören zum Anfang der *Consolatio Philosophiae* (Abb. 66, 67), die beiden anderen schmücken

[293] Zitiert nach Eberlein: Miniatur, S. 212, Anm. 220.
[294] Marjorie Reeves: The Bible and Literary Authorship in the Middle Ages. In: Reading the Text. Biblical Criticism and Literary Theory, hg. von Stephen Prickett, Oxford, Cambridge USA 1991, S. 12–63, hier S. 12ff.
[295] Gibson / Smith: Codices, Nr. 124.

den Anfang von *De trinitate* (Abb. 68).[296] Bei der Untersuchung des Kodexes fallen zahlreiche Inkohärenzen zwischen den Texten und Bildern auf, die darauf zurückzuführen sind, dass die Illustrationen *vor* dem Text entstanden, der später nicht in der vom Maler vorgesehenen Weise ausgeführt wurde.

Das erste Bildnis, eine Federzeichnung auf Folio 5v, zeigt Boethius auf einem Bett, halb sitzend, halb liegend auf eine kleine viereckige Tafel schreibend, die er auf dem Schoss hält, begleitet von drei Musen und der Philosophie. Die Darstellung sollte wohl ursprünglich eine Vita des Boethius illustrieren, die *Consolatio* selbst beginnt erst auf Folio 15r, doch wurden die vorangehenden Seiten nicht für die Vita des Boethius verwendet, sondern enthalten, nach einem kurzen Fragment aus Boethius' Metrik, einen Briefwechsel zwischen zwei Gelehrten des 11. Jahrhunderts, Ragimboldus von Köln und Radulfus von Liège, die über ein von Boethius gestelltes geometrisches Problem disputieren.[297] Wie auf dem Frontispiz in der British Library (Abb. 64) werden also die Musen des Boethius mit der Geometrie in Verbindung gebracht! Die Tatsache, dass das Bild unverändert in den Briefwechsel miteinbezogen wurde, weist darauf hin, dass der Schreiber die Musen als *artes liberales* interpretierte.

Der Blick des Autors ist auf die drei zu seiner Linken stehenden Musen gerichtet, deren erste die rechte Hand zum Redegestus erhebt und in der linken ein Buch hält, während die hochaufgerichtete Gestalt der Philosophie, ein Szepter und ein Bündel Schreibtafeln oder Bücher in den erhobenen Händen, im Rücken des Autors links im Vordergrund steht. In der *Consolatio* begegnen uns zwei verschiedene Arten von Musen: Die einen werden von der Philosophie als verderbliche Sirenen und Dirnen (*meretriculae*) beschimpft und verjagt, die anderen gehören zum Gefolge der Philosophie und bringen dem Autor Linderung seines Schmerzes:

> Sed abite potius, Sirenes usque in exitium dulces, meisque eum Musis curandum sanandumque relinquite.
> (Drum hinweg ihr Sirenen, die ihr süss seid zum Verderben, überlasst ihn meinen Musen zur Pflege und zur Heilung!)[298]

[296] Paris, Bibliothèque Nationale, Ms lat. 6401. François Avril / Patricia Danz-Stirnemann: Manuscrits de la Bibliothèque Nationale. Manuscrits d'origine insulaire, VIIe–XIIe siècle, Paris 1987, S. 15f., Nr. 19. Troncarelli: Tradizioni, Abb. 4. Ders.: Aetas, S. 169ff., Nr. 25. Temple: Manuscripts, Kat. 32.

[297] Der Text wurde von Paul Tannery ediert und kommentiert: Une correspondance d'écolâtres du XIe siècle. Notices et extraits des manuscrits de la Bibliothèque Nationale et autres bibliothèques. In: Mémoires de l'Institut National de France, Vol. 36, Paris 1898, S. 487–543. Zur Handschrift lat. 6401, vgl. ebd., S. 488f. Ders.: Une correspondance d'écolâtres du onzième siècle. In: ders.: Mémoires scientifiques V. Sciences exactes au Moyen Age, hg. von J. L. Heiberg und H. G. Zeuthen, Paris 1922, S. 103–111.

[298] Boethius: Consolatio Philosophiae, lib. I, 1. prosa, Z. 38f. Gegenschatz, S. 6f. Zu den beiden Arten von Musen bei Boethius vgl. Kupke: Muses, S. 427f. und S. 435.

Pierre Courcelle weist darauf hin, dass die Musen der Pariser Handschrift die gleiche Kleidung tragen wie die Philosophie, nämlich lange Gewänder und einen Schleier, und hält sie deshalb für ihre Töchter. Tatsächlich machen diese Musen keinerlei Anstalten zu fliehen, sondern wenden sich dem Autor zu, der ihre Rede auf die Wachstafel notiert. Ein Vergleich mit dem Frontispiz einer Wiener Boethius-Handschrift (9. bis 10. Jahrhundert), das halbnackte Musen zeigt, die vor der dezent gekleideten Philosophie schamerfüllt ihr Gesicht verbergen und die Flucht ergreifen[299], verdeutlicht den Unterschied zwischen den sehr seriösen Pariser Musen und den Verführerinnen des kranken, auf dem Bett liegenden Autors.

Boethius wird häufig auf einem Bett liegend dargestellt, was seinen Zustand des Leids und der Schwäche ausdrückt, den er am Anfang der *Consolatio* beschreibt und von dem ihn die Philosophie heilt.[300] Wie bei Wilhelm von Tournai (Abb. 60) oder Karl dem Grossen[301] zeigt Boethius' Liegen auf dem Bett an, dass er sich in einem rezeptiven Zustand befindet und nicht in einem produktiven. Das schräggestellte Bett des Boethius steht vor einer Architekturkulisse. Die Komposition erweckt den Eindruck, Boethius lehne seinen Rücken während des Schreibens an die riesengrosse Gestalt der Philosophie. Er ist viel kleiner als sie, jedoch grösser als die Musen, ganz wie auf der Federzeichnung in der British Library (Abb. 64). Boethius' halb sitzende, halb liegende Körperhaltung kontrastiert mit den aufrecht stehenden Frauen und mit dem hohen Gebäude hinter ihm, dessen Giebel vom Szepter der Philosophie überragt wird. Wie auf dem Frontispiz der British Library ist auch auf diesem Bild kein Gefängnis dargestellt. Die Architekturkulisse hinter Boethius kann ebensowenig als Gefängnis gedeutet werden wie diejenige auf dem Autorenbild von *De trinitate* auf Folio 158v derselben Handschrift (Abb. 68a).

Ein weiteres Autorenbild befindet sich auf Folio 13v des Pariser Kodex, ebenfalls vor dem Beginn der *Consolatio* (Abb. 67). Es zeigt eine thronende bartlose Gestalt mit einem Schleier oder Turban, die von bewaffneten Soldaten angegriffen wird.[302] In den Händen hält sie eine Lampe und eine Schlange, das traditionelle Attribut der Dialektik.[303] Courcelle hält die Gestalt für Boethius; es könnte sich aber auch um eine Allegorie der Dialektik handeln, welche die Philosophie verkörpert.[304] Die aus dem 11. Jahrhundert stammende Darstellung ist später entstanden als die übrigen Bilder der Handschrift, das Blatt wurde nachträglich in den Kodex eingefügt. Offen-

[299] Courcelle: Histoire, S. 366ff., Abb. 37b, 40a.

[300] So z.B. in folgenden Handschriften: Séléstat, Bibliothèque municipale 93, fol. 73v. Wien, Österreichische Nationalbibliothek, 271, fol. 2r. Heiligenkreuz, Stiftsbibliothek, 130, fol. 5r. München, Bayerische Staatsbibliothek, lat. 15825, fol. 1v. Troncarelli: Tradizioni, Tafeln III, V, VI, XVIII.

[301] Vgl. oben S. 144 und 149.

[302] Abb. in: Tannery: Mémoires, zwischen S. 210 und 211.

[303] Verdier: Iconographie, Tafeln IV, VI–X.

[304] Courcelle: Histoire, S. 369, Abb. 1. Troncarelli: Aetas, S. 169ff., Nr. 25. Avril / Danz-Stirnemann, S. 15, Nr. 19. Temple: Manuscripts, Kat. 32.

sichtlich wurde es als neues Frontispiz der *Consolatio* eingesetzt, nachdem die ersten Seiten der Handschrift für einen anderen Text verwendet worden waren. Vergleicht man das Bild mit den ersten Kapiteln der *Consolatio*, kann es als Illustration der Stelle interpretiert werden, an der die Philosophie Boethius an die unschuldig verfolgten Philosophen der Vergangenheit erinnert, an Anaxagoras und Sokrates, an Canius, Seneca und Soranus.[305] Die Feindseligkeiten zwischen den Philosophen und dem Pöbel schildert die Philosophie als bewaffneten Kampf:

> Quorum quidem tametsi est numerosus exercitus, spernendus tamen est, quoniam nullo duce regitur, sed errore tantum temere ac passim lymphante raptatur. Qui si quando contra nos aciem struens valentior incubuerit, nostra quidem dux copias suas in arcem contrahit, illi vero circa diripiendas inutiles sarcinulas occupantur.
> (Aber wenn auch deren Heer zahlreich ist, ist es dennoch zu verachten, da es von keinem Feldherrn gelenkt, sondern nur blindlings vom wahnsinnigen Irrtum vorangetrieben wird. So oft dieser seine Reihen gegen uns aufstellt, uns kräftiger bedroht, zieht unsere Führerin ihre Truppen in die Burg zusammen, und jene geben sich mit der Plünderung unnützen Gepäcks ab.)[306]

Wichtiger als die Frage, ob die Gestalt Boethius oder die Philosophie darstellt, sind in unserem Zusammenhang ihre Attribute, durch welche die *Consolatio*, ähnlich wie auf dem Autorenbild der British Library, mit den *artes liberales* assoziiert wird. Und auch die Texte über Metrik und Geometrie am Anfang des Kodexes, ebenso wie die Schrift *De arithmetica* nach der *Consolatio*, weisen darauf hin, dass dieses Werk als Kunsttheorie rezipiert wurde.

Im Gegensatz zu der Federzeichnung der British Library, die den Streit der Künste darstellt, zeigt das Pariser Autorenbild auf Folio 5v Boethius in friedlicher Eintracht mit den Musen; dagegen wird der Streit der Künste auf Folio 13v dargestellt: als Triumph der philosophischen Dialektik über eine ganze Gruppe schwergepanzerter Krieger, eine Szene, die an die Kampfdarstellungen zwischen den Tugenden und Lastern erinnert, welche die *Psychomachia* des Prudentius illustrieren.

Es ist denkbar, dass der Künstler, der dieses Bild im 11. Jahrhundert in die Handschrift eingefügt hat, eine Parallele herstellen wollte zwischen den Bildnissen der *Consolatio* und den beiden Autorenbildern am Anfang von *De trinitate*, dessen erstes ebenfalls den Autor beim Schreiben darstellt (Folio 158v, Abb. 68a), während das zweite Boethius in einer I-Initiale mit betend erhobenen Händen unter der göttlichen Trinität zeigt (Folio 159r, Abb. 68b). Die Initiale, die der Künstler für das *Incipit* «Investigatam diutissime» vorgesehen hatte, befindet sich auf einer völlig leeren Seite – eine weitere Inkohärenz zwischen der Bildausstattung und dem Text, der erst auf der folgenden Seite mit dem Buchstaben A beginnt (*Ad omnipotentis* [...]) und in dem der Autor um die Hilfe Gottes für sein Werk bittet.

[305] Boethius: Consolatio Philosophiae, lib. I, 3. prosa, Z. 31ff. Gegenschatz, S. 12.
[306] Boethius: Consolatio Philosophiae, lib. I, 3. prosa, Z. 40ff. Gegenschatz, S. 12f.

Während die Autorenbildnisse der *Consolatio* Boethius' Situation in der Welt thematisieren, illustrieren diejenigen von *De trinitate* das Verhältnis des Autors zu Gott. Das Autorenbild von *De trinitate* auf Folio 158v zeigt den nimbierten Boethius unter einer *Majestas Domini* frontal vor zwei zurückgeschlagenen Vorhängen thronen. In den weit ausgestreckten Armen hält er ein Pergamentblatt oder ein Buch und eine Feder, die er in ein Tintenhorn taucht. Boethius erscheint dergestalt als göttlich inspirierter Autor. Zum Vergleich sei an das oben behandelte Fuldaer Frontispiz der Vita der heiligen Margarethe erinnert, auf dem wir dieselbe Körperhaltung des Autors finden, der ebenfalls unter der göttlichen Erscheinung thront, dem Thema seiner Schrift (Abb. 10).

In der I-Initiale auf der folgenden Seite thront Christus zuoberst über dem Lamm Gottes und der Taube des Heiligen Geistes. Darunter steht Boethius, wiederum nimbiert und mit nackten Füssen. Er hat Kopf und Hände erhoben und ist ohne Schreibutensilien dargestellt. Dagegen blickt der Autor auf dem Frontispiz nicht auf die *Majestas Domini*, sondern auf seine Schreibunterlage, die er in der linken Hand hält. Das Schreiben des Buchs und die Vision werden in zwei verschiedenen Szenen gezeigt.

Aus den vier unterschiedlichen Autorenbildern der Handschrift können wir schliessen, dass die Darstellung der Wachstafel an eine ganz bestimmte Inszenierung des Boethius gebunden ist. Während die christliche *auctoritas* als Buchschreiber erscheint, schreibt der Schüler der Musen auf eine Wachstafel. Während der Blick des Autors von *De trinitate* auf seine Schreibarbeit gerichtet ist, schaut der Autor der *Consolatio* beim Schreiben auf die Musen: Schreiben und Sehen sind hier als *gleichzeitige* Handlungen dargestellt, dagegen werden in den Autorenbildern von *De trinitate* diese beiden Tätigkeiten in zwei voneinander getrennten Szenen abgebildet. Während die Schreibtafel das Attribut eines schwachen, auf seinem Bett liegenden visionären Autors ist, sitzt der buchschreibende Verfasser von *De trinitate* auf einem Thron unter einer prachtvoll geschmückten Arkade. Sein Nimbus und die geöffneten Vorhänge hinter ihm lassen keinen Zweifel aufkommen an seiner Heiligkeit und Autorität. Dagegen ist die *auctoritas* auf dem Bildnis der *Consolatio* nicht Boethius, sondern die die ganze Szene überragende Gestalt der Philosophie.

Werfen wir noch einen Blick auf den Aufbau der beiden besprochenen Handschriften: Die Boethius-Handschrift in der British Library, in der sich das Frontispiz ursprünglich befand, beginnt mit zwei Viten des Autors; es folgen die *Consolatio*, liturgische Schriften und die *Opuscula sacra*.[307] Der ursprünglich intendierte Aufbau der Handschrift in der Bibliothèque Nationale muss ähnlich gewesen sein: Auch hier war am Anfang wahrscheinlich eine Vita vorgesehen, auf die die *Consolatio, De arithmetica* und *De trinitate* folgen. Während in der Londoner Hand-

[307] Gibson / Smith: Codices, Nr. 124.

schrift das theologische Interesse an Boethius im Vordergrund steht, ist es im Pariser Kodex das wissenschaftliche. Die unterschiedliche Darstellung der Musen auf den beiden Frontispizen entspricht diesen Schwerpunkten: Auf dem Londoner Autorenbild werden sie von der Philosophie vertrieben, auf dem Pariser Bild bleiben sie beim Autor. Während die Bildkomposition des Frontispizes in der British Library suggeriert, dass Boethius den Musen beim Schreiben auf der Tafel den Rücken zukehrte, wendet sich der Autor im Pariser Kodex den lehrenden Musen zu.

In beiden Kodizes steht die *Consolatio* am Anfang der Schriften des Boethius. Wie die ikonographische Analyse der Autorenbilder gezeigt hat, wird sie beide Male als kunsttheoretische Schrift interpretiert. Für die Bedeutung der Wachstafel können wir daraus folgern, dass sie den Autor als Vertreter der *artes* kennzeichnet, als deren Meisterin die Philosophie erscheint, als Initiationsfigur auf dem Weg der Wissenschaft, die zum Studium der Theologie, der *divina sapientia*, hinführt, wie es der Aufbau der beiden Kodizes nahelegt.

Die Wachstafel wird nicht nur in der Boethius-Ikonographie mit den *artes liberales* assoziiert. Eine Handschrift des 10. Jahrhunderts von Martianus Capellas *De nuptiis Mercurii et Philologiae*, eine Schrift, die auf die mittelalterliche Darstellung der Musen einen grossen Einfluss hatte[308], zeigt die Dialektik mit einer viereckigen Wachstafel in der erhobenen rechten Hand.[309] Und im *Hortus Deliciarum* der Herrad von Hohenburg hält die Rhetorik ein Wachstafeldiptychon und einen Griffel.[310]

Zwei Autorenbilder in der Bodleian Library

Auch in der Boethius-Ikonographie des 12. Jahrhunderts bleibt die Assoziation der Wachstafel mit den Musen erhalten. Eine Handschrift der *Consolatio Philosophiae* (1130–1140) in der Bodleian Library in Oxford enthält zwei Autorenporträts: das Frontispiz auf Folio 1v, das Boethius mit einem offenen Buch zeigt, und ein zweites Bildnis in der C-Initiale des *Incipit* «Carmina» auf Folio 7v, in der der Autor auf einem Stuhl sitzt (Abb. 69a und b).[311] Das aufgeklappte Diptychon liegt auf seinem höhergestellten linken Knie. Boethius ist hier nicht beim Schreiben dargestellt, denn er hat keinen Griffel in der Hand, sondern liest über die Tafel gebeugt, indem er mit dem kleinen Finger der rechten Hand über das Wachs fährt.[312] Die C-Initiale leitet den Text ein:

[308] Verdier: Iconographie, S. 305ff. Kupke: Muses, S. 427.

[309] Paris, Bibliothèque Nationale, Ms lat. 7900 A, fol. 132v. Verdier: Iconographie, Tafel VII und S. 312f.

[310] Herrad: Hortus. Rekonstruktion, Tafel 18.

[311] Oxford, Bodleian Library, Auct. F. 6.5. Courcelle: Consolation, Abb. 8. Hassall / Hunt: Treasures, Nr. 53, Farbtafel 11. Kauffmann: Manuscripts, Abb. 137 und 138, Kat. 49. Troncarelli: Aetas, Nr. 86. Gibson / Smith: Codices, Nr. 167.

[312] Courcelle: Consolation, S. 72f., beschreibt die Szene fälschlicherweise als «Boèce est en train de rédiger le chant initial». Ebenso Hassall / Hunt: Treasures, Nr. 53.

Carmina qui quondam studio florente peregi
Flebilis, heu, moestos cogor inire modos.
(Der ich Gesänge vordem in blühendem Eifer vollendet,
Wehe, wie drängt das Geschick traurige Weisen mir auf.)[313]

Einen ganz anderen Boethius zeigt das Frontispiz auf Folio 1v. In der Mitte des Bildes sitzt der Autor mit übereinandergeschlagenen Beinen auf einer Bank unter einer Ädikula und blickt nach rechts auf die gekrönte übergrosse Philosophie, die mit erhobenem Zeigefinger zu ihm spricht. Von den beiden hornblasenden Musen auf der linken Seite hat er sich abgewendet. Boethius hält in der linken Hand ein aufgeschlagenes Buch, offenbar die *Consolatio Philosophiae.* Die Szene wird von einer Architekturkulisse umrahmt, einer Mauer und einer zinnenbewehrten, von zwei Türmen flankierten Arkade. Anders als auf den oben besprochenen Bildern ist Boethius hier als Gefangener dargestellt. Um seinen Hals liegt eine Kette, deren Ende an der Ädikula befestigt ist. Boethius ist angekettet wie ein Tier. Pierre Courcelle hat darauf hingewiesen, dass die Kette eine Metapher des Textes illustriert:

Nunc iacet effeto lumine mentis
et pressus gravibus colla catenis
declivemque gerens pondere ultum
cogitur, heu, stolidam cernere terram.
(Und nun ist ihm des Geistes Leuchte ermattet,
Und den Nacken im Druck engender Ketten
Zwingt die wuchtende Last nieder den Blick ihm,
Wehe, nur dich zu schaun, törichte Erde!)[314]

Doch auf dem Bild blickt Boethius nicht zur Erde, wie es diese Verse erwarten liessen, sondern auf die Philosophie, das heisst, der Maler hat auch die folgenden Verse illustriert, in denen der Dichter schildert, wie die Philosophie seine von Tränen überströmten Augen heilt:

Tunc me discussa liquerunt nocte tenebrae
luminibusque prior rediit vigor.
(Da verliess mich das Dunkel, es wichen die nächtlichen Nebel,
Frühere Kraft kehrte den Augen zurück.)[315]

Boethius hat seine rechte Hand an die Wange gelegt, eine Geste, die die Bedeutung seines Blicks unterstreicht. Der Vergleich mit der trauernden «ANIMA» im Stuttgarter Psalter (Folio 55r), die, die rechte Hand an der Wange, nach dem Lautenspieler hinblickt, der sie zu erheitern sucht (Abb. 100), macht deutlich, dass es sich um die

[313] Boethius: Consolatio Philosophiae, lib. I, 1. carmen, Z. 1–2. Gegenschatz, S. 2f.
[314] Boethius: Consolatio Philosophiae, lib. I, 2. carmen, Z. 24ff. Gegenschatz, S. 9. Courcelle: Consolation, S. 347f.
[315] Boethius: Consolatio Philosophiae, lib. I, 3. carmen, Z. 1f. Gegenschatz, S. 8f.

Geste eines Melancholikers handelt. Auf einem Elfenbein aus Salerno (1058–1085) sitzt in derselben Pose der zweifelnde Joseph vor Maria, von deren Schwangerschaft er soeben erfahren hat.[316]

Vergleicht man das Oxforder Autorenbild mit dem Frontispiz der British Library (Abb. 64), so wird deutlich, dass Boethius auf dem Oxforder Bild nicht nur den Platz der Philosophie in der Bildmitte, sondern auch ihre Funktion übernommen hat, nämlich diejenige eines Schiedsrichters zwischen zwei Parteien, der Philosophie und den Musen. Ähnlich wie die gekreuzten Beine der Philosophie auf der Federzeichnung in der British Library andeuten, dass sie sich gegen die Musen und für Boethius entscheidet, verweisen die übereinandergeschlagenen Beine des Autors auf dem Oxforder Bild auf seinen Sinneswandel beim Erscheinen der Philosophie.

Die beiden Bildnisse in der Oxforder *Consolatio* entsprechen zwei verschiedenen Vortragssituationen: Auf dem Frontispiz hält Boethius das aufgeschlagene Buch in der linken erhobenen Hand auf die gleiche Weise wie zum Beispiel der vor dem Volk Israel predigende Moses in der Bibel von Bury Sankt Edmund[317] oder wie thronende geistliche Würdenträger auf unzähligen mittelalterlichen Siegeln. In solchen Darstellungen kennzeichnet das offene Buch seinen Träger als das Wort Gottes lehrende Autorität. Anders der Autor in der C-Initiale: Er sitzt allein über die Schreibtafel gebeugt, die das erste Lied der *Consolatio* einleitet, eine erschütternde, verzweifelte Klage über die Vergänglichkeit von Jugend und Glück. Es wird hier ein Monolog dargestellt, eine Szene, die den (laut lesenden) Leser dazu einlädt, sich mit dem Autor und seinem Klagelied zu identifizieren. Auf dem Frontispiz dagegen spricht nicht Boethius, sondern die Philosophie. Am Anfang des Buches redet sie Prosa; der Gegensatz zwischen der philosophischen Prosa und der von den Musen inspirierten Poesie wird auf den beiden Bildern durch zwei verschiedene Schriftstücke symbolisiert: das Buch und die Schreibtafel.

Die Musen werden auch hier mit den *artes liberales* assoziiert, diesmal jedoch nicht mit der Geometrie, sondern mit der Musik: Hornblasende Musen sind auf einer Federzeichnung der Stadtbibliothek von Reims abgebildet, die eine kosmologische Kreiskomposition zeigt mit dem antiken Windgott Aer inmitten der Winde, umgeben von den antiken Musikern Arion, Orpheus und Pythagoras (1170–1180, Abb. 71).[318] Die Büsten der neun Musen sind in Medaillons um die drei Begründer der Musik herum angeordnet. Sechs von ihnen halten Musikinstrumente in den Händen; die drei übrigen sind durch ihre Gesten als Sprechende charakterisiert. Vier der Musen halten dieselben geraden Hörner in den Händen wie die Musen auf dem

[316] Robert P. Bergman: The Salerno Ivories. Ars Sacra from Medieval Amalfi, Cambridge, Massachusetts, London 1980, Abb. 21.

[317] Cambridge, Corpus Christi College, Ms. 2, fol. 94r. Kauffmann: Manuscripts, Kat. 56, Abb. 149. Mellinkoff: Moses, Abb. 47.

[318] Reims, Bibliothèque municipale, MS 672. Cahn: Manuscripts, Kat. 147, Abb. 374.

Oxforder Boethius-Frontispiz. Auch Arion, auf einem Delphin sitzend, nach der von Herodot (I,24) erzählten Legende, bläst in ein Horn, während er eine Laute in der linken Hand hält.

Ebenfalls als kosmische Musikinstrumente erscheinen die Hörner auf einer Federzeichnung (1050–1070), die in eine Bibel aus dem 10. Jahrhundert in der British Library als Illustration des Anfangs der Genesis eingefügt wurde (Abb. 72).[319] Es handelt sich um eine kosmologische Kreiskomposition, die vom Haupt des Schöpfergottes überragt wird, welcher einen Massstab und einen Zirkel in den Händen hält. Aus seinem Mund ragen zwei langgestreckte Hörner. Im unteren Teil des Kreises sitzt die nimbierte Taube des Heiligen Geistes. Die Darstellung Gottes als Musiker und Geometer – es handelt sich um die beiden Künste, die die Musen auf den Boethius-Frontispizen verkörpern – charakterisiert diese Künste als die Schöpfung konstituierend: Sie stehen am Ursprung aller Wissenschaften.

Der kosmologische Aspekt der Hornmusik scheint mir für die Interpretation der Musen auf dem Oxforder Boethius-Frontispiz von zentraler Bedeutung. Er weist darauf hin, dass die turmbewehrte Gefängnismauer, innerhalb deren die Musen neben dem angeketteten Boethius stehen, das Gefängnis der Welt symbolisiert, eine Metapher, auf deren weite Verbreitung bereits hingewiesen wurde.[320] Ausserhalb des Architekturrahmens befinden sich nur die Philosophie links im Vordergrund, und über der Szene, auf dem Schlussstein des Gewölbes, sitzt ein Vogel, der seinen Kopf herabneigt. Ob er den Geist des Boethius symbolisiert, der beim Anblick der Philosophie «aus dem irdischen Kerker entlassen, frei zum Himmel steigt»?[321]

Ein Frontispiz in der Universitätsbibliothek Cambridge

Ein weiteres, ungefähr gleichzeitig entstandenes Frontispiz der *Consolatio* in Cambridge zeigt den Autor auf eine Wachstafel schreibend, während er drei hornblasenden Musen den Rücken zukehrt (ca. 1140, Abb. 70).[322] Wir haben hier also dieselbe poetische Situation wie auf dem Frontispiz der British Library. Boethius sitzt über die Schreibtafel gebeugt unter einem turmbewehrten Gewölbe. In den Fenstern des Turmes am rechten Bildrand sind die Köpfe dreier Musen zu sehen, die dem Autor mit ihren Hörnern ins Ohr blasen. Das Bild zeigt Boethius unmittelbar *bevor* er die Philosophie erblickt, die bereits vor ihm steht. Der Text über dem Bild bestätigt dies. Es handelt sich um die letzten beiden Verse des Klagelieds, in dem der Autor sein Unglück beweint, und den Anfang der ersten Prosa, die das Erscheinen der Philosophie beschreibt:

[319] London, British Library, MS Royal 1. E. VII, fol. 1v. Temple: Manuscripts, Kat. 102, Abb. 319.
[320] Vgl. oben S. 156.
[321] Vgl. oben S. 155.
[322] Cambridge, University Library, Dd. 6.6, fol. 2v. Kauffmann: Manuscripts, Abb. 136, Kat. 50. Troncarelli: Aetas, Nr. 71. Gibson / Smith: Codices, Nr. 3.

Quid me felicem totiens iactastis, amici?
Qui cecidit, stabili non erat ille gradu.
Haec cum tacitus mecum ipse reputarem, querimoniamque lacrimabilem styli officio designarem, adstitisse mihi supra verticem visa est mulier, reverendi admodum vultus, oculis ardentibus, et ultra communem hominum valentiam perspicacibus, colore vivido, atque inexhausti vigoris.
(Warum prieset ihr einst mich oft so glücklich, o Freunde?
Wer so stürzte, der stand niemals auf sicherem Fuss.
Während ich solches schweigend bei mir selbst erwog und meine tränenvolle Klage mit Hilfe des Griffels aufzeichnete, schien es mir, als ob zu meinen Häupten ein Weib hinträte von höchst ehrwürdigem Antlitz, mit funkelnden und über das gewöhnliche Vermögen der Menschen durchdringenden Augen, von frischer Farbe und unerschöpfter Jugendkraft.)[323]

Anders als auf den bisher besprochenen Bildern ist die Philosophie nicht in übermenschlicher Grösse dargestellt; sie naht sich dem Schreibenden nicht als überirdische Majestät, sondern wie eine vornehme Freundin. Nur die offene Tür hinter ihr, die mit den eingeschlossenen Musen auf der Gegenseite kontrastiert, signalisiert, dass sie als Befreierin kommt. Solche Türen finden sich zuweilen auf Traumvisionen hinter den Schlafenden, so zum Beispiel auf den Glasfenstern von Chartres.[324] Boethius und die Philosophie befinden sich allein unter einem von Säulen getragenen Gewölbe. Auf keinem der bisher behandelten Bilder wird die Einsamkeit und das Eingeschlossensein des Autors so stark hervorgehoben wie hier, auf keinem nimmt die Architektur so viel Raum ein.

Aus meiner Untersuchung der Porträts in vier Handschriften, die alle die *Consolatio* enthalten, kann gefolgert werden, dass die Wachstafel Boethius als Schüler der Musen und als Vertreter der *artes* charakterisiert, die auf den Bildern des 10. und 11. Jahrhunderts mit der Geometrie assoziiert werden, auf den beiden des zwölften mit kosmischer Musik. Auf die Verwandtschaft der beiden Künste und ihre zentrale kosmologische Bedeutung deutet das Schöpfungsbild in der Bibel in der British Library, das Gott als Hornbläser und Geometer darstellt. Die Musen des Boethius mit der Wachstafel werden im Vergleich zum Text, in dem sie von der Philosophie als verderbliche Sirenen und Dirnen der Bühne beschimpft und fortgejagt werden, erstaunlich positiv charakterisiert. Die Darstellungen inszenieren eine künstlerische und existentielle Situation, die durch die Wachstafel symbolisiert wird und die der Klage des Dichters vor dem Erscheinen der Philosophie entspricht. Auf allen Bildern ist Boethius, seiner hohen Stellung am Königshof entsprechend, vornehm gekleidet.

[323] Boethius: Consolatio Philosophiae, lib. I, 1. carmen, Z. 21f., 1. prosa, Z. 1ff. Gegenschatz, S. 2f.
[324] Vgl. die Träume Josephs und Pharaos auf den Glasfenstern in Chartres. Deremble-Mannes: Traumwelt, Farbabb. 6, 8, 9.

Die politische Dimension der *Consolatio*, auf die Pierre Courcelle eingegangen ist, gilt es ebenfalls zu beachten, so hat Boethius laut Courcelle dem Mittelalter das platonische Ideal eines von Philosophen regierten Staats übermittelt.[325] Von Politik ist bereits zu Beginn der *Consolatio* die Rede, wo der Autor seinen Sturz und die Vergänglichkeit irdischer Macht beklagt:

> Quid me felicem totiens iactastis, amici?
> Qui cecidit, stabili non erat ille gradu.
> (Warum priest ihr einst mich so glücklich, o Freunde?
> Wer so stürzte, stand niemals auf sicherem Fuss.)[326]

Unter diesem Aspekt kann der traurige Gesänge dichtende Boethius den oben behandelten höfischen Autoren mit Wachstafeln zugeordnet werden, denn hier wie dort wird die Begrenztheit irdischer Macht thematisiert. Hier wie dort kann die Schreibtafel als Bildmetapher interpretiert werden für eine literarische Gattung, die auf die Bedingtheit weltlicher Herrschaft hinweist.

Geistliche Autoren

Evangelisten

Bilder von Evangelisten mit Schreibtafeln sind relativ selten. Wie Carl Nordenfalk gezeigt hat, wurde das Verfassen des Evangeliums erstmals in der karolingischen Buchmalerei als Kommunikation zwischen dem Evangelisten und seinem Symbol dargestellt.[327] Die zweiteiligen Bildnisse des Evangelisten bei der Arbeit und seines Symbols in einem Rundbild darüber sind nach Anton von Euw von präikonoklastischen byzantinischen Bildnissen abgeleitet, die eine *imago clipeata* des Autors und darunter denselben bei der Ausübung seiner Kunst zeigen.[328] Diese aus der Antike stammende Unterteilung des Autorenbildnisses in ein historisches und ein ewiges (*imago clipeata*) wird zuerst in der englischen und irischen Buchmalerei auf die Evangelisten übertragen:

> In der insularen Kunst sollten sich die Symbole zunehmend mit den Evangelistenbildern verbinden; auch das Symbol konnte zum Bild des Evangelisten werden, wie wir bezeichnenderweise im Book of Cerne lesen, einer englischen Handschrift der ersten Hälfte des 9. Jahrhunderts – sie zeigt Büsten von Evangelisten über ihren ganzfigurigen Symbolen – «hic Matheus in humanitate» und: «hic Matheus in angelico aspectu».[329]

Wie im antiken Autorenbild werden die beiden Darstellungen als verschiedene Erscheinungsformen ein und derselben Person gedeutet. Die Menschengestalt des

[325] Courcelle: Consolation, S. 60ff., S. 347ff.
[326] Boethius: Consolatio Philosophiae, lib. I, 1. carmen, Z. 21f. Gegenschatz, S. 3f.
[327] Nordenfalk: Evangelist, S. 185ff.
[328] Anton von Euw: Evangéliaires carolingiens enluminés, La Haye, Bruxelles 1990, S. 50.
[329] Das kostbare Evangeliar des heiligen Bernward, hg. von Michael Brandt u.a., München 1993, S. 26.

Evangelistensymbols des Matthäus ermöglicht dem Maler ein direkteres Anknüpfen an die antike Tradition als dies bei den drei andern Evangelisten der Fall ist. So ist Matthäus meines Wissens der einzige der vier Evangelisten, der hin und wieder mit einer Schreibtafel dargestellt wird, während die anderen stets Bücher oder Rollen vor sich haben. Eine genauere Untersuchung zeigt allerdings, dass Matthäus nicht wirklich nach Diktat schreibt: Im Evangeliar aus Prüm (Tours, um 850) deutet die erhobene Rechte des Engels im oberen Teil des Bildes zwar an, dass er diktiert, aber Matthäus schreibt mit Feder und Tinte auf die Tafel, und das Tintenhorn steckt in der turmartigen Architektur hinter seinem Rücken.[330] Ähnliches gilt für den Matthäus des Evangeliars im Schnütgen-Museum (Saint-Amand, 860–880), wo der Autor, mit Feder und Tintenhorn ausgestattet, seine Tafel mit Goldschrift beschreibt.[331] Auch im goldenen Evangelienbuch von Echternach (um 1030) hält Matthäus die Tafel über ein Schreibpult, in dem Tintenhorn und Feder stecken.[332] Alle diese Tafeln sind rechteckig, und die Maler gleichen ihre Darstellung an einen Kodex an.

Nicht nur die Evangelisten, auch ihre Symbole werden häufig mit einem Buch, einer Pergamentrolle oder, in seltenen Fällen, mit einer Wachstafel ausgestattet. Auf solchen Bildern wird die Kommunikation zwischen dem Evangelisten und seinem Symbol nicht als Diktatszene, sondern als das Kopieren eines *exemplar* aufgefasst.[333] Die Tätigkeit des Evangelisten wird somit der Arbeit eines Schreibers oder Kopisten angeglichen. Nach Carl Nordenfalk lassen sich solche Darstellungen nicht auf frühchristliche Evangelistenbilder zurückführen, auf denen die Autoren nicht mit ihrem Symbol, sondern zusammen mit einem Augenzeugen des Lebens Christi dargestellt wurden.[334]

Was bedeuten die *exemplares* der Evangelistensymbole? Es handelt sich offenbar um Schriftstücke, die das göttliche Wort unmittelbarer wiedergeben als die Evangelisten, die es abschreiben; insofern sind sie den Gesetzen des Moses vergleichbar, die ebenfalls in Form einer Buchrolle, eines Buchs oder einer Wachstafel dargestellt wurden.[335] Hier wie dort handelt es sich um Schriftstücke göttlichen Ursprungs, die nicht von Menschenhand geschrieben wurden.

[330] Brandt: Evangeliar, S. 25, Abb. 6.

[331] Von Euw: Evangéliares, S. 14, Abb. 5.

[332] Rainer Kahsnitz / Ursula Mende / Elisabeth Rücker: Das Goldene Evangelienbuch von Echternach – eine Prunkhandschrift des 11. Jahrhunderts. Germanisches Nationalmuseum Nürnberg. Frankfurt a.M. 1982, Tafel 14.

[333] Louis J. Bataillon hat die Polysemie des Begriffs im Mittelalter untersucht: «En résumé, *exemplar* peut donc signifier modèle, autographe, copie quelquonque, copie autorisée, copie servant de modèle, modèle certifié par l'Université, modèle divisé en cahiers non reliés.» Louis J. Bataillon: Exemplar, pecia, quaternus. In: Vocabulaire du livre et de l'écriture au moyen âge. Actes de la table ronde, Paris, 24–26 septembre 1987 (CIVICIMA, Etudes sur le vocabulaire intellectuel du moyen âge II), hg. von Olga Weijers, Turnhout 1989, S. 207–219, hier S. 219.

[334] Nordenfalk: Evangelist, S. 177f. und Abb. 5–8.

[335] Vgl. unten S. 250ff.

Darstellungen des göttlichen *exemplar* als Wachstafel scheinen selten gewesen zu sein. Das einzige mir bekannte Beispiel findet sich in einer Bibel von Santa Cruz (nach 1132).[336] Blatt 364v zeigt eine Kanontafel, über der vier Figuren abgebildet sind, welche die Evangelisten und ihre Symbole in *einer* Gestalt verkörpern: Die Köpfe des Engels des Matthäus, des Löwen des Lukas und des Adlers des Johannes sitzen auf menschlichen Körpern. Die drei Mischwesen halten Wachstafeldiptychen in den Händen, zwei von ihnen ausserdem einen Griffel.[337]

Die göttlichen *exemplares* in den Evangelistenbildern lassen sich weder auf spätantike Autorenbilder zurückführen noch auf die Evangelienprologe, in denen das Leben der vier Evangelisten beschrieben wird. Sie sind offensichtlich eine Erfindung der mittelalterlichen Kunst, die mit der Inszenierung der Evangelisten als Bibelschreiber zusammenhängt. Um die Bedeutung des göttlichen *exemplar* zu verstehen, müssen wir daher nach Texten suchen, welche die Arbeit eines Bibelschreibers schildern.

Der Schreiber der heiligen Brigitte von Kildaere

Ein göttliches *exemplar* in Form einer Wachstafel erwähnt Giraldus Cambrensis in seiner *Topographia Hibernica*, die er nach seiner Irlandreise um 1185 verfasste. Im Kloster von Kildaere, berichtet Giraldus, habe er ein Evangelium gesehen, ein Meisterwerk irischer Buchmalerei:

> Sin autem ad perspicacius intuendum oculorum aciem invitaveris, et longe penitius ad artis arcana transpenetraveris, tam delicatas et subtiles, tam arctas et artitas, tam nodosas et vinculatim colligatas, tamque recentibus adhuc coloribus illustratas notare poteris intricaturas, ut vere haec omnia potius angelica quam humana diligentia jam asseveraveris esse composita.[338]

[336] Porto, Biblioteca Publica Municipal, ms. 32, fol. 364v. Walter Cahn: La bible romane. Chefs-d'œuvre de l'enluminure, Fribourg 1982, S. 19, Abb. 3, S. 29, Kat. 149.

[337] Dagegen halten die Evangelisten im Evangelium des Schreibers Cadmug (Irland, 8. Jh.) nicht Schreibtafeln und Griffel, wie Jakobi-Mirwald und Köllner annehmen, sondern Buch und Szepter, wie Alexander glaubt. Dass es sich um Szepter handelt, erkennt man daran, dass sie unten abgerundet sind und oben in zwei Enden auslaufen, was bei einem Griffel, mit dessen hinterem Ende man die Schrift auf der Tafel auswischt, indem man das Wachs glattstreicht, keinen Sinn machen würde. Fulda, Hessische Landesbibliothek, Cod. Bonif. 3. Die illuminierten Handschriften der Hessischen Landesbibliothek, Teil 1: Handschriften des 6.–13. Jahrhunderts, Bildband, hg. von Herbert Köllner, Stuttgart 1976, Kat. 3, S. 8f. Textband, hg. von Christine Jakobi-Mirwald und Herbert Köllner, Stuttgart 1993, Kat. 3, S. 21ff. Jonathan James G. Alexander: Insular Manuscripts, 6th to 9th century (A survey of Manuscripts illuminated in the British Isles), London 1978, S. 70, Kat. 49.

[338] Giraldus Cambrensis: Topographia Hibernica, Distinctio II, Cap. XXXVIII. Giraldi Cambrensis Opera, Bd. 5, hg. von James F. Dimock (Rerum Britannicarum Medii Aevi Scriptores / Chronicles and Memorials of Great Britain and Ireland during the Middle Ages), London 1964 (Reprint der Ausgabe von 1867), S. 123.

(Aber wenn du dich bemühst, genauer hinzuschauen und mit deinen Augen die Geheimnisse der Kunst zu erkennen, wirst du solche Kunstfertigkeit entdecken, so köstlich und fein, so ineinander verwoben und verschlungen, so miteinander verknotet und eng zusammengefügt und noch heute so frisch in den Farben, dass du behaupten würdest, dies alles sei eher das Werk von Engeln als von Menschen.)

Giraldus begnügt sich nicht mit dieser minutiösen Beschreibung des Kunstwerks, sondern erzählt im folgenden dessen Entstehungsgeschichte, die zeigt, dass seine Bemerkung, das Buch erscheine eher als Werk von Engeln als von Menschen, wörtlich zu nehmen ist, denn er schildert die illuminierte Bibel von Kildaere als ein unter göttlicher Anleitung entstandenes Kunstwerk:

Nocte prima, cujus mane librum scriptor inchoatus fuerat, astitit ei angelus in somnis, figuram quandam tabulae quam manu praeferebat impressam ei ostendens, et dicens, «Putasne hanc figuram in prima libri quem scripturus es pagina possis imprimere?» Cui scriptor, de tantae subtilitatis arte, de tam ignotae et inusitatae rei diffidens notitia, respondit: «Nequaquam.» Cui angelus: «In crastino die dic dominae tuae, ut ipsa pro te orationes fundat ad Dominum, quatinus ad acutius intuendum et subtilius intelligendum tibi tam mentis quam corporis oculos aperiat, et ad recte protrahendum manus dirigat.» Quo facto, nocte sequente iterum affuit angelus, eandem figuram aliasque multas ei praesentans. Quas omnes, divina opitulante gratia, statim advertens et memoria fideliter commendans, libro suo locis competentibus ad unguem scriptor impressit. Sic igitur angelo praesentante, Brigida orante, scriptore imitante, liber est ille conscriptus.[339]
(In der Nacht bevor der Schreiber das Buch anfangen wollte, stand ein Engel im Traum bei ihm, zeigte ihm eine Figur auf einer Tafel, die er in der Hand hielt, und sagte: «Glaubst du, dass du diese Figur auf der ersten Seite des Buches, das du schreiben wirst, malen kannst?» Worauf der Schreiber, der sich die Beherrschung so feiner Kunst nicht zutraute und nicht glaubte, etwas so Unbekanntes und Ungewöhnliches schaffen zu können, antwortete: «Nein.» Da sagte der Engel: «Sag morgen deiner Herrin [Brigitte von Kildaere], sie möge für dich zu Gott beten, damit du schärfer siehst und feiner erkennst und dir die Augen des Geistes und des Körpers geöffnet werden und damit deine Hand beim Zeichnen richtig geführt werde.» Nachdem das geschehen war, kam der Engel in der folgenden Nacht wieder und zeigte ihm dieselbe und viele andere Zeichnungen, die sich der Schreiber mit Hilfe der göttlichen Gnade alle genau merkte und sie getreu an ihre Plätze in sein Buch einzeichnete. Und so wurde das Buch hergestellt: der Engel präsentierte die Zeichnungen, Brigitte betete, und der Schreiber kopierte.)

Giraldus entwickelt hier eine Kunsttheorie, die für die Interpretation mittelalterlicher Evangelistenbilder von grossem Interesse ist, da sie die Bedeutung des göttlichen *exemplar* erhellt. Der Autor beschreibt die Herstellung der «unbekannten und sehr ungewöhnlichen» illuminierten Bibel als das Kopieren eines göttlichen Urbilds oder *exemplar* auf einer Wachstafel. Der Buchkünstler erscheint nicht als Innovator

[339] Giraldus: Topographia, II, Cap. XXXIX, Dimock, S. 124.

oder Schöpfer von etwas Neuem, sondern als Kopist eines präexistierenden göttlichen Werks. Seit Erwin Panofsky wissen wir, dass die aus dem Neuplatonismus stammende Auffassung, der Künstler schaffe Formen nicht nach der Natur, sondern nach Bildern, die in seinem eigenen Innern präexistent sind, ins Mittelalter übernommen wurde.[340] In Giraldus' Bericht wird das Innere des Künstlers durch seine Traumvisionen dargestellt, in denen ihm die göttlichen Bilder erscheinen.

Aufschlussreich in unserem Zusammenhang ist auch die Rolle Brigittes bei der Entstehung des Buches. Der Engel nennt sie die «Herrin» (*domina*) des Malers. Im Unterschied zu den Evangelisten, die das göttliche *exemplar* ohne die Hilfe einer vermittelnden Person kopieren, hängen die Öffnung der «körperlichen» und «geistigen Augen» des Malers von Kildaere, das heisst sein Genie, sowie die Geschicklichkeit seiner Hand von Brigittes Gebeten ab. Die Vermittlerinnenrolle der Heiligen zwischen Gott und dem Maler ist derjenigen einer Schutzpatronin vergleichbar. Dem Maler selbst wird nur die rein materielle Seite der künstlerischen Ausführung zugeschrieben; er ist nur Kopist. Seine Kreativität, das heisst das, was die Künstler der Renaissance *ingenium* nennen werden, verdankt er Brigitte, welche die spirituelle Seite des künstlerischen Entstehungsprozesses übernimmt.

Brigitte wird in diesem Bericht eine Position zugewiesen, die Frauen auch auf Autorinnenbildern einnehmen können: So erscheint Hildegard von Bingen in den Kodizes von Salem und Lucca ebenfalls als Vermittlerin zwischen Gott und dem Buchschreiber (Abb. 78, 46). In späterer Zeit wird auch Brigitte von Schweden als Vermittlerin zwischen Christus und dem Klerus oder dem König dargestellt (Abb. 28). Es scheint sich um eine für Frauen typische Rolle innerhalb des mittelalterlichen Autorenbilds zu handeln: Geistliche Frauen werden weder als diktierende oder lehrende *auctoritates* noch als Buchschreiberinnen dargestellt, sondern als Medium. Dagegen werden Männer sowohl bei der materiellen Herstellung eines Buches als auch als diktierende Autoren abgebildet. Während der Empfang des göttlichen Wortes auf weiblichen ebenso wie auf männlichen Autorenbildern gezeigt werden kann, bleibt die öffentliche Verbreitung des Wortes Gottes, die Edition eines literarischen Werkes, männlichen Autoren vorbehalten.

Zacharias schreibt den Namen des Johannes

Häufiger als die Evangelisten wird der Priester Zacharias mit einer Wachstafel abgebildet, auf die er nach der Geburt Johannes des Täufers den Namen seines Sohnes schreibt.[341] Diese Darstellungen illustrieren den Anfang des Lukasevangeliums, der

[340] Erwin Panofsky: Idea. Ein Beitrag zur Begriffsgeschichte der älteren Kunsttheorie, Berlin ^{3}1975 (1924), S. 17–22.

[341] Mit einer oben abgerundete Schreibtafel ist Zacharias auf einem bemalten Pergamentstreifen mit Szenen aus dem Leben Johannes des Täufers dargestellt, der im elsässischen Kloster Hohenburg entstanden ist (spätes 12. Jh.). London, British Library, MS Add. 42497. Cahn: Manuscripts, Kat. 151, Abb. 370–373.

die Verkündigung der Geburt des Johannes an Zacharias erzählt. Da Zacharias an der göttlichen Botschaft zweifelt, wird er zur Strafe mit Stummheit geschlagen, von der er erst wieder geheilt wird, nachdem er den Namen des Johannes auf Diktat des Engels Gabriel auf eine Tafel geschrieben hat: «Sofort aber tat sich sein Mund auf, und seine Zunge löste sich, und er redete und pries Gott» (Lc 1,64).

Im folgenden sollen zwei Bilder vorgestellt werden, die völlig unterschiedliche Interpretationen des Ereignisses illustrieren. Das Perikopenbuch Heinrichs II. (1007–1012) erzählt die Geburt des Täufers in vier Bildern (Abb. 73).[342] Im ersten Bild steht der Priester neben dem Altar, ein Weihrauchgefäss schwenkend. Ihm gegenüber steht der Engel und verkündet die Geburt seines Sohnes. Die Szene darunter zeigt den stummen Zacharias vor dem Volk. Auf der folgenden Seite ist oben die Geburt des Johannes dargestellt, darunter Zacharias, der mit einem Schreibrohr auf eine viereckige Wachstafel schreibt. Vor ihm steht ein Priester, den jungen Johannes im Arm, von Elisabeth und einer Gruppe von Männern und Frauen begleitet, und streckt die Hand nach der Tafel aus. Während die beiden oberen Szenen die Verkündigung an Zacharias und die Geburt des Johannes zeigen, werden auf den unteren die Stummheit des Zacharias und sein Schreiben auf die Tafel einander gegenübergestellt, eine Komposition, die seinen Schreibakt als motivierte Handlung erscheinen lässt: Er schreibt, *weil* er nicht sprechen kann.

Anders verhält es sich bei einer Darstellung des gleichen Ereignisses auf einem Kapitell aus Notre-Dame-du-Port in Clermont-Ferrand (um 1150, Abb. 74). Der Bildhauer erzählt die Geburt des Johannes in zwei Szenen. Das vierseitige Kapitell zeigt die Verkündigung an Zacharias, die Heimsuchung, die Verkündigung an Maria und die Erscheinung des Engels vor Joseph.[343] Wir haben hier also vier prophetische Szenen. Die Verkündigung an Zacharias gleicht der Szene im Perikopenbuch: Zacharias steht mit dem Weihrauchgefäss auf der einen Seite des Altars, der Engel, der mit der Hand auf ihn weist, auf der anderen; beide Figuren tragen ein Schriftstück in der freien Hand, der Engel hält ein Spruchband, Zacharias eine oben abgerundete Tafel in der erhobenen Linken, auf der zu lesen ist: «Iohannes est nome(n eius)». Er hat beide Hände erhoben, dagegen hält der Engel sein Spruchband auf Hüfthöhe. Was im Perikopenbuch in zwei Szenen dargestellt wurde, nämlich die Verkündigung *vor* der Geburt des Johannes und das Schreiben auf die Tafel *nach* der Geburt, wird auf dem Kapitell in einer einzigen Szene zusammengefasst. Die göttliche Botschaft des Engels und die Schrift auf der Tafel des Zacharias sind einander gleichwertig gegenübergestellt. Zacharias wird nicht beim Schreiben gezeigt, so dass die Tafel, ebenso wie das Spruchband des Engels, als ein Medium göttlicher Botschaft erscheint. Auch die erhobenen Arme des Zacharias, die wohl als Gebets-

[342] München, Bayerische Staatsbibliothek, Clm 4452, fol. 149v–150r. Zierde, Nr. 30, 31, Tafel 40, 41.
[343] Arthur Kingsley Porter: Romanesque sculpture of the pilgrimage roads, Bd. VII, New York [2]1966 (1923), Abb. 1175–1179.

haltung zu deuten sind[344], kennzeichnen ihn als Rezipienten des Wortes Gottes. Dies verdeutlicht der Vergleich mit zeitgenössischen Autorenbildern: Das Frontispiz der *Orationes* Gregors des Grossen in einer Zwiefaltener Sammelhandschrift zeigt den Autor mit Schreibtafel und Griffel in den erhobenen Händen (Abb. 75). Und zu Beginn der Salemer *Scivias*-Handschrift wird Hildegard von Bingen mit Tafel und Griffel in den erhobenen Händen dargestellt (Abb. 78).[345]

Gregor der Grosse

Das erwähnte Titelbild der Predigten Gregors aus dem Kloster Zwiefalten (1140–1150) trägt folgende Inschrift am oberen Bildrand: «S(anctus) Gregorius componit divinum officium per anni circulum» (Der heilige Gregor verfasst den Gottesdienst für das ganze Jahr).[346] Gregor steht unter einem geöffneten Vorhang, er trägt eine Mitra, und auf seiner rechten Schulter sitzt eine Taube, die seine göttliche Inspiration symbolisiert (Abb. 75). Das Bild, auf dessen ikonographische Verwandtschaft mit dem Salemer Autorinnenbildnis der Hildegard von Bingen ich weiter unten näher eingehen werde[347], ist in mehrfacher Hinsicht aussergewöhnlich: Gregor wird stehend und nicht sitzend gezeigt, wie es in der Gregor-Ikonographie die Regel ist[348], ausserdem ist er als junger Mann dargestellt, mit einigen Bartstoppeln am Kinn. Weiter fehlen die traditionellen Symbole einer theologischen *auctoritas*: nicht nur Nimbus und Buch, sondern auch *cathedra* oder Thron. Während die traditionellen Bildnisse den von der Taube inspirierten Gregor meist beim Diktieren oder Schreiben auf Pergament zeigen[349], hat der Zwiefaltener Zeichner ihn im Moment der Inspiration dargestellt, das heisst rezipierend statt produzierend. Gregors Körperhaltung ist durch keine äussere Tätigkeit motiviert; er hält Schreibtafel und Griffel nicht wie Arbeitsgeräte in den erhobenen Händen, sondern präsentiert sie wie ein Würdenträger seine Insignien.

Als von der Taube des Heiligen Geistes inspirierter Autor mit einer Wachstafel erscheint Gregor auch auf dem nordfranzösichen Frontispiz der *Moralia in Hiob* (Anfang 12. Jahrhundert), welches ich bereits im Zusammenhang mit dem Motiv des Augenzeugen behandelt habe (Abb. 58).[350] Gregor sitzt auf einer *cathedra* und

[344] Rudolf Suntrup: Die Bedeutung der liturgischen Gebärden und Bewegungen in lateinischen und deutschen Auslegungen des 9. bis 13. Jahrhunderts (Münstersche Mittelalter-Schriften 37), München 1978, S. 172ff.

[345] Heidelberg, Universitätsbibliothek, Cod. Sal. X 16, fol. 3v.

[346] Stuttgart, Württembergische Landesbibliothek, Cod. brev. 128, fol. 53r. Die romanischen Handschriften der Württembergischen Landesbibliothek Stuttgart, Teil 1: Provenienz Zwiefalten, hg. von Sigrid von Borries-Schulten und Herrad Spilling (Denkmäler der Buchkunst 7), Stuttgart 1987, S. 91ff., Abb. 216.

[347] Vgl. unten S. 178f.

[348] Vgl. dazu Bloch / Schnitzler: Malschule, Bd. II, Abb. 649–665.

[349] Vgl. Eberlein: Miniatur, Abb. 1–18, und Bloch / Schnitzler: Malschule, Bd. II, Abb. 649–665.

[350] Paris, Bibliothèque Nationale, Ms lat. 15307, fol. 1v. Cahn: Manuscripts, Kat. 68, Abb. 156. Vgl. oben S. 140f.

hält ein offenes Wachstafeldiptychon auf seinem linken Knie. Auch hier wird kein Schreibakt dargestellt; die Blume, die der Autor in seiner leicht erhobenen Rechten anstelle eines Griffels hält, charakterisiert ihn als Sprechenden, genauer gesagt als Diktierenden, wie die Darstellung des schreibenden Autors neben ihm suggeriert, von dem Gregor durch einen Vorhang getrennt ist, ein Motiv, das die Heimlichkeit und Verborgenheit der göttlichen Inspiration hervorhebt. Wir begegnen ihm ebenfalls auf dem Zwiefaltener Frontispiz sowie auf dem Bildnis der komponierenden Baudonivia (Abb. 38).[351]

Schlussfolgerungen

Autoren mit Wachstafeln sind viel seltener als Autoren mit Büchern oder Pergamentbögen. Unter ihnen finden wir weltliche und geistliche, Frauen und Männer, Könige und hohe Beamte, Mönche und Nonnen, Priester und Bischöfe. Es kann sich um sehr berühmte Autor(inn)en handeln, die ein umfangreiches Werk hinterlassen haben – zum Beispiel um Gregor den Grossen, Boethius und Hildegard von Bingen –, aber auch um nahezu Unbekannte, zum Beispiel Grimbald, den Leibarzt Heinrichs I., Baudonivia, die Hagiographin Radegundes oder den Kaiser Gratian. Nicht nur die Autoren*typen* mit Wachstafeln sind überraschend vielfältig, sondern auch die literarischen Gattungen und Themen, mit denen die Tafel in Beziehung gesetzt wird: Es handelt sich um philosophische, theologische, kosmologische und politische Themen, um Briefe, Chroniken, Exegesen, Predigten usw., im Extremfall sogar nur um einen einzigen Satz oder ein Wort, etwa bei den Bildern des Zacharias.

Trotz der erstaunlichen und verwirrenden Vielfalt der Bildnisse mit Schreibtafeln zeichnen sich Züge ab, die allen Autoren gemeinsam sind: Der wichtigste ist seine Charakterisierung als Rezipient oder als Schüler einer übergeordneten Instanz – meist Gott oder ein Bote Gottes. Eng damit verbunden ist die Zeugenrolle: Der Autor notiert auf die Tafel, was er *sieht* und/oder *hört*. Bei den Buchschreibern, die Texte kopieren, in ein fertiges Buch schreiben oder darin korrigieren, fehlt diese Komponente oft.

Die geistlichen Autorenbildnisse mit Wachstafeln lassen sich nicht von den Evangelistenbildern herleiten, da die Evangelisten in der Regel nicht auf Tafeln, sondern in Bücher schreiben. Interessanterweise kommen jedoch in diesen Bildern bereits

[351] Ein weiteres Beispiel eines geistlichen Autors mit Wachstafel sind die viel späteren Bildnisse des Ruusbroec. Ein Frontispiz (Anfang 15. Jh.) zeigt den Autor unter einem Baum sitzend mit einer viereckigen Tafel auf dem Knie, die er mit einem Griffel beschreibt. Der Heilige Geist schwebt in Form einer Taube über seinem Kopf. Neben Ruusbroec sitzt ein zweiter Geistlicher, der dessen Wachstafelnotizen auf ein Pergament kopiert (Brüssel, Königliche Bibliothek, Hs. 19. 295–297, fol. 2v). Von diesem Frontispiz existiert eine Kopie von 1480 (Gent, Reichsuniversität, Hs. 693, fol. 5v). Die Wachstafel wird in der Folgezeit zu einem gängigen Attribut in der Ikonographie des Ruusbroec. Jan van Ruusbroec (1293–1381), Bd. 1, Brüssel 1981, Kat. 183ff.

seit karolingischer Zeit Schreibtafeln vor: Es handelt sich um die göttlichen *exemplares*, die von den Symbolen präsentiert und von den Evangelisten kopiert werden. In solchen Bildern sind die Evangelisten Visionäre, die ein *exemplar*, die Schrift Gottes auf der Tafel, in ein Buch übertragen.

Wie der Bericht des Giraldus Cambrensis über den Maler des Evangeliars von Kildaere zeigt, konnte diese im Evangelistenbild entwickelte Autorenkonzeption – die Kombination von Buchschreiber und Visionär – auf mittelalterliche Buchkünstler übertragen werden. Giraldus interpretiert die Bilder des Künstlers von Kildaere, ebenso wie den Text des Evangeliums, als Kopien göttlicher *exemplares*. Indem er die Bibelillustrationen als Abbilder eines präexistierenden göttlichen Urbilds auffasst, als Medium göttlicher Wahrheit, stellt er sie gleichwertig neben den Text.

Die Kombination von göttlicher Schrift auf der Tafel und menschlichem Schreiben in ein Buch, wie sie im Evangelistenbild häufig auftritt, finden wir in dieser Form nicht bei anderen Autoren, die *entweder* mit einer Tafel *oder* mit einem Buch ausgestattet sind. Die beiden Arbeitsgänge, die göttlicher und menschlicher Realität entsprechen, werden in der Regel voneinander getrennt dargestellt, so in den zweifigurigen Autorenbildern Gregors des Grossen und Hildegards von Bingen.

In den Schriften Hildegards werden die *visiones* und *auditiones* göttlicher Bilder und Worte auf äusserst komplexe Weise inszeniert. Jede ihrer farbenprächtigen Visionen wird von der göttlichen Stimme kommentiert und ausgelegt. Die drei reich illustrierten Handschriften von Hildegards Visionsschriften zeugen von der Bedeutung, die ihre Zeitgenossen der Malerei als Abbild göttlicher Urbilder zumassen. Diese Bilder können, ähnlich wie diejenigen des Malers von Kildaere, als Kopien nach einem göttlichen *exemplar* interpretiert werden.

Die Salemer *Scivias*-Handschrift

Von den drei illustrierten Visionshandschriften Hildegards ist die Ikonographie der um 1200 wahrscheinlich in Salem entstandenen *Scivias* am wenigsten erforscht (Abb. 76–79)[352], in erster Linie deswegen, weil die Illustrationen unabhängiger vom Text erscheinen als in den beiden anderen illustrierten Kodizes von Hildegards Visionsschriften, in denen ein relativ enges Wechselverhältnis zwischen Text und Bildern besteht.[353] Der Künstler des Salemer Kodexes muss dem *Scriptorium* des Klosters Zwiefalten nahegestanden haben. Dies zeigen seine Schrift und seine Bilder, die an ähnliche kosmologische Darstellungen anknüpfen, wie sie im reich mit Federzeichnungen illustrierten Zwiefaltener Chorbuch für die Prim erhalten sind (um 1170, Abb. 95, 96).

Die Salemer *Scivias* werden durch zwei ganzseitige Frontispize eröffnet: Blatt 2r zeigt einen thronenden Christus und eine synoptische Darstellung der Erschaffung der Welt bis zur Vertreibung aus dem Paradies, Blatt 2v einen thronenden *Annus* als Herrscher über die Zeichen des Himmels: Sonne und Mond, die Winde, die Jahreszeiten und Sternzeichen (Abb. 76, 77). Es folgt das Inhaltsverzeichnis auf den Blättern 3r und 3v, an dessen Ende – unten rechts auf der Seite – die Autorin zusammen mit einem Schreiber abgebildet ist, neben dem *Incipit* auf der gegenüberliegenden Seite, dessen I-Initale mit der Darstellung der Wurzel Jesse die ganze Länge der Seite einnimmt (Abb. 78, 79).

Das Autorinnenbild zeigt zwei Ädikulä übereinander; in der unteren sitzt ein Mönch mit Feder und Radiermesser ausgerüstet über sein Schreibpult gebeugt, in der oberen steht die Autorin vor einem blauem Hintergrund, Diptychon und Griffel in den erhobenen Händen. Sie trägt einen Schleier und ein langes, weitärmliges Gewand. Hildegard steht auf dem Kreuzgiebel der unteren Ädikula und blickt nach links auf die Wurzel Jesse.

Autoren mit erhobenen Armen und einer Tafel in der Hand sind uns bereits begegnet, auf dem Kapitell in Clermont-Ferrand – es handelt sich um Zacharias neben dem Engel, der ihm die Geburt des Johannes verkündigt (Abb. 74a) – und auf dem Frontispiz eines Zwiefaltener Kollektionars, auf dem Gregor der Grosse als

[352] Beschreibung der Handschrift und Bibliographie in: Scivias, Einleitung, Führkötter / Carlevaris, S. XXXIXff. Zeit der Staufer, Bd. I, S. 553ff., Kat. 732. Wilfried Werner: Cimelia Heidelbergensia. Dreissig illuminierte Handschriften der Universitätsbibliothek Heidelberg, Wiesbaden 1975, S. 53ff., Kat. 15. Hildegard von Bingen 1098–1179. Katalog zur Ausstellung im Bischöflichen Dom- und Diözesanmuseum Mainz, 17. April bis 16. August 1998, hg. von Hans-Jürgen Kotzur, bearbeitet von Winfried Wilhelmy und Ines König, Mainz 1998, Nr. 66, S. 230–233, Abb. 66.1–66.6. Adolf von Oechelhaeuser: Die Miniaturen der Universitätsbibliothek zu Heidelberg, Teil 1, Heidelberg 1887, S. 75ff., Tafeln 11–14. Ornamenta Ecclesiae, Bd. 1, S. 240, B 38.

[353] Clemencia Hand Kesslers Interpretation des ersten Salemer Frontispizes als gleichzeitige Illustration mehrerer Visionen der Scivias überzeugt nicht: A problematic illumination of the Heidelberg Liber Scivias. Marsyas 8 (1957), S. 7–21.

Autor der Predigten dargestellt ist (Abb. 75). Wie Hildegard befinden sie sich in einem rezeptiven Zustand, der durch die gleiche Körperhaltung ausgedrückt wird. Hildegards nach oben gerichteter Blick und ihre erhobenen Arme kontrastieren mit dem konzentriert auf seine Arbeit blickenden schreibenden Mönch unter ihr, der auf einem Stuhl sitzt, während seine Füsse nebeneinander auf einem Schemel ruhen. Im Gegensatz dazu wirkt Hildegards Standpunkt auf dem Kreuzgiebel äusserst instabil, besser geeignet für ein himmlisches Wesen als für ein irdisches. Durch den blauen Hintergrund, vor dem sie eher zu schweben als zu stehen scheint, wird der Eindruck verstärkt, sie befinde sich in einer überirdischen Sphäre. Der Vergleich mit dem Frontispiz eines Bamberger Kodexes der Werke des Ambrosius, das den Erzengel Michael auf einem Klostergiebel stehend zeigt, bestätigt dies (Abb. 80): In den Arkaden des Giebels befinden sich Halbfiguren betender Mönche, die zu dem Erzengel, dem Schutzpatron des Klosters Michelsberg, emporblicken. Ein weiterer Mönch bemalt den Giebel, die übrigen, in Rundmedaillons um die Szene herum angeordnet, sind bei verschiedenen Etappen der Buchherstellung abgebildet.[354] Der Engel hält ein Szepter in der linken Hand, während er dem Betrachter die rechte Handfläche entgegenhält, ein Gestus, dessen Bedeutung in der Ikonographie der Buchurheberinnen bereits erörtert wurde und mit dem hier Michael als Schutzpatron stellvertretend für die Klostergemeinschaft auf die Arbeit des Skriptoriums verweist. Die majestätische Ruhe des Erzengels kontrastiert mit der Geschäftigkeit der arbeitenden Mönche, ähnlich wie die entrückte Gestalt Hildegards mit dem schreibenden Mönch unter ihr.

Ähnlich instabil wie Hildegards Gestalt erscheint Gregor der Grosse auf dem Zwiefaltener Frontispiz seiner Predigten: seine Füsse befinden sich auf dem mit Blumen- und Blattornamenten geschmückten Bildrahmen (Abb. 75). Auf beiden Bildern soll der Eindruck erweckt werden, die dargestellte Person sei schwerelos. Schwerelosigkeit wird häufig dargestellt, sowohl bei Buchurhebern als auch bei Autoren: In der ältesten Handschrift der Werke Elisabeths von Schönau aus dem Benediktinerinnenkloster Schönau (Ende 12. Jahrhundert) findet sich auf Folio 82v am Anfang des *Liber viarum Dei* ein ganzseitiges Frontispiz, das die Autorin vor einer Vision Christi zeigt (Abb. 81).[355] Christus steht mit nackten Füssen auf einem Berg, in den ausgestreckten Händen hält er einen Schlüssel und ein Szepter, im Mund ein Schwert. Drei Wege führen von seinen Füssen weg, den Berg hinunter, wo Elisabeth

[354] Bamberg, Staatsbibliothek, Ms. Patr. 5. Legner: Manus, S. 218f., Abb. S. 219. Sackale-Redlefsen: Handschriften, Kat. 30, Abb. 71.

[355] Wiesbaden, Hessische Landesbibliothek, Cod. 3 (verschollen). Kurt Köster: Elisabeth von Schönau (1129–1165). Nassauische Lebensbilder 3 (1948), S. 35–59, hier Abb. S. 34. Saurma-Jeltsch: Miniaturen, Abb. 3. Für eine detaillierte Beschreibung der Handschrift vgl. Kurt Köster: Elisabeth von Schönau. Werk und Wirkung im Spiegel der mittelalterlichen handschriftlichen Überlieferung. Archiv für mittelalterliche Kirchengeschichte 3 (1951), S. 243–315, hier S. 274, Nr. 37.

am Ende des mittleren Wegs in langem Gewand und Nonnenschleier am Boden liegt. Sie hat ihren Oberkörper aufgerichtet und Kopf und Hände erhoben. Dagegen erscheint ihr Unterleib flach und kraftlos, und unter dem wellenförmigen Saum ihres Kleids sind keine Füsse zu sehen, so dass der Eindruck entsteht, sie habe keinen Unterleib.

Ähnliches gilt für das Visionsbild der heiligen Adelgunde in einer illustrierten Vita des heiligen Amandus, die in Saint-Amand um 1175 entstanden ist (Abb. 82). Die nimbierte Adelgunde kniet mit erhobenen Händen vor einem Altar, während ein Engel sie am Handgelenk fasst und mit der anderen Hand auf die Vision auf der folgenden Seite deutet: die Himmelfahrt des heiligen Amandus.[356] Die Doppelseite illustriert einen Auszug aus der Vita der Adelgunde (9. Jahrhundert). Wie Elisabeth hat Adelgunde Kopf und Hände erhoben und scheint eher zu schweben als zu liegen oder zu knien. Adelgundes unbestimmtes Verhältnis zum Boden wird durch den Engel motiviert, der sie emporzieht. Bewegung ist ausserdem durch den aufgebauschten Mantelsaum ausgedrückt, der um die Nonne herumflattert. Wie Elisabeth ist Adelgunde (7. Jahrhundert) eine Autorin, aber das Buch, in dem sie ihre Visionen aufgezeichnet hat, ist nicht erhalten, und wir wissen nur durch ihre Hagiographin (9. Jahrhundert) davon.[357]

Der Vergleich der Bildnisse Elisabeths und Adelgundes mit dem Salemer Autorenbild Hildegards bestätigt, dass die erhobenen Hände Visionäre charakterisieren[358], ebenso wie die Schwerelosigkeit, die entweder durch die Absenz der Füsse oder durch einen prekären Standpunkt ausgedrückt werden kann. Auch bei männlichen Visionären sind solche Körperhaltungen häufig: Die zu Füssen Christi liegende Elisabeth knüpft an die Ikonographie des Johannes der Apokalypse an[359], und Adelgundes halb schwebende, halb kniende Gebetshaltung vor dem Altar findet sich zum Beispiel auch in einer Vita des heiligen Omer.[360]

Die Wurzel Jesse

Die dem Autorinnenbildnis folgende Seite wird vom Titel des Buches ausgefüllt: «Incipit Scivias simplicis hominis. Incipiunt capitula prime partis.» (Es beginnt «Wisse die Wege» eines einfachen Menschen. Es beginnen die Kapitel des ersten

[356] Valenciennes, Bibliothèque Municipale, Ms 501, fol. 30v, 31r. Cahn: Manuscripts, Kat. 126, Farbtafel XIV und Abb. 300.

[357] Peter Dinzelbacher: Mittelalterliche Visionsliteratur. Eine Anthologie, Darmstadt 1989, S. 24.

[358] Der Gestus erinnert an den sogenannten Orantengestus. Vgl. dazu Jean-Claude Schmitt: La raison des gestes dans l'Occident médiéval, Paris 1990, S. 61 und 75.

[359] Vgl. z.B. die Salzburger Admont-Bibel in Wien, Österreichische Nationalbibliothek, Cod. ser. nov. 2702, fol. 229r und die Apokalypse in London, British Library, MS Add. 28107, fol. 234r. Peter Klein: The Apocalypse in Medieval Art, S. 172, Abb. 11, 12. In: The Apocalypse in the Middle Ages, hg. von Richard K. Emmerson und Bernard McGinn, Ithaca 1992, S. 159–199.

[360] Saint-Omer, Bibliothèque Municipale, Ms 698, fol. 25v. Skubiszewski: Décor, S. 149, Abb. 8.

Teils.) Die grosse I-Initiale mit der Wurzel Jesse nimmt die ganze Länge und die halbe Breite der Seite ein, die zweite, ornamentierte I-Initiale, auf der zwei Tiere und ein nackter Mensch abgebildet sind, die halbe Länge. Über Jesse thronen Maria und Jesus, über dem die Taube des Heiligen Geistes schwebt (Abb. 79).

Die Wurzel Jesse wird zuweilen zu Beginn der vier Evangelien dargestellt, wo sie die Genealogie Christi am Anfang des Matthäusevangeliums illustriert. Mit dem Inhalt der *Scivias* hat sie nichts zu tun; sie illustriert weder den Prolog noch die erste Vision Hildegards. Jedoch fehlt hier nur scheinbar der Zusammenhang zwischen Text und Bild, denn der Maler kombiniert einen neuen Text mit einer bereits bekannten Ikonographie, ein Verfahren, das mit demjenigen eines mittelalterlichen Kommentators vergleichbar ist, der einen zeitgenössischen Text mit Zitaten älterer *auctoritates* auslegt, um dessen Bedeutung zu erklären.

Die Stellung der Autorin neben der Wurzel-Jesse-Initiale erweckt den Eindruck, Hildegard schreibe Jesses Vision oder Bericht auf ihre Tafel. Die Bildkomposition gleicht derjenigen Grimbalds, des Leibarztes des englischen Königs, in der Worcester Chronik, der, eine Schreibtafel in der Hand, links neben dem träumenden Heinrich I. sitzt (Abb. 62). Aber während Grimbalds Rolle und seine Überlieferung von Heinrichs Träumen in der Worcester Chronik ausführlich beschrieben werden, fehlt im Salemer Kodex ein Text, der das Verhältnis zwischen Hildegard und Jesse erläutert, der hier, im Gegensatz zu vielen anderen Wurzel-Jesse-Bildern (zum Beispiel Abb. 83), nicht schlafend, sondern wach und sprechend erscheint. Für die Deutung der Szene sind wir somit auf Bildvergleiche angewiesen: Die Wurzel Jesse wird in der Regel zusammen mit den Propheten des Alten Testaments und manchmal auch mit einer Sibylle dargestellt. Die Sibylle erscheint zum Beispiel in einer Hrabanus-Maurus-Handschrift in Douai (1175, Abb. 83), in einem Helmarshauser Evangeliar (3. Viertel des 12. Jahrhundert) auf der Seite, die der Wurzel Jesse gegenüberliegt (Abb. 84), und im Ingeborgpsalter (um 1200).[361] Im Salemer Kodex tritt an die Stelle der Sibylle und der Propheten das Bildnis der Hildegard, die dadurch als deren Nachfolgerin charakterisiert ist.

Die Wurzeln Jesse im Ingeborgpsalter, im Helmarshauser Evangeliar und in der Hrabanus-Maurus-Handschrift zeigen zwischen Jesse und Maria auch die alttestamentlichen Könige als Vorfahren Christi, dagegen ist im Salemer Kodex ausser Jesse nur Maria abgebildet, deren Bedeutung dadurch besonders hervorgehoben wird. Sie thront in der Mitte der Seite und trägt ein weitärmliges Gewand mit einem Schleier wie Hildegard, von der sie sich hauptsächlich durch ihren Nimbus unterscheidet. Maria, die Patronin des Zisterzienserklosters von Salem, und Hildegard werden ausserdem durch den erhöhten Standort und die Blickrichtung der Autorin in enge Beziehung zueinander gesetzt. Dies impliziert einen Vergleich zwischen Hildegards

[361] Florens Deuchler: Der Ingeborgpsalter, Berlin 1967, S. 34.

Autorschaft mit Marias Mutterschaft, die der Baum Jesse symbolisch darstellt.[362] Diese bildliche Assoziation entspricht einem literarischen Topos, nämlich der Charakterisierung heiliger Frauen als Gefässe der göttlichen Weisheit, die anstelle sterblicher Kinder das unsterbliche göttliche Wort gebären. Der Topos, der auf die asketische Literatur der frühchristlichen Kirchenväter zurückgeht, kann wegen seiner Häufigkeit geradezu als Definition des Nonnenstandes bezeichnet werden. Als Beispiel sei eine Stelle aus dem siebten Brief Abälards an Héloise angeführt, der in einigen Handschriften den Titel «De auctoritate vel dignitate ordinis sanctimonalium» (Von der Autorität und Würde des Nonnenstands) trägt. Abälard zitiert darin eine Passage aus der Kirchengeschichte des Eusebius, in der die asketische Lebensweise der christlichen Frauen zur Zeit des Apostels Markus nach einem Zeugnis Philos von Alexandrien beschrieben wird:

> Cum viris autem quos dicimus sunt et femine, in quibus plures jam grandeve sunt virgines, integritatem et castitatem corporis non necessitate aliqua sed devotione servantes, dum sapientie studiis semet gestiunt, non solum anima sed et corpore consecrare, indignum ducentes libidini mancipare vas ad capiendam sapientiam preparatum et edere mortalem partum eas, a quibus divini Verbi concubitus sacrosanctus et immortalis expetitur, ex quo posteritas relinquatur nequaquam corruptele mortalitatis obnoxia.[363]
> (Mit den genannten Männern zusammen weilen dort auch Frauen, darunter mehrere Jungfrauen schon hoch an Jahren; diese halten ihren Leib keusch und unberührt, nicht unter irgendwelchem Zwang, sondern aus Frömmigkeit. Um in die göttliche Weisheit sich recht zu versenken, trachten sie danach, Seele und Leib zu heiligen; eine Entwürdigung bedeutet es ihnen, der Sinnenlust ein Gefäss zu opfern, das die höchste Weisheit zu fassen bestimmt ist, eine Entwürdigung, irdischer Kinder Mütter zu werden, da sie sich sehnen nach der unvergänglichen, geheiligten Liebe des Wortes, das Fleisch ward, aus ihm eine Frucht zu gewinnen trotz Tod und Vergänglichkeit.)[364]

Der Topos taucht auch in der Hagiographie Gregors des Grossen auf, den Paulus Diaconus als «Gefäss und Wohnstatt des Heiligen Geistes» bezeichnet, da ihm bei der Auslegung der Visionen des Ezechiel der Heilige Geist in Form einer Taube erschien.[365] Die Metapher charakterisiert hier also den göttlich inspirierten Schriftsteller. Auch Hildegard nennt sich ein «irdenes Gefäss Gottes», um ihre Rolle als gött-

[362] Auf die Vergleichbarkeit der Prophetinnenrolle Hildegards mit Maria bei der Verkündigung weist auch Barbara Newman hin: Divine Power Made Perfect in Weakness. St. Hildegard on the Frail Sex. In: Medieval Religious Women, Bd. II: Peaceweavers (Cistercian Studies Series 72), hg. von Lillian Thomas Shank und John A. Nichols, Kalamazoo, Michigan 1987, S. 103–122, hier S. 111f. Dies.: Sister of Wisdom. St. Hildegard's Theology of the Feminine, Berkeley 1987, S. 2f.

[363] La vie et les epistres Pierres Abaelart et Heloys sa fame. Traduction du XIIIe siècle attribuée à Jean de Meun. Avec une nouvelle édition des textes latins d'après le ms. Troyes Bibl. mun. 802, Bd. 1, hg. von Eric Hicks, Paris 1991, S. 117, Z. 352–360.

[364] Abälard: Die Leidensgeschichte und der Briefwechsel mit Heloisa, ins Deutsche übers. von Eberhard Brost, Heidelberg 4 1979 (1938), S. 196.

[365] Vgl. oben S. 125.

lich inspirierte Autorin zu beschreiben: «Ich winziges, irdenes Gefäss; ich spreche nicht von mir aus, sondern vom göttlichen Licht: Der Mensch ist ein Gefäss, das Gott für sich geschaffen und mit seiner Inspiration gefüllt hat.»[366] Während Hildegards Selbstinszenierung an die Erschaffung Adams anknüpft, den Gott aus Lehm geschaffen und dem er seinen Atem eingehaucht hat, ist das Taubenwunder Gregors mit der Empfängnis Christi durch Maria vergleichbar, die ebenfalls mittels der Taube des Heiligen Geistes dargestellt wurde. Während Hildegards Gefässmetaphorik eine Analogie zwischen der Erschaffung des ersten Mannes und ihrer Inspiration herstellt, vergleicht der Hagiograph den Kirchenvater mit einer Frau.

Das Salemer Autorinnenbild knüpft an die Inspiration Gregors des Grossen an und nicht an die von Hildegard verwendete Metaphorik: Die Taube des Heiligen Geistes schwebt über dem Haupte Christi, der auf dem Wipfel des Baumes Jesse thront. Auf den beiden Bildern werden Empfängnis und Geburt des göttlichen Worts durch Hildegard und Maria einander gegenübergestellt. Die Autorschaft der beiden Frauen wird jedoch nicht durch ihre Beziehung zu Gott allein ausgedrückt, sondern auch mit irdischen Männern in Verbindung gebracht: Maria thront zwischen Christus und Jesse, wodurch sie nicht nur als Mutter Gottes, sondern auch als Tochter Jesses gekennzeichnet ist, über dessen Lenden der Stammbaum emporwächst. Auch Hildegard ist nicht mit Gott allein, sie befindet sich vielmehr oberhalb des schreibenden Mönchs und unterhalb von Christus. Durch ihren Standpunkt auf dem Kreuzgiebel, zwischen Himmel und Erde, ist Hildegard, analog zu Maria, als Vermittlerin zwischen Gott und Mensch charakterisiert.[367]

Die sibyllinische Tradition

Die *mise en page* des Autorinnenbilds unten rechts auf der Seite, am Schluss des Inhaltsverzeichnisses, ist ungewöhnlich. Die Verfasserin befindet sich nicht am Anfang, sondern am Ende eines Textes. Während im Anfangsbuchstaben des Prologs, dem üblichen Platz für ein Autoren- und Schreiberbild, Christus und die Taube des Heiligen Geistes die oberste Stelle einnehmen, ist Hildegard sowohl dem Text als auch dem Visionsbild untergeordnet.

Die Darstellung Hildegards und ihrer Vision auf zwei getrennten Bildern, die durch den Blick der Autorin zueinander in Beziehung gesetzt werden, findet sich nicht nur in den Salemer *Scivias*, sondern auch in der illustrierten *Scivias*-Handschrift in Lucca, die zehn Visionsbilder enthält, unter denen sich jeweils ein Autorinnenbild befindet (Abb. 46, 97). Sechs Bilder zeigen die Autorin innerhalb des

[366] Zitiert nach Joan Ferrante, die zahlreiche humilitas-Topoi mittelalterlicher Schriftstellerinnen anführt. Joan Ferrante: Public Postures and Private Manœuvres. Roles Medieval Women Play. In: Women and Power in the Middle Ages, hg. von Mary Erler und Maryanne Kowaleski, Athens Ga., London 1988, S. 213–229.

[367] Vgl. dazu die Dedikationsbilder der Brigitte von Schweden (Abb. 28), die ebenfalls als Vermittlerin zwischen Gott und dem Klerus charakterisiert ist, oben S. 173.

Bildrahmens in der linken oder rechten unteren Ecke der Komposition, auf den vier übrigen haben die Autorinnenbildnisse einen eigenen Rahmen, der an den unteren Bildrand angehängt ist, wodurch die beiden verschiedenen Realitätsebenen, die himmlische der Vision und die irdische der Verfasserin, voneinander unterschieden werden.

Solche Bildkompositionen können nicht von Illustrationen der Apokalypse, den einzigen erhaltenen illustrierten Visionszyklen vor Hildegards Werken, hergeleitet werden, da diese den Autor Johannes *innerhalb* seiner Visionen darstellten. Erst um die Mitte des 13. Jahrhunderts erscheint Johannes auch ausserhalb der Bildrahmen.[368] Für die Hildegard-Ikonographie muss folglich nach einer anderen ikonographischen Tradition gesucht werden. Diese wird in zwei Sibyllenbildern fassbar, auf denen die Sibyllen *unterhalb* ihrer Visionen erscheinen, mit denen sie durch Blick und Gestik kommunizieren. Im folgenden soll ihre ikonographische Verwandtschaft mit dem Salemer Autorinnenbild untersucht werden.

Die Sibylle von Sant'Angelo in Formis

Die Sibylle auf dem Freskenzyklus von Sant'Angelo in Formis (um 1090) befindet sich auf dem äussersten Arkadenzwickel der Nordwand des Langhauses, an der nordwestlichen Ecke des Mittelschiffs (Abb. 85).[369] Auf den übrigen Arkadenzwickeln sind die Propheten des Alten Testaments dargestellt. Während die Propheten sich dem Betrachter zuwenden, blickt die Sibylle nach oben und deutet mit der erhobenen rechten Hand auf das Jüngste Gericht, das die ganze Westwand einnimmt. Auf der Schriftrolle in ihrer linken Hand steht «IUDICII SIGNUM TELLUS SUDORE MADESCET» (Im Zeichen des Gerichts wird die Erde erschauern). Wie Hildegard in den Kodizes von Lucca und Salem wird die Sibylle von Sant'Angelo als Rezipientin eines Bildes charakterisiert, und dies im Gegensatz zu den Propheten, die nicht zu den Bildern über ihnen emporblicken.

Um die Rolle der Sibylle von Sant'Angelo genauer definieren zu können, soll zunächst ihre Stellung innerhalb des ganzen Freskenzyklus kurz skizziert werden: Auf den Wänden des Langhauses ist das Leben Christi in drei Bildregistern dargestellt. Während die Szenen der Nordwand vollständig erhalten sind, ist von denjenigen der Südwand nur noch das unterste Register vorhanden. Die ursprüngliche Reihenfolge der Bilder begann im Osten mit dem obersten Register der Südwand, setzte sich auf dem obersten Register der Nordwand fort, ging auf das zweite Register der Südwand über, von dort wieder auf die Nordwand usw., bis zum letzten Bild

[368] Vgl. dazu oben S. 116f.

[369] Fernanda de Maffei: La Sibilla «Tiburtina» et «Prophetissa» nel ciclo degli affreschi di Sant'Angelo in Formis. In: Monastica IV. Scritti raccolti in memoria del XV centenario della nascita di S. Benedetto (480–1980) (Miscellanea Cassinese 48, a cura dei monaci di Montecassino). Montecassino 1984, S. 9–30, Abb. 1 und 5.

am Ostende der Nordwand, der Himmelfahrt Christi.[370] Um dem Verlauf der Bilderzählung zu folgen, musste der Betrachter sich also dreimal im Kreise bewegen. Die Wände des dreischiffigen Langhauses werden von je sieben Säulen gestützt, die acht Rundarkaden tragen. Die Propheten und die Sibylle auf den Arkadenzwickeln sind nimbiert und tragen alle eine aufgerollte Schriftrolle mit einer Weissagung, die sich auf die über ihnen dargestellten Szenen bezieht.[371]

Auf den beiden Arkadenzwickeln neben der Sibylle stehen David und Salomon. Die Szenen über ihnen stellen die Passion Christi dar: Gethsemane, der Judaskuss, die Anklage vor Kaiphas, die Verspottung Christi, Christus vor Pilatus und der Weg nach Golgatha. Die Kreuzigung befindet sich über dem vierten Arkadenzwickel, auf dem ausnahmsweise kein Prophet dargestellt ist. Die Inschriften der beiden Könige entsprechen den Bildern: «DAVID REX: QUI EDEBAT PANES MEOS AMPLIAVIT ADVERSUS ME SUPPLANTATIONE(M)» (Der mein Brot ass, hat gegen mich geprahlt; Ps 40,10)[372] und «SALOMON REX: MORTE TURPISSIMA CONDEMPNEM EUM» (Zum schändlichsten Tod werde ich ihn verurteilen; Sap 2,20).

Die Sibylle und die beiden Könige tragen königliche Gewänder nach der Mode des 11. Jahrhunderts. Fernanda De Maffei hat darauf aufmerksam gemacht, dass David und Salomon die gleichen kurzen Röcke und Beinkleider tragen wie der normannische Herzog Richard I. von Capua, der weltliche Klostergründer von Sant'Angelo in Formis, und sein Sohn Giordano I., die in den Regesten von Sant'Angelo abgebildet sind.[373] Die Autorin schlägt deshalb vor, in den beiden alttestamentlichen Königen eine Anspielung auf die weltlichen Stifter der Kirche zu sehen. Ähnliches könnte für die Sibylle zutreffen. Vielleicht spielt sie auf die Gemahlin Richards I., die Herzogin von Capua, an? Sie trägt ein edelsteingeschmücktes Gewand mit weiten Ärmeln und einen hellen Schleier, der im Nacken zusammengefasst ist. Ihre Füsse werden von einem halbrunden Gegenstand verdeckt, den ich nach den mir zu Verfügung stehenden Abbildungen nicht mit Sicherheit identifizieren kann; es könnte sich um eine Kopfbedeckung handeln, eine Krone oder einen Hut, wie sie zum Beispiel die Fürstinnen in der *Vita Mathildis* (vor 1115) der Vatikanischen Bibliothek tragen.[374] Blatt 7v und 21v der *Vita* zeigen zwei Herrscherinnen, die über einem Schleier hohe, kostbar verzierte und nach oben zugespitzte Hüte tragen, eine wei-

[370] Otto Demus: Romanische Wandmalerei, München 1968, S. 116. Anita Moppert-Schmidt: Die Fresken von S. Angelo in Formis, Diss. Basel, Zürich 1967, S. 139.

[371] Moppert-Schmidt: Fresken, S. 23ff. und S. 71ff.

[372] Vgl. Langenscheidts Grosses Schulwörterbuch Lateinisch-Deutsch, bearbeitet von Erich Pertsch, Berlin, München 1977: *supplantare* = ein Bein stellen.

[373] Fernanda de Maffei: Sant'Angelo in Formis I. La data del complesso monastico e il committente nell'ambito del primo romanico campano. Commentari 27 (1976), S. 143–178, hier S. 172. Mauro Inguanez: Regesto di S. Angelo in Formis, Bd. 2: Miniature e altri riproduzioni del regesto di S. Angelo in Formis, Montecassino 1925.

[374] Vatikan, Biblioteca Apostolica, Ms. 4922. Wiligelmo, S. 256ff., Abb. 245, 248 und 250.

tere Fürstin auf Blatt 30r trägt eine runde, randlose Kalotte über einem Schleier. Zwei weitere Bilder zeigen die thronenden Fürstinnen Mathilde und Hildegard nur mit einem hellen Schleier.[375] Oder handelt es sich bei dem halbrunden Gegenstand zu Füssen der Sibylle um ein Piedestal? Dies suggeriert der Vergleich mit byzantinischen Herrscherbildern dieser Zeit, die den Kaiser in langen, die Füsse bedeckenden Gewändern auf einem halbkreisförmigen, reich verzierten Piedestal stehend zeigen.[376] Aber ob es sich bei dem Gegenstand vor den Füssen der Sibylle in Sant'Angelo nun um einen Fürstinnenhut oder um ein Piedestal handelt, festzuhalten ist, dass die Gestalt der Sibylle dadurch etwas Instabiles, Schwebendes erhält, ein körperliches Merkmal, das – wir sahen es – Visionärinnen und Visionäre häufig kennzeichnet.

Im Gegensatz zu der Sibylle und den Königen David und Salomon, die nach der Mode der Zeit gekleidet sind, tragen die Propheten antike weisse Gewänder und haben nackte Füsse, sie sind wie antike Autoren oder Apostel gekleidet. Der Gegensatz zwischen antiker und moderner Kleidung entspricht dem unterschiedlichen Inhalt der Prophetien: Während sich die Weissagungen der Propheten fast alle auf das Leben Christi und seine Wunder beziehen, sind den Königen die Leidensszenen zugeordnet: Die ganze Passion Christi ist über David und Salomon dicht zusammengedrängt dargestellt, und die Sibylle befindet sich neben dem Jüngsten Gericht auf der Seite der Verdammten. Ihre erhobene rechte Hand, ihr Blick und ihre unheilverkündende Weissagung korrespondieren mit dem Engel zur Linken Christi, auf dessen Spruchband «ITE MALEDICTI IN IGNEM ETERNUM» (Geht, Verdammte, ins ewige Feuer; Mt 25,41) zu lesen ist. Dagegen ist dem Engel zur Rechten Christi, der sich mit den Worten Christi «VENITE BENEDICTI PATRIS MEI PERCIPITE REGNUM» (Kommt, Gesegnete, empfangt das Reich meines Vaters; Mt 24,34) an die Auserwählten wendet, der Prophet Haggai zugeordnet, gegenüber der Sibylle auf der Südwand. Auf seiner Schriftrolle steht die Prophetie «IN LOCO ISTO DABO PACEM DICIT DOMINUS D(EU)S» (In jenem Ort werde ich Frieden geben, sagt Gott der Herr; Agg 2,10).[377] Im Gegensatz zur Sibylle blickt Haggai nicht auf das Jüngste Gericht, sondern kehrt ihm den Rücken zu: Offensichtlich ist er kein Visionär.

Die Sibylle von Sant'Angelo steht am Ende der Prophetenreihe, die an der Südwestecke des Langhauses durch Haggai eröffnet wird. Sie ist die einzige Prophetin und die Einzige, die durch Blick und Geste mit einem Bild kommuniziert: Die Quelle ihrer Prophetie ist kein Text wie bei den nach Art antiker Autoren gekleideten Propheten, sondern eine Vision. Auch in bezug auf die Thematik ihrer Vision nimmt

[375] Wiligelmo, Abb. 246, 251. Auch die tiburtinische Sibylle auf dem Frontispiz der Zwiefaltener Chronik des Ekkehard von Aura trägt einen Schleier unter der Krone, vgl. Abb. 92.
[376] Wolfgang Fritz Volbach / Jacqueline Lafontaine-Dosogne: Byzanz und der christliche Osten (Propyläen-Kunstgeschichte 39), Berlin 1968, Abb. 59a, 59b, 243.
[377] De Maffei: Sibilla, S. 29f. und Abb. 7.

die Sibylle eine Sonderstellung ein: Während es sich bei den Prophezeiungen der Männer, mit Ausnahme derjenigen des Propheten Haggai, um Weissagungen *ex eventu* handelt, ist die Sibylle eine moderne, in die Zukunft blickende Autorin, denn ihre Vision enthält eine Warnung an die Zeitgenossen, denen sie die schrecklichen Strafen für ungerechte Kleriker und Laien durch deren Höllensturz auf der Westwand dramatisch vor Augen führt. Im Gegensatz zu den Propheten, denen mit dem Studium der christlichen Heilsgeschichte die Deutung der Vergangenheit zugeordnet wird, ist die Sibylle gegenwarts- und zukunftsbezogen; sie erinnert die Zeitgenossen an ihre existentiellen Ängste, an ihre Nichtigkeit vor dem göttlichen Gericht. Ihre pädagogische Funktion kann mit derjenigen der karolingischen Visionstexte verglichen werden, die nach Paul Dutton politische Kritik an der Gegenwart übten, indem sie den Machthabern Angst vor zukünftigen Höllenstrafen einflössten.[378]

Ein ähnlicher Kontrast wie derjenige zwischen der Sibylle, die sich dem Visionsbild zuwendet, und dem Propheten Haggai, der ihm den Rücken zukehrt, findet sich im Salemer Autorinnenbild: Während Hildegards Blick auf die Wurzel Jesse gerichtet ist, blickt der schreibende Mönch auf seine Arbeit. Hier wie dort ist die Prophetie der Frau an ein Bild gebunden, während der Mann mit dem geschriebenen Text assoziiert wird.

Die Sibylle auf einem Helmarshauser Einzelblatt

Ein Einzelblatt im Cleveland Museum of Art, das ursprünglich an den Anfang der Handschrift 142/124 des Trierer Domschatzes gehörte (3. Viertel 12. Jahrhundert)[379], zeigt auf der Rektoseite die Geburt Christi (Abb. 84) und auf der Versoseite den Evangelisten Matthäus. Seine Ikonographie und künstlerische Zugehörigkeit zu Helmarshausen wurden von Franz J. Ronig untersucht.[380] Das Evangeliar wurde ursprünglich durch drei ganzseitige Miniaturen eröffnet: auf Folio 1v durch den Baum Jesse, auf den die Geburt Christi auf Folio 2r und der Evangelist Matthäus auf Folio 2v folgten.[381]

Die Geburt Christi ist in zwei Hälften horizontal unterteilt, von denen die untere das Christuskind in der Krippe mit Maria, Joseph und der Sibylle zeigt, die obere die Allegorien «IUSTICIA» und «VERITAS» neben Braut und Bräutigam des Hohen Lieds. Die vier Gestalten tragen Spruchbänder mit Inschriften, welche die Geburt allegorisch auslegen.[382] Im Zentrum des unteren Bildes liegt Maria mit aufgerichte-

[378] Vgl. oben S. 149.
[379] Franz J. Ronig: Ein fehlendes Blatt der Handschrift Nr. 142/124 des Trierer Domschatzes. Eine Untersuchung über Herkunft und Ikonographie. Archiv für mittelrheinische Kirchengeschichte 13 (1961), S. 404–412.
[380] Franz J. Ronig: Der Codex 142/124 der Trierer Domschatzkammer. Aspekte zum Bild- und Schmuckzyklus – Künstlerische Anlage und geistiger Gehalt. In: Schatzkunst Trier. Forschungen und Ergebnisse, hg. von Franz J. Ronig, Trier 1991, S. 187–194, Farbtafeln 4–8.
[381] Ronig: Codex, Farbtafeln 4 und 5.
[382] Vgl. dazu Ronig: Codex.

tem Oberkörper und spricht mit dem Kind in der Krippe; beide haben die rechte Hand zum Redegestus erhoben. Hinter Marias Rücken, unter einer Ädikula am rechten Bildrand sitzt Joseph, das Kinn in die rechte Hand gestützt und die Augen geschlossen. Im linken Arm hält er ein geschlossenes Buch, und auf dem Kopf trägt er einen Judenhut, der beinahe herunterrutscht. Auf der gegenüberliegenden Bildseite steht die Sibylle mit nach oben gewandtem Gesicht und erhobener linker Hand. In der rechten hält sie ein Spruchband mit der Inschrift «E CELO REX ADVENIT PER SECLA FUTURUS» (Vom Himmel kommt der zukünftige König aller Zeiten).

Die Sibylle und Joseph, die neben den historischen Personen auch die Allegorien der Ecclesia und der Synagoge verkörpern[383], sind als Autoren charakterisiert. Während die aufrecht stehende Sibylle/Ecclesia die Bedeutung des Geschehens, das im oberen Bild allegorisch ausgelegt wird, mit offenen Augen sieht, hält der in melancholischer Pose sitzende Joseph die Augen geschlossen. Als einziger im Bild kommuniziert er nicht, und sein geschlossenes Buch kontrastiert mit dem offenen Spruchband der Sibylle.

In bezug auf Blick, Geste und Spruchband ist die Helmarshauser Sibylle derjenigen in Sant'Angelo in Formis vergleichbar, ebenso in bezug auf ihre reich geschmückte weitärmlige Kleidung. Auch der Ort der beiden Sibyllen innerhalb der Bildkomposition erscheint verwandt: Hier wie dort stehen sie *unterhalb* ihrer Vision, in einem getrennten Bildfeld, das eine andere Realitätsebene symbolisiert. Die beiden Sibyllen haben eine weitere Gemeinsamkeit: Ihr visionärer Blick ist in die Zukunft gerichtet und kontrastiert mit der Sicht der ihnen zugeordneten Männer, die mit der Vergangenheit assoziiert werden.

Auf die strukturellen Parallelen zwischen der Sibylle in Sant'Angelo und dem Salemer Autorinnenbild Hildegards wurde bereits hingewiesen; auch die Helmarshauser Sibylle hat Ähnlichkeiten mit Hildegards Bildnis: Hier wie dort ist einem unter einer Ädikula sitzenden Mann, dem der Blick auf die göttliche Wahrheit verwehrt ist, eine visionäre Frau zugeordnet. Während die beiden Männer mit einem Buch ausgestattet werden – der Salemer Mönch schreibt ein Buch, und Joseph trägt einen Kodex im Arm –, hält Hildegard eine Wachstafel und die Sibylle ein Spruchband. Auf beiden Bildern werden die Schriftstücke der Frauen als Medien der göttlichen Botschaft höher bewertet als die Buchschrift, denn nur sie reflektieren die Präsenz Gottes. Die Struktur der beiden Szenen ist logozentrisch: Im Salemer Kodex nimmt der *Logos*, das fleischgewordene göttliche Wort Christus, den obersten Platz auf der I-Initiale am Anfang der *Scivias* ein, eine Position, die ihn als Urheber (*auctor*) des Textes kennzeichnet. Auf der Helmarshauser Geburtsszene befindet sich der in der Krippe liegende Christus im Zentrum. Auf beiden Bildern wird das gesprochene göttliche Wort höher bewertet als das geschriebene, das unmittelbare, lebendige höher als das im Buch endgültig festgehaltene.

[383] Gertrud Schiller: Ikonographie der christlichen Kunst, Bd. 1, Gütersloh 1966, S. 82f., S. 310, Abb. 173.

Der Vergleich des Salemer Autorinnenbildes mit Sibyllen hat deren enge Verwandtschaft aufgezeigt. Offensichtlich wurde Hildegards Porträt nach sibyllinischen Vorbildern gestaltet. Dieses Vorgehen hat eine literarische Parallele, wie Peter Dronke kürzlich festgestellt hat: In Hildegards Briefsammlungen finden sich zahlreiche Fälschungen, durch welche die Visionärin von Bingen laut Dronke als «tiburtinische Sibylle ihrer Zeit» stilisiert wurde.[384]

Mit mittelalterlichen Sibyllen befasst sich Teil III dieses Buches; zunächst werden die meistgelesenen Texte über sie vorgestellt, danach einige Bildnisse, auf denen die Sibyllen Schreibutensilien in den Händen halten und somit als Verfasserinnen gekennzeichnet sind.

[384] Peter Dronke: Sibylla Hildegardis. Hildegard von Bingen und die Rolle der Sibylle. In: Hildegard von Bingen. Prophetin durch die Zeiten. Zum 900. Geburtstag, hg. von Edeltraud Forster, Freiburg i. Br., Basel, Wien 1998, S. 109–119.

Teil III
Bildnisse von Sibyllen

Die Sibyllen sind die einzigen antiken Autorinnen, die während des ganzen Mittelalters rezipiert wurden, und zwar sowohl in den Bereichen der Theologie und Liturgie als auch der Literatur, der Geschichtsschreibung und der bildenden Künste. Eine monographische Behandlung der Sibyllenikonographie ist jedoch seit den Anfängen Barbier de Montaults und Emile Mâles im 19. Jahrhundert[1] bis heute ein Forschungsdesiderat geblieben, was wohl eher an der Vielfalt und Häufigkeit von Sibyllendarstellungen im Mittelalter liegt als an der Bedeutungslosigkeit des Themas: Eine monographische Untersuchung müsste so verschiedene Themen wie die Frauengestalten bei der Geburt Christi und bei der Kreuzigung, die Sibylle und Kaiser Augustus auf den sogenannten Ara-coeli-Darstellungen, die Königin von Saba und Salomon sowie auch die mittelalterliche Vergil- und Ovid-Rezeption berücksichtigen. Eine solch umfassende Untersuchung strebe ich hier nicht an, sondern beschränke mich auf die drei Sibyllen, die ich gefunden habe, welche vor der Mitte des 13. Jahrhunderts mit Schreibutensilien abgebildet wurden. Es handelt sich um drei Bildnisse königlich gekleideter und, wie die Analyse zeigen wird, göttlich inspirierter Autorinnen. Die beiden ersten – in der illustrierten Enzyklopädie des Hrabanus Maurus von Montecassino (um 1023, Abb. 86a) und auf dem Zwiefaltener Frontispiz der Chronik Ekkehards von Aura (Abb. 90) – assoziieren die Autorinnen mit den *artes*, das heisst mit Poesie, Magie, Astrologie und Chronistik. Die Analyse ihrer Ikonographie und des literarischen Kontextes soll unser Verständnis der mittelalterlichen Autorinnenikonographie erweitern, welches sich bisher auf christliche, religiöse Frauen beschränkt hat.

Für die dritte Sibylle, die Statue am Nordportal der Kathedrale von Laon, die sich innerhalb eines komplexen Bildprogramms befindet, fehlt ein unmittelbarer Bezug zu einem literarischen Kontext (Abb. 98). Die Quellen, die ich konsultiere, dokumentieren die liturgische Rolle der Sibylle. Der abschliessende ikonographische Vergleich mit der Moses-Ikonographie, der vom Attribut des Diptychons ausgeht, führt zu den Autorinnenbildern Hildegards von Bingen und Baudonivias im zweiten Teil zurück, auf deren Gemeinsamkeiten mit der Ikonographie der Sibyllen bereits hingewiesen wurde.

[1] Mâle: Sibyllas. Barbier de Montauld: Iconographie des Sibylles. Extrait de la Revue de l'Art Chrétien, Arras 1874.

Die mittelalterliche Kenntnis der spätantiken sibyllinischen Orakel stammt im wesentlichen aus den *Divinae Institutiones* des Laktanz, deren zahlreiche Sibyllen-Zitate im Mittelalter ausgewählt und zu fortlaufenden Texten neu zusammengefügt wurden. Eine solche Kompilation findet sich bereits bei Augustin, der in *De Civitate Dei* XVIII, 23 verschiedene Sibyllenorakel zur Passion Christi anführt, die er aus den *Divinae Institutiones* zusammengestellt hat.[2] Laktanz überlieferte ausserdem den Sibyllenkatalog aus der verlorengegangenen Enzyklopädie des Varro, die Quelle für das Kapitel über die Sibyllen in den *Etymologiae* des Isidor von Sevilla (ca. 560–636). Durch Isidor kennt das Mittelalter die zehn Sibyllen der Antike.[3] Augustin dagegen nennt nur eine Sibylle beim Namen, nämlich die erythräische, die er auch die cumäische nennt. Das Orakel, das Augustin von ihr überliefert, ist eine Vision des Jüngsten Gerichts, deren Anfang lautet: «Iudicii signum tellus sudore madescet», mit dem Akrostichon *Iesus Christus Dei Filius Salvator*. Dieses Gedicht muss bereits zu Augustins Zeit sehr bekannt gewesen sein:[4] Es taucht wenig später in der Predigt *Contra Iudaeos* des Quodvultdeus auf, die in die mittelalterliche Weihnachtsliturgie übernommen wurde[5], und es wird in der Rede Konstantins an die heilige Synode zitiert, die im Mittelalter zusammen mit der Kirchengeschichte des Eusebius überliefert wurde.[6]

Die *Etymologiae* des Isidor wurden in karolingischer Zeit durch den Fuldaer Abt Hrabanus Maurus (776–856) überarbeitet und erheblich erweitert. In seiner Enzyklopädie *De rerum naturis* (842) hat Hrabanus Isidors Sibyllenkatalog mit Augustins Text über die Erythräa kompiliert. Von nun an erscheinen die beiden Texte in mittelalterlichen Chroniken und Enzyklopädien immer wieder. Als Beispiele seien die Chronik Ottos von Freising, der *Liber floridus* des Lambert von Saint-Omer und das *Speculum historiale* des Vincent von Beauvais angeführt.[7] Die beiden Texte werden

[2] Bernhard Bischoff: Die lateinischen Übersetzungen und Bearbeitungen aus den Oracula Sibyllina. In: ders.: Mittelalterliche Studien. Ausgewählte Aufsätze zur Schriftkunde und Literaturgeschichte, Bd. 1, Stuttgart 1966, S. 150–171, hier S. 150f.

[3] Josiane Haffen: Contribution à l'étude de la Sibylle médiévale. Etude et édition du ms. B.N., F. FR. 25407, fol. 160v–172v: «Le livre de Sibile», Paris 1984, S. 17ff. Jeanne Baroin / Josianne Haffen: La prophétie de la Sibylle Tiburtine. Edition des MSS B. N. FR. 375 et RENNES B. M. FR. 593 (Annales littéraires de l'Université de Besançon 355), Paris 1987, S. 17ff.

[4] Vgl. dazu Herbert William Parke: Sibyls and Sibylline prophecy in classical antiquity, London 1988, S. 157ff.

[5] Vgl. unten S. 245ff.

[6] Constantini Magni Oratio ad Sanctum Coetum sive ad Ecclesiam Dei. PL 8, S. 453B.

[7] Otto von Freising: Chronik II, 2, Schmidt / Hofmeister, S. 114ff. Lambert von Saint-Omer: Liber floridus, fol. 56r. Vollständige Faksimile-Ausgabe. Kommentarband hg. von Albert Derolez und

ausserdem in die Prophetie der tiburtinischen Sibylle aufgenommen, ein Text, dessen älteste erhaltene Handschrift aus dem 11. Jahrhundert stammt und den Bernhard McGinn wegen seiner ausserordentlich weiten Verbreitung einen mittelalterlichen Bestseller genannt hat.[8]

Im folgenden werden die Kapitel Augustins und Isidors über die Sibyllen kurz vorgestellt, um aufzuzeigen, inwiefern diese Texte für die bildenden Künstler des Mittelalters als Inspirationsquellen in Frage kamen, denn die Ikonographie der Sibyllen ist eng mit ihnen verbunden: Das früheste Sibyllenbild des Hochmittelalters, das uns erhalten ist, befindet sich in der Enzyklopädie des Hrabanus Maurus von Montecassino (um 1023), in der Isidors und Augustins Texte miteinander kompiliert worden sind, und Zitate aus dem *Iudicii signum* stehen zum Beispiel auf den Spruchbändern der Sibyllen in Sant'Angelo in Formis, in Laon, auf dem Helmarshauser Einzelblatt in Cleveland und im Ingeborgpsalter (Abb. 86a, 98, 85).

Die erythräische Sibylle in Augustins *De Civitate Dei*

Das Kapitel über die erythräische Sibylle befindet sich im 23. Kapitel des 18. Buchs von *De Civitate Dei*, das die Geschichte der Herrscher und Weltreiche von Abraham bis zur Zeit von Christi Geburt behandelt.[9] Die Kapitel 21 und 22 beschreiben die Gründung Roms, worauf die Behandlung der erythräischen Sibylle folgt, welche nach Augustin zur Zeit des Romulus gelebt hat. In den folgenden Kapiteln behandelt Augustin die römischen Philosophen und die jüdischen Propheten. Das ganze Buch kann als Chronik charakterisiert werden, die von Zitaten göttlich inspirierter Autoren durchsetzt ist, welche den Lauf der Geschichte in bezug auf Christus und die Kirche deuten.[10]

Augustin räumt der erythräischen Sibylle einen bemerkenswert grossen Raum ein, wenn er auch nicht mehr, wie Laktanz es getan hatte, die Prophezeiungen der Sibyllen systematisch denjenigen der jüdischen Propheten gegenüberstellt, um deren Übereinstimmung aufzuzeigen.[11] Der Inhalt des Kapitels über die Erythräa ist folgender: Einem kurzen Hinweis auf den Sibyllenkatalog des Varro folgt Augustins

Aegidius I. Strubbe, Ghent 1968, S. 113. Vincent von Beauvais: Speculum historiale IV, Liber II, Kap. 100, Graz 1965 (Reprint der Ausgabe Duaci 1624).

[8] Bernhard McGinn: Teste David cum Sibylla. The significance of the Sibylline Tradition in the Middle Ages. In: Women of the Medieval World. Essays in honor of John H. Mundy, hg. von Julius Kirsher und Suzanne F. Wemple, Oxford 1985, S. 7–35. Reprint in: Bernhard McGinn: Apocalyptism in the Western Tradition (Variorum Collected Studies Series), Great Yarmouth, Norfolk 1994, IV.

[9] Aurelius Augustinus: De Civitate Dei Libri XI–XXII. In: Aurelii Augustini opera XIV, 2 (Corpus Christianorum Series Latina XLVIII), hg. von Bernard Dombart und Alphons Kalb, Turnhout 1955, S. 613ff.

[10] Vgl. dazu Maria Teresa Beonio-Brocchieri Fumagalli: Le enciclopedie dell'occidente medioevale, Turin 1981, S. 15.

[11] Lucius Caecilius Firmianus Lactantius: Institutions Divines IV, 18, 13ff. Lat./Franz., hg. und übers. von Pierre Monat, Paris 1992, S. 166ff.

lateinische Übersetzung des *Iudicii signum* der Erythräa, das nach formalen Kriterien interpretiert wird. Neben dem Akrostichon verweist Augustin auf die Verszahl 27 als perfekte Zahl: 3 × 3 × 3. Der Autor bezeichnet die Sibylle als Mitglied des Gottesstaats und zitiert darauf einen kurzen Text über die Passion Christi, den er aus verschiedenen Laktanz-Zitaten zusammengesetzt hat.

Augustin interessiert sich nur für *eine* Sibylle und präsentiert nur zwei kurze Weissagungen über die Passion Christi und das Jüngste Gericht. Im Vergleich zu Laktanz handelt es sich hier um eine starke Einschränkung der Verwendung sibyllinischer Orakel, denn jener hatte die Sibyllen vor allem als Zeuginnen des Monotheismus gegen die heidnische Götzenverehrung und auch als Zeuginnen der Geburt und Wunder Christi angeführt.[12] Dagegen schränkt Augustin nicht nur die Zahl, sondern auch die prophetische Funktion der Sibyllen ein: Bei ihm wird die Erythräa zu einer Verkünderin von Unheil, denn nicht die Erlösung vom Tod, sondern der Untergang der Welt wird von ihr prophezeit; der Erlöser wird nur im Akrostichon genannt. Da Augustin sämtliche Informationen über die antike kultische und politische Bedeutung der Sibyllen, die sich bei Laktanz finden[13], unterschlägt, erscheinen diese bei ihm gewissermassen als Klageweiber Christi und des Jüngsten Gerichts. Ebenso lässt die Rezeptionsgeschichte des *Iudicii signum*, das in die mittelalterliche Totenmesse übernommen wurde und somit die heidnische Totenklage gewissermassen ersetzte, die Sibylle in diesem Licht erscheinen.[14]

Augustins Text über die Sibylle prägte die mittelalterliche Ikonographie entscheidend: Zusammen mit den Propheten wird jeweils *eine* Sibylle, die Erythräa, dargestellt, die einen festen Platz im Gottesstaat erhalten hat, so zum Beispiel in Sant'Angelo in Formis, in Laon und im Ingeborgpsalter.

Die Sibylle in den *Etymologiae* des Isidor von Sevilla

Wenige Bücher des Mittelalters sind handschriftlich so zahlreich überliefert wie die *Etymologiae* des Isidor von Sevilla, die besonders im frühen und hohen Mittelalter das fast allgegenwärtige Handbuch des gesamten Wissens waren.[15] Ungefähr 950 Manuskripte mit dem ganzen Werk oder Auszügen davon sind erhalten. Wie Fritz Saxl treffend formuliert hat, handelt es sich bei den *Etymologiae* um eine Sammlung

[12] Lactantius: Institutions IV, 13 und 15.

[13] Lactantius: Institutions Divines I, 6, 6ff. Lat./Franz., hg. und übers. von Pierre Monat, Paris 1986, S. 76ff. Ders.: Epitomé des Institutions divines 5, 1–4. Lat./Franz., hg. und übers. von Michel Perrin, Paris 1987, S. 67f.

[14] Über den Kampf der Kirchenväter gegen die Klageweiber bei Beerdigungen vgl. Nancy Ann Jones: The medieval female lyric. The poetics of gender and genre (University Microfilms International, Ann Arbor), Michigan 1986, S. 133ff.

[15] LdMA 3, 2032ff.: «Enzyklopädie, Enzyklopädik». Bernhard Bischoff: Die europäische Verbreitung der Werke Isidors von Sevilla. In: ders.: Mittelalterliche Studien. Ausgewählte Aufsätze zur Schriftkunde und Literaturgeschichte, Bd. I, Stuttgart 1966, S. 171–194.

erklärender Glossen zu Begriffen, die aus der Fachliteratur von Ärzten, Juristen, Technikern, Seefahrern, Botanikern usw. stammen.[16] Da die von Isidor zitierten Werke der antiken Spezialisten in der Folgezeit zum grössten Teil verlorengingen, blieb seine Kompilation eine wertvolle Quelle für die mittelalterlichen Autoren, auch wenn er meist nur noch die Namen der verschiedenen Wissensbereiche und nicht mehr das Fachwissen selbst vermittelte.

Isidors Kapitel über die Sibyllen ist um einiges kürzer als die Kapitel über die Philosophen, die Poeten und die heidnischen Götter, die sich im selben Buch befinden. Er beschränkt sich auf die auf Varro zurückgehende etymologische Herleitung von «Sibylle» als Geist Gottes und den Sibyllenkatalog, die beide von Laktanz überliefert werden:

> Sibyllae generaliter dicuntur omnes feminae vates lingua Graeca. Nam σιοσ Aeolico sermone deos, βουλήν Graeci mentem nuncupant. Proinde igitur, quia divinam voluntatem hominibus interpretari solebant, Sibyllae nominatae sunt. Sicut enim omnis vir prophetans vel vates dicitur vel propheta, ita omnis femina prophetans Sibylla vocatur. Quod nomen ex officio, non ex proprietate vocabuli est.[17]
> (Sibyllen werden in der griechischen Sprache im allgemeinen alle Seherinnen genannt. Denn σιοσ heisst auf äolisch «Götter», βουλήν nennen die Griechen den Geist. Deshalb also, weil sie den Menschen den göttlichen Willen zu deuten pflegten, wurden sie Sibyllen genannt. So wie nämlich jeder weissagende Mann entweder ein Seher oder ein Prophet genannt wird, so wird jede weissagende Frau eine Sibylle genannt. Dieser Name wird von ihrem Amt hergeleitet und nicht von der eigentlichen Bedeutung des Wortes.)

Bei Laktanz dagegen heisst es:

> Sibyllinos libros ait non fuisse unius Sibyllae, sed appellari uno nomine Sibyllinos, quod omnes feminae vates Sibyllae sint a veteribus nuncupatae, vel ab unius Delphidis nomine vel a consiliis deorum enuntiandis. Σιούς enim deos, non θεούς, et consilium non βουλήν sed βόυλλαν appellabant Aeolico genere sermonis. Itaque Sibyllam dictam esse quasi θεοβούλην.[18]
> (Er sagt, dass die sibyllinischen Bücher nicht von einer Sibylle stammen, sondern mit dem Namen sibyllinisch bezeichnet werden, weil die Alten alle prophetischen Frauen Sibyllen genannt haben, entweder wegen dem Namen der delphischen Sibylle oder weil sie die Ratschlüsse der Götter aussprachen. Σιούς heisst nämlich die Götter, nicht θεόυς, und der Rat heisst in äolischer Sprache nicht βουλήν, sondern βόυλλαν. Daher heisst die Sibylle sozusagen θεοβούλην [Gottes Ratschlüsse].)

[16] Saxl: Encyclopaedias I, S. 232.
[17] Isidori Hispalensis Episcopi Etymologiarum sive Originum Libri XX, hg. von Wallace Martin Lindsay, Bd. 1, Oxford 1951, VIII, 8, 1ff.
[18] Lactantius: Institutions I, 6, 7.

Was bei Laktanz eine historische Bezeichnung ist, wird bei Isidor zu einer zeitlos gültigen Definition; und während für Laktanz die Sibyllen die Autorinnen eines allgemein bekannten Textkorpus waren, wird *Sibylle* bei Isidor ein Synonym für jede Dichterin oder Prophetin. Die Bedeutung von Isidors Schlusssatz «Quod nomen ex officio non ex proprietate vocabuli est» muss dem mittelalterlichen Leser unverständlich gewesen sein, da Isidor keinen Hinweis auf das antike *officium* der Sibyllen liefert. Was für ein Amt die antike Sibylle innehatte, bleibt der Phantasie des Lesers überlassen.

Im folgenden übernimmt Isidor den Sibyllenkatalog des Laktanz.[19] Es handelt sich um eine knappe Aufzählung der Namen und der Herkunft der zehn Sibyllen. Nur drei davon werden etwas näher beschrieben. Von der Delphica erfahren wir, sie sei im Tempel des Apollo zu Delphi geboren, habe den trojanischen Krieg prophezeit und Homer habe einige ihrer Verse in sein Werk übernommen. Die Erythräa, auch Herophila genannt, die aus Babylon stamme, habe den Griechen den Untergang Trojas prophezeit und vorausgesagt, dass Homer Lügen erfinden werde. Ihre Lieder habe man auf der Insel Erythräa entdeckt, daher ihr Name. Am Schluss des Kapitels erwähnt der Autor, die Erythräa sei die vornehmste der zehn Sibyllen. Die Cumana oder Amalthea habe Tarquinius Priscus neun Bücher gebracht, in denen die römischen Dekrete standen. Von ihr sage Vergil: «Ultima Cumaei venit iam carminis aetas» (4. Ekloge, 4). Sie stamme aus Cumas (sic) in Kampanien, ihr Grab sei in Sizilien.

Während Laktanz seinen Sibyllenkatalog mit zahlreichen Quellenangaben ausstattet und eine Reihe antiker Geschichtswerke zitiert, aus denen seine Informationen stammen, erwähnt Isidor nur noch Homer und führt Vergil an, der bei Laktanz nicht vorkommt. Isidor stellt die Sibyllen als antike Dichterinnen und Seherinnen vor, aber von ihren literarischen Werken zitiert er kein einziges Wort, sondern sein ganzer Sibyllenkatalog setzt sich zusammen aus Informationen *über* die Sibyllen, das heisst aus Quellen aus zweiter Hand. So zitiert er zum Beispiel Vergils Vers über die cumäische Sibylle, nicht aber diese selbst.

Isidor spielt zweimal auf Autoritäten an, die er nicht beim Namen nennt: «Decem autem Sibyllae a doctissimis auctoribus fuisse traduntur» (Es hat zehn Sibyllen gegeben, wie von sehr gelehrten Autoren überliefert wird)[20], und im zweitletzten Satz des Abschnitts erwähnt er die sibyllinischen Orakel sehr knapp: «Quarum omnia carmina efferuntur, in quibus de Deo et de Christo et gentibus multa scripsisse manifestissime conprobantur.»[21] (Alle [Sibyllen] dichteten Lieder, in denen sie viel von Gott, Christus und den Völkern schrieben, was klar bezeugt ist.)

[19] Lactantius: Institutions I, 6, 8ff.
[20] Isidor: Etymologiae VIII, 8, 3.
[21] Isidor: Etymologiae VIII, 8, 7.

Es handelt sich um die einzige Stelle, an der Isidor, sehr indirekt, die Sibyllen als göttlich inspirierte *Schriftstellerinnen* bezeichnet. Hätte er die Autoren, die diese Information «klar bezeugt haben», mit Namen genannt – es muss sich um Laktanz und Augustin handeln –, wäre die Bedeutung der Sibyllen in einem völlig anderen Licht erschienen. Doch offensichtlich interessierte sich Isidor weder für die literarische noch für die heilsgeschichtliche Bedeutung der Sibyllen.

Isidors Sibyllenkapitel wurde im Mittelalter als allgemeingültige Definition rezipiert und praktisch überall zitiert, wo über Sibyllen geschrieben wurde. Sie blieb für das mittelalterliche Bild der Prophetinnen massgebend: Die Erinnerung an die historische und kultische Bedeutung der Sibyllen und der sibyllinischen Bücher ging verloren, und an ihre Stelle trat Isidors allgemeine, zeitlose Definition der Sibylle als Prophetin oder Dichterin. Für die mittelalterlichen Rezipienten hatte dies zur Folge, dass sie ihr eigenes Wissen und ihre eigenen Vorstellungen von der antiken Kultur in die Sibylle hineinprojizieren konnten, indem sie sie zum Beispiel mit der Königin von Saba oder mit der Sibylle in Vergils Aeneis identifizierten und ihr, anstelle und ausser der antiken, immer wieder neue Weissagungen zuschrieben, zum Beispiel die Kreuzholzlegende[22] oder die Königsprophetien der Tiburtina[23]. In mittelalterlichen Enzyklopädien, Florilegien und Geschichtswerken werden die Sibyllen nicht mehr ausschliesslich im Zusammenhang mit dem römischen Reich behandelt, wie dies bei Augustin und Laktanz der Fall war, sondern verschiedenen Zeitaltern und Weltreichen zugeordnet, wie in der *Imago mundi* des Honorius Augustodunensis[24] oder in den *Otia imperialia* (1209–1214) des Gervasius Tilleberiensis[25]. Die Sibyllen werden zu Prophetinnen, welche die mittelalterlichen Autor(inn)en nach ihrem eigenen Bild formen.

Die Kompilation in *De rerum naturis* des Hrabanus Maurus

Hrabanus Maurus hat Isidors Text vollständig in seine Enzyklopädie übernommen und mit Augustins Kapitel über die Erythräa aus *De Civitate Dei* kompiliert. Die christlichen Prophetien der Sibyllen, von denen Isidor andeutungsweise spricht, ergänzte er somit durch einen Text, in dem solche Weissagungen zitiert werden. Aber offenbar fiel Hrabanus zu den Sibyllen nichts Neues ein, und dies im Gegensatz zu seinen Kapiteln über die Philosophen oder die Magier, die sich im selben Buch befin-

[22] So z.B. in der Philipp von Thaon zugeschriebenen anglo-normannischen Übersetzung der lateinischen *Tiburtina*. Vgl. die Einleitung von Hugh Shields: Le livre de Sibile (Anglo-Norman Text Society 37), London 1979.

[23] Zu diesem Text vgl. unten S. 211f.

[24] Honorius Augustodunensis: De imagine mundi, lib. III. PL 172, S. 169A.

[25] Gervasius Tilleberiensis: Otia imperialia, lib. III, cap. 121. In: Scriptores Rerum Brunsvicensium I, hg. von G. G. Leibnitz, Hannover 1707, S. 1003ff.

den: Das Philosophenkapitel des Isidor kompiliert Hrabanus mit einem Text seines Lehrers Alkuin, *Dialogus de rhetorica et virtutibus*[26], und auch im Magiekapitel bringt Hrabanus neue Aspekte, die sich deutlich von der frühchristlichen Tradition unterscheiden.[27]

Isidor hatte die Sibyllen zusammen mit den Philosophen, den Poeten, den Magiern, den Heiden und den heidnischen Göttern im achten Buch der *Etymologiae* behandelt, in denen er die verschiedenen Religionen der Welt vorstellt. Er beginnt mit der Kirche und der Synagoge, bespricht darauf die verschiedenen christlichen und jüdischen Sekten und Häresien, um, im zweiten Teil des achten Buches, auf die Philosophen, Sibyllen usw. zu sprechen zu kommen. Aus Isidors Aufbau wird deutlich, warum er im Sibyllenkapitel keine christlichen Weissagungen zitiert, denn die Sibyllen werden hier nicht als Zeuginnen der Heilsgeschichte betrachtet, sondern als Vertreterinnen der heidnischen Religion.

Den Aufbau von Isidors *Etymologiae* könnte man als humanistisch bezeichnen, im Gegensatz zu demjenigen des Hrabanus, dessen Enzyklopädie nach kosmologischen Kriterien strukturiert ist[28]; das heisst, Isidor organisiert seine Enzyklopädie, indem er von der Entwicklung der menschlichen Erkenntnis ausgeht. Er fängt mit den *artes liberales* an, die auf das Studium der Heiligen Schrift hinführen, ganz wie Augustin es in seinem Prolog zu *De Civitate Dei* postuliert hatte.[29] Alle übrigen Wissensgebiete werden erst nachher behandelt.

Ganz anders geht Hrabanus vor: Er beginnt mit Gott und den Engeln und endet mit einer Beschreibung von Speisen, Getränken und Haushaltsgegenständen. Sein Werk lässt sich in drei grosse Einheiten einteilen: Die ersten fünf Bücher sind der Religion gewidmet; sie behandeln Gott, die Kirchengeschichte und die christliche Literatur; die Bücher 6 bis 13 beschreiben die Natur: den Menschen, die Tiere und die Elemente, die übrigen Bücher (14–22) sind den kulturellen Errungenschaften des Menschen gewidmet: den Handwerken und Künsten. Hier erscheinen die Philosophen, Propheten, Sibyllen, Heiden und ihre Götter an zweiter Stelle zwischen Titeln wie *De architectura, De agricultura, De linguis gentium, De bello* usw. Hrabanus trennt die Werke Gottes, die er am Anfang behandelt, von den Werken der Natur und der Menschen am Schluss der Enzyklopädie.

[26] Zu Hrabanus' Quellen vgl. Elisabeth Heyse: Hrabanus Maurus' Enzyklopädie «De rerum naturis». Untersuchungen zu den Quellen und zur Methode der Kompilation, München 1969. Marianne Reuter: Text und Bild im Codex 132 der Bibliothek von Montecassino «Liber Rabani de originibus rerum». Untersuchungen zur mittelalterlichen Illustrationspraxis (Münchener Beiträge zur Mediävistik und Renaissance-Forschung 34), München 1984, S. 70. Claudio Leonardi: Il «De rerum naturis» e la tradizione enciclopedica altomedievale. In: Rabano Mauro: De rerum naturis, Casin. 132, Secolo XI, conservato presso l'Archivio dell'Abbazia di Montecassino, Kommentarband, hg. von Guglielmo Cavallo u.a., Turin 1994, S. 15–23.

[27] Vgl. unten S. 221ff.

[28] Vgl. Beonio-Brocchieri Fumagalli: Enciclopedie, S. 14.

[29] Beonio-Brocchieri Fumagalli: Enciclopedie, S. 17.

Hatte Isidor noch eine universelle Behandlung der verschiedenen Religionen angestrebt, welche die ganze antike Welt mit einbezieht, so schränkt Hrabanus die Geschichte der Religion auf die jüdisch-christliche Tradition ein und teilt Isidors achtes Buch in zwei Teile auf: Die Behandlung der Kirche, der Synagoge und der verschiedenen Sekten nimmt er in sein viertes Buch auf, das heisst in den religiösen Teil seiner Enzyklopädie, während er den heidnischen Vertretern der Religion das fünfzehnte Buch widmet. Von den antiken Wissenschaften bleiben bei Hrabanus nur die Musik und die Medizin übrig, die ebenfalls in den dritten Teil seiner Enzyklopädie versetzt werden.

In der Enzyklopädie des Hrabanus erscheinen die bedeutenden Vertreter der Antike in einem neuen Licht: Sie werden zu Vertretern der Künste, zu denen Hrabanus die Landwirtschaft (Buch 14), die Sprachen (Buch 16), die Kenntnis der Metalle und Edelsteine (Buch 17), der Masse, Gewichte und Zahlen, ja der Musik und der Medizin (Buch 18) ebenso zählt wie das Verfassen von philosophischen und poetischen Texten und die Magie. Die Titel *De philosophis, De poetis, De sibyllis, De magis, De paganis* und *De diis paganis* sind innerhalb des dritten Teils der Enzyklopädie des Hrabanus die einzigen, die Personen bezeichnen, das heisst, sie nennen die *auctores* anstelle der *artes* oder der Gegenstände der *artes*. Dadurch werden die genannten Personen als Begründer oder Erfinder der Künste vorgestellt, als Träger der menschlichen Zivilisation. Das Neue bei Hrabanus gegenüber Isidor besteht darin, dass er die Rezeption der antiken Kultur im Bereich der Künste ansiedelt statt in demjenigen der Religion; damit hat er auch für die Sibyllen eine neue Möglichkeit der Rezeption geschaffen und ein neues, typisch mittelalterliches Sibyllenbild vorbereitet, nämlich dasjenige einer hochgebildeten Frau.

Die älteste erhaltene Darstellung der zehn Sibyllen findet sich in der illustrierten Enzyklopädie des Hrabanus Maurus aus dem Benediktinerkloster Montecassino (Abb. 86a).[30] Die um 1023 datierte Handschrift enthält den umfangreichsten Bilderzyklus, der aus dem 11. Jahrhundert überliefert ist.[31] Beim Durchblättern des Kodexes fällt auf, dass die Sibyllen die einzigen Frauen sind, die in den *tituli* erwähnt werden, und dass im ersten Teil des Buches, der die Religion behandelt, überhaupt keine Frauen abgebildet sind – Religion wird als eine Angelegenheit der Männer dargestellt –, im dritten Teil der Enzyklopädie, der den Künsten gewidmet ist, erscheinen Frauen aber etliche Male: Wir sehen Weberinnen, eine Frau am Brunnen, Magierinnen und Göttinnen, jedoch keine anderen Autorinnen als die Sibyllen.

Das Autorinnenbild auf Folio 379B ist dem Kapitel *De sibyllis* vorangestellt. Auf einer inkrustierten Bank sitzen die Sibyllen in zwei Fünfergruppen einander gegenüber. Von jeder Gruppe ist nur jeweils die vorderste vollständig sichtbar, während von den übrigen, die dicht hinter ihnen zusammengedrängt an ihren Rücken zu kleben scheinen, nur die Köpfe zu sehen sind.

Der Vergleich mit der Illustration zu *De poetis* auf der gegenüberliegenden Seite (Buch XV, 2, Folio 378A), die zwei Dichter auf einer inkrustierten Bank zeigt, macht deutlich, dass der Maler in beiden Bildern vom gleichen Kompositionsschema ausging: Auf der Bank ist eigentlich nur Platz für *zwei* sich gegenübersitzende Personen. Der Maler ist also offensichtlich nicht von einer Illustration von Isidors Sibyllenkatalog ausgegangen[32], sondern eher von Augustin, der nur zwei Sibyllen namentlich erwähnt:

> Haec autem Sibylla, sive Erythrea, sive, ut quidam magis credunt, Cumaea, nihil habet in toto carmine suo, cujus exigua ista particula est, quod ad Deorum falsorum sive fictorum cultum pertinet.[33]

[30] Reuter: Text, S. 174.

[31] Vgl. die Faksimile-Ausgabe: Rabano Mauro: De rerum naturis, Casin. 132, Secolo XI, conservato presso l'Archivio dell'Abbazia di Montecassino, Kommentarband, hg. von Guglielmo Cavallo u.a., Turin 1994.

[32] Das Sibyllenbild geht also nicht auf eine illustrierte Isidor-Handschrift zurück. Zur Forschungsdiskussion dieser These von Fritz Saxl vgl. Reuter: Text, S. 22ff. Zur Diskussion eines karolingischen Vorbilds des Bilderzyklus, der These von Adolph Goldschmidt, vgl. Giulia Orofino: Per una filologia delle illustrazioni del «de rerum naturis» di Rabano Mauro. In: Rabano Mauro: De rerum naturis, Casin. 132, Kommentarband, hg. von Guglielmo Cavallo u.a., Turin 1994, S. 103ff.

[33] Aurelius Augustinus: De Civitate XVIII, 23, Dombart / Kalb, S. 614, Z. 65.

(Diese Sibylle, gleichviel ob es die erythräische oder, wie manche lieber glauben, die cumäische ist, sagt in ihrem ganzen Lied, von dem dies hier nur ein kleiner Ausschnitt ist, nichts, was sich auf die Verehrung falscher oder fiktiver Götter bezöge.)[34]

Die zwei vordersten Sibyllen halten ein Pergamentblatt auf den Knien, das sie, ausgerüstet mit Tintenhorn und Feder, beschreiben. Wie die Poeten sind sie prächtig und auffallend bunt gekleidet, im Gegensatz zu den einfach gekleideten Mönchen im ersten Teil und zu den Philosophen. Von den Dichtern unterscheiden sich die Sibyllen nur durch ihre Haartracht und Kopfbedeckung, die sie als Heidinnen kennzeichnet: Sie tragen ein im Nacken durch ein Band zusammengefasstes turbanähnliches Kopftuch, wie die Magierinnen auf der folgenden Illustration (Buch XV, 4, Folio 381B), die Samariterin im Kapitel über die Brunnen (Buch XI, 12, Folio 289A) oder der schreibende Philosoph (Buch XV, 1, Folio 374A, Abb. 86b)[35]. Die Poeten dagegen tragen gelbe Lorbeerkränze.

Vergleicht man die verschiedenen Autorenbilder der Handschrift miteinander, so kann man zwei Typen unterscheiden: den am Pult schreibenden Autor und den ohne Schreibpult auf den Knien schreibenden. Ein am Schreibpult sitzender Autor begegnet uns zweimal: Am Anfang von Buch V, 3, in dem der Inhalt der biblischen Schriften erläutert wird, sitzt ein tonsurierter Geistlicher inmitten zahlreicher Bücher an seinem Pult bei der Arbeit (Folio 86B), und am Anfang des Kapitels *De philosophis* sitzt ein schreibender Philosoph neben zwei disputierenden Kollegen (Buch XV, 1, Folio 374A, Abb. 86b). Auf beiden Bildern ist der vom Schreiber behandelte Gegenstand dargestellt: Der Geistliche ist mit dem Exzerpieren oder Kompilieren der ihn umgebenden Bücher beschäftigt, während die Augen des Philosophen auf die *disputatio* seiner Kollegen gerichtet sind. Der Maler illustriert hier die auf Isidor zurückgehende Einteilung der Philosophen in die drei Gruppen der Physiker, Ethiker und Logiker:

> Physici dicti, quia de naturis tractant: natura quippe graece physis vocatur. Ethici, quia de moribus tractant. Mos enim apud Graecos ethos appellatur. Logici autem, quia in naturis et in moribus rationem adjungunt: ratio enim graece logos dicitur.[36]
> (Physiker werden die genannt, welche die Natur behandeln; die Natur wird auf griechisch nämlich *physis* genannt. Ethiker [werden so genannt], weil sie die Sitten behandeln. Die Sitte nämlich wird bei den Griechen *ethos* genannt. Die Logiker [werden so genannt], weil

[34] Vgl. Aurelius Augustinus: Der Gottesstaat, ins Deutsche übers. von Carl Johann Perl, Salzburg 1953, Bd. 3, S. 188.

[35] Auch die Sibylle in Sant'Angelo in Formis trägt ein im Nacken zusammengebundenes Kopftuch, vgl. Abb. 86. Einen ähnlichen Turban trägt ein Schreiber in der Zürcher Handschrift der *Weltchronik* des Rudolf von Ems; er notiert die Musik, die König David mit vier Musikanten vorführt, von denen einer ebenfalls einen Turban trägt. Rudolf von Ems: Weltchronik. Zürich, Zentralbibliothek, Rh. 15, fol. 218v. Die Manessische Liederhandschrift, Abb. S. 61, Kat. 106.

[36] Vgl. die Ausgabe von Migne, der das Werk unter dem Titel «De universo libri XXII» veröffentlicht hat. Hrabanus Maurus: De universo XV, 1. PL 111, S. 413C.

> sie die Gründe der Natur und der Sitten angeben, denn der Grund [*ratio*] heisst auf griechisch *logos*.)

Es ist die Tätigkeit des Logikers, der den von seinen Kollegen, dem Physiker und dem Ethiker, behandelten Themen auf den Grund geht (*rationem adjungunt*), die der Maler als diejenige eines Schreibenden interpretierte.[37] Bei Hrabanus ist von einer schriftstellerischen Tätigkeit der Philosophen nirgends die Rede. Es handelt sich hier nicht um die Darstellung eines inspirierten Autors, sondern eines Wissenschaftlers, der, ähnlich wie der Geistliche am Anfang des fünften Buches, das Wissen anderer Autoren ordnet und kompiliert. Dagegen sind die Poeten und Sibyllen inspirierte Autoren, wie im folgenden dargelegt werden soll.

Die Sibyllen halten ihre Pergamentbogen auf den Knien. Aufrecht und stumm sitzen sie auf ihren inkrustierten Stühlen einander gegenüber. Kein Redegestus ist angedeutet, auch blicken sie weder auf ihre Arbeit noch auf ihr Gegenüber, sondern schauen ins Unbestimmte. Dasselbe gilt für die Poeten auf der gegenüberliegenden Seite. Ihr Blick ins Leere erinnert an die aus Alkuins *Dialogus de rhetorica et virtutibus* stammende Charakterisierung der christlichen Theologie im Philosophenkapitel:

> Theologica quoque est, quae inspectiva dicitur, qua supergressi visibilia, de divinis et coelestibus aliquid mente solum contemplamur.[38]
> (Die theologische [Wissenschaft] ist auch die, welche die kontemplative genannt wird; durch sie behandeln wir, das Sichtbare überschreitend, das Göttliche und Himmlische mit dem Geist allein.)

Die Kontemplation des Göttlichen wird als nach innen gerichteter Blick beschrieben, der über das Sichtbare hinausgeht. Durch die ins Leere gerichteten Blicke und die Absenz jeglicher sichtbaren Inspirationsquelle und Kommunikation hat der Maler die Sibyllen und Poeten als Theologen dargestellt. Diese Interpretation ist bereits in Isidors Text vorhanden und wird in Hrabanus' Zusätzen noch verstärkt. Hatte Isidor die Dichter als Propheten *(vates)* und ihre Werke als Weissagungen bezeichnet – «et proinde poetae, latine vates olim, et scripta eorum vaticinia dicebantur» (und daher wurden die Poeten auf lateinisch einst *vates* und ihre Schriften *vaticinia* genannt)[39] –, so beginnt das von Hrabanus hinzugefügte Exzerpt aus Bedas *Ars metrica* wie folgt: «Quidam autem poetae theologi dicti sunt: quoniam de diis carmina faciebant.» (Einige Poeten aber wurden Theologen genannt, weil sie Lieder von den Göttern dichteten.)[40] In Hrabanus' Text wird die Bezeichnung *theologi* nicht

[37] Orofino: Filologia, S. 155. Reuter: Text, S. 72, interpretiert den Logiker als einen Vertreter der christlichen Theologie, was jedoch wegen dessen turbanartiger Kopfbedeckung, die ihn als Heiden kennzeichnet, nicht möglich ist.

[38] Hrabanus: De universo XV, 1. PL 111, S. 416C. Reuter: Text, S. 72.

[39] Hrabanus: De universo XV, 2. PL 111, S. 419B.

[40] Hrabanus: De universo XV, 2. PL 111, S. 419C.

nur für die heidnischen Dichter verwendet, sondern auch für die Verfasser des Evangeliums und des Hohen Lieds: «[...] nostri Theologiam sibi vendicant, ut in Cantico canticorum, et sancto Evangelio.» (Auch die unsrigen beanspruchen die Theologie für sich, so zum Beispiel im Hohen Lied und im heiligen Evangelium.)[41] Auch hier wird also der Dichter an erster Stelle genannt.

Der Maler des Codex Cassinensis, der für die Sibyllen dasselbe Kompositionsschema wählte wie für die Dichter, charakterisierte beide als göttlich inspirierte Schriftsteller. Diese Interpretation entspricht sowohl den Texten über die Poeten bei Isidor und Hrabanus als auch denjenigen über die Sibyllen: Isidor hatte die Sibyllen etymologisch als Geist Gottes definiert und als *vates* und Dichterinnen beschrieben, und in dem von Hrabanus übernommenen Augustin-Text über die Erythräa wird ihre Rolle als Prophetin Christi mit Zitaten aus ihren Schriften belegt.

Das Schreiben auf dem Knie

Als ikonographisches Vorbild für die schreibenden Sibyllen und Poeten bietet sich das berühmte Porträt des Propheten und Schriftgelehrten Ezra im *Codex Amiatinus* an[42], der um 700 in Northumbria als Kopie nach dem *Codex Grandior* des Cassiodorus geschaffen wurde, welcher seinerseits in Vivarium in Kalabrien entstanden war (Abb. 87). Ezra hatte die Bibel nach der babylonischen Gefangenschaft neu geschrieben. Die Inschrift über dem Bild erklärt seine Tätigkeit: «Codicibus sacris hostili clade perustis Esdra D(e)o fervens hoc reparavit opus.» (Nachdem die heiligen Kodizes durch ein feindliches Unheil verbrannt worden waren, hat Esdra in göttlichem Eifer dieses Werk wiederhergestellt.) Kurt Weitzmann vermutet, dass die Darstellung Ezras als Schreiber, die sich abhebt von der traditionellen Darstellung der Propheten als Standfiguren, von Cassiodorus selbst gewählt wurde, um auf seine eigene Tätigkeit als Bibelschreiber hinzuweisen.[43]

Ezra sitzt vor einem grossen, geöffneten doppeltürigen Schrank, in dessen Fächern ledergebundene Bücher liegen.[44] Ezra und die Sibyllen ähneln sich sowohl in bezug auf ihre Körperhaltung als auch auf ihre kostbare Kleidung. Beide sitzen auf einer Bank ohne Lehne mit einem Kissen. Auf Ezras waagerechten Oberschenkeln liegt ein Kodex, auf denjenigen der Sibyllen ein Pergamentblatt. Ezras Füsse ruhen hintereinandergestellt auf einem Schemel wie die Füsse der Sibyllen. Die verschiedenfarbigen, bis auf die Füsse fallenden Gewänder, die Ezra übereinander trägt und deren Schnitt bereits vom Maler des *Codex Amiatinus* nicht mehr richtig ver-

[41] Hrabanus: De universo XV, 1. PL 111, S. 416C.

[42] Florenz, Bibliotheca Medicea-Laurenziana, Codex amiatinus I, fol. 5r. Weitzmann: Buchmalerei, S. 126, Nr. 48, Abb. 48.

[43] Weitzmann: Buchmalerei, S. 126.

[44] Ein solcher Schrank befindet sich auch im Codex Cassinensis 132, vgl. die Illustration zu *De bibliotheca*, lib. V, 4, fol. 96A.

standen wurde, denn er hat die Farben des Mantels und des Untergewandes verwechselt, wurden vom Maler des *Codex Cassinensis* als Borten interpretiert. Im Unterschied zu den Sibyllen und Poeten ist Ezra nimbiert, auch hält er den Kopf nicht gerade, sondern ist über seine Arbeit gebeugt; das heisst, nicht göttlich inspiriertes Schreiben ist hier dargestellt, sondern Schreibarbeit.[45] Auf dem Boden liegen verschiedene Schreibutensilien und ein offenes Buch; Ezra wird jedoch nicht beim Kompilieren oder Kopieren gezeigt, sondern schreibt ohne Vorlage: Das Schreiberbild ist einem Autorenbild angeglichen worden. Nach Weitzmann ist die Titelminiatur des Ezra mit dem geöffneten Kodex auf den Knien «die getreue Kopie eines frühen byzantinischen Evangelistenporträts».[46]

Ein schönes Beispiel für göttlich inspiriertes Schreiben auf dem Knie zeigt eine nach Carl Nordenfalk frühchristliche byzantinische Elfenbeintafel mit dem Evangelisten Markus zusammen mit dem heiligen Petrus und einem Engel (Abb. 88).[47] Petrus hat die Hand zum Redegestus erhoben und diktiert Markus, der einen Pergamentbogen auf dem rechten Knie hält und schreibt. Hinter den beiden Autoren steht ein Engel, einer antiken Muse vergleichbar; sein Blick ist auf Petrus gerichtet und der Gestus seiner offenen rechten Hand erscheint als Entsprechung zur diktierenden Rechten Petri. Dagegen blickt Markus auf seine Arbeit. Das göttliche Wort geht vom Engel über Petrus zum schreibenden Markus.

Die Sitte, sitzend auf den Knien zu schreiben, kommt aus der griechischen und römischen Antike. Die erstaunlich wenigen bildlichen Darstellungen, die erhalten sind, stammen fast alle aus der spätantiken Grabplastik, mit Ausnahme des Elfenbeindiptychons des Rufius Probianus, *vicarius urbis Romae* (399–402, Abb. 45).[48] Dabei handelt es sich, wie Parássoglou betonte, in keinem Fall um Darstellungen professioneller Schreiber, sondern um Literaten oder hohe Beamte.[49] (Auf einer Grabstele von Thessaloniki schreibt ein Verwandter des Verstorbenen auf dem

[45] Über die Körperhaltungen göttlich inspirierter Autoren vgl. oben S. 111f.

[46] Weitzmann: Buchmalerei, S. 26.

[47] London, Victoria and Albert Museum. Nordenfalk: Evangelist, S. 177f. und Abb. 5. Die Datierung der Elfenbeinplatte ist umstritten. Weitzmann möchte sie in das 8. Jh. datieren. Kurt Weitzmann: The Ivories of the so-called Grado-Chair. Dumbarton Oaks Papers 26 (1972), S. 43–92, hier S. 72ff., und Abb. 14. Lasko vermutet, die Platte sei im späten 11. Jh. entstanden. Peter Lasko: Ars Sacra 800–1200 (The Pelican History of Art), Hamondsworth 1972, Nr. 147.

[48] Theodor Birt: Die Buchrolle in der Kunst. Archäologisch-antiquarische Untersuchungen zum antiken Buchwesen, Leipzig 1907, S. 197–209. George M. Parássoglou: Some Thoughts on the Postures of the ancient Greeks and Romans when writing on Papyrus Rolls. Scrittura e Civiltà 3 (1979), S. 5–21. Metzger: Scribes, S. 123ff.

[49] Parássoglou: Thoughts, S. 16: "[...] we lack even a single representation of an ancient Greek or Roman professional scribe, a person, that is, whose task was the multiplication of literary texts." Es gibt aber Darstellungen professioneller Schreiber (*librarii*) in der spätantiken Grabplastik; allerdings werden diese mit Wachstafelbuch und Stilus in den Händen dargestellt, zudem in den meisten Fällen nicht sitzend, sondern stehend, vgl. Büll: Wachs, Abb. 562ff.

Knie.)[50] Wie bereits Birt feststellte, sind schreibende Frauen in der antiken Kunst häufiger als Männer.[51] Die Römer kannten keine schreibenden Götter, wohl aber die *fata scribunda*, die Tertullian erwähnt und Martianus Capella als Schreiberinnen des Götterrats bezeichnet.[52] Die Etrusker kannten eine schreibende Göttin: Sie verehrten Reitia als Erfinderin des Alphabets und brachten ihr Wachstafeln und Griffel als Weihgaben dar. Ein etruskischer Sarkophag zeigt eine Frau mit Wachstafel und Griffel in den Händen.[53] Auch die Musen wurden zuweilen auf dem Knie schreibend dargestellt.[54] Nach Parássoglou genügen die wenigen erhaltenen Beispiele von Schreibenden jedoch, um zu belegen, dass die Körperhaltungen der Evangelisten in der frühchristlichen Buchmalerei auf antike Vorbilder zurückgeführt werden können.[55]

Auch für inspiriertes Schreiben ist ein antikes Beispiel erhalten: Ein an der Via Appia entdeckter Sarkophag des späten 2. oder frühen 3. Jahrhunderts n. Chr. in Berlin[56] zeigt acht Szenen mit literarischen Aktivitäten. Eine davon stellt einen sitzenden bärtigen Mann im Philosophengewand dar, der von zwei Musen flankiert wird und auf eine über sein linkes Knie gelegte Rolle schreibt, unter die er die linke Hand als Schreibunterlage geschoben hat. Die eine Muse steht hinter ihm, deutet mit der rechten Hand auf seine Arbeit und inspiriert ihn. Eine weitere Szene des Sarkophags zeigt einen ebenfalls bärtigen und gleich gekleideten Schreibenden auf einem niedrigen Stuhl sitzend, der sich nach links zu einem stehenden, aus einer Rolle lesenden Begleiter wendet. Es handelt sich also um ein Diktat. Der Schreibende hält die Rolle auf seinem linken angewinkelten Knie, während er das rechte Bein ausstreckt. Dieselbe Körperhaltung findet sich im Wiener Dioskurides (6. Jahrhundert) wieder. Eines der drei Autorenbilder zeigt Dioskurides mit einem offenen Kodex auf dem rechten Knie beim Schreiben neben der stehenden Muse Epinoia mit einer Mandragora in der Hand (Abb. 43). Die Art, wie Dioskurides den Kodex hält, scheint zum Schreiben ungeeignet, und Birt machte darauf aufmerksam, dass hier die Herstellung einer illustrierten Papyrusrolle gezeigt wird, weshalb der Kodex nicht recht in das Bild hineinpasst:

> Dioskurides beschreibt die Pflanze im Buch, der Maler zeichnet dieselbe separat auf einem grossen Blatt. Dass nun Dioskurides im Codex und nicht in der Rolle schreibt, ist Modernisierung. Jedenfalls aber werden die Miniaturen nicht in den Text eingetragen,

[50] Parássoglou: Thoughts, Tafel 6.

[51] Birt: Buchrolle, S. 200.

[52] Wilhelm Heinrich Roscher: Ausführliches Lexikon der griechischen und römischen Mythologie, Bd. 12, Leipzig 1886–1890, Sp. 1444ff.

[53] Dominique Briquel: Les tablettes à écrire étrusques. In: Les tablettes à écrire de l'antiquité à l'époque moderne, hg. von Elisabeth Lalou, Turnhout 1992, S. 187–202 und Abb. 1, hier S. 200.

[54] Vgl. z.B. Katja Marina Türr: Eine Musengruppe Hadrianischer Zeit. Die sogenannten Thespiaden (Monumenta artis romanae), Berlin 1971.

[55] Parássoglou: Thoughts, S. 15f.

[56] Parássoglou: Thoughts, S. 11ff., Tafeln 4, 5. Birt: Buchrolle, S. 203f.

sondern gehen für sich. Dies ist evident, dies war das Verfahren des Altertums, und daran hat der Buchillustrator, dem wir dies Bild verdanken, obschon sein eigenes Verfahren ein anderes war, nichts zu ändern gewagt.[57]

Das Autorenbild des Dioskurides mit dem Kodex auf dem Knie ist also von einem Bild eines inspirierten Autors herzuleiten, wie es auf dem Berliner Sarkophag erhalten ist. Dass die Darstellung des Autors mit einem Kodex sich zu dieser Zeit noch lange nicht durchgesetzt hatte, belegen die beiden anderen Bildnisse berühmter Ärzte des Wiener Dioskurides, von denen das eine auf die Tradition der sieben Weisen zurückgreift, die miteinander disputieren, das andere den thronenden Autor zeigt, dem von der Muse eine Mandragora überreicht wird. Beide Male werden also Lehrgespräche inszeniert, nicht die Buchherstellung.

Etwa aus der gleichen Zeit wie der Wiener Dioskurides stammt das Bild des schreibenden Evangelisten Markus im Codex Rossanensis, der auf eine Papyrusrolle auf seinem Knie schreibt (Abb. 44a).[58] Auch für dieses Bild wies Birt auf ein antikes Vorbild hin, nämlich auf das Elfenbeindiptychon des Probianus, der auf eine Diplomrolle schreibt (Abb. 45):

> Etwas anderes ist die Buchschrift, die auf Kolumnen verteilt wird, etwas anderes die Diplomschrift. Um ein Diplom zu schreiben, dessen Zeilen die ganze Länge der Rolle entlang laufen, war es natürlich nötig, diese weit aufzurollen [...] Wie ein langes Band schweift sich hier also die Rolle aufgelöst über das rechte Knie des schreibenden Probianus hin. Auf ihr steht in grossen Lettern sein eigener Name zu lesen. In Wirklichkeit aber ist er im Begriff, als Richter sein Urteil aufzusetzen; rechts und links stehen noch Kanzlisten, die dasselbe Urteil in kleine Codices eintragen [...] Diesem Bilde kommt der schreibende Evangelist Marcus im *Codex Rossanensis* fol. 121r sehr nahe. Marcus sitzt in einem grossen Armsessel oder Thronos und schreibt auf einen langgezogenen Diplomstreifen, der in keine Rollungen ausläuft und über seinen Knien zu schweben scheint [...] Was er auf den Streifen schreibt, ist nun lediglich in grosser Langzeile der Titel seines Werks. Es ist also wieder Diplomschrift, nicht Buchschrift, was da vorgeführt wird.[59]

Birts Hinweis wurde weder von Kurt Weitzmann noch von William C. Loerke beachtet, die das Markusbild von einem antiken Dichterbildnis mit einer Muse herleiten und den Schreibakt als Modifikation interpretieren.[60] Der Vergleich des Markus mit der Darstellung des Hohenpriesters auf Folio 8r des Codex Rossanensis zeigt aber, dass Birt recht hat (Abb. 44b):[61] Gewand, Haartracht und Thronos sind bei Markus und dem Hohenpriester identisch. Markus ist hier also als Beamter und Priester charakterisiert, was dem monarchianischen Evangelienprolog entspricht, in dem er als

[57] Birt: Buchrolle, S. 300f.

[58] Codex Purpureus Rossanensis, fol. 121r. Vgl. oben S. 110f.

[59] Birt: Buchrolle, S. 208.

[60] Loerke: Miniatures, S. 158, 160. Weitzmann: Buchmalerei, Nr. 33.

[61] Weitzmann: Buchmalerei, Nr. 30.

Angehöriger des levitischen Priesterstands vorgestellt wird.[62] Dass sein Schreiben auf dem Knie inspiriertes Schreiben bedeutet, ist hier noch deutlicher als bei Ezra oder Dioskurides: Vor Markus steht die göttliche Weisheit, die ihren Finger auf seinen Text legt.[63]

Der auf dem Knie schreibende göttlich inspirierte Autor existiert auch in der karolingischen und ottonischen Buchmalerei. Es sei hier auf die Hieronymus-Frontispize der beiden Bibeln Karls des Kahlen (Abb. 6, 7) hingewiesen, welche die Entstehung der Vulgata illustrieren. Auf beiden Bildern sind keine Pulte dargestellt, sondern Schreiberinnen und Schreiber, welche auf den Knien schreiben.[64]

Weitere Beispiele sind die beiden Schreiber auf dem Gregorbild im Metzer Sakramentarfragment (Abb. 52) und Gregor der Grosse in der ältesten erhaltenen illustrierten Handschrift aus dem Skriptorium des Klosters Fulda (970–975, Abb. 89)[65]. Es handelt sich um ein gregorianisches Sakramentar, dessen Redaktion möglicherweise auf den Fuldaer Abt Hrabanus Maurus zurückgeht. Auf dem Frontispiz in der Mitte, zwischen der Opferung Isaaks und drei Messe lesenden Priestern, sind die nimbierten Päpste Gregor der Grosse und Gelasius, die beiden Verfasser des Sakramentars, in Rundmedaillons dargestellt. Frontal auf einer Bank und einem Kissen sitzend schreiben sie in ein dem Betrachter zugewendetes offenes leeres Buch. Gregor ist erkennbar an der Taube auf seiner Schulter; sein Buch, in das er gerade hineinschreibt, hält er auf den Knien. Die Quelle seiner Inspiration, der Heilige Geist, ist hier nicht unsichtbar wie bei den Sibyllen und Propheten im Codex Cassinensis. Gelasius hält sein Buch in die Höhe und taucht seine Feder in das auf einem Ständer neben ihm stehende Tintenfass. Es handelt sich um eine Variation der Pose Gregors. Auch er schreibt auf dem Knie. Ein Schreibpult ist nicht vorhanden. Vergleichbare Darstellungen Gregors sind selten[66], allerdings zeigt eine süddeutsche Handschrift der Predigten Gregors über Ezechiel den Autor ebenfalls frontal thronend, mit dem Buch auf dem rechten Knie, die Feder in der Hand und die Taube auf der Schulter.[67]

62 Von Euw: Evangéliaires, S. 19.

63 Loerke: Miniatures, S. 159f.

64 Paris, Bibliothèque Nationale, Ms lat. 1, fol. 3v. Rom, San Paolo fuori le mura, Bibel, fol. 3v. Kessler: Bibles, Abb. 130 und 131. Vgl. oben S. 29ff.

65 Göttingen, Niedersächsische Staats- und Universitätsbibliothek, MS theol. 231, fol. 1v. Eric Palazzo: Les sacramentaires de Fulda. Etude sur l'iconographie et la liturgie à l'époque ottonienne (Liturgiewissenschaftliche Quellen und Forschungen 77), Münster 1994, S. 68, Abb. 22. Mayr-Harting: Ottonian Book, Bd. II, S. 127, Tafel XII. Jahr 1000, Kat. 18.

66 Die beiden Autorenporträts werden in ein etwas späteres, ebenfalls in Fulda entstandenes Sakramentar aufgenommen, allerdings ohne die Taube Gregors. Bamberg, Staatsbibliothek, MS Lit. 1, fol. 12v. Mayr-Harting: Ottonian Book, Bd. II, Abb. 79. Palazzo: Sacramentaires, Abb. 1 und S. 60ff., betont das Einmalige der Darstellung. Die wenigen Vergleichsbeispiele, die er anführt, zeigen ein Pult.

67 Bamberg, Staatliche Bibliothek, Bibl. 84. Prochno: Schreiber, Nr. 87. Schramm / Mütherich: Herrschergeschichte 768–1250, Nr. 122.

Im Sinne Isidors von Sevilla können die beiden Verfasser des Sakramentars als Dichter bezeichnet werden, wie der erste Satz seines Kapitels *De poetis* zeigt:

> Poetae unde sint dicti, sic ait Tranquillus (de poet. 2): Cum primum homines exuta feritate rationem vitae habere coepissent, seque ac deos suos nosse, cultum modicum ac sermonem necessarium commenti sibi, utriusque magnificentiam ad religionem et deorum suorum excogitaverunt.[68]
> (Über die Herkunft der Bezeichnung «Poetae» sagt Sueton: «Sobald die Menschen die Wildheit abgestreift und angefangen hatten, über ihre Lebensweise zu reflektieren, und dabei den Unterschied zwischen sich und ihren Göttern erkannten, erdachten sie, die für sich selber einen bescheidenen Lebensstil und eine aufs Allernotwendigste beschränkte Redeweise entwickelt hatten, zur Verehrung ihrer Götter eine prächtigere Version von beidem [*cultus* = «Lebensweise», aber auch «Kultus, Verehrung» und *sermo* = «Redensweise», dann aber auch «Predigt»].»)

Wie sie den Göttern Tempel bauten, fährt Sueton fort, die schöner als ihre eigenen Häuser waren, und Statuen errichteten, die grösser als ihre eigenen Körper waren, so glaubten sie auch, sie durch eine erhabenere Sprechweise ehren zu müssen, und benutzten daher zu ihrem Lob erlesenere Wörter und festlichere Rhythmen. Da diese Sprechweise durch eine bestimmte *forma* (hier wohl «Redefigur», aber auch «Beschaffenheit») bewirkt werde, was auf Griechisch ποιότης («Beschaffenheit») heisse, sei sie *poema* genannt worden und ihre Erschöpfer *poetae.*

Vergleicht man Isidors Entstehungsgeschichte der Poesie mit dem Frontispiz des Fuldaer Sakramentars, so kann dieses als christianisierte Version des Sueton-Zitates interpretiert werden, welche die Entstehung des christlichen Gottesdienstes in zwei Szenen und zwei Autorenbildern erzählt. Der obere Bildstreifen illustriert die Entstehung des jüdischen Opfers anhand dreier Personen: Abel, Abraham und Melchisedek. In der Mitte steht Abraham vor einem Altar, auf dem sein nackter, gefesselter Sohn sitzt. In der rechten Hand hält der Patriarch ein langes Schwert, das er bereits zum Schlag erhoben hat. Sein Blick ist auf die Hand Gottes gerichtet, die über ihm erscheint und ihn davon abhält, seinen Sohn zu opfern. Das Böcklein, das an Isaaks Stelle geopfert werden soll, liegt links, zwischen Abraham und Abel, der Gott ein Lamm darbringt. Der Satz «Sobald die Menschen die Wildheit abgestreift und angefangen hatten, über ihre Lebensweise zu reflektieren, und dabei den Unterschied zwischen sich und ihren Göttern erkannten [...]» könnte eine Legende zu diesem Bild sein: In der Bildmitte wird die Wildheit Abrahams durch das überlange Schwert angedeutet, an dessen Gebrauch ihn die Hand Gottes hindert. Auch die Nacktheit und Gebundenheit des Kindes auf dem Altar illustrieren das Barbarische von Abrahams Tun.

Den drei alttestamentlichen Gottesdienern werden im untersten Bildstreifen drei nimbierte Priester mit drei Lesepulten gegenübergestellt. Zwei von ihnen tragen die

[68] Isidor: Etymologiae VIII, 7, 1.

gleichen Gewänder und Farben wie Gregor und Gelasius, und beim dritten könnte es sich um den Redaktor des Sakramentars, Hrabanus Maurus, handeln. Die Szene illustriert den Übergang zur zivilisierten, religiösen Lebensweise. Vor dem mittleren Priester, der ein Schriftstück in den Händen hält, kniet ein Mönch in Proskynese. Nicht das Zelebrieren der Messe, sondern der Vortrag des Wortes Gottes aus Büchern wird hier geschildert, deren Herstellung die beiden Autorenbilder in den Rundmedaillons in der Mitte des Frontispizes zeigen. Ähnlich wie Isidor verbindet der Maler die Entstehung des Gottesdienstes mit der Entstehung von Literatur, in diesem Fall des Sakramentars. Weiter könnte die Tatsache, dass er Gregor und Gelasius nach Art der antiken Autoren auf dem Knie schreibend gemalt hat, darauf hinweisen, dass er Isidors Kapitel über die Poeten kannte und das Sakramentar als poetisches Werk interpretierte.

Auch in der Enzyklopädie des Hrabanus Maurus wird die antike heidnische mit der christlichen Poesie verglichen. Hrabanus kompiliert Isidors Text mit einem Ausschnitt aus Bedas *De arte metrica*, in dem die biblischen Bücher *Ecclesiastes*, die Psalmen und das Buch Hiob den Werken von Vergil, Homer und Lukrez gegenübergestellt werden.[69]

Die Tatsache, dass relativ wenige Bildnisse von Autoren erhalten sind, die auf dem Knie schreiben, ist darauf zurückzuführen, dass in der Spätantike Autoren in der Regel nicht schreibend, sondern disputierend oder meditierend dargestellt wurden und dass sich in der karolingischen Kunst die Abbildung von Autoren am Schreibpult weitgehend durchsetzte.[70] Vergleichen wir jedoch die hier angeführten Bildnisse mit den Sibyllen im Codex Cassinensis, so können wir annehmen, dass die Sibyllen, ebenso wie die Poeten, auf den Knien schreibend dargestellt wurden, um sie als göttlich inspirierte Autoren zu kennzeichnen.

Das Autorinnenbild der Sibyllen ist einzigartig. Unter den aus der Spätantike erhaltenen Darstellungen findet sich keine schreibende Sibylle, diese wird vielmehr oft sitzend, das Kinn in die rechte Hand gestützt, gezeigt und hält zuweilen eine Schriftrolle in der linken.[71] In dieser Pose erscheint die Sibylle zum Beispiel auf dem Triumphbogenmosaik von Santa Maria Maggiore in Rom zusammen mit den drei Magiern neben dem thronenden Christuskind.[72] Die königlich gekleidete Maria sitzt links des Throns, die in einen blauen Umhang gehüllte Sibylle rechts. Sie hält die halbgeöffnete Schriftrolle zwischen den Knien, in der sie offenbar soeben gelesen hat, und blickt nachdenklich vor sich hin, während die beiden Magier, die neben ihr

[69] Hrabanus: De universo XV, 2. PL 111, S. 420A. Reuter: Text, S. 173.

[70] Für das Schreiben am Pult hat Metzger: Scribes, Tafeln Vff., bildliche Darstellungen gesammelt, von denen die älteste auf das 4. Jh. zurückgeht.

[71] Lexicon Iconographicum Mythologiae Classicae, Bd. 7, 1, Zürich 1994, S. 755ff. Marie-Louise Thérel: Une image de la Sibylle sur l'arc triomphal de Sainte-Marie-Majeure à Rome? Cahiers archéologiques. Fin de l'antiquité et Moyen Age 12 (1962), Abb. 2, 7, 8.

[72] Thérel: Image, Abb. 2.

stehen, zum Stern über dem Kind emporschauen. Es handelt sich hier um ein antikes Autorinnenbildnis: In genau der gleichen Körperhaltung erscheint der von zwei stehenden Musen flankierte Vergil auf dem berühmten Fussbodenmosaik in Sousse. Auf der halbgeöffneten Schriftrolle, die der Dichter auf den Knien hält, ist der Anfang der Aeneis zu lesen.[73]

In Santa Maria Maggiore wird die Dichtung der Sibylle mit der Sterndeutung der Magier verbunden[74], eine Assoziation, die nicht nur in den Enzyklopädien des Isidor und des Hrabanus fassbar ist, in denen die Sibyllen zwischen den Poeten und den Magiern behandelt werden, sondern uns auch im 12. Jahrhundert noch begegnet, wie im folgenden Kapitel gezeigt werden soll.

[73] Maison de l'Arsenal, Sousse. Katherine M. B. Dunbabin: The Mosaics of Roman North Africa. Studies in Iconography and Patronage, Oxford 1978, Tafel LI.

[74] Johannes G. Deckers wies darauf hin, dass die Magier in Santa Maria Maggiore bei der Sternbetrachtung dargestellt sind, statt, wie es in der Spätantike die Regel war, bei der Huldigung des Christuskindes und der Darbringung von Geschenken. Nach Deckers ist die Darstellung der Magier in Santa Maria Maggiore in der spätantiken Kunst ohne Nachfolge geblieben. Johannes G. Deckers: Die Huldigung der Magier in der Kunst der Spätantike. In: Die heiligen drei Könige – Darstellung und Verehrung. Katalog zur Ausstellung des Wallraf-Richartz-Museums in der Josef-Haubrich-Kunsthalle Köln, 1. Dezember 1982 bis 30. Januar 1983, Köln 1982, S. 20–32, hier S. 27f.

Die tiburtinische Sibylle auf dem Frontispiz einer Zwiefaltener Chronik

Die Zwiefaltener Sammelhandschrift in der Württembergischen Landesbibliothek zu Stuttgart (Cod. hist. 2° 411, um 1160–1170) wird eröffnet durch eine ganzseitige Federzeichnung, die eine thronende gekrönte Sibylle inmitten konzentrischer Kreise zeigt, in denen neun strahlenförmig nimbierte Köpfe (Gestirne) und zwanzig Medaillons mit je zwei gekrönten Herrscherköpfen angeordnet sind (Abb. 90). Der dazugehörende Text, die Prophetie der tiburtinischen Sibylle, steht auf den folgenden sieben Seiten und beginnt mit Isidors Sibyllenkatalog, der die Tiburtina an zehnter Stelle nennt. Diese wird hier als trojanische Königstochter beschrieben, was ihrer Darstellung als Königin auf dem Frontispiz entspricht:

> [...] decima Tiburtina grece, latine Abulnea vocata, et cuius carminibus multa de Deo et Christo scripta continentur [...] Fuit igitur hec Sibilla Priamidis regis filia ex matre nomine Hecuba procreata, vocata est autem in Greco Tiburtina, Latino vero nomine Abulnea.[75] ([...] die zehnte wird auf griechisch Tiburtina, auf lateinisch Abulnea genannt, und ihre Lieder enthalten vieles über Gott und Christus [...] Diese Sibylle war also die Tochter des Königs Priamos, und ihre Mutter hiess Hekuba; auf griechisch nämlich wird sie Tiburtina, auf lateinisch mit ihrem wahren Namen Abulnea genannt.)

Die neun nimbierten Köpfe und die Medaillons mit den Herrscherköpfen auf dem ersten Frontispiz illustrieren die Weissagung der tiburtinischen Sibylle, ein Text, der nach Ernst Sackur in Oberitalien entstanden ist und dessen ältester, spätantiker Teil einen Traum der römischen Senatoren von neun Sonnen und dessen Auslegung durch die tiburtinische Sibylle wiedergibt.[76]

[75] Ernst Sackur: Sibyllinische Texte und Forschungen. Pseudomethodius, Adso und die tiburtinische Sibylle, Rom 1962 (Reprint der Ausgabe Halle a. S. 1898), S. 177. In der ersten volkssprachlichen Übersetzung der *Tiburtina* (12. Jh.), die Philippe de Thaon zugeschrieben wird, erhält das Königtum der Sibylle noch eine zusätzliche Bedeutung und Würde, indem sie mit der Königin von Saba gleichgesetzt wird, die mit Salomon disputierte. Die Stelle zeigt, dass der Übersetzer der *Tiburtina* die sogenannte Kreuzholzlegende gekannt haben muss, die vom Besuch der Königin von Saba bei Salomon erzählt: Beim Überqueren eines Flusses watet die Königin durch das Wasser, statt die Holzbrücke zu benutzen, da sie voraussieht, dass dieses Holz eines Tages das Kreuz Christi sein werde. Dem erstaunten König Salomon erklärt sie darauf ihre Ehrerweisung vor dem Holz und prophezeit ihm die Ankunft Christi. Vgl. dazu die Einleitung der Ausgabe von Hugh Shields: Le livre de Sibile (Anglo-Norman Text Society 37), London 1979.

[76] Sackur: Texte, S. 117ff. Die älteste Handschrift der lateinischen Tiburtina stammt aus dem 11. Jh. und ist vermutlich in Oberitalien entstanden. Die jüdisch-christliche Herkunft des Traums von den neun Sonnen und dessen Entstehung zur Zeit des Kaisers Domitian hat David Flusser nachgewiesen: An early jewish-christian document in the Tiburtine Sibyl. In: Paganisme, Judaïsme, Christianisme – Influences et affrontements dans le monde antique. Mélanges offerts à Marcel Simon, Paris 1978, S. 153–183.

Der Inhalt der Schrift ist folgender: Nach einer Aufzählung der zehn Sibyllen, die mit der tiburtinischen schliesst, deren Reisen beschrieben werden, beginnt der eigentliche Text der Prophetie. Die genannte Sibylle, König Priamos' Tochter, wird den Römern bekannt, deren Herrscher sie nach Rom einlädt. Da haben hundert Senatoren in einer Nacht denselben Traum: Sie träumen von neun Sonnen, die alle ein unterschiedliches Aussehen haben. Die Sibylle, welcher der Traum vorgetragen wird, legt die Sonnen als neun Generationen oder Zeitalter aus: Im vierten Zeitalter wird Christus geboren und im neunten beginnt in der Deutung der Sibylle aus phantastischem Dunkel die Geschichte deutsch-italienischer Herrscher. Diese nimmt die Hälfte des ganzen Textes ein und endet mit dem Einzug des Friedenskaisers in Jerusalem und dem Tod des Antichrist. Den Schluss der Prophezeiung bildet die Weissagung des Jüngsten Gerichts *Iudicii signum*.[77]

Die Weissagungen der tiburtinischen Sibylle erstrecken sich von der Antike bis ans Ende der Zeiten. Sie beschreiben die heilsgeschichtliche Bedeutung des Imperiums und das Weltreich des Friedenskaisers am Ende der Zeiten, das auf eine von unzähligen Kriegen beherrschte Weltgeschichte folgt. Dagegen werden weder das Papsttum noch die heilsgeschichtliche Rolle der Kirche erwähnt.[78]

Anschliessend an den Sibyllentext in der Zwiefaltener Handschrift findet sich eine zweite ganzseitige Federzeichnung, die Moses mit einem offenen Buch und den Gesetzestafeln in den Händen zeigt (Folio 5v, Abb. 91). Dieses Bild ist das Frontispiz der von Ekkehard von Aura überarbeiteten und erweiterten Chronik Frutolfs von Michelsberg, die vom Anfang der Welt bis ins Jahr 1124 reicht.[79] Sie beginnt mit einem aus der Chronik des Hieronymus übernommenen Prolog des Eusebius, dessen erster Satz lautet:

> Moysen, gentis Hebraicae ductorem, qui primus omnium prophetarum ante adventum domini Salvatoris divinas leges sacris litteris explicavit, Inachi fuisse temporibus eruditissimi viri tradiderunt, ex nostris Clemens et Africanus et Tatianus, ex Iudaeis Iosephus et Iustus veteris historiae monumenta replicantes.[80]
> (Moses, der Führer des jüdischen Volkes, der als erster von allen Propheten vor der Ankunft des Erlösers die göttlichen Gesetze in der heiligen Schrift ausgelegt hat, lebte zur Zeit des Inachus, wie die gelehrtesten Männer überliefern: von den unsrigen Clemens, Africanus und Tatianus, von den jüdischen Josephus und Justus, welche die Denkmäler der alten Geschichte zitieren.)

77 Sackur: Texte, S. 129.
78 Zur Bedeutung dieses Geschichtsbilds vgl. Ernst Bernheim: Mittelalterliche Zeitanschauungen in ihrem Einfluss auf Politik und Geschichtsschreibung, Teil I: Die Zeitanschauungen. Die Augustinischen Ideen – Antichrist und Friedensfürst – Regnum und Sacerdotium, Tübingen 1918, S. 153. McGinn: Teste, S. 28f.
79 Verfasserlexikon 2, 939ff.: «Frutolf von Michelsberg».
80 Die Chronik des Hieronymus, hg. von Rudolf Helm und Ursula Treu (Eusebius Werke siebenter Band), Berlin ³1984 (1913), S. 7.

Das Vorwort beschäftigt sich mit der Frage nach der historischen Situierung der Lebenszeit des Moses, wobei der Autor die Meinung vertritt, Moses habe *vor* dem trojanischen Krieg und *vor* Homer gelebt, um seine historische Bedeutung als ältester Chronist und Geschichtsschreiber zu unterstreichen. Der Zeichner des Frontispizes hat sich an die Charakterisierung des Moses im Prolog gehalten: Judenhut, Buch und Gesetzestafeln weisen auf seine Herkunft und seine Rolle als prophetischer Autor hin, der die göttlichen Gesetze auslegt.

Anschliessend an die Chronik enthält die Handschrift noch folgende weitere Schriften: den Brief des Johannes Presbyter an den Imperator Emanuel, Exzerpte aus den Chroniken Ottos von Freising und Bernolds von Konstanz, die *Historia de proeliis* des Leo Archipresbyter und die *Historia Apollonii regis Tyri*. Ausser den beiden Titelbildern enthält sie einige Randzeichnungen und zwei Stemmata, welche die Ahnenreihen der karolingischen und sächsischen Herrscher darstellen.[81]

Das Bild des Moses auf dem Frontispiz ist nicht aus der Vorrede allein zu interpretieren, sondern hängt mit der Anlage des ganzen Geschichtswerks zusammen: Die um 1100 entstandene Weltchronik des Frutolf ist nämlich die erste des Mittelalters, welche die gesamte damals zugängliche Geschichte von der Erschaffung der Welt bis auf die eigene Gegenwart beschreibt. Frutolfs Chronik wird in der Folgezeit, zusammen mit der Fortsetzung des Ekkehard von Aura und meist unter dessen Namen, zur Grundlage für fast die gesamte Chronistik in Deutschland, soweit diese die Weltgeschichte oder die christliche Ära behandelt. So wäre zum Beispiel die *Historia de duobus civitatibus* Ottos von Freising ohne das von Frutolf bereitgestellte Material nicht zu denken.[82]

Der Aufbau von Frutolfs Geschichtswerk orientiert sich an der Chronik des Hieronymus, der die Weltchronik des Eusebius ins Lateinische übersetzt, bearbeitet und bis in die eigene Zeit (378) fortgeführt hatte.[83] Frutolfs wichtigste Abweichung von Hieronymus besteht darin, dass er die Geschichte des jüdischen Volks in seinen chronologischen Systemen weit stärker berücksichtigt als sein Vorgänger. Im Gegensatz zu diesem werden in Frutolfs Herrschertabellen die jüdischen Väter, Richter, Könige und Hohen Priester bis hin zu den Makkabäern stets zuerst genannt, so dass diesen gewissermassen die weltgeschichtliche Führungsrolle zukommt, bis sie vom Römischen Reich abgelöst werden, das bis auf die eigene Gegenwart als einziges Reich übrigbleibt, zuletzt unter den karolingischen, ostfränkischen und deutschen

[81] Stuttgart, Württembergische Landesbibliothek, Cod. hist. 2° 411. Borries-Schulten / Spilling: Handschriften, Kat. 66, S. 112ff., Abb. 262–270. Vgl. auch De Clercq: Contribution I, S. 7f., Abb. 2.

[82] Verfasserlexikon 2, 997: «Frutolf von Michelsberg».

[83] Frutolfs und Ekkehards Chroniken und die anonyme Kaiserchronik [Frutolfi et Ekkehardi Chronica necnon anonymi chronica imperatorum]. Lat./Dt., übers. und hg. von Franz-Joseph Schmale und Irene Schmale-Ott (Ausgewählte Quellen zur deutschen Geschichte des Mittelalters, Freiherr von Stein-Gedächtnisausgabe XV), Darmstadt 1972, Einleitung, S. 8f. Verfasserlexikon 2, 443ff.: «Ekkehard von Aura». Ebd., 993ff.: «Frutolf von Michelsberg».

Herrschern. Franz-Joseph Schmale und Irène Schmale-Ott wiesen darauf hin, dass «bei der Geschichte keines Volkes mehr kritisches Bemühen aufgewandt wurde, und nirgends die Quellen sprachlich stärker verändert wurden als bei der Geschichte der Juden» und dass «die Anfänge des Römischen Reiches durch eingehende Darstellung deutlicher hervortreten als die Begründung des Christentums und der Kirche; denn Christi Geburt und Tod werden nur innerhalb der betreffenden Jahresberichte und durch eine Häufung von Datierungsmerkmalen herausgehoben».[84] Frutolf teilt die Weltgeschichte gewissermassen in zwei Abschnitte, dessen erster von der Geschichte des jüdischen Volks beherrscht wird und dessen zweiter aus der Geschichte des Römischen Reichs besteht.

Die beiden Frontispize des Zwiefaltener Kodex illustrieren Frutolfs Geschichtsbild: Moses, der Chronist des Anfangs der Welt und des jüdischen Volks, eröffnet die Chronik, dagegen wurde die Sibylle, als Chronistin des Römischen Reichs und des Weltendes, zusammen mit ihrer Prophetie der Chronik nachträglich vorangestellt. So stammen die beiden Federzeichnungen auch nicht von derselben Hand:[85] Die Tiburtina und ihre Prophetie gehören, ebenso wie die Chronikexzerpte am Schluss des Kodexes, zu den Teilen, welche die Weltchronik, das Kernstück der Handschrift, erweitern und ergänzen. Die Stellung der Sibylle am Anfang der Chronik, die im Widerspruch steht zum chronologischen Aufbau des ganzen Werks, innerhalb dessen die Sibylle zu Beginn des Römischen Reiches zu situieren wäre wie in Augustins *De Civitate Dei* oder, um ein Beispiel des 12. Jahrhunderts zu nennen, in der Chronik Ottos von Freising[86], weist darauf hin, dass die Kompilatoren der Handschrift der Tiburtina eine ganz hervorragende Bedeutung zumassen. Denn sie hätten die Sibylle ja auch ans Ende der Chronik setzen können, wo sich unter anderem der Brief des Presbyters Johannes findet. In diesem Schreiben eines sagenumwobenen Herrschers aus dem Orient an den Kaiser von Ostrom wird ähnlich wie in der *Tiburtina* die Utopie eines christlichen Imperiums im Orient entworfen.[87] Doch die Sibylle ist durch ihre Position auf dem ersten Frontispiz als Autorin der *ganzen* Geschichtsschreibung charakterisiert.

Die antike Herkunft der Tiburtina

Im Text wird die Sibylle als trojanische Königstochter eingeführt, als Tochter von Priamos und Hekuba, und in der Ausgabe von Migne wird sie «Graeco Tiburtina,

[84] Frutolfs und Ekkehards Chroniken, Schmale / Schmale-Ott, Einleitung, S. 12.

[85] Borries-Schulten / Spilling: Handschriften, S. 114.

[86] Otto von Freising: Chronik II, 2, S. 112f. Zu Augustin vgl. oben S. 193f.

[87] Edition und deutsche Übersetzung von Anna-Dorothee von den Brincken: Presbyter Iohannes, Dominus Dominantium – ein Wunsch-Weltbild des 12. Jahrhunderts. In: Ornamenta Ecclesiae, Bd. 1, Köln 1985, S. 83–97.

Latine vero Albunea nomine, vel Cassandra» genannt.[88] Die erstrangige Stellung der Sibylle auf dem Zwiefaltener Chronik-Frontispiz kann jedoch aus diesen spärlichen Angaben nicht abgeleitet werden, sondern stammt vielmehr aus einer anderen literarischen Quelle, nämlich aus Vergils Aeneis. Der Servius-Kommentar zu Aeneis VIII 336ff. identifiziert die Nymphe Carmentis, die Mutter des Gründers der römischen Stadtburg Evander, mit der Tiburtina.[89] Als Aeneas Evander in Rom aufsucht, erzählt dieser ihm von seiner göttlichen Mutter, auf deren Geheiss er seinen Vater getötet hatte und von Griechenland nach Italien ausgewandert war: «Carmentis nympha monita et deus auctor Apollo.» Darauf zeigt Evander Aeneas die Stätten, an denen Carmentis in Rom verehrt wurde, und nennt ihre prophetische Gabe als Ursache ihrer göttlichen Verehrung:

> Vix ea dicta, dehinc progressus monstrat et aram
> et Carmentalem Romani nomine portam
> quam memorant, nymphae Carmentis honorem
> vatis fatidicae, cecinit quae prima futuros
> Aeneados magnos et nobile Pallanteum.
> (Also spricht er und geht gleich voraus und zeigt den Altar und zeigt das Tor, das die Römer noch jetzt «Carmentalische Pforte» nennen, uralte Ehrung der Nymphe Carmentis, der schicksalskundigen Seherin, die zuerst von der zukünftigen Grösse sang des Aeneadengeschlechts und dem rühmlichen Pallanteum.)[90]

Indem Vergil Carmentis als erste Prophetin bezeichnet, die von der künftigen Grösse des Aeneadengeschlechts sang, erklärt er sie zu seiner literarischen Vorgängerin. In seinem Kommentar leitet Servius *Carmentis* etymologisch von «fata canere» ab und fügt hinzu: «alii etiam Tiburtem dictam».[91] Der mittelalterliche Text hat die Vergilstelle aufgenommen und erweitert: Wie Carmentis prophezeit die Tiburtina die Schicksale kommender Herrschergenerationen, wie die antike Nymphe weissagt sie von den Nachfahren des Aeneas, nämlich von den römischen Königen.

Der Name Carmentis taucht in mittelalterlichen Enzyklopädien und Florilegien immer wieder auf, und zwar als Erfinderin des lateinischen Alphabets. In Isidors *Etymologiae* wird der Abschnitt über die lateinische Literatur folgendermassen eingeleitet:

> Latinas litteras Carmentis nympha prima Italis traditit. Carmentis autem dicta, quia carminibus futura canebat. Ceterum proprium vocata (est) Nicostrate.[92]
> (Die Nymphe Carmentis hat als erste den Italienern die lateinischen Buchstaben [die lateinische Literatur] überliefert. Sie wird Carmentis genannt, weil sie in Liedern von der Zukunft sang. Sonst heisst sie eigentlich Nicostrate.)

[88] Sibyllorum verborum interpretatio. PL 90, S. 1181B.
[89] Leontine Louise Tels-de-Jong: Sur quelques divinités romaines de la naissance et de la prophétie, Delft 1959, S. 62.
[90] Vergil: Aeneis. Lat./Dt., hg. und übers. von Johannes Götte, München, Zürich ^{6}1983 (1955), S. 337.
[91] Tels-de-Jong: Divinités, S. 62.
[92] Isidor: Etymologiae I, 4.

Auch im *Didascalion* des Hugo von Sankt Viktor wird Carmentis unter den Erfindern der Künste angeführt:

> Carmentis, mater Evandri, quae proprio nomine Nicostrata vocabatur, latinas litteras repperit.
> (Carmentis, die Mutter des Evander, die mit ihrem eigentlichen Namen Nikostrata hiess, erfand die lateinischen Buchstaben [die lateinische Literatur].)[93]

Dass Hugos Text als unmittelbare literarische Quelle für das Zwiefaltener Frontispiz in Frage kommt, wird im folgenden Satz noch deutlicher, der Moses als ersten Historiker bezeichnet: «Divinam historiam primus Moyses scripsit.» (Die heilige Geschichte hat als erster Moses geschrieben.) Im selben Abschnitt wird Moses überdies als Erfinder der hebräischen Buchstaben angeführt: «Litterae Hebraeorum a Moyse per legem initium sumpsisse creduntur [...]». (Es wird geglaubt, dass die Buchstaben [Literatur] der Hebräer durch Moses, vermittels des göttlichen Gesetzes, entstanden sind.) So wie Carmentis zu Beginn der lateinischen Literatur, so steht Moses am Anfang der hebräischen Literatur und der Bibel. Diese literaturgeschichtliche Auffassung spiegelt die Ikonographie des Moses und der Sibylle auf den Frontispizen der Zwiefaltener Chronik. Sie erklärt nicht nur, warum die Sibylle am *Anfang* der lateinischen Chronik des Ekkehard von Aura steht, gleichsam als Patronin oder Urheberin der lateinischen Geschichtsschreibung, sondern auch, warum Moses Buch *und* Gesetzestafeln in den Händen hält, was aussergewöhnlich ist (in der Regel trägt er entweder ein Buch *oder* die Tafeln): Das Buch kennzeichnet ihn als Chronisten der göttlichen Geschichte, die Tafeln als Erfinder der hebräischen Buchstaben.

Die Sibylle als Königin

Die Federzeichnung zeigt die gekrönte Sibylle von königlichen Porträts umgeben, und in den vier Ecken ausserhalb der Kreiskomposition befinden sich neben zwei Pflanzenornamenten oben rechts ein Adler und unten links ein Drache, zwei Symboltiere des Imperium Romanum. Während der Adler Insignie des gerechten Königtums ist, symbolisiert der Drache gottlose Herrschaft[94], so zum Beispiel im *Liber floridus* des Lambert von Saint-Omer, das den Antichrist auf einem Drachen thro-

[93] Hugo von Sankt Viktor: Didascalion 3, 2: De auctoribus artium. Hugo von Sankt Viktor: Didascalion de studio legendi [Studienbuch]. Lat./Dt., hg. und übers. von Thilo Offergeld (Fontes christiani Folge 2, Bd. 27), Freiburg i. Br., Basel 1997, S. 224f.

[94] Zum Adler als Herrschaftszeichen vgl. LdMA 1, 154: «Adler». Einen Adler, der auf dem Szepter oder Reichsapfel des Herrschers sitzt, zeigen z.B. die Bildnisse Heinrichs IV. und seiner Söhne Konrad und Heinrich V. im Regensburger Evangeliar Heinrichs IV. (oder V.). Krakau, Bibliothek des Domkapitels, Ms. 208, fol. 2r. Regensburger Buchmalerei, Kat. 26, Tafel 19. Vgl. auch das Bild Heinrichs IV. in der Chronik des Ekkehard von Aura in Cambridge. Schramm / Mütherich: Kaiser und Könige, Abb. 173f. und 183. Der Drache war in der imperialen Symbolik seit Konstantin I. Bild für den besiegten Feind, vgl. dazu LdMA 3, 1339: «Drache».

nend zeigt.[95] Die in zwanzig Medaillons um die Sibylle angeordneten Königsporträts illustrieren ihre politische Prophetie, die jedoch nur ungefähr die Hälfte des gesamten Textes umfasst; auf ihre christlichen Prophezeiungen weist das Frontispiz nicht hin. Die Sibylle erscheint hier als Prophetin der aufeinanderfolgenden Herrschergenerationen, das heisst der *saecula* in dem Sinne, wie sie in den Enzyklopädien von Isidor und Hrabanus definiert werden: «Saecula generationibus constant, et inde saecula, quod se sequantur. Abeuntibus enim aliis alii succedunt.»[96] (Die Zeitalter bestehen aus Generationen und heissen Zeitalter, weil sie aufeinanderfolgen. Denn den einen, die weggehen, folgen die anderen.)

Medaillons mit Königsköpfen sind in der Chronikillustration keine Seltenheit. Es sei auf die Stammtafeln deutscher Herrscher hingewiesen, wie sie im *Liber aureus* von Prüm (10. Jahrhundert) oder in der Berliner Weltchronik des Ekkehard von Aura (Corvey um 1130) erhalten sind.[97] Kreisförmig um ein Autorenbild angeordnete Königsporträts sind in der Chronikkompilation des Robert de Torigni abgebildet, welche in der Mitte des 12. Jahrhunderts auf dem Mont Saint-Michel geschrieben wurde.[98] Sie enthält verschiedene Autorenbilder in Initialen, von denen eines den Archidiakon Henry von Huntingdon zeigt, dessen *Epistola ad Warinum de regibus Britonum* eine der Grundlagen für Roberts Geschichte Britanniens war. Henrys Brief berichtet von seinem Treffen mit Robert in der Abtei Bec, jener Abtei, in der Robert Mönch war, bevor er als Abt nach Saint-Michel berufen wurde. Bei dieser Gelegenheit hatte Robert ihm die *Historia Britonum* des Nennius gezeigt. Das Treffen der beiden Autoren wird in der Q-Initiale auf Folio 174v der Handschrift dargestellt, in der sich zwei disputierende Mönche gegenübersitzen (Abb. 92). Zwischen ihnen steht ein Schreibpult mit einem offenen Buch. Etwas unterhalb befinden sich zwei weitere Mönche, offenbar die Buchhersteller, die sich dem Betrachter zuwenden und in halb kniender Haltung ein offenes Buch präsentieren. Die Q-Initiale wird von neun gekrönten Köpfe umrahmt, welche den Inhalt der Chronik illustrieren: die Geschichte der englischen Könige.

Die Sibylle als Magierin

Auf der linken Schulter der Sibylle sitzt mit gespreizten Beinen ein struppiger Dämon, der sie mit beiden Armen umhalst und seinen Mund an ihr Ohr presst (Abb. 90). Eine vergleichbare dämonische Inspiration findet sich im *Hortus Deliciarum* der Herrad

[95] Wolfenbüttel, Herzog August Bibliothek, Cod. Guelf. 1 Gud. lat., fol. 42r. Wolfenbütteler Cimelien, S. 116, Abb. 50.

[96] Hrabanus: De universo X, 13. PL 111, S. 306A.

[97] Schramm / Mütherich: Kaiser und Könige, S. 250f., Kat. 184, 185. Weitere Beispiele finden sich in: Heinrich der Löwe, S. 66–76, B1–B7.

[98] Avranches, Bibliothèque municipale, Edouard Le Héricher, ms 159. Ornamenta Ecclesiae, Bd. 1, S. 235, B35. Cahn: Manuscripts, Kat. 21.

von Hohenburg, in der berühmten Darstellung der freien Künste: Unterhalb der sieben kreisförmig um die Philosophie herum angeordneten *artes liberales* sitzen vier antike Dichter an Schreibpulten, welche in den begleitenden Inschriften als «poete vel magi» und als «sp(irit)u immundo instincti» (von unreinem Geist inspirierte) diffamiert werden. Vier schwarze Vögel mit gespreizten Flügeln, die ihnen ins Ohr diktieren, stehen auf ihren Schultern.[99] Der diffamierenden Deutung der Poeten/Magier entspricht ihre Stellung *ausserhalb* des Kreises der Künste. Dagegen thront die Zwiefaltener Sibylle im *Zentrum* einer Kreiskomposition ebenso wie die gekrönte Philosophie im *Hortus*, die auf dem Spruchband in ihren Händen als göttliche Weisheit identifiziert wird. Nichts deutet darauf hin, dass die dämonische Inspiration der Sibylle ebenso negativ gewertet wird wie diejenige der Dichter im *Hortus*. Der Vergleich mit dem reich illustrierten Martyrolog des Usuardus in dem Chorbuch für die Prim, das ungefähr zur gleichen Zeit in Zwiefalten ausgeführt wurde wie die Chronik Ekkehards, bestätigt dies: Das Monatsbild des Septembers auf Folio 63v zeigt oben rechts den Magier Cyprian neben der heiligen Justina, die von zwei Dämonen mit Pfeilen beschossen, jedoch nicht getroffen wird (Abb. 93). Ein dritter, etwas kleinerer und behaarter Dämon, der demjenigen der Tiburtina sehr ähnlich sieht, sitzt auf Cyprians linkem Arm und unterhält sich mit ihm. Darunter steht die Inschrift: «Cyprianus magus postea episcopus et martyr» (Cyprian der spätere Bischof und Märtyrer).[100] Während an der teuflischen Absicht der pfeilschiessenden Dämonen kein Zweifel aufkommen kann, scheint Cyprians Dämon von zutraulicherer Art zu sein. Die Inschrift, welche die zukünfige Bekehrung und Heiligkeit des Magiers vorausnimmt, suggeriert, dass dieser mit seinem Dämon über das göttliche Wunder spricht, nämlich die Errettung der heiligen Justina, der er später mit seinem eigenen Martyrium nachfolgen wird. Die Lektüre der *Confessio* des Cyprian bestätigt dies: Wie Lynn Throndike aufzeigte, wird die Magie als hohe Kunst und Naturwissenschaft dargestellt, die jedoch gegenüber der Standhaftigkeit der christlichen Justina versagt, welche der Magier im Auftrag ihres Verehrers und ihrer Eltern mit Hilfe des Teufels zum Heiraten bewegen sollte, ein Unterfangen, das sich als so schwierig erweist, dass der Teufel eine Krankheit ausbrechen und ein Orakel verkünden lässt, die Krankheit höre erst dann auf, wenn Justina ihren Verehrer heirate. Doch die Gebete der Jungfrau haben zur Folge, dass die Wut des Volkes sich gegen Cyprian statt gegen sie richtet. Der Magier verflucht den Teufel, der sich dies nicht gefallen lässt und ihn angreifen will, worauf Cyprian sich im letzten Moment durch das Kreuzzeichen retten kann.[101] Aufgrund

[99] Herrad: Hortus. Rekonstruktion, Tafel 18.

[100] Stuttgart, Württembergische Landesbibliothek, Cod. hist. 2° 415, fol. 63v. Karl Löffler: Schwäbische Buchmalerei in romanischer Zeit, Augsburg 1928, Tafel 28. Zuzana Haefeli-Sonin: Auftraggeber und Entwurfskonzept im Zwiefaltener Martyrolog des 12. Jahrhunderts, Stuttgart, Württembergische Landesbibliothek cod. hist. 2° 415, Diss. Basel, Bern 1992, S. 142, Abb. 24.

[101] Lynn Thorndike: A History of Magic and Experimental Science during the first thirteen centuries of our era, 8 Bde., New York 1923–1958, Bd. 1, S. 428–432.

dieses Textes lässt sich vermuten, Cyprian diskutiere auf dem Zwiefaltener Monatsbild mit seinem Dämon das Versagen seiner eigenen Zauberkünste gegenüber Justina.

Dicta Sibyllae magae

In der *Tiburtina* erscheint die Sibylle als Traumdeuterin. Ihre Kunst und prophetische Gabe wird nirgends mit dämonischer Inspiration in Verbindung gebracht, sondern die römischen Senatoren reden sie als *magistra* und *domina* an und rühmen ihre aussergewöhnliche Grösse und Schönheit. Peter Dronke verglich ihre Erscheinung mit den weiblichen Allegorien der spätantiken Literatur, mit der Philosophie des Boethius und der Sibylle des Hermas.[102] Jedoch muss die Auffassung der Sibylle als Magierin im Mittelalter relativ verbreitet gewesen sein; darauf weisen bereits die *Etymologiae* Isidors und ihre Überarbeitung durch Hrabanus hin, welche die Sibyllen zwischen den Poeten und Magiern anführen.[103]

Vielleicht das älteste literarische Zeugnis einer *Sibylla maga* ist ein Orakel von 136 Versen, das Bernhard Bischoff ediert hat und dessen Anfang lautet: «Mundus origo mea est, animam de sidere traxi» (Die Welt ist mein Ursprung, meine Seele habe ich von einem Stern empfangen) und das in einigen Handschriften den Titel *Dicta Sibyllae magae* trägt.[104] Dronke vermutet, dass das Gedicht, dessen älteste Handschrift aus dem 9. Jahrhundert aus dem Kloster Saint-Amand stammt, im 7. Jahrhundert in Spanien entstanden ist, und hält es für die erste originale Sibyllenweissagung im lateinischen Westen.[105] Sie beginnt mit der Schöpfung der Welt und endet mit dem Jüngsten Gericht. Die Heilsgeschichte wird in einer für sibyllinische Dichtung charakteristischen Verkürzung erzählt. Den Sündenfall lässt die Sibylle weg, und von der Sintflut geht sie unmittelbar zur Menschwerdung Christi über, um auf das Jüngste Gericht zu sprechen zu kommen, das Hauptthema ihrer Prophetie.

Der erste Satz des Gedichts charakterisiert die Sibylle als eine mit dem Kosmos kommunizierende Gestalt, und im sechsten Vers sagt sie, dass ihre Lieder an Gott gerichtet seien: «Carmina, quae scribo, noverit illa deus» (Die Lieder, die ich schreibe, wird Gott kennenlernen).[106] Am Schluss des Gedichts stellt sie sich als Autorin vor: «En ego mortalis, quae scrivi, carmina dixi» (Siehe, ich Sterbliche habe gesungen, was ich geschrieben habe).[107] Im vorletzten Vers – «Digna si sum,

[102] Peter Dronke: Medieval Sibyls. Their Character and their "Auctoritas". Studi Medievali 36 (1995), S. 581–615, hier S. 596ff.

[103] Vgl. oben S. 194ff.

[104] Bernhard Bischoff: Die lateinischen Übersetzungen und Bearbeitungen aus den Oracula Sibyllina. In: ders.: Mittelalterliche Studien, Bd. 1, Stuttgart 1966, S. 150–171, hier S. 164ff.

[105] Peter Dronke: Hermes and the Sibyls, Cambridge 1990, S. 16ff. Ders.: Sibyls, S. 582.

[106] Bischoff: Übersetzungen, S. 164, Vers 6.

[107] Bischoff: Übersetzungen, S. 168, Vers 133.

animamque in sidere condat» –, in dem die Sibylle der Hoffnung Ausdruck gibt, Gott möge ihre Seele wieder zu den Gestirnen zurückführen, nimmt sie den Anfang ihrer Prophetie wieder auf, wo sie die Sterne als Herkunftsort ihrer Seele bezeichnet hatte. Dieser auf Plato zurückgehende Sternglaube[108] wird auch an einer anderen Stelle deutlich: Die Sibylle bezeichnet die Sterne als Wesen, «durch welche die Weltalter in ihrem Umlauf erneuert werden» (Luminibus mutare vices astrisque moveri et rerum quibus reparentur secula gyro).[109] Antike Kosmologie und christliches Weltbild gehen widerspruchslos ineinander über, die Gestirne werden im Gedicht immer wieder erwähnt. Gott wird dreimal als ihr Schöpfer bezeichnet, und beim Jüngsten Gericht zerfallen die Sterne wie in der Johannesapokalypse.[110] Auch von Sterndeutung ist die Rede: Das erste Mal erwähnt die Sibylle einen Magier, der die Geburt Christi aus den Sternen prophezeite: «Quem magus natum astrorum nomine dixit»[111], das zweite Mal verurteilt sie heidnische Praktiken: «Auguriant volucres, solem lunamque fatentur, auctorem operum tempnunt magnumque relinquunt» (Sie beobachten den Vogelflug und zeigen Sonne und Mond an, den Schöpfer der Werke verachten sie, den grossen [Schöpfer] verlassen sie).[112] Der Verurteilung der Astrologie als Missachtung Gottes und seiner Schöpfung steht die christliche Sterndeutung des *magus* gegenüber. Die Stelle liefert einen Hinweis, wie die Bezeichnung *Sibylla maga* im Titel des Gedichts zu verstehen ist: Die Magierin deutet den Kosmos als Symbol der christlichen Heilsgeschichte, ein Vorgehen, das, wie Hugo Rahner aufzeigte, in der Ekklesiologie der Kirchenväter weit verbreitet war.[113]

Wie in den *Dicta Sibyllae magae* drückt die Zwiefaltener Federzeichnung die Verbindung der Sibylle mit dem Kosmos aus, und im Gegensatz zu Moses, der ohne Schreibutensil dargestellt ist, hält sie Schreibrohr und Rolle in den Händen, wodurch sie als Verfasserin charakterisiert ist. Dabei handelt es sich um zwei Aspekte, die in der Weissagung der Tiburtina nicht thematisiert werden: In ihr tritt die Sibylle weder als Sterndeuterin noch als Dichterin auf, sondern als Traumdeuterin, denn die Gestirne, deren heilsgeschichtliche Bedeutung sie erklärt, sind eine nächtliche Traumvision der römischen Senatoren.

[108] Vgl. dazu Dronke: Hermes, S. 17. Ders.: Sibyls, S. 587f.
[109] Bischoff: Übersetzungen, S. 164, Vers 13f.
[110] Bischoff: Übersetzungen, S. 164ff., Verse 13f., 48, 84, 119. Vgl. Apc 12.
[111] Bischoff: Übersetzungen, S. 165, Vers 23.
[112] Bischoff: Übersetzungen, S. 167, Verse 108f.
[113] Hugo Rahner: Symbole der Kirche. Die Ekklesiologie der Väter, Salzburg 1964, S. 91ff.: Mysterium Lunae. Zur Rezeption der von Rahner behandelten Gestirnsmetaphorik im 12. Jh. vgl. Friedrich Ohly: Die Gestirne des Heils. Ein Bildgedanke zur Heilsgeschichte von der Schöpfung bis zum Jüngsten Tag. Euphorion 85 (1991), S. 235–272.

Astrologie und Magie bei Isidor von Sevilla und Hrabanus Maurus

Wie für die mittelalterliche Definition der Sibyllen war Isidor von Sevilla auch für diejenige der Astrologie und Magie massgebend und richtungweisend. Auf ihn geht die Einteilung der Astrologie in eine natürliche und eine abergläubische zurück, die in die Enzyklopädien der Folgezeit übernommen wird und die Valerie I. J. Flint in ihrer grundlegenden Studie über die mittelalterliche Magie als entscheidenden Schritt für die Rehabilitation der Astrologie als Wissenschaft bezeichnete.[114] Die natürliche Astrologie besteht nach Isidor in der Beobachtung der Bewegungen der Gestirne, eine Wissenschaft, die für die Berechnung des Kirchenkalenders von grundlegender Bedeutung war, und die somit von der Astronomie kaum zu unterscheiden ist. Die abergläubische Astrologie ist nach Isidor die Prophetie aus den Sternen:

> Astrologia [...] superstitiosa vero est illa quam mathematici sequuntur, qui in stellis auguriantur, quique etiam duodecim caeli signa per animae vel corporis membra disponunt, siderumque cursu nativitates hominum et mores praedicare conantur.[115]
> (Die abergläubische Astrologie ist die, welche die «Mathematiker» ausüben, die aus den Sternen weissagen und auch die zwölf Sternzeichen mit der Seele und den verschiedenen Körperteilen in Verbindung bringen und versuchen, aus dem Lauf der Sterne die Geburten und Sitten der Menschen vorauszusagen.)

Die Passage erscheint leicht verändert auch in Isidors Magiekapitel:

> Genethliaci appellati propter natalium considerationes dierum. Geneses enim hominum per duodecim caeli signa describunt, siderumque cursu nascentium mores, actus, eventa praedicare conantur, id est, quis quale signo fuerit natus, aut quem effectum habeat vitae qui nascitur. Hi sunt qui vulgo Mathematici vocantur; cuius superstitionis genus Constellationes Latini vocant, id est notationes siderum, quomodo se habeant cum quisque nascitur. Primum autem iidem stellarum interpretes magi nuncupabantur, sicut de his legitur, qui in Evangelio natum Christum adnuntiaverunt; postea hoc nomine soli Mathematici. Cujus artis scientia usque ad Evangelium fuit concessa, ut Christo edito nemo exinde nativitatem alicuius de caelo interpretaretur.[116]
> (Sie werden Horoskopsteller genannt, weil sie sich mit den Geburtstagen beschäftigen. Sie beschreiben nämlich die Horoskope der Menschen vermittels der zwölf Sternzeichen und versuchen, aus dem Lauf der Gestirne Charakter, Handlungen und Schicksal der Neugeborenen vorauszusagen, das heisst, wer unter welchem Zeichen geboren wurde oder was für einen Lebensverlauf der Neugeborene hat. Diese [Sterndeuter] nennt man gewöhnlich *Mathematici*; diese Art von Aberglauben nennen die Lateiner Konstellationen, das heisst die Beobachtungen der Sterne, wie sie beschaffen sind, wenn jemand

[114] Valerie I. J. Flint: The Rise of Magic in Early Medieval Europe, Oxford 1991, S. 51ff., S. 98.
[115] Isidor: Etymologiae III, 27.
[116] Isidor: Etymologiae VIII, 9, 23ff. Dieselbe Passage befindet sich auch in der Enzyklopädie des Hrabanus: De universo XV, 4. PL 111, S. 423D.

geboren wird. Zuerst aber hat man solche Sterndeuter Magier genannt, so wie diejenigen in den Evangelien, von denen wir lesen, dass sie die Geburt Christi voraussagten, später wurden nur die *Mathematici* noch so genannt. Diese Wissenschaft war bis zum Evangelium erlaubt, damit von Christi Ankunft an niemand mehr aus dem Himmel auf die Geburt von irgend jemandem schliesse.)

Flint wies darauf hin, dass die Verurteilung des Glaubens an die Korrespondenz zwischen den Sternen und dem menschlichen Organismus in diesen beiden Passagen im Widerspruch steht zum vierten Buch der *Etymologiae*, in dem Isidor die medizinische Astrologie und die antike Lehre vom menschlichen Körper als Mikrokosmos propagiert. Nach Flint scheint Isidor als erster das Wort *microcosmos* in die lateinische Literatur eingeführt zu haben.[117] Aber auch in Isidors Verurteilung ist seine Sympathie für diesen Aberglauben unverkennbar: Die Bezeichnung *genethliaci* charakterisiert solche Astrologen als Gelehrte, die sich mit dem Ursprung des Lebens beschäftigen (*genesis*).[118] Und die Geschichte der *magi* im Matthäusevangelium belegt, dass es sich um eine ernstzunehmende antike Wissenschaft handelt, die bis zu Christi Geburt erlaubt war. Die Sterndeutung der *genethliaci* wird erst innerhalb der christlichen Ära abgelehnt, eine Verurteilung, die auf Augustins fünftes Buch von *De civitate Dei* zurückgeht.

Vergleicht man die Beurteilung der Astrologen durch Isidor mit derjenigen Augustins, wird der Unterschied deutlich. Augustin hatte die Astrologie in erster Linie deshalb abgelehnt, weil sie dem freien Willen keinen Raum lässt, doch davon ist bei Isidor nicht die Rede.[119] Ein Hinweis auf die *magi* des Matthäusevangeliums fehlt in Augustins Verdikt, das für die kommenden Jahrhunderte die Meinung der Kirche entscheidend prägen sollte. Und seit Konstantin wurde die Astrologie von den römischen Kaisern immer wieder verboten und unterdrückt; dem heidnischen Kult der Gestirne setzten die Kirchenväter eine Deutung von Sonne und Mond als Christus und Ecclesia entgegen.[120]

Hrabanus Maurus zitiert Isidors Passagen über die Astrologie sowohl in seiner Enzyklopädie[121] als auch in seinem Traktat *De magicis artibus*[122], zwei Texte, die zu den aufschlussreichsten über die mittelalterliche Magie zählen. Hrabanus hatte ein besonderes Interesse an dem Thema: Sein Magiekapitel in *De rerum naturis* ist

[117] Isidor: Etymologiae IV, 13–14. Flint: Rise, S. 130.

[118] «Genesis» bedeutet neben «Horoskop» auch «Schöpfung», «Geburt», «Gestirnstand bei der Geburt». Vgl. Louis-Marie Quicherat: Thesaurus poeticus linguae latinae, hg. von Emile Chatelain, Hildesheim 1967 (Reprint der Ausgabe Paris 1922), S. 465.

[119] Valerie I. J. Flint: The transmission of astrology in the early middle ages. Viator 21 (1990), S. 1–27, hier S. 3. LdMA 1, 1137: «Astrologie».

[120] LdMA 1, 1137: «Astrologie». Flint: Transmission, S. 12ff. Rahner: Symbole, S. 91ff.

[121] Hrabanus: De universo XV, 4. PL 111, S. 422B–425D.

[122] Hrabanus: De magicis artibus. PL 110, S. 1095–1108.

doppelt so lang wie dasjenige über die Sibyllen, und während letzteres aus einer Kompilation längst allgemein bekannter Texte Isidors und Augustins besteht, entwickelt Hrabanus hier Anschauungen, die sich von der spätantiken Tradition unterscheiden.[123] In dem sehr viel ausführlicheren Traktat *De magicis artibus*, einem sehr polemischen Pamphlet gegen verschiedenste magische Praktiken, deren umfassende Behandlung nicht nur die Faszination des Autors an diesem Thema, sondern auch diejenige seiner Zeitgenossen erkennen lässt, behandelt Hrabanus neben der Magie auch die Dämonologie und Prophetie. Während Hrabanus Isidors Beschreibung der *genethliaci* wortwörtlich in seine Enzyklopädie übernimmt[124], enthält sein Magietraktat eine aufschlussreiche Auslassung: Der Satz «cuius superstitionis genus Constellationes Latini vocant, id est notationes siderum, quomodo se habeant cum quisque nascitur»[125] fehlt hier und damit fällt die Verurteilung der Astrologie als Aberglaube weg. Diese wird hier ohne Polemik als antike Wissenschaft vorgestellt. Ein Blick in Hrabanus' Matthäuskommentar zeigt, wie er die antike Weisheit der *magi* interpretiert:

> Magi sunt qui de singulis rebus philosophantur, sed consuetudo saepe et sermo communis magos pro maleficis accipit. Qui aliter tamen habentur apud gentem suam, eo quod sunt philosophi chaldeorum, et ad artis huius scientiam reges quoque et principes eiusdem gentis omnia faciunt.[126]
> (Die Magier sind die, die über jedes einzelne Ding philosophieren; aber aus Gewohnheit und in der Umgangssprache werden die Magier oft als Übeltäter betrachtet. Sie werden jedoch anders beurteilt bei ihrem Volk, denn sie sind die Philosophen der Chaldäer; und die Könige und Fürsten jenes Volkes tun alles mit Rücksicht auf diese Wissenschaft.)

Hrabanus steht hier in Opposition zu Augustin und anderen Kirchenvätern, welche behauptet hatten, die *magi* hätten sich von der Astrologie zuerst abwenden müssen, bevor sie den Stern von Bethlehem entdecken konnten.[127] Dagegen interpretiert Hrabanus die *magi* als Philosophen und ihre Geschenke als die drei Disziplinen *physica*, *ethica* und *logica*.[128] Ausserdem hebt er ihr soziales Prestige hervor, das sie als Berater der chaldäischen Fürsten genossen. Hrabanus' Hochschätzung der *magi* war keine Ausnahmeerscheinung[129]; sie spiegelt sich auch in der ikonographischen Entwicklung der *magi* wider: In der ottonischen Malerei setzte sich ihre Darstellung als Könige weitgehend durch, in früherer Zeit trugen sie dagegen phrygische Mützen,

[123] Flint: Rise, S. 54–56.
[124] Hrabanus: De universo XV, 4. PL 111, S. 423C.
[125] Hrabanus: De magicis artibus. PL 110, S. 1098C.
[126] Hrabanus: Commentaria in Mattheum 1, 2. PL 107, S. 756.
[127] Aurelius Augustinus: Sermo 199, vgl. Flint: Transmission, S. 21. Dies.: Rise, S. 364ff.
[128] Von den drei Disziplinen handelt auch das Philosophenkapitel in der Enzyklopädie des Hrabanus. Hrabanus: De universo XV, 1. PL 111, S. 413Bff.
[129] Flint: Rise, S. 364ff.

welche ihre orientalische Herkunft anzeigten.[130] Hrabanus' Interpretation der *magi* blieb für die Folgezeit massgebend; ihre Wissenschaft wurde nicht mehr verurteilt, sondern gepriesen, so zum Beispiel in dem vielgelesenen Matthäuskommentar des Pseudo-Beda, in dem die *magi* mit dem Propheten Balaam und dessen Königsprophetie verglichen werden:

> Es geht auf ein Stern aus Jakob, ein Szepter erhebt sich aus Israel; es zerschmettert die Schläfen Moabs, den Scheitel aller Söhne Seths. (Num 24,17)[131]

Obwohl Hrabanus' Magietraktat die Sibyllen nicht erwähnt, können wir aus seiner Definition der *genethliaci* und Interpretation der biblischen *magi* ableiten, dass er die Sterndeutung der tiburtinischen Sibylle, welche als Tochter des trojanischen Königs Priamos *vor* Christi Geburt gelebt hatte, als göttlich legitimierte Magie interpretiert hätte. Im Unterschied zu der Sibylle auf dem Zwiefaltener Frontispiz werden jedoch nach Hrabanus weder die *genethliaci* noch die *magi* von Dämonen inspiriert. Ist diese also doch eine *malefica*? Hrabanus kommt in seinem Traktat *De magicis artibus* auch auf die Dämonen zu sprechen. Von den trügerischen, gegen die er wiederholt heftige Warnungen ausstösst, unterscheidet er solche, die die Zukunft und den Willen Gottes weissagen können, und begründet dieses Phänomen mit einer naturwissenschaftlichen Erklärung, welche auf die antike Dämonenlehre und Kosmologie zurückgeht:[132]

> Sicut enim apparet concitatio animi motus in vultu, ut ab hominibus quoque aliquod forinsecus agnoscatur, quod intrinsecus agitur, ita non debet esse incredibile, si etiam leviores cogitationes dant aliqua signa per corpus, quae obtuso sensu hominum cognosci non possunt, acuto autem daemonum possunt. Hac atque hujusmodi facultate multa daemones futura praenuntiant, cum tamen ab eis longe sit altitudo illius prophetiae quam Deus per sanctos angelos et prophetas operatur. Nam si quid de illa Dei dispositione praenuntiant, audiunt ut praenuntient, et cum ea praedicant quae inde audiunt, non fallunt.[133]
>
> (So wie nämlich die Erregung der Seele als Bewegung im Gesicht erscheint, so dass von den Menschen auch etwas von aussen bemerkt wird, was im Innern passiert, so kann es nicht unglaublich sein, wenn auch leichtere Gedanken körperliche Zeichen hervorrufen, die vom stumpfen Sinn der Menschen nicht wahrgenommen werden können, jedoch vom feinen Sinn der Dämonen. Durch diese Fähigkeit sagen die Dämonen viel Zukünftiges voraus, wenn auch zwischen ihrer Prophetie und derjenigen, die Gott durch die heiligen Engel und die Propheten bewirkt, ein sehr grosser Unterschied besteht. Denn wenn sie von jener Anordnung Gottes etwas voraussagen, hören sie es, um es zu sagen, und wenn sie das verkünden, was sie von dort hören, betrügen sie nicht.)

[130] Hugo Kehrer: Die heiligen drei Könige in Literatur und Kunst, Hildesheim, New York 1976 (Reprint der Ausgabe in zwei Bänden Leipzig 1908), Abb. S. 32ff. und S. 109ff.

[131] Flint: Transmission, S. 22f.

[132] Flint: Rise, S. 146ff.

[133] Hrabanus: De magicis artibus. PL 110, S. 1103D.

Eine Leserin des 21. Jahrhunderts erinnert diese Beschreibung der dämonischen Sinnesorgane wohl am ehesten an moderne naturwissenschaftliche Erkenntnisse über die Wahrnehmung von Tieren, die Schallwellen, Farbtöne oder Gerüche aufnehmen, welche den menschlichen Sinnesorganen unzugänglich sind und nur mittels hochkomplizierter technischer Apparate registriert werden können. Die Auffassung des Hrabanus geht auf die antike Dämonologie zurück, nach der die sympathetischen Strukturen des Makro- und Mikrokosmos ein Netz von Kommunikationsmöglichkeiten schaffen zwischen Menschen, Göttern und Dämonen.[134]

In der Folgezeit wird die Aufwertung der Magie und damit auch der Astrologie als Wissenschaft, die wir bei Hrabanus festgestellt haben, beibehalten. So beschreibt Hugo von Sankt Viktor im *Didascalion*, ausgehend von Isidors Unterscheidung der natürlichen Astrologie von der abergläubischen, die Astrologie als Naturwissenschaft, welche für Medizin und Landwirtschaft von Nutzen ist:

> Astrologia autem quae astra considerat secundum nativitatis et mortis et quorumlibet aliorum eventuum observantiam, quae partim naturalis est, partim superstitiosa; naturalis in complexionibus corporum, quae secundum superiorum contemperantiam variantur, ut sanitas, aegritudo, tempestas, serenitas, fertilitas et sterilitas; superstitiosa, in contingentibus et his quae libero arbitrio subiacent, quam partem mathematici tractant. (Die Astrologie aber betrachtet die Sterne in ihrem Einfluss auf Geburt und Tod und alle anderen Geschehnisse; sie ist nur zum Teil natürlich, zum anderen Teil abergläubisch. Natürlich ist sie insofern, als sie sich mit physischen Beschaffenheiten beschäftigt, die sich je nach der Stellung der Himmelskörper verändern, wie etwa Gesundheit und Krankheit, schlechtes und gutes Wetter, Fruchtbarkeit und Unfruchtbarkeit. Abergläubisch aber ist sie insofern, als sie Dinge behandelt, die sich rein zufällig ereignen oder die von freier Entscheidung abhängig sind; dies ist das Metier der «Mathematiker».)[135]

Hugos Definition zeugt von einem Glauben an den Einfluss der Gestirne auf die Natur, wie er sich in zahlreichen mittelalterlichen Lunarien spiegelt.[136] Das Neue bei Hugo, im Vergleich zu Isidor und Hrabanus, ist die Auffassung der Astrologie als *moderne* Wissenschaft. Er behandelt sie im Kapitel über die Astronomie, als Teil der *artes*, und verweist weder auf ihre antike noch auf ihre orientalische Herkunft; eine theologische Polemik fehlt völlig. Das von den Kirchenvätern heiss diskutierte Problem des freien Willens, der zu der astrologischen Prognostik im Widerspruch steht[137], wird von Hugo nur in einem einzigen Satz berührt. Und was Isidor als Aber-

[134] LdMA 6, 82: «Magie».
[135] Hugo von Sankt Viktor: Didascalion X, Offergeld, S. 174f.
[136] Irma Taavitsainen: Middle English Lunaries. A Study of the Genre (Mémoires de la Société Néophilologique de Helsinki XLVII), Helsinki 1988.
[137] Vgl. dazu z.B. Yves-M. J. Congar: Le thème du DIEU-CREATEUR et les explications de l'Hexaméron dans la tradition chrétienne. In: L'Homme devant Dieu. Mélanges offerts au Père Henri de Lubac, Exégèse et Patristique. Théologie 56 (1963), S. 189–222, hier S. 204.

glauben bezeichnet hatte, nämlich die Zuordnung der Sternzeichen zu verschiedenen Körperteilen oder Seelenzuständen[138], ist für Hugo eine naturwissenschaftliche Methode, die Abhängigkeit körperlicher Zustände von den Konstellationen der Gestirne eine selbstverständliche Tatsache.[139]

Mit dieser Auffassung steht Hugo in seiner Zeit nicht allein.[140] Es sei in diesem Zusammenhang an das medizinische Lehrbuch *Causae et curae* Hildegards von Bingen erinnert, in dem die Autorin ausgehend vom Stand des Mondes während der Zeugung eines Kindes eine Reihe von Charakterbildern entwirft und sowohl die Lebensdauer als auch den gesundheitlichen Zustand des betreffenden Menschen voraussagt.[141] Und obwohl Hildegard in ihren Visionsschriften die Prophetie aus den Sternen und die Magie verurteilt, zeugt die Mikrokosmos-Lehre, die sie im *Liber divinorum operum* entwickelt, von ihrem Glauben an den Einfluss der Himmelszeichen auf den menschlichen Organismus.[142]

Ähnlich wie die Astrologie im 12. Jahrhundert als Wissenschaft wird auch die Dämonenlehre, wie wir sie bei Hrabanus finden, in der Folgezeit weiterdiskutiert. Nach Paul Zumthor war *magus* im 12. Jahrhundert in erster Linie eine Bezeichnung für antike oder orientalische, das heisst heidnische Gelehrte, die göttlich inspirierte Prophetie keineswegs ausschloss.[143] Dieselbe Auffassung wie Hrabanus vertritt noch Jahrhunderte später Thomas von Aquin in der *Summa Theologiae*. Unter der Frage «Utrum prophetae daemonum aliquando vera praedicant»[144] (Ob dämonisch inspirierte Propheten zuweilen Wahres voraussagen) zitiert er Balaam und die Sibylle als Beispiele dafür, dass solchen Propheten Offenbarungen durch den Heiligen Geist zuteil werden können; auch könne sich der Heilige Geist durch Dämonen offenbaren.

Eine vergleichbare Auffassung dämonischer Inspiration illustriert das Zwiefaltener Frontispiz der tiburtinischen Sibylle, auf dem sie als Astrologin erscheint

[138] Vgl. oben S. 221.

[139] Dagegen wird ein sehr negatives Bild der Magie, das auf Isidors *Etymologiae* beruht, im Kapitel *De magica et partibus eius* entworfen. Aber dort ist, im Unterschied zu Isidor, von der Astrologie nicht die Rede. Auch ist die Authentizität des Kapitels umstritten; es wurde die Vermutung geäussert, ein Schüler Hugos habe es nach dessen Tod dem *Didascalion* hinzugefügt. Doch bereits um 1150 wurde es vielfach als authentischer Bestandteil des Werkes betrachtet. Offergeld, S. 403.

[140] Lynn Thorndike: A History of Magic and Experimental Science, Bd. 2. Fritz Saxl: La fede negli astri. Dall'antichità al Rinascimento, hg. von Salvatore Settis, übers. von Sandra Cirri Colli u.a., Turin 1985. (Die meisten Aufsätze stammen aus: ders.: Lectures, hg. von Gertrud Bing, London 1957.)

[141] Dronke: Women, S. 178ff. Joëlle Fuhrmann: L'influence de l'astrologie dans les écrits médicaux allemands du Moyen Age. In: Observer, lire, écrire le ciel au Moyen Age. Actes du colloque d'Orléans, 22–23 avril 1989, hg. von Bernard Ribémont, Paris 1991, S. 101–126.

[142] Thorndike: History, Bd. 2, S. 124–154.

[143] Paul Zumthor: Sorcier et magicien. A propos d'un livre de R. L. Wagner. Zeitschrift für romanische Philologie 65 (1949) S. 441–457, hier S. 448ff.

[144] Thomas von Aquin: Summa Theologiae 2, 2, quaest. 172, art. 6.

(Abb. 90), ebenso wie die Darstellung des Magiers Cyprian im Zwiefaltener Martyrolog des Usuardus, auf der Inschrift und Bildkomposition suggerieren, dass der «zukünftige Bischof und Märtyrer» mit seinem Dämon über göttliche Dinge spricht (Abb. 93).

Die Abhandlungen Isidors, Hrabanus' und Hugos von Sankt Viktor über Magie und Astrologie erhellen die Ikonographie des Zwiefaltener Frontispizes, auf dem die Sibylle als *maga* und Astrologin erscheint, zwei Aspekte ihrer Weisheit, die aus den Weissagungen der Tiburtina selbst nicht hergeleitet werden können, denn dort ist die Sibylle keine Astrologin, sondern Traumdeuterin und wird somit alttestamentlichen Vorbildern angenähert. Es sei an Joseph erinnert, der die Träume des Pharao deutet, oder an Daniel, der den Traum des Nebukadnezar von den vier Weltreichen auslegt. Unter Daniels Namen zirkulieren im Mittelalter zahlreiche Traumbücher, und die Rezeption seiner Vision von den vier Weltreichen ist derjenigen der *Tiburtina* vergleichbar.[145] Die neun Sonnen, die den römischen Senatoren im Traum erscheinen, werden von der tiburtinischen Sibylle als neun Herrschergenerationen ausgelegt. Während die *magi* des Matthäusevangeliums nur einen Stern sehen, der die Geburt des jüdischen Königs anzeigt, ordnet die *Tiburtina* neun Gestirnen je eine ganze Dynastie zu. Die biblische Geschichte erscheint hier gewissermassen vervielfältigt und auf die ganze Weltgeschichte ausgedehnt.[146]

Die Zwiefaltener Darstellung der Sibylle als Magierin und Astrologin ist meines Wissens einzigartig. Sie hat jedoch ein literarisches Pendant in der volkssprachlichen Vergilrezeption des 12. Jahrhunderts.[147] In den Aeneasromanen des Benoît de Sainte-Maur und des Heinrich von Veldeke erscheint eine Sibylle als Magierin und Astrologin. Bei Benoît handelt es sich um die Sibylle von Cuma, die Aeneas' Vater seinem Sohn, dem er nachts im Traum erscheint, als Führerin in die Unterwelt empfiehlt:

> Sibilla t'i porra conduire,
> une feme qui set d'augure,
> de Cumes est devineresse,
> et molt i a sage prestresse.

[145] Über die mittelalterliche Rezeption der beiden alttestamentlichen Traumdeuter informiert Steven F. Kruger: Dreaming in the Middle Ages, Cambridge 1992. Über Daniel vgl. Christian Gellinek: Daniels' Vision of the four beasts in twelfth-century german literature. Univwersytet Imiena Adama Mickiewicza w Poznaniu. Seria Filologia Germanska Poznan. Essays zur Literaturkritik des europäischen Mittelalters 22 (1980), S. 67–88.

[146] Sackur: Texte, S. 140ff., hat auf die Herkunft der Vorstellung von mehreren Sonnen aus der römischen und chaldäischen Astrologie hingewiesen.

[147] Über die Sibyllen im mittelalterlichen Roman vgl. W. L. Kinter / J. R. Keller: The Sibyl. Prophetess of Antiquity and medieval fay, Philadelphia 1967.

El set quant qu'est et qu'est a estre,
de deviner ne sai son mestre,
del soloil set et de la lune
et des estoilles de chascune,
de nigremance, de fusique,
de restorique et de musique,
de dialetique et gramaire.[148]

Bei Heinrich von Veldeke dagegen ist die Sibylle von Cuma ein unansehnliches Monster[149], doch schildert er auch eine andere Sibylle, die sich in der Astrologie auskennt, nämlich die weise Frau, die von der verlassenen Dido in ihrem Liebesschmerz um Hilfe gerufen wird:

in der burch ist ein wip,
div starche zober chan,
so nie dehein man
ir gelichen nie gisach.
ich erchenn si mangin tach.
die soltu mir giwinnen.
si weiz vil von minnen,
vil von erzenie,
siv hat in philosophie
ir fliz gicheret.
si ist so wol gilert,
daz nie wip wiser wart.
sie weiz wol allen den art
von den planeten.
siv gelichet den propheten,
siv kan an den sternen sehen,
saz iemanne sol gischehen.
si chan wunderes vil
und tuot swenne so siv wil,
daz div minne zerget.
swenne ir ze mote gistet,
si nimet der sunnen ir schin.[150]

[148] Eneas. Roman du XIIe siècle, hg. von J. J. Salverda de Grave, Bd. 1, Paris 1925, Verse 2199ff.
[149] Heinrich von Veldeke: Eneasroman. Die Berliner Bilderhandschrift mit Übersetzung und Kommentar, hg. von Hans Fromm (Bibliothek des Mittelalters 4), Frankfurt a.M. 1992, Verse 2687ff. Der Maler hat sich indessen nicht an diese abschreckende Schilderung gehalten, sondern sich damit begnügt, die Sibylle mit zerzaustem Lockenschopf und dichten Augenbrauen darzustellen, sonst aber in normaler menschlicher Gestalt und sogar mit einem Buch in der Hand.
[150] Heinrich von Veldeke: Eneasroman, Verse 2264ff.

Beide Autoren assoziieren die Prophetie der Sibylle mit der Astrologie und den Wissenschaften. Bei Benoît beherrscht die Sibylle die sieben freien Künste, Heinrich nennt Philosophie, Medizin und Liebeszauber. Aber beiden Autoren scheint die Allwissenheit der Sibylle nicht geheuer zu sein: Bei Benoît beherrscht die Sibylle auch die schwarze Kunst (*nigremance*), laut Heinrich kann sie eine Sonnenfinsternis herbeizaubern. Der unheimliche Aspekt der sibyllinischen Weisheit führt uns zur Frage nach der Bedeutung des struppigen Dämons zurück, der die Zwiefaltener Sibylle umhalst: Ob er wirklich nur harmlos ist?

Die Kreiskomposition

Die Kreiskomposition des Frontispizes evoziert eine zyklische Auffassung der Zeit sowie eine enge Affinität der Sibylle zum Kosmos, zwei Charakteristiken, die wir ebenfalls in den *Dicta Sibyllae magae* festgestellt haben, die jedoch weder in der *Tiburtina* noch in der Chronik Frutolfs und Ekkehards thematisiert werden. Die Komposition knüpft vielmehr an kosmologische Darstellungen an, die auf spätantike Bilder der Gestirne als Götter zurückzuführen sind[151] und geradezu als eine Spezialität des Zwiefaltener Skriptoriums des 12. Jahrhunderts bezeichnet werden können, das eine besondere Vorliebe für solche Kompositionen hegte.[152] So erscheinen zum Beispiel in dem illustrierten Zwiefaltener Chorbuch, welches das bereits erwähnte Martyrologium des Usuardus enthält, die Gestirne in menschlicher Gestalt: Folio 16v zeigt die Personifikationen von Luna und Sol je in einem Kreisrahmen (Abb. 94).[153] Luna, mit der Sichel auf dem Kopf und einer Fackel in der Hand, sitzt auf zwei nach rechts laufenden Rindern, Sol, von einem Strahlenkranz umgeben, mit Fackel und Geissel in den Händen frontal auf vier nach aussen strebenden Pferden. Von den antiken Zwei- und Viergespannen sind nur die Tiere übriggeblieben, die Wagen sind verschwunden. Diese mythologischen Darstellungen der Gestirne werden von einer astronomischen begleitet: zwei kreisförmigen Diagrammen mit der Sonnen- und der Mondfinsternis.[154] Die beiden folgenden Seiten (Folio 17r, v) zeigen Christus als *Creator mundi* umringt von den Schöpfungstagen und Annus inmitten des Zodiakus mit den Monatsarbeiten, Jahres- und Tageszeiten (Abb. 95, 96). Das Bildprogramm dieser drei aufeinanderfolgenden Seiten ist somit folgendes: Blatt 16v stellt den antiken, göttlichen Aspekt der Gestirne dar, neben

[151] Anton van Run: Annus, quadriga mundi. Over de adaptie van een klassiek thema in de vroegmiddeleeuwse kunst. In: Annus Quadriga Mundi. Opstellen over middeleeuwse kunst opgedragen aan Prof. Dr. Anna C. Esmeijer (Clavis Kunsthistorische Monografieën VIII), Utrecht 1989, S. 152–178. Peter Springer: Trinitas-Creator-Annus. Beiträge zur mittelalterlichen Trinitätsikonographie. Wallraf-Richartz-Jahrbuch 38 (1976), S. 1–45.

[152] Vgl. die Abbildungen bei Borries-Schulten / Spilling: Handschriften, und Löffler: Buchmalerei.

[153] Borries-Schulten / Spilling: Handschriften, Kat. 64, S. 99, Abb. 234.

[154] Haefeli-Sonin: Auftraggeber, Abb. 6.

ihren naturwissenschaftlichen, Blatt 17r die Göttlichkeit der ganzen Schöpfung, Blatt 17v ihre Natur. Gottes- und Naturbilder folgen unmittelbar aufeinander; dasselbe Thema wird jeweils unter zwei entgegengesetzten Gesichtspunkten dargestellt. Antike und christliche Deutung des Kosmos stehen nebeneinander und ergänzen sich gegenseitig. Innerhalb der Handschrift bilden diese Bilder den Übergang vom naturwissenschaftlichen zum liturgischen Teil.

Der Vergleich dieser Bilder mit der Zwiefaltener Tiburtina weist darauf hin, dass die Kreiskomposition die göttliche Herkunft der Sibylle symbolisiert. In der *Tiburtina* wird diese nur angedeutet; Laktanz jedoch weist in seinem Sybillenkatalog auf eine Verehrung der zehnten Sibylle als Göttin hin:

> [...] decimam Tiburtem nomine Albuneam, quae Tiburi colatur ut dea iuxta ripas amnis Anienis, cuius in gurgite simulacrum eius inventum esse dicitur tenens in manu librum cuius sortes senatus in Capitolio abstulerit.[155]
> ([...] die zehnte ist aus Tibur, mit Namen Albunea, die in Tibur als Göttin verehrt wurde, an den Ufern des Anio, in dessen Fluten ihr Bild entdeckt wurde, das, wie man erzählt, ein Buch in der Hand hielt. Die Orakel, die darin enthalten waren, liess der Senat auf das Kapitol bringen.)

Der Bericht des Laktanz erinnert an den Hinweis des Servius in seinem Vergil-Kommentar, die Tiburtina sei mit der Quellnymphe Carmentis identisch[156]; beide Male scheint es sich um eine Wassergottheit gehandelt zu haben.[157] Davon ist in der *Tiburtina* nichts mehr erhalten, in der eine aussergewöhnlich schöne und grosse Frau königlicher Abstammung beschrieben wird. Dass die Erinnerung an den göttlichen Ursprung der Sibylle im 12. Jahrhundert jedoch noch lebendig war, zeigt deutlicher als der lateinische Text die anglonormannische Übersetzung, in der die Tiburtina von den römischen Senatoren als «Mestre dame regine, Sainte chose divine» angeredet wird.[158]

Der Aufbau des Chorbuchs

Die Zwiefaltener Tiburtina ist ikonographisch eng verwandt mit dem thronenden Christus auf Folio 17r des Chorbuchs, um den die Schöpfungstage als runde Medaillons angeordnet sind (Abb. 95). Hier wie dort wird ein Autor innerhalb einer kosmologischen Kreiskomposition dargestellt. Auf beiden Bildern symbolisiert ein Medaillon jeweils einen bestimmten Zeitabschnitt: auf dem Schöpfungsbild einen Tag, auf dem Sibyllenbild eine Herrscherdynastie. Bei beiden Darstellungen handelt es sich um das erste Bild eines Doppelfrontispizes (die Sibylle und Moses, Christus

[155] Lactantius: Institutions I, 6, 12. Haffen: Contribution, S. 17.
[156] Vgl. oben S. 214ff.
[157] Zum göttlichen Ursprung der Sibyllen vgl. Paulys Real-Encyclopädie der classischen Altertumswissenschaft. Stuttgart 1894–1972, 2. Reihe, 4. Halbbd., 2078, Z. 10ff. Lexicon Iconographicum Mythologiae Classicae, Bd. 7, 1, Zürich 1994, S. 753ff.
[158] Livre de Sibile, Vers 150.

und Annus), das Texte über die Organisation der Zeit einleitet. Der Aufbau des Zwiefaltener Chorbuchs zeigt, wie sehr die naturwissenschaftlichen und liturgischen Aspekte zyklischer Zeitvorstellungen mit den magischen verbunden werden und zuweilen kaum von ihnen zu unterscheiden sind, eine Tatsache, die nicht nur für die Ikonographie der Zwiefaltener Tiburtina von Bedeutung ist, sondern auch, wie weiter unten beschrieben werden soll, für die Hildegard-Ikonographie in den Kodizes von Salem und Lucca.

Die Zwiefaltener Sammelhandschrift enthält verschiedene Arten von Kalendern für das Klosterleben. Auf den ersten sechs Blättern befindet sich das *Chronicon minus Zwifaltense*, chronikalische Einträge zur Geschichte des Klosters. Die folgenden zwanzig Seiten enthalten Texte zum Computus, zur Astronomie, Astrologie und Prognostik, zum Menschen als Mikrokosmos und zum Ablauf der Jahreszeiten. Darstellungen der Gestirne und komputistische Tafeln illustrieren diesen ersten Teil der Handschrift. Es folgen die beiden Frontispize des Christus und des Annus (Folio 17r, 17v), die das mit Bildern und Monatstafeln reich ausgestattete Martyrolog des Usuardus einleiten. Am Ende befinden sich die Benediktinerregel, verschiedene Verordnungen über das Mönchswesen und Homilien zu den Evangelien.[159]

Die Handschrift wurde als Chorbuch für die Prim konzipiert, das heisst für die erste liturgische Feier der Mönche bei Sonnenaufgang. Für dessen Berechnung stützte man sich auf die Komputistik, deren Begründer für die benediktinischen Klöster Beda Venerabilis war, welcher als Komputist, Historiker und Autor des ersten historischen Martyrologiums den Kirchenkalender grundlegend erneuert hatte.[160] Seine wegweisenden Leistungen für die Zeitberechnung in den Benediktinerklöstern beschrieb Arno Borst wie folgt:

> Das Martyrologium Bedas setzte 114 kritisch gesichtete Heiligennamen in den Ablauf des Kirchenjahrs, als Wegweiser zum jenseitigen Ziel hin, so wie die geprüften Daten der Chronik den Weg vom Ursprung des Diesseits her markierten. Seitdem begann das Mittelalter, seine Werktage zu Namenstagen von Heiligen zu machen. Man kann nicht nachdrücklich genug unterstreichen, was die moderne historiographische Forschung zu übergehen liebt: Beda führte Zeitrechnung, Liturgie und Geschichtsschreibung zusammen; diese ist nicht ohne jene zu begreifen. Computus, Martyrolog und Chronik bildeten fortan drei mächtige Hauptsäulen jener Gelehrsamkeit, die in benediktinischen Klöstern gedieh. Sie brachte die Ewigkeit in die Gegenwart ein.[161]

Die von Beda begründete Einheit von Zeitberechnung, Liturgie und Geschichtsschreibung spiegelt sich im Aufbau der Zwiefaltener Sammelhandschrift, in der alle drei Textgattungen vertreten sind. Hauptanliegen der mittelalterlichen Komputisten seit Beda war die Osterfestberechnung, die bereits in der frühen Kirche eine wich-

[159] Borries-Schulten / Spilling: Handschriften, Kat. 64, S. 98. Löffler: Buchmalerei, S. 40ff.
[160] Arno Borst: Computus. Zeit und Zahl in der Geschichte Europas, Berlin ^{2}1991 (1990), S. 33f.
[161] Borst: Computus, S. 37.

tige Rolle gespielt hatte, denn nachdem die Christen anstelle des jüdischen Mondkalenders zunehmend den julianischen Sonnenkalender benutzten, musste das jüdische Osterdatum in das julianische Sonnenjahr umgerechnet werden, was immer wieder zu Streitigkeiten und zu Reformen führte. Auf dem Konzil von Nicaea von 325 wurde die Feier des Osterfestes auf den ersten Sonntag nach dem ersten Frühlingsvollmond festgelegt. Ausserdem wurde der Ostertermin an das Frühlingsäquinoktium gebunden, nach der altjüdischen Tradition, wonach die Erschaffung der Welt im Frühlingsäquinoktium stattgefunden habe.[162] Auch in der römischen Liturgie wurde Ostern mit dem ersten Schöpfungstag, der Erschaffung des Lichts, in Zusammenhang gebracht. Der Schöpfungsbericht von Genesis 1 war die erste Perikope, die in der mittelalterlichen Osterliturgie gelesen wurde, und während der Lichtfeier, der Weihe der Osterkerzen, wurde Christus als Schöpfer und Licht der Welt angerufen.[163]

Die Schöpfung

Die Darstellung Christi als *Creator mundi* auf Folio 17r zwischen den komputistischen und liturgischen Texten bildet einen sinnvollen Übergang zwischen diesen beiden Hauptteilen der Handschrift. An der Peripherie der Kreiskomposition, in halbkreisförmigen Arkaden, ist der Engelsturz abgebildet, darunter der Sündenfall und die Vertreibung aus dem Paradies.[164] Aus der Inschrift um den thronenden Christus herum geht hervor, dass dieser *nach* der Erschaffung der Welt, nämlich am siebten Tag, dargestellt ist:

> Vidit deus cuncta que fecit, et erant valde bona et requievit die septima ab omni opere quod fecerat.
> (Gott sah alles, was er gemacht hatte, und es war sehr gut, und er ruhte am siebten Tag vom ganzen Werk, das er gemacht hatte.)

Die Stelle ist kein genaues Bibelzitat, sondern eine Zusammenziehung von Genesis 1,31, wo das Werk des sechsten Tages, und Genesis 2,3, wo Gottes Ruhen am siebten Tag beschrieben wird. Über Christus steht hochaufgerichtet der Erzengel Michael und durchbohrt mit einer Lanze einen Drachen, der von der Wucht des Stosses nach rechts ausserhalb des Bilderrahmens geworfen wird, ebenso wie die in behaarte

[162] Heribert M. Nobis: Zeitmass und Kosmos im Mittelalter. In: Mensura, Mass, Zahl, Zahlensymbolik im Mittelalter, hg. von Albert Zimmermann u.a. (Miscellanea Mediaevalia 16/2), Berlin, New York 1984, S. 261–276, hier S. 272f. Vgl. auch die Einleitung von Joachim Wiesenbach in: Sigebert von Gembloux: Liber Decennalis (Monumenta Germaniae historica. Quellen zur Geistesgeschichte des Mittelalters 12), Weimar 1986.

[163] Hansjörg auf der Maur: Feiern im Rhythmus der Zeit Bd. 1: Herrenfeste in Woche und Jahr (Gottesdienst der Kirche. Handbuch der Liturgiewissenschaft, Teil 5), Regensburg 1983, S. 86ff.

[164] Über die Verwandtschaft dieser Komposition zum Schöpfungsbild der Salemer *Scivias* vgl. Löffler: Buchmalerei, S. 45, und Hand Kessler: Illumination, S. 14ff.

Dämonen verwandelten Engel unter ihm, die in die Hölle stürzen. Dazu gehört die Inschrift oben rechts, die auf Apokalypse 12,7 verweist:

> Factum est prelium magnum in celo
> (Es entstand ein grosser Kampf im Himmel)

und auch die Inschrift auf der Kreisperipherie:

> Michael et angeli eius pugnabant cum dracone. Et proiectus est draco et angeli eius cum illo missi sunt in stagno ignis.
> (Michael und seine Engel kämpften mit dem Drachen. Und der Drache wurde hinausgeworfen, und seine Engel sind mit ihm in den Höllenpfuhl gestossen worden.)

Ebenso sind die Erschaffung des Menschen, der Sündenfall und die Vertreibung aus dem Paradies von erklärenden Inschriften umgeben:

> Ad hoc homo est creatus ne in celo locus esset vacuus. De quo satanas est expulsus. Unde diabolus homini invidit eumque de paradiso expulit. Itaque dominus eiecit Adam et Evam et collocavit ante paradysum Cherubin et flammeum gladium.
> (Der Mensch wurde geschaffen, damit im Himmel der Ort nicht leer sei, aus dem Satan verjagt wurde. Daher beneidete der Teufel den Menschen und verjagte ihn aus dem Paradies. Deshalb verjagte der Herr Adam und Eva und stellte einen Cherub mit einem flammenden Schwert vor das Paradies.)

Nach Augustin fand der Engelsturz am ersten Tag der Schöpfung statt, an dem Gott Licht und Finsternis schied, und auch die Auffassung, dass Gott die Menschen schuf, um die Plätze der gestürzten Engel im Himmel wieder zu besetzen, und dadurch den Neid des Teufels erregte, stammt von Augustin.[165] Dass der Sündenfall und die Vertreibung aus dem Paradies bereits am Tag der Erschaffung der Menschen stattgefunden haben, ist seit Origenes die vorherrschende Meinung.[166] Das Frontispiz ist also eine synoptische Darstellung der ersten Woche der Welt. Am ausführlichsten dargestellt sind die Ereignisse des ersten, sechsten und siebenten Tages: der Engelsturz und der Kampf Michaels mit dem Drachen, die Geschichte des ersten Menschenpaars bis zu seiner Vertreibung und das Ruhen Gottes im Zentrum der Komposition. Michael steht zwischen den zwei Medaillons, auf denen der erste und der letzte Schöpfungstag abgebildet sind, sozusagen am Anfang und Ende der Erschaffung der Welt. Seiner Position entspricht der Hinweis auf Apokalypse 12,7 auf der Inschrift über ihm, durch die sein Drachenkampf als überzeitliches Ereignis gedeutet wird, das sowohl am Anfang als auch am Ende der Welt stattfindet. Ähnliches gilt auch für den thronenden Christus: Die Inschrift auf der Kreisperipherie weist auf den siebenten Tag der Schöpfung, der nach der Genesis als einziger der ersten Woche

[165] LdMA 3, 478: «Dämonen, Dämonologie».
[166] Ferdinand Piper: Die Kalendarien und Martyrologien der Angelsachsen so wie das Martyrologium und der Computus der Herrad von Landsperg. Nebst Annalen der Jahre 1859 und 1860, Berlin 1862, S. 7ff.

ohne Abend ist, während alle vorausgehenden Schöpfungstage mit dem Satz kommentiert werden: «Und es ward Abend und ward Morgen». Dagegen präfiguriert der siebente Tag den Sieg der Mächte des Lichts über die Finsternis, den ewigen Tag nach dem Jüngsten Gericht.[167]

Diese simultane Darstellung von Anfang und Ende der Welt ist mit derjenigen vergleichbar, die Rupert von Deutz in seiner universalen Heilsgeschichte *De victoria verbi Dei* entworfen hat. Rupert behandelt die ganze Weltgeschichte als unablässiges, immer siegreiches Ringen des Wortes Gottes um die vom Teufel zur Sünde verführte Menschheit vom Anfang der Welt an.[168] Nach Rupert wurde dieser Kampf ein für allemal siegreich entschieden durch den Kampf Michaels mit dem Drachen, der gleich zu Beginn des Buchs als Erzfeind Gottes bezeichnet und mit dem Teufel und Satan gleichgesetzt wird.[169] In der Münchener Handschrift von Ruperts Werk wird die Überwindung des Drachen durch Michael in der V-Initiale zu Beginn dargestellt.[170]

Die Kreiskomposition unseres Frontispizes symbolisiert die Vollkommenheit der Schöpfung, auf die in der Inschrift hingewiesen wird: «Vidit deus cuncta que fecit, et erant valde bona» (Gott sah alles, was er gemacht hatte, und es war sehr gut).[171] Nach Thomas von Aquin ist der Kreis die perfekteste Form, da er in seinen eigenen Ursprung zurückkehrt:

> Tunc enim effectus maxime perfectus est quando in suum redit principium: unde et circulus inter omnes figuras et motus circulares inter omnes motus et maxime perfectus, quia in eis ad principium reditur.
> (Dann nämlich ist eine Wirkung im höchsten Masse vollkommen, wenn sie zu ihrem Ursprung zurückkehrt. Deswegen ist auch der Kreis unter allen Figuren und die Kreisbewegung unter allen Bewegungen am vollkommensten, weil in ihnen eine Rückkehr zum Ursprung geschieht.)[172]

[167] Vgl. dazu Ohly: Gestirne, S. 248ff.

[168] Rupert von Deutz: De Victoria Verbi Dei, hg. von Rhaban Haacke (Monumenta Germaniae historica. Quellen zur Geistesgeschichte des Mittelalters 5), Weimar 1970, S. XVIIf.

[169] Rupert: De Victoria, Haacke, S. 5, Z. 15ff.

[170] München, Bayerische Staatsbibliothek, Clm 14055, fol. 6r. Abb. in: Rupert: De Victoria, Haacke, S. 3.

[171] Zur mittelalterlichen Ikonographie der Kreiskomposition vgl. Ellen J. Beer: Die Rose der Kathedrale von Lausanne und der kosmologische Bilderkreis des Mittelalters (Berner Schriften zur Kunst 6), Bern 1952. Dies.: Die Glasmalereien der Schweiz vom 12. bis zum Beginn des 14. Jahrhunderts (Corpus Vitrearum Medii Aevi, Schweiz I), Basel 1956, S. 26ff. Dies.: Nouvelles réflexions sur l'image du monde dans la cathédrale de Lausanne. Revue de l'Art 10 (1970), S. 57–62.

[172] Thomas von Aquin: Summe gegen die Heiden. Summa contra gentiles libri quattuor. Lat./Dt., hg. und übers. von Karl Albert und Paulus Engelhardt, Bd. II, Darmstadt ²1992 (1982), S. 182f., Kap. 46: Quod opportuit ad perfectionem universi aliquas creaturas intellectuales esse.

Kreisform und Kreisbewegung sind für Thomas Gleichnis für die Schöpfung:

> Ad hoc igitur quod universum creaturarum ultimam perfectionem consequatur, oportet creaturas ad suum redire principium.
> (Damit nun das Universum der Geschöpfe die letzte Vollkommenheit erreicht, müssen die Geschöpfe zu ihrem Ursprung zurückkehren.)

Statt die Entstehung der Welt als historischen Prozess darzustellen, indem er sechs Bilder aneinanderreiht, auf denen der Schöpfer jedesmal zusammen mit seinem Werk zu sehen ist[173], hat der Maler die Schöpfungstage zu einer Kreiskomposition um den *Creator mundi* herum angeordnet, so als ob die ganze Schöpfung auf einmal entstanden wäre, eine Auffassung, die Augustin in seinem für das 12. Jahrhundert massgebenden grossen Schöpfungskommentar *De genesi ad litteram* vertritt. Nach Augustin hat Gott die Welt in einem Augenblick (*in ictu oculi*) erschaffen, und die sechs Tage sind allegorisch als die sechs Weltalter und die sechs Lebensalter des Menschen zu deuten.[174] Die erste Woche der Welt enthält folglich *in nuce* bereits die Weltgeschichte. Augustins Auslegung der sechs Schöpfungstage bedeutet eine radikale Ablehnung jeglichen Entwicklungsdenkens; die Schöpfung bleibt von Anfang bis Ende mit sich selbst identisch.

In der *Glossa ordinaria*, in der neben Augustin vor allem Isidor und Beda als Autoritäten zitiert werden, wird die Identität zwischen dem Ursprung der Welt und der Weltgeschichte mit Hilfe eines Naturvergleichs beschrieben. Am Ende der Vorrede zur Genesis, in der die sechs Schöpfungstage auf das Weltgeschehen hin auslegt werden, heisst es:

> In minimis quoque licet hec considerare: herba enim cum prodit et formatur, nondum in illa fructus necdum fructus sui semen ostenditur. Inest tamen ei fructus et semen; que simul sunt in radice substantie que non simul prodeunt per tempora incrementa.[175]
> (Es ist möglich, dies im kleinsten zu betrachten: Wenn ein Gras nämlich wächst und sich formt, zeigt sich die Frucht in ihm noch nicht und auch nicht der Samen seiner Frucht. Trotzdem ist die Frucht und der Same in ihm; so sind in der Wurzel die Substanzen gleichzeitig enthalten, die ungleichzeitig mit zunehmender Zeit hervorkommen.)

Der Vergleich der Schöpfungsgeschichte mit dem Wachsen eines Grases weist sowohl auf die Korrespondenz zwischen Mikrokosmos und Makrokosmos hin als auch, wie die Zwiefaltener Kreiskomposition, auf eine zyklische Zeit, in der Anfang und Ende zusammenfallen.

[173] Über die verschiedenen Darstellungstypen des Sechstagewerks informiert Johannes Zahlten: Creatio mundi. Darstellungen der sechs Schöpfungstage und naturwissenschaftliches Weltbild im Mittelalter (Stuttgarter Beiträge zur Geschichte und Politik 13), Stuttgart 1979.
[174] Congar: Thème, S. 208f. Zahlten: Creatio, S. 92.
[175] Glossa ordinaria. Biblia latina cum Facsimile (Reprint of the Editio princeps of Adolph Rusch of Strassburg 1480/81), hg. von Karlfried Froehlich und Margaret T. Gibson, Turnhout 1992, S. 8.

Augustins Auslegung der sechs Schöpfungstage wird von Rupert von Deutz aufgegriffen, der seine Weltgeschichte *De victoria verbi Dei* in sechs Weltreiche einteilt. Am Ende des sechsten Weltreichs, nach dem Sturz des Antichrist, offenbart sich Christus als Träger von Schöpfung und Erlösung: Erstere entspricht den sechs Schöpfungstagen, letztere dem siebenten Tag, dem Ruhetag Gottes.[176]

Annus

Auf der Rückseite des Schöpfungsbilds (Folio 17v) thront Annus nackt und behaart wie die gefallenen Dämonen des Frontispizes inmitten des Zodiakus und der Monatsarbeiten (Abb. 96). In den vier Ecken des Bildes befinden sich die vier Jahreszeiten, ausserhalb des Rahmens die vier Tageszeiten. Annus hält in den erhobenen Händen zwei nimbierte Köpfe: Sonne und Mond. Das Bild ergänzt das Schöpfungsbild, den Sieg des Lichts über die Finsternis, indem es dessen «Nachtseite» darstellt, nämlich die mit dem achten Tag der Welt beginnende Zeit, über die der dämonische Annus herrscht. Wie die Jahreszeiten beginnen die bäuerlichen Monatsarbeiten erst nach der Vertreibung des ersten Menschenpaars aus dem Paradies, wo ewiger Frühling geherrscht hatte. Nur die Tageszeiten hatte es im Paradies schon gegeben, was durch ihre Situierung *ausserhalb* des Bildrahmens angezeigt wird. Anders als die Kreiskomposition des Schöpfungsbilds, das die Einheit und Vollkommenheit der Geschichte symbolisiert, scheint hier, um einen Ausdruck von Friedrich Nietzsche zu gebrauchen, «die ewige Wiederkehr des Gleichen» dargestellt. Ein Ziel, auf das diese zyklische Zeit hinführen könnte, ist auf den ersten Blick nicht ersichtlich. Sämtliche Personen des Bildes tragen weltliche Kleidung, Autumnus und der Hasenjäger des Januar einen Judenhut. Sie repräsentieren eine Menschheit, für die die Zeit der Erlösung noch nicht gekommen ist. Die Personifikationen der vier Jahreszeiten verkörpern die vier Lebensalter, und die Attribute von Frühling (Zweige), Sommer (Sichel) und Herbst (Korb mit Trauben) finden sich auch in der Enzyklopädie des Hrabanus Maurus.[177] Nur die Darstellung des Winters weicht in den beiden Handschriften voneinander ab: Bei Hrabanus erscheint er als Pflügender, auf dem Zwiefaltener Jahresbild als vornehm gekleideter alter Mann, der sich an einem Feuer wärmt. Véronique Frandon zeigte auf, dass die vier *tempora* in der Enzyklopädie des Hrabanus als Allegorien der christlichen Heilsgeschichte interpretiert werden können, ähnlich wie im Text des Hrabanus geschildert, und dass die *tempora* somit sowohl die zyklisch wiederkehrenden Jahreszeiten als auch die einmalig fortschreitende Zeit der Heilsgeschichte symbolisieren.[178] Dagegen liegt der Hauptakzent des Zwiefaltener Jahreszyklus anderswo, nämlich auf der engen Zuordnung der Monats-

[176] Rupert: De Victoria, lib. XIII.

[177] Codex Cassinensis 132, fol. 253, lib. X, 1: De temporibus.

[178] Véronique Frandon: Les saisons et leurs représentations dans des encyclopédies du Moyen Age. L'exemple du *De universo* de Raban Maur (1022–1023). In: L'Enciclopedismo Medievale, hg. von Michelangelo Picone, Ravenna 1994, S. 55–78, hier S. 63ff.

arbeiten zu den Sternzeichen des Zodiakus; der Einfluss der Gestirne auf die bäuerlichen Feldarbeiten steht hier im Vordergrund, ein Thema, welches, wie oben dargelegt, laut Hugo von Sankt Viktor in das Gebiet der natürlichen Astrologie fällt.[179] Nicht die heilsgeschichtliche Bedeutung der Monate wird also thematisiert, sondern ihre innerweltliche, naturwissenschaftliche. Bei genauerem Hinsehen entdeckt man jedoch auch in dieser Komposition Hinweise auf die Heilsgeschichte: Die Tierkreiszeichen links und rechts der senkrechten Achse des Jahreszyklus sind Fisch und Widder, das heisst die Sternzeichen des Frühlingsäquinoktiums und der Osterwoche, die mit dem Anfang der Welt zusammenfallen. Für Annus-Darstellungen ist dies nicht die Regel; häufig ist das Sternzeichen des Wassermanns über Annus dargestellt, das den Jahresanfang bezeichnet[180], auch das auf das Annusbild folgende Martyrolog des Usuardus beginnt im Januar. Der Ausrichtung des Zodiakus entsprechen die beiden Feldarbeiten, die über den Tierkreiszeichen der Fische und des Widders dargestellt sind. Links der Längsachse über den Fischen des Monats März steht ein Fischer mit einer Harpune und einem gefangenen Fisch in den Händen, neben ihm ein Bauer, der Reben an Stöcken festbindet. Rechts der Längsachse sieht man einen Mann beim Pfropfen und einen zweiten wiederum beim Festbinden von Reben. Die Pflege der Reben nimmt einen ungewöhnlich breiten Raum ein. Die Weinernte ist auf der gegenüberliegenden Seite des Zodiakus im Monat Oktober dargestellt, ausserdem hält auch Autumnus einen Korb voller Weintrauben. Keine andere Pflanze taucht so häufig in diesem Zyklus auf wie die Weinrebe, und ihre Assoziation mit dem Fisch in der Monatsarbeit des März legt nahe, dass Wein und Fisch auf die Erlösung durch Christus anspielen und dass somit auch in dieser Hinsicht das Annusbild an das Christusbild der vorhergehenden Seite anknüpft.

Beda hatte drei Arten der Zeitrechnung unterschieden: *auctoritas, consuetudo, natura*. Die erste richtet sich nach der *auctoritas*, das heisst nach göttlicher oder menschlicher Satzung. Zur göttlichen *auctoritas* gehört der Ruhetag am siebenten Tag der Woche. Eine andere Zeitbestimmung folgt der *natura*, so zum Beispiel das Sonnenjahr mit 365¼ Tagen.[181] Auf den beiden Zwiefaltener Frontispizen werden die Zeit der *auctoritas* im Schöpfungsbild, die Zeit der *natura* im Annusbild dargestellt. Die Gestalt des Annus in dämonisch behaarter Nacktheit, die nur spärlich bedeckt wird von seinem kurzen, mit einer Fibel zusammengehaltenen Mantel,

[179] Vgl. oben S. 225.

[180] So auf der Decke der heiligen Ewalde aus Sankt Kunibert in Köln und im Fuldaer Sakramentar (Göttingen, Universitätsbibliothek, Hs 31, fol. 250v). Run: Annus, Abb. 1, 2. Springer: Trinitas, Abb. 25, 26. Die gleiche Ausrichtung wie der Zwiefaltener Annus zeigt der Zodiakus zum Kapitel *De coelo* bei Hrabanus Maurus. Codex Cassinensis 132, fol. 233, lib. IX, 3. Reuter: Text, Abb. 70. Vgl. auch den Annus in den Salemer *Scivias* (Abb. 77).

[181] Daneben herrscht die menschliche *consuetudo*, wozu die Teilung des Monats in dreissig Tage gehört, die weder dem Lauf der Sonne noch des Mondes entspricht. Borst: Computus, S. 34.

entspricht den gefallenen Engeln auf der vorangehenden Seite, was zeigt, dass der Zwiefaltener Künstler die auf Tertullian zurückgehende Auffassung der Astrologie als Lehre der gefallenen Engel getreu ins Bild übertragen hat.[182] Annus gleicht auch der Personifikation der Nacht oben rechts auf der Seite, ausserhalb des Bildrahmens, das heisst, er ist Herrscher über die Nacht. Die Auffassung der Geschichte als lange Nacht, die bis zum Ende der Welt währt, finden wir zum Beispiel im *Speculum Ecclesiae* des Honorius Augustodunensis (um 1120), der in einer Adventspredigt das Warten der Menschheit auf Christus schildert, «den wahren Lichtbringer (*lucifer*), der heller als alle Sterne aus der Gottheit strahlt und uns den ewigen Morgen kündet». Wie Ohly zeigte, greift Honorius hier auf eine Gestirnsmetaphorik zurück, die bereits Gregor der Grosse verwendet hatte.[183] Die theologische Unterscheidung des göttlichen Lichts von den natürlichen Gestirnen erklärt, warum der Zwiefaltener Annus, der Sonne und Mond in den Händen hält und von Dies und Nox flankiert wird, als Herrscher der Nacht erscheint: Es handelt sich wiederum um eine Anknüpfung an das Schöpfungsbild auf der vorhergehenden Seite, auf der Christus als Herrscher über den ewigen Tag erscheint.

Kreiskomposition und Autorinnenbilder

Ikonographisch eng verwandt mit dem Zwiefaltener Doppelfrontispiz ist dasjenige auf Blatt 2r und 2v des wenige Jahrzehnte später in Salem entstandenen illustrierten *Liber Scivias* der Hildegard von Bingen, das dieselbe Grundstruktur aufweist (Abb. 76, 77).[184] Aber während das Salemer Schöpfungsbild die wichtigsten Motive und die Inschriften der Zwiefaltener Komposition übernimmt und nur ihre Anordnung verändert, weicht die Darstellung des Annus deutlich von ihr ab. Der Salemer Annus ist kein gefallener Engel, sondern ein thronender König, und das Universum, über das er herrscht, ist menschenleer. Anstelle der Monatsarbeiten sind die Himmelsrichtungen, Naturerscheinungen wie Blitz, Tau und Kälte, die Tierkreiszeichen und Tageszeiten in drei konzentrischen Kreisen um Annus herum angeordnet. In den vier Ecken ausserhalb der Kreiskomposition befinden sich die vier Hauptwinde mit je zwei Nebenwinden.[185] Annus herrscht hier über die Gestirne und den Himmel, nicht über die Natur und die Monatsarbeiten wie auf dem Zwiefaltener Bild.

Während das Schöpfungsbild Hildegard als Theologin der Kosmogonie charakterisiert, kennzeichnet das Annusbild sie als Kosmologin, das heisst als Naturwissenschaftlerin, deren weltlicher Aspekt durch die Darstellung des Annus als König hervorgehoben wird. Die Wahl dieses Bildes als Frontispiz der *Scivias* entspricht Hil-

[182] Vgl. Fritz Saxl: La fede negli astri nel dodicesimo secolo. In: ders.: La fede, S. 175–185, hier S. 176 (erstmals auf Englisch erschienen in: ders.: Lectures, hg. von Gertrud Bing, London 1957).
[183] Ohly: Gestirne, S. 247ff.
[184] Kotzur (Hg.): Hildegard, Nr. 66, S. 230ff. Oechelhaeuser: Miniaturen, Tafeln 11–12. Borries-Schulten / Spilling: Handschriften, Kat. 64, S. 101. Springer: Trinitas, S. 36f., Abb. 23.
[185] Zeit der Staufer, Bd. I, S. 553, Nr. 732.

degards Gestirnsmetaphorik, welche Kosmos und Heilsgeschichte zu einer poetischen Einheit verschmilzt.[186] Allerdings hätte Hildegard selbst Annus wohl nicht als Mann dargestellt, sondern als Frau. Dies zeigt ihre Vision der göttlichen Liebe, welche als lichtüberflutete, heller als die Sterne strahlende Göttin geschildert wird, die Sonne und Mond in der rechten Hand und eine Elfenbeintafel vor der Brust hält und von der ganzen Kreatur *domina* genannt wird.[187]

Dagegen illustriert der Salemer Künstler nicht Hildegards innovative Bildersprache, sondern knüpft an die traditionelle Ikonographie des Annus an: Die erste Seite des *Liber Scivias* zeigt Gott, nach Hildegards Prolog «das lebendige Licht, das alles Dunkel durchleuchtet», den sie als Urheber ihrer Visionsschrift inszeniert. Von Annus spricht die Autorin nicht. Seine Präsenz am Anfang der Handschrift suggeriert jedoch, dass auch er ein Autor ist, mit dem Hildegard, ebenso wie mit Gott, kommuniziert. Die beiden Bilder heben einen Aspekt von Hildegards Visionen hervor, den wir bereits bei der Interpretation der *Dicta Sibyllae magae* als charakteristischen Zug der sibyllinischen Prophetie bezeichnet haben, nämlich das wechselseitige Zusammenwirken von Kosmos und Heilsgeschichte. Die beiden Frontispize des Salemer Kodexes charakterisieren Hildegards Prophetie demnach als sibyllinisch; dieser Deutung entspricht auch die Ikonographie des Autorinnenbilds, das Hildegard neben der Wurzel Jesse zeigt (Abb. 78, 79), eine Bildkomposition, die, wie oben dargelegt, ebenfalls an die Sibyllenikonographie anknüpft.[188]

Von allen bisher behandelten kosmologischen Bildern ist die Komposition des Salemer Annus der Zwiefaltener Tiburtina (Abb. 90) am ähnlichsten: Beide Bilder zeigen heidnische Könige, beide leiten eine sibyllinische Prophetie ein. Wie die Tiburtina oder die *Sibylla maga* entwirft Hildegard eine Vision, welche die ganze Geschichte von der Schöpfung bis ans Ende der Welt umfasst. Während das Salemer Schöpfungsbild die theologische Dimension von Hildegards Werk illustriert, repräsentiert Annus seine astrologische, naturwissenschaftliche. Wie zentral die letztere für die Hildegard-Rezeption war, zeigen die wenige Jahre später entstandenen Illustrationen des *Liber divinorum operum* in Lucca, deren Bedeutung innerhalb der mittelalterlichen Kosmosdarstellungen seit Fritz Saxl immer wieder untersucht wurde (Abb. 97).[189]

Während das Salemer Doppelfrontispiz aus einem liturgischen Kontext herzuleiten ist und eine dualistische Rezeption von Hildegards Werk spiegelt, in der theologisches und naturwissenschaftliches Weltbild voneinander unterschieden werden,

[186] Vgl. dazu Ohly: Gestirne, S. 264ff.

[187] Peter Dronke: Medieval Latin and the Rise of European Love-lyric, Bd. 1: Problems and Interpretations, Oxford 1965, S. 67.

[188] Vgl. oben S. 183ff.

[189] Fritz Saxl: Macrocosmo e microcosmo nelle illustrazioni medievali. In: ders.: La fede, S. 47–62 (erstmals erschienen in: ders.: Lectures, hg. von Gertrud Bing, London 1957).

sind diese beiden Aspekte im Lucca-Kodex komplexer und kühner kombiniert. Ähnliches lässt sich in bezug auf die Autorinnenbilder feststellen: Während das Salemer Bildnis an die Baum-Jesse-Ikonographie anknüpft, werden Hildegards Bildnisse im Lucca-Kodex in die Visionsbilder integriert. Diese Kombination von Kosmos- und Autorinnenbild ist einzigartig; sie fehlt zum Beispiel in den meistillustrierten Visionen des Mittelalters, denjenigen des Johannes der Apokalypse. Die Kombination von Autorinnen- und Kosmosbild auf dem Frontispiz der Zwiefaltener Tiburtina weist auf eine mögliche ikonographische Herkunft der Autorinnenbilder im Lucca-Kodex hin und legt nahe, dass diese aus der Sibyllenikonographie herzuleiten sind.

Die Sibylle am Nordportal der Kathedrale von Laon

Eine Sibylle mit einem offenen Diptychon in der rechten Hand begegnet uns am Nordportal der Kathedrale von Laon (ca. 1225, Abb. 98).[190] Bereits Emile Mâle hat die kopflose, stehende Frauengestalt in der äussersten rechten Archivolte des Tympanons aufgrund der Inschrift am Rand als die Sibylle von Erythräa identifiziert: «ET PER SECLA FUTURUS.»[191] Es handelt sich um den zweiten Teil des zweiten Verses des von Augustin überlieferten Akrostichons, dessen Anfang lautet:

> Iudicii signum tellus sudore madescet.
> E coelo rex adveniet per saecla futurus.
> Scilicet in carne praesens ut iudicet orbem.
> (Im Zeichen des Jüngsten Gerichts wird die Erde erschauern.
> Vom Himmel wird der zukünftige König aller Zeiten kommen.
> Siehe, körperlich anwesend, um die Welt zu richten.)

Das erste Wort «Et», mit dem das Zitat der Sibylle eingeleitet wird, charakterisiert den *sermo coniunctionis* zu Beginn prophetischer Reden im Alten Testament.

Die Sibylle trägt ein langes, gegürtetes Gewand und darüber einen über die Schultern herabfallenden Mantel, der über der Brust von einem Band zusammengehalten wird. Wie der Vergleich mit der szeptertragenden und gekrönten Maria im Baum Jesse auf der Bogenwölbung des Hauptportals von Laon zeigt, trägt sie die Kleider einer Königin: Maria ist gleich gekleidet wie die Sibylle.[192] Man kann also vermuten, dass die Sibylle ursprünglich eine Krone trug, wie es die Rekonstruktion der Statue zeigt. Mit der rechten Hand hält die Sibylle dem Betrachter das offene Diptychon entgegen und mit der linken schürzt sie ihr Übergewand. Da sie weder schreibt noch liest, ja nicht einmal einen Griffel in der Hand hält, ist ihr Diptychon nicht als Schreibtafel gekennzeichnet.

[190] Die Datierung basiert in erster Linie auf stilistischen Vergleichen. Vgl. Laon Cathedral, hg. von Lindy Grant (Courtauld Institute Illustration Archives. General Editor Peter Lasko. Archive 3. Medieval Architecture & Sculpture in Europe, Part 6, France), London 1978, S. iii. Eine detaillierte Beschreibung der verschiedenen Bauphasen und der betreffenden Dokumente findet sich in: William W. Clark / Richard King: Laon Cathedral. Architecture (1) (Courtauld Institute Illustration Archives Compagnon Text 1), London 1983.

[191] Mâle: Art, Abb. 141 und S. 318ff.

[192] Grant: Laon, Abb. 3/6/60.

Das Bildprogramm

Die ikonographische Analyse des Portals wird durch den schlechten Erhaltungszustand vieler Skulpturen erschwert. Wie eine Photographie des Tympanons vor der Restaurierung zeigt, mussten die meisten Köpfe und Arme von den Restauratoren ergänzt werden.[193] Dafür sind einige Inschriften auf den Archivoltenrändern erhalten, die uns erlauben, viele Szenen mit Sicherheit zu identifizieren.[194]

Die Sibylle befindet sich auf der äussersten rechten Archivolte des Tympanons. Unter ihr sind die drei Männer im Feuerofen (Dan 3), über ihr die Salbung eines Königs und zuoberst der Traum Nebukadnezars vom Sturz des Götzenbilds (Dan 2) dargestellt. Auf der linken Seite der Archivolte erkennt man zuoberst zwei Männer, von denen der eine einen Stab und ein Spruchband trägt.[195] Die Inschrift «B[...] ORIETUR STELLA EX JACOB» zeigt, dass es sich um Balaam handelt (Num 24,17). Der biblische Kontext der Prophezeiung suggeriert, dass die zweite Person im langen Gewand Balac sein könnte, der König der Moabiter. Darunter erkennt man einen Mann, der mit erhobener Hand zu einem Kind spricht, als nächstes eine Gestalt mit einem Spruchband, neben der Auguste Bouxin die fragmentarische Inschrift «PLEXU [...] IANO [...] MITT» entziffert hat. Zuunterst befindet sich eine Jungfrau mit einem Einhorn und der Inschrift «CAPITUR» (vgl. Abb. 99: Schema).[196]

Nicht nur das Bildprogramm der äussersten Bogenwölbung gibt einige Rätsel auf, sondern auch die Szenen der nächstinneren Archivolte. Von links unten nach oben sieht man zuerst eine Gestalt auf einem Ungeheuer, dann Daniel in der Löwengrube, Habakuk mit dem Engel und zuoberst Gideon mit dem Fliess. Auf dem Schlussstein der Bogenwölbung befindet sich eine Büste Gottes, der zwei Spruchbänder hält. Rechts von ihm zieht Moses seine Schuhe vor dem brennenden Dornbusch aus, darunter befinden sich der siebenarmige Leuchter mit zwei Engeln, die geschlossene Pforte (Ez 44,2) und ein Prophet mit einem Spruchband, vermutlich Ezechiel. Auf der folgenden Archivolte ist eine *Psychomachia* dargestellt, mit Schild und Speer bewaffnete Tugenden überwinden die Laster, und auf der innersten befinden sich sechs Engel. Sie umrahmen die Hauptszene des Tympanons: die drei heiligen Könige vor der thronenden Maria mit dem Kind. Auf dem Türsturz darunter befinden sich

[193] André Lapeyre: Des façades occidentales de Saint-Denis et de Chartres aux portails de Laon. Etudes sur la sculpture monumentale dans l'Ile de France et les régions voisines au XIIe siècle, Paris 1960, Abb. 210. Die restaurierten Partien sind farbig gekennzeichnet auf der Abbildung des Portals bei Xavier de Massary: La cathédrale: architecture et décor. In: Laon. Une acropole à la française. Inventaire général des monuments et des richesses artistiques en France, Région Picardie, hg. von Martine Plouvier, André Fiette u.a. (Cahiers du Patrimoine 40), Amiens 1995, S. 263–288, hier Abb. 317.

[194] Sie sind von Auguste Bouxin entziffert worden, der die genaueste Beschreibung des Portals gibt, die ich gefunden habe. Auguste Bouxin: La cathédrale Notre-Dame de Laon. Historique et description, Laon 1890, S. 60–73.

[195] Grant: Laon, Abb. 3/6/69–70.

[196] Bouxin: Cathédrale, S. 70.

die Verkündigung an Maria, die Geburt Christi und die Verkündigung an die Hirten.[197] Die Gewändestatuen des Portals stammen aus dem 19. Jahrhundert und können hier deshalb übergangen werden.

Während die Bildprogramme der beiden inneren Archivolten thematisch auf den ersten Blick deutlich voneinander zu unterscheiden sind – es handelt sich um eine religiöse und um eine ethische Thematik oder anders gesagt um eine christliche und eine heidnische – fällt die thematische Unterscheidung der dritten von der vierten Archivolte schwerer. Sie ist aber für die Interpretation der Sibylle von entscheidender Bedeutung. Keiner der bisherigen Interpreten des Bildprogramms hat sich mit dieser Frage beschäftigt, sondern alle sind davon ausgegangen, dass die Skulpturen der beiden äusseren Archivolten thematisch zusammengehören. Diese Annahme basiert auf einem Irrtum von Emil Mâle, dem bei der Beschreibung des Portals ein Fehler unterlaufen ist. Bei der Aufzählung der verschiedenen Szenen nennt er die geschlossene Pforte, die sich auf der dritten Archivolte befindet, zwischen der Königssalbung und der Sibylle, die aber beide zur vierten, äussersten Archivolte gehören. Mâles Beschreibung des Archivoltenprogramms wurde in der Forschung kritiklos übernommen[198], was zur Folge hatte, dass das Bildprogramm der Bogenwölbungen bisher einseitig als marianische Typologie interpretiert wurde, welche die jungfräuliche Mutterschaft Marias verherrlicht. Sauer und in neuerer Zeit Daley haben auf die weite Verbreitung solcher typologischen Figuren in der homiletischen Literatur des Mittelalters hingewiesen. In seiner Studie über Marienikonographie hat Daley die exegetische Tradition des Hohen Lieds untersucht und die Traditionsgebundenheit des Archivoltenprogramms von Laon betont: "[...] these and similar titles were, as we have seen, already part of the common tradition of Mariological reflection, and the normal method of applying them to her was simple juxtaposition." Neu in Laon sind nach Daley die Sibylle und die Jungfrau mit dem Einhorn: "The new typological element in the Laon tympanum, aside from the Sibyl, is the unicorn, absent from the homiletic tradition but included by Honorius among the beasts that 'proclaimed in figures the coming Incarnation'."[199]

Auch die Sibylle lässt sich indessen problemlos in den Bildzyklus einordnen, wenn man die Thematik des Bildprogramms der beiden Archivolten voneinander unterscheidet: Während sich die Szenen der dritten Archivolte relativ einleuchtend als

[197] Grant: Laon, Abb. 3/6/64. Die Anbetung der Könige befindet sich auch auf den Tympanons von Bourges und Germiny-l'Exempt (Cher). Lapeyre: Façades, S. 270f.

[198] Mâle: Art, S. 37ff. Joseph Sauer: Symbolik des Kirchengebäudes und seiner Ausstattung in der Auffassung des Mittelalters, Münster [2]1964 (photomechanischer Nachdruck der Ausgabe von 1924), S. 332. Karl Künstle: Ikonographie der christlichen Kunst, Bd. 1, Freiburg i. Br. 1928, S. 92ff. Brian E. Daley: The "Closed Garden" and the "Sealed Fountain". Song of Songs 4:12 in the late medieval iconography of Mary. In: Medieval Gardens. Dumbarton Oaks Colloquium on the History of Landscape Architecture 9 (1986), S. 259–278, hier S. 268.

[199] Daley: Garden, S. 268.

Typologien der Jungfräulichkeit Marias interpretieren lassen, handelt es sich bei den Figuren der äussersten Bogenwölbung nicht um Präfigurationen der Geburt Christi, sondern um Königsprophetien.

Betrachtet man die Komposition der Figuren auf den beiden äusseren Archivolten, so fällt auf, dass die meisten Szenen als Zweiergruppen komponiert sind, Daniel in der Löwengrube und Habakuk mit dem Engel gehören zum Beispiel zusammen oder Nebukadnezar und die Statue. Auch die Inschriften können zwei Figuren als zusammengehörend bezeichnen, so verbindet zum Beispiel «B(alaam) ORIETUR STELLA EX JACOB» die zwei männlichen Einzelfiguren am oberen äussersten Archivoltenrand. Dies legt die Vermutung nahe, dass die Sibylle zu der Szene über ihr, der Salbung eines Königs, gehört. Wie bereits erwähnt, handelt es sich bei der Inschrift der Sibylle «ET PER SECLA FUTURUS» um den zweiten Teil des bei Augustin überlieferten Verses, dessen Anfang «E coelo rex adveniet» lautet. Nun würde zumindest «REX ADVENIET» als Legende zu einer Königssalbung sehr gut passen und die Szene als Präfiguration der Ankunft Christi als König deuten. Doch leider ist die Inschrift dieser Szene nicht erhalten. Unsere Vermutung gewinnt aber an Wahrscheinlichkeit, wenn wir bedenken, dass die Inschrift der Sibylle «ET PER SECLA FUTURUS» für sich allein genommen nicht viel mehr als eine Zeitangabe ist; worauf «FUTURUS» sich beziehen soll, bleibt unklar. Die Inschrift bedarf deshalb einer Ergänzung, sei es durch ein Bild oder einen Text. Diese Interpretation stellt zudem einen Zusammenhang her zu den übrigen Szenen der äussersten Archivolte, nämlich zu Nebukadnezars Traum von einer gekrönten Statue, die von einem Stein zerstört wird (Dan 2), zur Prophetie des Balaam (Num 24), zu den drei Jünglingen im Feuerofen (Dan 3) und zu der Jungfrau mit dem Einhorn. Dass es sich bei all diesen Szenen um Königsprophetien handelt, soll im folgenden kurz dargelegt werden.

Der Traum des Nebukadnezar wird vom Propheten Daniel gedeutet, der die verschiedenen Teile der Statue als verschiedene aufeinanderfolgende Weltreiche interpretiert, die am Ende der Zeiten vom ewigen Reich Gottes abgelöst werden.[200] Balaam weissagt das Kommen eines siegreichen Herrschers aus Israel[201], und neben den drei Jünglingen, die Nebukadnezar in den Feuerofen werfen liess, weil sie sich weigerten, die von ihm errichtete Statue anzubeten, hat Nebukadnezar einen vierten Mann gesehen, den Engel Gottes, der die Jünglinge vom Feuer errettete. Die Geschichte von der Jungfrau, die das Einhorn in ihrem Schoss fängt, stammt aus

[200] Dan 2,44f.: «In diebus autem regnorum illorum, suscitabit Deus caeli regnum quod in aeternum non dissipabitur, et regnum eius alteri populo non tradetur; comminuet autem et consumet universa regna haec, et ipsum stabit in aeternum. Secundum quod vidisti, quod de monte abscissus est lapis sine manibus, et comminuit testam, et ferrum, et aes, et argentum, et aurum, Deus magnus ostendit regi quae ventura sunt postea; et verum est somnium, et fidelis interpretatio eius.»

[201] Num 24,17: «Orietur stella de Jacob et consurget virga de Israel: et percutiet duces Moab [...]»

dem *Physiologus*: Die Jungfrau «hat Macht über es, und es folget ihr, und sie bringt es ins Schloss zum König. Dies nun wird übertragen auf das Bildnis unseres Heilands. Denn es wurde auferweckt aus dem Hause David das Horn unseres Vaters, und wurde uns zum Horn des Heils.»[202] Auch hier wird also das Königtum Christi betont.

Der Aufbau des Bildprogramms der vier Archivolten ist ein symmetrischer: Von innen nach aussen betrachtet sehen wir zuerst die Engel, die den göttlichen Aspekt der Epiphanie hervorheben. Es folgt der Kampf der Tugenden mit den Lastern, eine ethische, weltliche Thematik. Auf der nächsten Archivolte wird wiederum die Göttlichkeit Christi dargestellt und schliesslich, auf dem äussersten Register, die Ankunft Christi als König auf Erden prophezeit. Diese doppelte Thematik passt zu der Darstellung der Epiphanie auf dem Tympanon: der Verehrung Christi als Gott und König. Die Sibylle in Laon steht also in einem ikonographischen Kontext, der mit der Zwiefaltener Tiburtina vergleichbar ist; hier wie dort ist sie eine Prophetin des *saeculum*.

Die Gestalten der beiden äusseren Archivolten waren dem mittelalterlichen Kirchgänger aus den Prophetenspielen der Weihnachtsliturgie bekannt.[203] Diese wurden in der Regel nach der Messe aufgeführt. Neben verschiedenen Propheten traten auch Nebukadnezar, die Sibylle, Balaam und Vergil als Zeugen Christi auf und trugen ihre Prophezeiungen vor. Das Auftreten der drei Jünglinge im Feuerofen scheint seltener gewesen zu sein, ist aber ebenfalls belegt.[204]

Die literarische Quelle dieser *ordines prophetarum* ist ein Text des Quodvultdeus (5. Jahrhundert), der im Mittelalter für eine Predigt Augustins gehalten wurde, der *Sermo contra Iudaeos, Paganos et Arrianos*[205], welcher im 8. Jahrhundert in die Weihnachtsliturgie eingeführt wurde. Der Autor wendet sich darin in einem sehr polemischen Ton an die Juden, die er von der Wahrheit des christlichen Glaubens überzeugen will, und führt die Propheten des Alten Testaments und ihre Weissagungen als Zeugen Christi an.[206] Darauf werden im 15. Kapitel die Zeugen der Heiden zitiert; es handelt sich um Vergil, Nebukadnezar und die drei Männer im Ofen. Das folgende Kapitel ist den sibyllinischen Weissagungen gewidmet und enthält das Akro-

[202] Der Physiologus, ins Deutsche übers. und hg. von Otto Seel, Zürich ^{4}1981 (1960), S. 21. Vgl. auch Daley: Garden, S. 268f.
[203] Karl Young: The drama of the medieval church, Bd. II, Oxford ^{2}1962 (1933), S. 125ff.
[204] Young: Drama, erwähnt ihr Auftreten nirgends, aber Sepet hat einen Auszug aus einem Gebetbuch des 12. Jh. der Diözese von Arles ediert, in dem die drei Jünglinge als Zeugen Christi auftreten. Marius Sepet: Les prophètes du Christ. Etude sur les origines du théâtre au Moyen Age. Bibliothèque de l'Ecole des Chartes 3, 6ème série (1867, Reprint Genf 1974), S. 1–27, hier S. 3ff.
[205] Opera Quodvultdeo Carthaginensi Episcopo Tributa, hg. von René Braun (Corpus Christianorum Series Latina LX), Turnhout 1976, S. 227–258.
[206] Quodvultdeus: Contra Iudaeos, Kap. 11ff., Braun, S. 241ff.

stichon der erythräischen Sibylle, das Augustin in *De Civitate Dei* anführt, und die Weissagung der Passion und Auferstehung Christi, die beide auch in der *Tiburtina* überliefert sind.[207] Die Prophetie der Sibylle wird sehr viel ausführlicher zitiert als alle anderen Zeugnisse von Juden und Heiden. Der Autor misst ihr offensichtlich eine besonders grosse Überzeugungskraft zu.

Die Unterscheidung der jüdischen Zeugen Christi von den heidnischen entspricht dem Bildprogramm der Archivolten in Laon. Dass Balaam hier zu den Zeugen der Heiden gerechnet wird, kann dadurch erklärt werden, dass sich seine Weissagung nicht an das Volk Israel, sondern an den König der Moabiter richtet und dass der *Physiologus* in diesem Kontext als ein Buch der Heiden interpretiert wurde, ist nicht weiter erstaunlich. Der Vergleich mit den Prophetenspielen des 12. und 13. Jahrhunderts suggeriert ausserdem, dass es sich bei der bisher unbekannten Figur mit einem Spruchband über der Jungfrau mit dem Einhorn um Vergil handeln könnte.[208]

Wie in den Prophetenspielen wird die Sibylle in Laon zu den Zeugen der Heiden gezählt, die hier ungewöhnlich zahlreich vertreten sind, denn in sämtlichen übrigen Bildprogrammen, die mir bekannt sind, erscheint die Sibylle neben den jüdischen Propheten als einzige Zeugin der Heiden.[209] Auch in Prophetenspielen, in denen die Zahl der Mitspieler beschränkt ist, wie zum Beispiel in demjenigen von Benediktbeuern, in dem nur vier Propheten auftreten, ist die Sibylle mit ihrem Gesang vom Jüngsten Gericht (*Iudicii signum*) die einzige Heidin.[210]

Sucht man nach bildlichen Darstellungen, die ein den Prophetenspielen vergleichbares Thema behandeln, kommen die Wurzel-Jesse-Bilder in Frage. Hier wie dort treten die Propheten auf, um die göttliche und königliche Abstammung Christi zu bezeugen. Die Darstellung der Sibylle auf Wurzel-Jesse-Bildern ist selten, aber wenn sie einmal auftaucht, ist sie die einzige Zeugin der Heiden neben den Propheten. Das Wurzel-Jesse-Bild im Ingeborgpsalter (um 1200), das in die Nachfolge der Darstellungen auf den Glasfenstern von Saint-Denis und Chartres gehört, auf denen aber nur die Propheten abgebildet sind, zeigt die Sibylle am oberen rechten Rand des Bildes.[211] Von den Propheten unterscheidet sie sich dadurch, dass sie nicht nim-

[207] Quodvultdeus: Contra Iudaeos, Kap. 16, Braun, S. 248ff., Sackur: Texte, S. 180 und 187.

[208] Bouxin hat folgende fragmentarische Inschrift am Archivoltenrand entziffert: «PLEXU [...] IANO [...] MITT». Die Prophetie des Vergil lautet: «Iam nova progenies coelo demittitur alto» (Buc 4,7). Zur Rolle Vergils als Prophet Christi für die Theologen des 12. Jh. vgl. Guy Lobrichon: Saint Virgile auxerrois et les avatars de la IV Eglogue. In: Collection de l'Ecole Française de Rome. Lectures médiévales de Virgile. Actes du Colloque organisé par l'Ecole Française de Rome (25–28 octobre 1982), 80 (1985), S. 375–393.

[209] So in Sant'Angelo und Auxerre, vgl. Quedam: Westportale, Abb. 39ff.

[210] Carmina Burana. Texte und Übersetzungen, hg. von Benedikt Konrad Vollmann (Bibliothek des Mittelalters 13), Frankfurt a.M. 1987, S. 706f.

[211] Deuchler: Ingeborgpsalter, S. 34.

biert ist und eine Krone trägt. Sie hält kein Diptychon, sondern ein Spruchband. Eine etwas ältere Darstellung der Wurzel Jesse befindet sich in einer Handschrift von *De laudibus sanctae crucis* des Hrabanus Maurus (um 1175, Abb. 83), in der die Sibylle auf der linken Seite zwischen Ezechiel und Salomon erscheint.[212]

Die Zuordnung der Sibylle entweder zu den Zeugen der Juden oder zu den Zeugen der Heiden ist im Sermo des Quodvultdeus vorgegeben, der ihr ausdrücklich eine Sonderstellung zuweist:

> Quid Sibylla vaticinando etiam de Christo clamaverit, in medium proferamus, ut ex uno lapide utrorumque frontes percutiantur, Iudaeorum scilicet atque Paganorum, atque suo gladio, sicut Golias, Christi omnes percutiantur inimici.[213]
> (Was die Sibylle prophezeiend von Christus ausgerufen hat, wollen wir nun anführen, um mit einem Stein zwei Stirnen einzuschlagen, nämlich diejenigen der Juden und der Heiden, und um mit ihrem Schwert alle Feinde Christi, wie Goliath, zu durchbohren.)

Quodvultdeus zeichnet hier ein sehr militantes Bild der Sibylle, indem er sie mit David vergleicht. Sie soll die Feinde Christi, nämlich die Heiden und die Juden, mit dem Schwert durchbohren, so wie David Goliath die Stirn mit einem Stein eingeschlagen hat. Wie im folgenden gezeigt wird, erklärt die Stelle, warum die Sibylle von Laon mit einer Königssalbung assoziiert wird.

Die Salbung Davids ist ein beliebtes Thema der Psalter- und Bibelillustration. Wie in Laon wird David dabei als Kind gezeigt. Seine Salbung durch Samuel gehört ebenso wie sein Kampf mit Goliath zu den Bildern seiner Jugend. Oft folgt der Kampf Davids mit Goliath unmittelbar auf die Salbung.[214] Der Künstler von Laon hat diesen Kampf durch die Darstellung der Sibylle ersetzt, wie der Wortlaut der Weihnachtspredigt es ihm nahelegte.

David wird zweimal gesalbt: das erste Mal von Samuel auf Befehl Gottes, das zweite Mal von den Ältesten Israels bei seinem Antritt der Königsherrschaft (Sam 1,10 und 2,2,4). Bereits Pseudo-Hieronymus deutete die erste Salbung Davids als Präfiguration der Inkarnation Christi und verglich die zweite Salbung mit der Taufe Christi:

> David a prima unctione non accepit regnum: sic nec Christus secundum carnem tempore passionis accepit regnum, nisi posteaquam ascendit.[215]
> (David hat das Königtum nicht mit der ersten Salbung empfangen; so hat auch Christus als Mensch, zur Zeit der Passion, das Königtum nicht empfangen, sondern erst, nachdem er zum Himmel gefahren war.)

[212] Douai, Bibliothèque Municipale, MS 340. Cahn: Manuscripts, Kat. 133, Abb. 322.
[213] Quodvultdeus: Contra Iudaeos, Kap. 16, 2, Braun, S. 248.
[214] Vgl. z.B. eine Bibel aus Cîteaux, die einen umfangreichen Bilderzyklus zum Leben Davids enthält. Dijon, Bibliothèque publique, ms 14, fol. 13. Cahn: Bible, S. 140, Abb. 95.
[215] Pseudo-Hieronymus: Exegese des 26. Psalms. PL 26, S. 948B.

Um 1200 wird die Salbung Davids sowohl bei Königssalbungen als auch bei Salbungen von Bischöfen als Prototyp zitiert.[216]

Der König David taucht unter den Gewändestatuen der französischen Kathedralplastik des 12. Jahrhunderts auf, wo er neben den Propheten, den Königinnen und Königen des Alten Testaments an den Portalen zu sehen ist. In vielen Fällen sind diese Gewändefiguren nicht mit einem Attribut ausgestattet, das eine Identifizierung erlaubte.[217] Nur wenn David eine Harfe trägt, ist er mit Sicherheit von einem anderen König, zum Beispiel von Salomon, zu unterscheiden. Ebenso ist die Frage, ob es sich bei den königlich gekleideten Frauen um Königinnen des Alten Testaments oder um Sibyllen handelt, in den allermeisten Fällen nicht mit Sicherheit zu beantworten.[218] Der oft schlechte Erhaltungszustand dieser Gewändestatuen oder fehlerhafte Restaurationen machen das Problem nicht einfacher. In einer ikonographischen Studie hat Michèle Beaulieu eine Sibylle an den Portalen von Etampes, Le Mans, Provins und, anhand von Graphiken aus dem 18. Jahrhundert, in Château-Châlon und Paris angenommen.[219] Doch keine dieser Figuren ist mit einem Attribut ausgestattet, das mit Sicherheit beweisen würde, dass es sich effektiv um eine Sibylle handelt.[220]

Eine in unserem Zusammenhang interessante Ausnahme bildet eine Frauenfigur am Portal der Kathedrale von Angers (1150–1160). Bereits Louis de Farcy wies in seiner Monographie auf die Schwierigkeiten hin, welche sich bei der Interpretation der Gewändefiguren ergeben:

> [...] nous n'avons aucune identification personelle à proposer, n'ayant pas trouvé d'équivalents dans les autres portails que nous avons pu étudier jusqu'à ce jour, surtout pour

[216] Sicardi Cremonensis Episcopi Mitrale seu de Officiis ecclesiaticis Summa. PL 213, S. 69B und 72A. Mit der Legende vom himmlischen Salböl hatte Reims um 1130 den Vorrang als Ort der Königskrönung gegenüber Sens errungen. LdMA 7, 1288ff.: «Salbung».

[217] So könnten z.B. die beiden Frauengestalten des zerstörten Portals von Saint-Denis sowohl Sibyllen als auch Königinnen des Alten Testaments sein. Beide sind vornehm gekleidet und tragen eine Schriftrolle in der rechten Hand. Vgl. die Zeichnungen von Montfaucon bei Porter: Sculpture, Bd. VII, Abb. 1451, 1452.

[218] Zur Interpretation der Gewändestatuen vgl. Adolf Katzenellenbogen: The sculptural programms of Chartres Cathedral, Baltimore 1959, S. 27ff. Willibald Sauerländer: Das Königsportal in Chartres. Heilsgeschichte und Lebenswirklichkeit, Frankfurt a.M. 1984, S. 60ff.

[219] Michèle Beaulieu: Essai sur l'iconographie des statues-colonnes de quelques portails du premier art gothique. Bulletin Monumental 142/3 (1984), S. 273–307.

[220] Ein ähnliches Problem stellt sich bei den vier sitzenden Frauenfiguren in der äussersten Archivolte des Portals Saint-Honoré der Kathedrale von Amiens. Adolf Katzenellenbogen: Tympanum and Archivolts on the Portal of St. Honoré at Amiens. In: De artibus opuscula XL. Essays in honor of Erwin Panofsky, hg. von Millard Meiss, New York 1961, S. 280–290, hier S. 282, Abb. 3 und 4. Die vier Frauen befinden sich zwischen den Evangelisten und Aposteln; kein Attribut beweist ihre Identität. Ähnliches gilt für die sogenannten Sibyllen in Zillis, vgl. oben S. 13, Anm. 6. Beide Male muss die Identifikation über eine Interpretation des ganzen Bildprogramms hergestellt werden.

> les femmes. Des noms ont été proposés maintes fois, mais nous ne les rappellerons pas ici, parce que ces hypothèses ne sont pas appuyées d'aucune preuve et laissent toujours le champs libre à l'imagination, ces statues n'étant caractérisées par aucun signe symbolique ou conventionnel.[221]

Das Portal wird flankiert von je vier Figuren, von denen auf der linken Seite David an seiner Harfe erkennbar ist. Die übrigen drei Gestalten bezeichnet Michèle Beaulieu als Aaron, Esther und Salomon. Rechts befindet sich Moses mit den Gesetzestafeln, daneben nimmt Beaulieu die Königin von Saba, Jeremias und Isaias an.[222] Beaulieus Identifikationsversuche stützen sich in erster Linie auf ihre Annahme, die Figuren von Angers seien analog konzipiert zu Gewändestatuen anderer gleichzeitiger Portale, was jedoch nicht schlüssig zu beweisen ist. Die königlich gekleidete Frauengestalt am linken Gewände neben David mit der Harfe, die Beaulieu als Esther identifiziert, hält eine oben abgerundete Tafel im Arm, die ein zusammengeklapptes Diptychon sein könnte, wie es Moses zum Beispiel in Chartres oder in Reims trägt.[223] Das Attribut der Statue ebenso wie ihre Stellung neben David erinnern an die Sibylle von Laon, deren Vorläuferin sie sein könnte. Dagegen hält Beaulieu das Attribut nicht für eine Tafel, sondern für ein Buch, was mir unwahrscheinlich erscheint, da von den alttestamentlichen Königen im allgemeinen nur zwei mit einem Buch als Autoren gekennzeichnet werden, nämlich David und Salomon.[224] Unter den vorchristlichen Königinnen gibt es ausser der Sibylle keine Autorinnen – auch Esther ist keine. Dass in Angers die Sibylle dargestellt ist, wäre folglich selbst dann die wahrscheinlichste Interpretation, wenn es sich bei ihrem Attribut nicht um ein Diptychon, sondern tatsächlich um ein Buch handeln sollte.[225]

Das Tympanon des Portals von Angers zeigt eine *Majestas Domini* mit dem Tetramorph. Auf den Archivolten sind Engel und die vierundzwanzig Ältesten dargestellt, auf dem Türsturz die Apostel. Die Gewändefiguren sind also die Zeugen des Jüngsten Tages. Unter diesen nehmen David und die Sibylle eine hervorragende Stellung ein. Das Lied vom Jüngsten Gericht «Dies irae, dies illa, teste David cum Sibylla» (Der Tag des Zorns, jener Tag, nach dem Zeugnis Davids mit der Sibylle), das in der Mitte des 13. Jahrhundert in die Totenmesse eingeführt wurde und lange Zeit als eine Komposition des Franziskaners Thomas von Celano galt, muss bereits im 12. Jahrhundert verbreitet gewesen sein, wie die handschriftlichen Befunde mittlerweile belegt haben.[226]

[221] Louis de Farcy: Monographie de la cathédrale d'Angers, Bd. 3, Angers 1910, S. 54.

[222] Beaulieu: Essai, S. 279f. Vgl. auch die Beschreibung und Abbildungen bei de Farcy: Monographie, S. 52ff.

[223] Mâle: Art, Abb. 74, 79.

[224] So z.B. in Bourges, Saint-Denis und Chartres, vgl. Beaulieu: Essai, S. 287, Abb. 14. Katzenellenbogen: Sculptural programms, Abb. 31, 35.

[225] Sie wäre der Königin am Gewände des Königsportals von Chartres vergleichbar, die ein Buch in der Hand hält. Katzenellenbogen: Sculptural programms, Abb. 30.

[226] LThK 8, 1246ff.: «Requiem».

Das Diptychon der Sibylle und die Tafeln des Moses

Warum trägt die Sibylle von Laon kein Spruchband wie Balaam oder der Prophet (Vergil?) auf der gleichen Archivolte ihr gegenüber? Wie ist diese ikonographische Besonderheit zu erklären? Keine andere Figur der Portale von Laon ist mit einem Diptychon ausgestattet, sondern entweder mit einem Spruchband oder mit einem Buch. Auf der nächstinneren, dritten Archivolte, die den Kampf der Tugenden gegen die Laster zeigt, ist die *Castitas* mit einer Rute in der erhobenen rechten Hand und einem Buch in der linken dargestellt. Es handelt sich um die Attribute der *Grammatica*.[227] Auf den beiden anderen Portalen der Westfassade ist das Buch das Attribut der christlichen Autoritäten; sowohl der thronende Christus als auch die Evangelisten und Märtyer halten ein Buch im Arm oder auf dem Knie, dagegen tragen die Propheten Schriftrollen. Allgemein kann man sagen, dass in Laon die Autoritäten des Neuen Testaments ein Buch, diejenigen des Alten Bunds ein Spruchband tragen. Die Sibylle jedoch gehört weder zu den einen noch zu den anderen.

Ausser der Sibylle von Laon ist Moses der einzige Prophet, der zuweilen mit einem offenen Diptychon dargestellt wird. Vom 12. Jahrhundert an werden die oben abgerundeten Gesetzestafeln überdies eines der häufigsten Attribute der Synagoge[228], weshalb Bouxin die Sibylle von Laon irrtümlich als «la loi divine» deutete. Die Synagoge mit ihren Tafeln tritt nicht nur zusammen mit der Ecclesia auf wie auf dem Glasfenster mit den Allegorien des Paulus in Saint-Denis (um 1145)[229], sondern auch zusammen mit Moses wie auf einem Glasfenster der Kathedrale von Canterbury (ca. 1180), auf dem Moses ein grosses, mit kostbaren Steinen verziertes Buch im Arm hält und die Synagoge neben ihm ein Diptychon trägt. Während in Saint-Denis wie auf vielen ähnlichen allegorischen Darstellungen der Ecclesia und Synagoge eine Analogie hergestellt wird zwischen den Tafeln des jüdischen und dem Kelch des christlichen Kultes, was ihren liturgischen Aspekt hervorhebt, werden in Canterbury Tafel und Buch einander gegenübergestellt, so dass nicht der sakramentale Charakter der Gesetzestafeln, sondern ihr literarischer betont wird.

Dass innerhalb der Moses-Ikonographie eine eindeutige Unterscheidung von Buch und Tafel erst vom 11. Jahrhundert an existiert, hat Ruth Mellinkoff aufgezeigt. Von da an setzt sich die oben abgerundete Form der Gesetzestafeln immer mehr durch und geht von der christlichen auch in die jüdische Kunst über.[230] In der frühchristlichen und karolingischen Kunst dagegen sind die Gesetzestafeln des Moses rechteckig und deshalb ikonographisch nicht eindeutig von einem Buch zu

[227] So z.B. im Hortus Deliciarum, Rekonstruktion, S. 106.

[228] Ruth Mellinkoff: The round-topped tablets of the law. Sacred symbol and emblem of evil. Journal of Jewish Art 1 (1974), S. 28–43, hier S. 38.

[229] Louis Grodecki: Les vitraux de Saint-Denis. Etude sur le vitrail au 12e siècle (Corpus Vitrearum Medii Aevi, France, série «Etudes» I), Paris 1976, Abb. 122ff.

[230] Mellinkoff: Tablets, S. 37.

unterscheiden, wohl aber von einer Schriftrolle. Vor allem in frühchristlicher Zeit wurde die Darstellung einer Schriftrolle derjenigen einer Tafel häufig vorgezogen. An einer speziellen Bildformel, die eine Verwechslung von Buch und Tafel verunmöglicht, waren weder die frühchristlichen noch die karolingischen Künstler interessiert. Vielmehr war das Gegenteil der Fall, die Form der Tafeln wurde einem Kodex angenähert, so zum Beispiel auf den Frontispizen der Bücher Moses in den karolingischen Bilderbibeln aus Tours und Reims. Sehr deutlich wird dies in der ersten Bibel Karls des Kahlen und in der Bibel von Moutier-Grandval, wo Moses nach der Gesetzesübergabe im Tempel vor der Gemeinde steht und aus den Tafeln vorliest wie aus einem aufgeschlagenen Buch, eine Szene, die den Propheten als Präfiguration eines christlichen Priesters charakterisiert.

Nach Mellinkoff begegnet die oben abgerundete Form der Gesetzestafeln zum ersten Mal im Aelfric-Hexateuch (1025–1050).[231] Die Handschrift zeigt Moses zweimal auf dem Berge Sinai, nach der ersten und nach der zweiten Gesetzesübergabe (Ex 31,18 und 34,28).[232] Beide Male wird nicht der Empfang der Tafeln aus der Hand Gottes vom Himmel herab gezeigt, wie in den Bibeln von Tours oder auf dem Glasfenster von Saint-Denis, sondern Moses hält die Tafeln bereits in der Hand und führt ein Gespräch mit Gott, der in menschlicher Gestalt vor ihm steht. Es handelt sich um eine Christophanie. In der zweiten Szene ist Gott von Kopf bis Fuss sichtbar und hält ein Buch im linken Arm. Christus und Moses stehen auf gleicher Höhe und sprechen miteinander. Christus ist nimbiert und Moses barhäuptig. Erst in der folgenden Szene darunter trägt er Hörner, was nach Mellinkoff ebenfalls eine ikonographische Neuerung darstellt.[233] Die Christophanie ersetzt hier die Gesetzesübergabe. Der Künstler stellt nicht die überirdische Herkunft der Tafeln dar, sondern illustriert die Bibelstelle, die besagt, dass Moses von Angesicht zu Angesicht mit Gott gesprochen habe. Die bildliche Darstellung dieses Ereignisses ermöglicht die Assoziation zwischen den Gesetzestafeln und einer Schreibtafel: Wenn Gott als Mensch mit einem Buch im Arm erscheint, assoziiert der Betrachter die Tafeln des danebenstehenden Moses mit Schreibtafeln.

Die Christophanie auf dem Berg Sinai im Aelfric-Hexateuch ist nicht die früheste, die bekannt ist. Die Bibel von Farfa (um 1000) zum Beispiel zeigt den thronenden Christus in der Mandorla über dem knienden Moses, der ein geöffnetes rechteckiges Diptychon auf den verhüllten Händen trägt.[234] Diese Bildkomposition knüpft an die Tradition der Traditio-legis-Bilder an, auf denen der thronende Christus Paulus oder Petrus ein Buch oder einen Schlüssel überreicht.[235] Von einem Dialog zwischen Moses und Gott «von Angesicht zu Angesicht» ist hier jedoch nichts

[231] Mellinkoff: Tablets, S. 30.
[232] Mellinkoff: Tablets, Abb. 9, 10.
[233] Mellinkoff: Moses, S. 13ff.
[234] Mellinkoff: Moses, Abb. 11.
[235] Vgl. oben S. 40.

zu sehen. Der Vergleich macht das Neue im Aelfric-Hexateuch deutlich, in dem Gott nicht als Herrscher, sondern als Mensch erscheint, der sich an Moses wendet und mit ihm spricht. Nur ein dünner Strich, der eine Unterscheidung zwischen der göttlichen und der menschlichen Sphäre andeutet, ist um seine Person gezogen. Der Vergleich zwischen der Farfabibel und dem Aelfric-Hexateuch zeigt eine Entwicklung des Gottesbildes auf, die Richard William Southern als «den grössten Triumph des mittelalterlichen Humanismus» bezeichnete: "The greatest triumph of medieval humanism was to make God seem human. The Ruler of the Universe, who had seemed so terrifying and remote, took the appearance of a familiar friend."[236]

Die Bildbeispiele des 11. und 12. Jahrhunderts, welche die Vision Christi des Moses während oder nach der Tafelübergabe zeigen, lassen sich häufen.[237] Daneben bleibt der traditionelle Typ der Gesetzesübergabe aus der Hand des unsichtbaren Gottes weiterhin bestehen.[238] Auf ikonographischer Ebene zieht die Humanisierung des Gottesbildes die Auffassung der Tafeln als Schreibtafeln nach sich. Der nächste Schritt ist die bildliche Darstellung Gottes beim Schreiben der Gesetze. Solche Bilder finden sich in der Gerhardbibel von Admont (um 1140, Abb. 101)[239] und in einer Regensburger Bibel aus dem Augsburger Dom (1191–1210, Abb. 102)[240].

Die Gerhardbibel enthält zwei Bilder nebeneinander, die Moses auf dem Berg Sinai zeigen. Das erste illustriert den Schluss des Buchs Numeri, dessen letzter Satz lautet (Num 36,13): «Haec sunt mandata atque iudicia, quae mandavit Dominus per manum Moysi ad filios Israel, in campestribus Moab supra Iordanem contra Iericho.» (Dies sind die Gebote und Rechte, die der Herr den Israeliten durch Moses in den Gefilden Moabs am Jordan gegenüber Jericho gab.) Die Szene zeigt die Gesetzesübergabe. Auf dem zweiten Bild, das den Anfang des Buchs Deuteronomium illustriert, spricht Moses mit Gott, das beschriebene Diptychon in der Hand, während das Volk Israel von unten zuschaut. Es handelt sich hier um die gleiche Situation wie im Aelfric-Hexateuch, aber anders als dort findet in der Gerhardbibel das Gespräch des Moses mit Gott vor Zeugen statt. Die Präsenz der Männer am Fuss des Berges entspricht dem Text neben dem Bild, dessen erster Satz in Grossbuchstaben geschrieben ist: «HEC SUNT VERBA QUE LOCUTUS EST MOYSES» (Dies sind die Worte, die Moses gesprochen hat), der Rest des Satzes ist klein geschrieben: «ad

[236] Richard William Southern: Medieval humanism. In: ders.: Medieval humanism and other studies, Oxford 1970, S. 29–60, hier S. 37. Für die Darstellungen des Moses auf dem Berg Sinai in der nachikonoklastischen byzantinischen Malerei hat David Olster eine ähnliche Tendenz aufgezeigt. Dort taucht die Christophanie im 10. Jh. auf. David Olster: Byzantine hermeneutics after iconoclasm. Word and images in the Leo bible. Byzantion 64 (1994), S. 419–458.

[237] Mellinkoff: Moses, Abb. 50, 51, 54, 55. Mellinkoff: Tablets, Abb. 6. Grodecki: Vitrail, Abb. 186.

[238] Mellinkoff: Moses, Abb. 53. Grodecki: Vitrail, Abb. 133.

[239] Wien, Österreichische Nationalbibliothek, Cod. ser. nov. 2701, fol. 68v und 69r. Cahn: Bible, S. 161, Abb. 120 und 121.

[240] München, Bayerische Staatsbibliothek, Clm 3901, fol. 21. Regensburger Buchmalerei, Kat. 45, Tafel 120.

omnem Israel trans Iordanem in solitudine campestri [...]» (zu ganz Israel jenseits des Jordan in ländlicher Einsamkeit; Deut 1,1). Text und Bild entsprechen sich. Der Betrachter bezieht den grossgeschriebenen Teil des Satzes auf die Hauptszene des Bildes, das Gespräch des Moses mit Gott, und die Präsenz der Männer erklärt sich bei der Lektüre des ganzen Satzes.

Der Bildaufbau der beiden Szenen ist analog: Moses steht auf dem Berg, dessen Felsen die Bildmitte einnehmen. Links oben erscheint die Gestalt Christi, die durch ein mehrfarbiges Band von Moses abgetrennt ist. Auf dem ersten Bild hält der Prophet mit abgewandtem Gesicht die Tafeln mit beiden Händen fest, die Christus beschreibt. Moses sieht Gott nicht und ist selbst ebenfalls unsichtbar, was durch das Wellenband symbolisiert wird, welches das Bild auf Kniehöhe des Propheten in zwei Hälften unterteilt. Moses' Gewand ist hellgrün und rosa, ebenso wie dasjenige von Christus, dagegen trägt er auf der folgenden Szene ein dunkelgrünes Gewand und einen roten Mantel. Dass die Präsenz des Moses beim Schreiben der Gesetzestafeln ein übernatürliches Ereignis ist, zeigt der Künstler auch durch die Szene am Fuss des Berges. Dort sitzen zwei Vögel auf den Zweigen einer Pflanze und darunter zwei Wildkatzen. Die Nähe der Vögel zu den Raubtieren symbolisiert diejenige des Moses zum schreibenden Gott.

Auch die Regensburger Bibel aus dem Augsburger Dom zeigt Gott schreibend bei der Gesetzesübergabe, während Moses mit abgewandtem Kopf die Schreibunterlage emporhält. Das Bild befindet sich in der ganzseitigen V-Initiale, die das Incipit des Leviticus einleitet: «Vocavit autem Deus Moysen et locutus est ei» (Der Herr aber rief Moses zu sich und sprach zu ihm). Sämtliche bisher besprochenen Gesetzesübergaben respektieren den Bibeltext, nach dem die Tafeln «vom Finger Gottes» geschrieben wurden (Ex 31,18). Anders verhält es sich bei dem Moses am Dreikönigenschrein des Nikolaus von Verdun (um 1200, Abb. 103). Peter Cornelius Claussen hat die Prophetenstatuen des Schreins als «die eindrucksvollste Porträtgalerie des hohen Mittelalters» bezeichnet: «Der Ruf der Ausnahmeerscheinung, des Genies, den man mit Nikolaus von Verdun verbindet, gründet mehr und mehr auf dieser Leistung. Ein unerhört waches Interesse am Menschen ist hier zu spüren. Es wird nicht dadurch geschmälert, dass man als Hintergrund für die meisten dieser grossartigen Patriarchenköpfe einen antiken Porträttypus nachweisen kann.»[241] Die Verwandtschaft der Mosesstatue mit der antiken Plastik hebt Claussen besonders hervor. Tatsächlich ist der Moses des Nikolaus von Verdun nicht nur in stilistischer, sondern auch in ikonographischer Hinsicht eine aussergewöhnliche Leistung: Auf dem offenen Diptychon, das er auf der verhüllten linken Hand trägt, steht der erste Satz der Genesis: «In principio creavit deus celum et terram» (Am Anfang schuf Gott Himmel und Erde). Insofern bezeichnet das Diptychon auf dem Dreikönigenschrein

[241] Peter Cornelius Claussen: Nikolaus von Verdun. Über Antiken- und Naturstudium am Dreikönigenschrein. In: Ornamenta Ecclesiae, Bd. 2, S. 447–456, hier S. 452.

Moses als den Autor der Genesis. Einer vergleichbaren Auffassung sind wir bereits im *Didascalion* Hugos von Sankt Viktor begegnet, welcher den Empfang der Gesetze durch Moses mit dem Ursprung der hebräischen Literatur gleichsetzt. Aber während Hugo die Erfindung der hebräischen Buchstaben und das Verfassen der Genesis als zwei verschiedene Ereignisse anführt[242], geht Nikolaus von Verdun einen Schritt weiter, indem er Moses' und Gottes Schrift als *ein und dasselbe* Werk darstellt. Der erste Satz der Genesis auf der Tafel thematisiert eine überaus enge Korrespondenz, sozusagen eine Personalunion, zwischen dem Autor der Bibel und dem Schöpfer der Welt: Der Ursprung der Natur und derjenige der Literatur werden auf dem Diptychon *gleichzeitig* symbolisiert, die Literatur mit der Schöpfung Gottes parallelgesetzt.

Nikolaus von Verdun ist nicht der einzige Künstler, der Moses als Verfasser der Gesetzestafeln charakterisierte, wenn auch die Genialität seiner Konzeption unübertroffen geblieben ist. Viel weniger originell wird das Verfassen der Gesetzestafeln auf einer zweiszenigen Federzeichnung in einer Bibel aus Navarra (1194–1234) dargestellt.[243] Auf dem oberen Bild steht Moses mit dem Diptychon in den Händen vor Gott, das untere zeigt ihn mit der einen Tafel auf dem Knie beim Schreiben und der Inschrift: «Moyses scribit tabulas» (Moses schreibt die Tafeln). Moses schreibt hier aus dem Gedächtnis die göttliche Botschaft auf, ähnlich wie Zacharias den Namen seines Sohnes bei der Geburt des Johannes.[244]

Von den besprochenen Moses-Bildern ist dasjenige des Nikolaus von Verdun der Sibylle von Laon am ähnlichsten. Während die Schrift des Moses den Anfang der Welt thematisiert, deutet die Inschrift neben der Sibylle in die Zukunft, ans Ende der Zeiten: «ET PER SECLA FUTURUS». Dass die zukunftsorientierte Prophetie kennzeichnend ist für die Sibylle, im Gegensatz zur Vergangenheitsbezogenheit der Propheten, wurde im Zusammenhang mit den Sibyllen in Sant'Angelo in Formis und auf dem Helmarshauser Einzelblatt erörtert (Abb. 85, 84).[245] Dasselbe gilt auch für die Chronikfrontispize des Ekkehard von Aura, auf denen Moses den Anfang der Geschichte eröffnet und die Sibylle die Geschichte des Römischen Reichs, das bis ans Ende der Welt währt (Abb. 91, 90).[246] Während Moses ein antiker jüdischer Autor ist, erscheint die Sibylle als moderne Autorin des christlichen Mittelalters.

Der Überblick über die Moses-Ikonographie hat aufgezeigt, dass die Interpretation der göttlichen Gesetze als Schreibtafeln von dem Moment an möglich wird, in dem Moses Gott «von Angesicht zu Angesicht» erblickt, was vom 11. Jahrhundert

[242] Vgl. oben S. 216.
[243] Harburg, Sammlung des Prinzen von Oettingen-Wallerstein, MS. 1., 2, lat. 4°, 15, fol. 65r. Mellinkoff: Tablets, Abb. 13.
[244] Vgl. oben S. 173f.
[245] Vgl. oben S. 187ff.
[246] Vgl. oben S. 214.

an als Christophanie dargestellt wird oder auch durch die Hörner auf Moses' Kopf, die Exodus 34,29 illustrieren:

> Cum descenderet Moyses de monte Sinai, tenebat duas tabulas testimonii, et ignorabat quod cornuta esset facies sua ex consortio sermonis Domini.
> (Als Moses vom Berge Sinai herabstieg, trug er zwei Tafeln des Zeugnisses und wusste nicht, dass sein Antlitz strahlend [= gehörnt] geworden war, während der Herr mit ihm redete.)

Moses als Vorbild für visionäre Autorinnen

Die Tafeln des Moses wurden als Zeugnis seines Zwiegesprächs mit Gott *und* seiner göttlichen Vision interpretiert. Insofern erinnern sie an die Schreibtafeln der im zweiten Teil behandelten Autor(inn)en. Die Inszenierung göttlicher Zwiegespräche wurde seit dem 13. Jahrhundert zunehmend zu einer literarischen Spezialität von Frauen.[247] Hatte Hildegard von Bingen Gott als Licht und Stimme inszeniert, die ihre Visionen kommentiert, wird bei den Visionärinnen der Folgezeit das Zwiegespräch zwischen Gott und Mensch zum Hauptthema ihrer Werke. Als Beispiele seien die beiden bedeutendsten Schriftstellerinnen des Zisterzienserinnenklosters Helfta angeführt: Mechthild von Magdeburg und ihr Buch *Vom fliessenden Licht der Gottheit* und Gertrud die Grosse, die Autorin des *Legatus divinae pietatis*, welche beide Moses als literarisches Vorbild zitieren.

Mechthild von Magdeburg (†1287/92) stellt im Prolog ihres Buchs *Vom fliessenden Licht der Gottheit* Gott als alleinigen Autor ihres Werkes dar. Der erste Satz «Dis buoch soll man gerne empfan, wann got sprichet selber dú wort [...] ez bezeichent alleine mich und meldet loblich mine heimlichkeit» kennzeichnet den gesamten Text als Selbstoffenbarung Gottes, und der folgende Abschnitt bestätigt die göttliche Autorschaft erneut: «Eya, herre got, wer hat dis buch gemachet?» – «Ich han ez gemachet an miner unmaht, wan ich mich an miner gabe nút enthalten mag.»[248] Gottes und Mechthilds Werk bilden eine unauflösbare Einheit, eine Symbiose, die durch die lautliche Assoziation der gegensätzlichen Begriffe «gemachet» und «unmaht» symbolisiert wird. Die Selbstinszenierung der Autorin im Prolog als Rezipientin des Buches entspricht der Ikonographie der in Teil I behandelten Buchdedikationen, die einen sprechenden Autor zusammen mit einer «sprachlosen» Buchherstellerin zeigen (Abb. 14a, 15, 16, 23a). Weiter hat Mechthilds Inszenierung des Zwiegesprächs der minnenden Seele mit dem göttlichen Autor Parallelen zu den Bildnissen der

[247] Dictionnaire de Spiritualité, Ascétique et Mystique Doctrine et Histoire, fondé par Marcel Viller S.J. u.a., continué par A. Derville S.J. u.a., Paris 1937–1994, Bd. 16, Paris 1992, S. 968: «Vision». Vgl. auch die Tabelle der wichtigsten Visionärinnen bei Peter Dinzelbacher: Vision, S. 17ff.

[248] Eberhard Nellmann: Zum Prolog von Mechthilds «Fliessendem Licht». In: Gotes und der werlde hulde. Literatur in Mittelalter und Neuzeit. Festschrift für Heinrich Rupp zum 70. Geburtstag, hg. von Rüdiger Schnell, Bern 1989, S. 200–205, hier S. 200ff.

Nonnen im *Hortus Deliciarum* und den irdischen Bräuten auf den Honorius-Frontispizen von Benediktbeuern und Tegernsee (Abb. 33–35).

Mechthild erwähnt Moses zweimal, beide Male im Zusammenhang mit der Genese ihres Buchs. Im Kapitel «Von fúnf propheten, die dis buoch erlúhtent»[249] führt die Autorin zuerst Moses an, dann David, Salomon, Jeremias und Daniel. Moses wird am ausführlichsten beschrieben: «Moyses grosse heimlichkeit, und sine erlich zeichen und sin suesse lere und das userwelte minnereden, das er dikke gegen dem ewigen gotte uf em hohen berge tet, das sol alles ein lieht wesen, und got hat und will mir das geben [...]». Die Gottesbegegnung auf dem Berg Sinai vor der Gesetzesübergabe wird verglichen mit dem Gottesgespräch Mechthilds, dem Inhalt ihres Buches.

Die zweite Stelle, die Moses erwähnt, wird von der Forschung häufig zitiert, da Mechthild darin ihr Schreiben als Frau rechtfertigt. Moses erscheint hier, neben den Aposteln und Daniel, als zum Reden ungeschickt. Es handelt sich um ein Motiv, dem wir bereits in der Hildegard-Vita Guiberts von Gembloux begegnet sind.[250]

> Wie got antwúrtet einem bruoder von der schrift dis buoches. – Meister Heinrich, úch wundert sunnenlicher worten, die in diesem buoche gescriben sint. Mich wundert, wie úch des wundern mag. Mer: mich jamert des von herzen sere sid dem male, das ich súndig wip schriben muos, das ich dir ware bekanntnisse und die heligen erlichen anschowunge nieman mag geschriben sunder disú wort alleine; si dunken mich gegen der ewigen warheit alze kleine. Ich vragete den ewigen meister, was er hat zuo spreche. Do antwúrt er alsus: «Vrage in, wie das geschach, das die aposteln kamen in also grosse kuonheit nach also grosser bloedekeit, do si empfiengen den heiligen geist. Vrage me, wa Moyses do was, do er niht wan got ansach. Vrage noch me, wa von das was, das Daniel in siner kintheit sprach.»[251]

Weniger ausführlich als bei Mechthild, aber ebenfalls an wichtiger Stelle, wird Moses im *Legatus divinae pietatis* Gertruds der Grossen (zweite Hälfte 13. Jahrhundert) als literarisches Vorbild zitiert; am Ende des Prologs heisst es:

> Sed quia Hugo dicit: «Suspecta est mihi omnis veritas quam non confirmat Scripturarum auctoritas.» Et infra: «Nec rata poterit esse quantumlibet verisimilis attestatione Moysi et Helyae, id est, sine Scripturarum auctoritate.»[252]
>
> (Weil aber Hugo [von Sankt Viktor] sagt: «Mir ist alle Wahrheit verdächtig, die die Autorität der Heiligen Schrift nicht bestätigt» und an anderer Stelle: «Keine noch so grosse

[249] Mechthild von Magdeburg: Das fliessende Licht der Gottheit, hg. von Hans Neumann, München 1990, Bd. 1, III, 20, S. 99.

[250] Vgl. oben S. 107f.

[251] Mechthild von Magdeburg: Das fliessende Licht der Gottheit V, 22. Neumann, S. 166.

[252] Gertrud von Helfta: Le Héraut [Legatus divinae pietatis], Livre I–II. Lat./Franz., hg. und übers. von Pierre Doyère. In: Gertrud von Helfta: Œuvres spirituelles, hg. und ins Französische übers. von Jacques Hourlier, Albert Schmitt u.a., 5 Bde., Paris 1967–1986, Bd. 2, S. 116.

Enthüllung kann für wahrscheinlich gehalten werden ohne das Zeugnis von Mose und Elias, das heisst, ohne die Autorität der heiligen Schriften.»)[253]

Mechthild bezeichnet ihr Werk als Buch; von einer Tafel spricht sie nirgends. Auch ihr eigenes Schreiben thematisiert sie nie, weshalb noch kürzlich in der Forschung die Frage gestellt wurde, ob Mechthild überhaupt lesen und schreiben konnte.[254] Anders verhält es sich bei Gertrud. Im Prolog des zweiten Buches des *Legatus* schildert sie die Niederschrift ihres Werks auf einer Wachstafel:

Post acceptam gratiam anno nono, de februario usque ad Aprilem, revoluto die sancto Coenae Dominicae, dum inter Conventum staret expectans quousque corpus Domini deferretur ad infirmam, compulsa violentissimo impetu Spiritus Sancti, lateralem tabulam arripiens, quod corde sentiebat cum dilecto in secreto confabulans, haec ex superabundantia gratitudinis ad laudem ipsius et manu describebat in haec verba.[255]
(Sie stand im Konvent, es war am Gründonnerstag, dem Tag der Einsetzung des Herrn-Mahles; es war neun Jahre, nachdem sie die Gnade empfangen hatte. Die Schwestern warteten, bis der Leib des Herrn zu einer Kranken gebracht wurde, da traf sie der Zugriff des Heiligen Geistes wie ein Blitzschlag; sie griff nach der Schreibtafel an ihrer Seite und, was sie im Herzen fühlte, wenn sie – bislang im Geheimen – mit dem Geliebten sprach, das schrieb sie jetzt, von Dankbarkeit überwältigt, zum Lob Gottes nieder.)[256]

Gegen die Übersetzung von Johanna Lanczkowski, die ich hier anführe, kann eingewendet werden, dass «ad infirmam» sich höchstwahrscheinlich auf Gertrud selbst bezieht und deshalb besser «zu der Kranken» übersetzt werden sollte. Daraus folgt, dass die Autorin die Entstehung ihres Werks als Genesung beschreibt. Es handelt sich um einen Topos, den ich im Zusammenhang mit Boethius und Hildegard von Bingen bereits erörtert habe.[257] Gertruds Selbstinszenierung weist somit Parallelen auf zu Hildegards *Scivias*-Prolog, ebenso wie zu den Autorinnenbildnissen mit Wachstafeln.

Die göttliche Liebe mit der Kristalltafel im Liber divinorum operum

Ein Frauenbildnis mit einem offenen Diptychon in der linken Hand findet sich auf dem zehnten und letzten Visionsbild in Hildegards *Liber divinorum operum* in Lucca. Es handelt sich um die Allegorie der Caritas, der Hauptgestalt des Werks, eine kostbar gekleidete Frau, die mit erhobenen Händen inmitten eines in verschieden-

[253] Gertrud die Grosse von Helfta: Gesandter der göttlichen Liebe, ins Deutsche übers. von Johanna Lanczkowski (Sammlung Weltliteratur, Reihe Mittellateinische Literatur, hg. von Walter Berschin), Heidelberg 1989, S. 515.
[254] Klaus Grubmüller: Sprechen und Schreiben. Das Beispiel Mechthild von Magdeburg. In: Festschrift Walter Haug und Burghart Wachinger, Bd. 1, hg. von Johannes Janota u.a., Tübingen 1992, S. 335–348, hier S. 335.
[255] Gertrud von Helfta: Le Héraut, Doyère, S. 226f.
[256] Gertrud die Grosse von Helfta: Gesandter der göttlichen Liebe, Lanczkowski, S. 13.
[257] Vgl. oben S. 97ff.

farbige Segmente eingeteilten Kreises thront, welche die vier Elemente symbolisieren (Abb. 104). Die Caritas hält das Diptychon in der erhobenen Linken auf der Höhe ihres Gesichtes. Ihr Blick, der auf die Tafel gerichtet ist, wird von Hildegard ausführlich beschrieben. Er symbolisiert den Schöpfungsakt der Welt:

> Et imago (i.e. caritas) hec predictam tabulam inspicit, unde et linea in qua sedet mouetur, quia cum caritas Dei prescientiam ipsius intuebatur, in qua omnia que in creaturis futura erant apparuerunt, cum creature que creande erant nondum fuissent, uoluntas Dei, ad quam caritas quasi quiescendo coniuncta est, ad formationem creaturarum se mouit, et sic celum et terra cetereque creature que in eis sunt per iussionem Dei surrexerunt.[258]
> (Und diese Gestalt schaut auf die erwähnte Tafel, und von da an beginnt sich die Linie, auf der sie sitzt, zu bewegen; denn als die Liebe Gottes seine Voraussicht betrachtete, in der die ganze Zukunft der Geschöpfe erschien, als die Geschöpfe erst zu erschaffen waren und noch nicht existierten, setzte sich der Wille Gottes, an den die Liebe sozusagen ruhend gebunden war, zur Bildung der Geschöpfe in Bewegung, und so sind Himmel und Erde und die übrigen Geschöpfe in ihnen auf Geheiss Gottes entstanden.)[259]

Die theologische Verwandtschaft zwischen Hildegards Caritas und der ungeschaffenen göttlichen Weisheit, «die immer bei Gott und vor der Zeit war» (Ecl 1,1), wurde von Barbara Newman und Christel Meier analysiert.[260] Aber obwohl die Passage in der Forschung immer wieder Erwähnung findet, wurde ihre zentrale Bedeutung für Hildegards Inszenierung weiblicher Autorschaft bisher nicht in vollem Umfang erkannt: Hier, in ihrer letzten Schau, am Ende ihrer Visionstrilogie, an der die Autorin fast dreissig Jahre lang schrieb, inszeniert sie eine *creatrix mundi*, eine Schöpfungsgöttin, die, wie im folgenden gezeigt werden soll, als Urbild ihrer eigenen literarischen Tätigkeit interpretiert werden kann. Die Tafel der Caritas wird hier, ähnlich wie diejenige des Moses auf dem Dreikönigenschrein (Abb. 103), mit der Weltschöpfung assoziiert. Allerdings geht Hildegard noch weiter als Nikolaus von Verdun, indem sie den *Blick* der göttlichen Liebe auf die Tafel als kreativen Akt beschreibt, welcher die Kosmogonie nicht nur bezeugt, sondern sie *auslöst*, denn der prophetische Blick der Liebe auf die Tafel der *praescientia* Gottes gebiert den Kosmos.

Die Malerin des Lucca-Kodexes zeigt die Caritas auf das Diptychon in ihrer erhobenen linken Hand blickend, das heisst, die Weltschöpfung wird hier als «Augenblick» im wörtlichen Sinne dargestellt (*in ictu oculi* nach Augustin).[261] Die Caritas hält dem Betrachter die rechte leere Handfläche entgegen, ein Gestus, der bei krea-

[258] Hildegard von Bingen: Liber divinorum operum III, visio V, IIII, Derolez / Dronke, S. 410, Z. 13–18.
[259] Vgl. Hildegard von Bingen: Das Buch vom Wirken Gottes, Heieck, S. 410.
[260] Newman: Sister. Dies.: Some Medieval Theologians and the Sophia Tradition. The Downside Rewiev 108 (1990), S. 111–129, hier S. 118–122. Meier: Scientia, S. 106ff. und 128ff. Vgl. auch Dronke: Women, S. 170ff. Ders.: Latin, S. 66ff. Liebeschütz: Weltbild, S. 122f.
[261] Vgl. oben S. 235.

tiven Frauen häufig anzutreffen ist, wie oben gezeigt wurde.[262] Von der schöpferischen Bewegung, welche der Blick der Caritas auslöst, ist im Bild jedoch nichts zu sehen, das auffallend statisch komponiert ist, und dies im Gegensatz zu den kosmischen Kreiskompositionen im ersten Teil der Handschrift, auf denen Winde, Wolken oder Wellen eine bewegte Schöpfung suggerieren (Abb. 97). Ganz anders verhält es sich bei der *rota* der Caritas, deren streng geometrische Einteilung in verschiedene farbige Segmentflächen den Zustand der Elemente *vor* ihrer Verbindung und gegenseitigen Durchmischung evoziert. Die *urbs quadrata* der rechten Bildhälfte erhöht überdies den Eindruck der Stabilität der *rota* der Caritas. Der göttliche Schöpfungsakt, von dem im Text die Rede ist, erscheint nicht im Bild selbst, sondern wird oberhalb des Rahmens in Form eines göttlichen *exemplar* symbolisch angedeutet: die Hand Gottes hält ein offenes, unbeschriebenes *volumen*, das über den oberen Bildrand läuft. Unterhalb der Komposition, in einem separaten Bildrahmen, sitzt Hildegard, deren nach oben gewandter Blick auf das Antlitz der göttlichen Liebe gerichtet ist. Im Gegensatz zu den meisten anderen Autorinnenbildern der Handschrift, auf denen Hildegard auf einem Stuhl sitzend von der Seite zu sehen ist, thront sie hier frontal auf einer Bank mit einem Kissen, wodurch ihre Körperhaltung derjenigen der Caritas angeglichen wird. Auch die Schreibtafel, die sie wie die Caritas in der linken Hand hält, wirkt wie eine verkleinerte Nachahmung des göttlichen Urbildes. Der kreative Blick der Caritas, von dem der Text spricht, wird hier, auf dem letzten Autorinnenbild der Handschrift, im kreativen Blick der Autorin gespiegelt, ihre literarische Tätigkeit dadurch mit dem göttlichen Schöpfungsakt in Beziehung gesetzt. An die Stelle der Kreativität Gottes, von der im Text die Rede ist, tritt im Bild die Kreativität Hildegards, welcher dadurch ein literarischer Status zugewiesen wird, der demjenigen des Moses nicht nur an die Seite zu stellen ist, sondern ihn in gewisser Weise sogar übertrifft, da hier die ersten beiden Worte der Genesis «In principio» zum Gegenstand einer komplexen literarischen Situation gemacht werden, und nicht deren Fortsetzung «[...] deus creavit celum et terram». Die Inszenierung des literarisch kreativen Blicks, der wie oben gezeigt wurde, ein konstantes Motiv der Hildegard-Ikonographie ist und auch in der Sibyllenikonographie vorkommt, findet hier, am Ende der letzten Visionsschrift Hildegards, in der Schöpfungsallegorie der Caritas mit der Kristalltafel ihren kühnsten Ausdruck. Es handelt sich vielleicht um die gewagteste und genialste Darstellung weiblicher Autorschaft im ganzen Mittelalter.

Die Kristalltafel, das Symbol der göttlichen *praescientia*, welche die Malerin als Diptychon dargestellt hat, könnte aus der rabbinischen Exegese des Talmud stammen: In *Yebamot* 49b wird die Prophetie des Moses über diejenige sämtlicher übriger Propheten gestellt, da er im Unterschied zu ihnen Gott nicht nur durch einen opaken, sondern durch einen transparenten «Spiegelstein» wahrgenommen habe.

[262] Vgl. oben S. 44.

Das Motiv des prophetischen Spiegels oder Steins wurde vom 12. Jahrhundert an in die Prophetietraktate christlicher Theologen übernommen.[263]

Schlussfolgerungen

Werfen wir zum Schluss noch einmal einen Blick auf das Diptychon der Sibylle von Laon, von dem die Analyse ausgegangen ist, so stellt sich die Frage, ob ihre Tafel tatsächlich so prestigeträchtig ist wie diejenigen des Moses auf dem Dreikönigenschrein und der Caritas Hildegards von Bingen, auf denen die Genese der Welt prophezeit wird. Denn die Weissagung der Sibylle von Laon «Et per secla futurus», deren Fortsetzung «scilicet in carne praesens ut judicet orbem» lautet, deutet nicht in die Vergangenheit, sondern in die Zukunft; sie interpretiert somit die Hauptszene des Tympanons, die Epiphanie, als Präfiguration des Jüngsten Gerichtes. Der Sibylle als Prophetin des Weltendes sind wir bereits in Sant'Angelo in Formis begegnet (Abb. 85). Auch sie sieht, im Unterschied zu den übrigen Propheten auf den Arkadezwickeln, in die Zukunft, was ihrer Weissagung, wie wir gesehen haben, eine besondere Aktualität für den mittelalterlichen Betrachter verleiht.[264]

Der Vergleich mit der Moses-Ikonographie hat die hervorragende Bedeutung der sibyllinischen Prophetie hervorgehoben, welche unter den Zeugen der Heiden den ersten Rang einnimmt und diejenige vieler anderer Propheten überragt, ein Ergebnis, das nach Guy Lobrichon eine Parallele hat in der theologischen Hochschätzung der Sibylle im 12. Jahrhundert, welche im Gegensatz zu Vergil, der zwar in den Prophetenspielen noch immer auftritt, dessen Autorität als Zeuge Christi aber nicht mehr besonders hoch bewertet wurde, eine ungebrochene Autorität genoss.[265] Als berühmtes Beispiel der Hochschätzung sibyllinischer Orakel soll zum Schluss auf den siebten Brief Abälards an Héloise hingewiesen werden, in dem sämtliche von Augustin überlieferten Prophezeiungen zitiert werden. Die Passage beginnt mit einem Lob auf das weibliche Geschlecht und auf die Mutter Gottes. Darauf beschreibt Abälard die hervorragende Rolle der Frauen in der Heilsgeschichte, zu deren Beginn die Sibylle steht:

> Quod si hanc prophetiae gratiam usque ad gentiles etiam extendamus, Sibylla vates in medium procedat, et quae ei de Christo revelata sunt proferat. Cum qua si universos conferamus prophetas, ipsum etiam Esaiam, qui, ut Hieronymus asserit, non tam propheta quam evangelista dicendus est; videbimus in hac quoque gratia feminam viris longe praestare.[266]
>
> (Auch die Heiden haben ihre begnadeten Propheten gehabt: Die Seherin Sibylle mag hervortreten und verkünden, was der Geist ihr von Christus geoffenbart. Messen wir an ihr

[263] Hélène Merle: Miroir de l'Eternité et pierre spéculaire dans les traités sur la prophétie des XIIe et XIIIe siècles. Archives d'Histoire Doctrinale et Littérature du Moyen Age 59 (1992), S. 7–39.

[264] Vgl. oben S. 186f.

[265] Lobrichon: Virgile.

[266] La vie et les epistres Pierres Abaelart et Heloys sa fame. Hicks, S. 134, Z. 936–941.

die Propheten alle zusammen, selbst den Jesaja – er ist nach Hieronymus' Wort mehr ein Evangelist als nur ein Prophet; wir sehen daran, dass auch in bezug auf diese Gnade die Frau den Männern bei weitem überlegen ist.)[267]

Selbst wenn bei Abälards Höherschätzung der sibyllinischen Weissagung gegenüber derjenigen der Propheten des Alten Testaments zu berücksichtigen ist, dass sie sich innerhalb eines Frauenlobs befindet, wäre die Darstellung der Sibylle von Laon mit einem Diptychon, welches sie Moses an die Seite stellt, für Abälard wohl einleuchtend gewesen. Zudem haben wir es ja auch in Laon mit einem Frauenlob zu tun: In der Mitte des Tympanons thront die Mutter Gottes mit Christus auf dem Schoss, dem «Zukünftigen aller Zeiten», dessen Kommen die Sibylle prophezeit.

[267] Vgl. die deutschen Übersetzungen von Eberhard Brost, S. 221, und von Hans-Wolfgang Krautz: Abälard: Der Briefwechsel mit Heloisa, Stuttgart 1989, S. 177f.

Schlussfolgerungen

Das vorliegende Buch ist die erste umfassende Studie zu einem Thema, zu dem es bisher nur Einzeluntersuchungen gab: über einzelne Handschriften und Skriptorien oder über die Ikonographie einzelner Autorinnen und Autoren. Die drei Teile meiner Studie, die einen jeweils verschiedenen Aspekt behandeln, haben zu Ergebnissen geführt, die sich gegenseitig ergänzen und zusammen ein komplexes Bild der Ikonographie schreibender Frauen bis zum Beginn des 13. Jahrhunderts ergeben.

Im ersten Teil wurde dargelegt, dass Frauen sich in mittelalterlichen Handschriften weit häufiger als Buchkünstlerinnen abgebildet haben als bisher angenommen. Die Untersuchung von Bildmetaphern, Körperhaltungen, Gesten, einigen anderen Motiven und den begleitenden Texten hat ergeben, dass Buchkünstlerinnen viel weniger dem Ideal der Bescheidenheit huldigten, als es die Forschungslage suggerierte. Es hat sich herausgestellt, dass eine minutiöse ikonographische Analyse ein ebenso brauchbares Instrument ist wie paläographische Untersuchungen, wenn es um die Frage geht, ob Kunstwerke von Frauen oder von Männern geschaffen wurden. Sowohl in geistlichen Autorenbildern als auch in Devotional- und Repräsentationsszenen hat man die Rolle der Frauen oft fehlinterpretiert, und zwar im Sinne der Unterschätzung: Sie wurden als passive Empfängerinnen von Büchern und männlicher Lehre statt als aktiv am Literatur- und Kunstbetrieb beteiligte Produzentinnen und Literatinnen gedeutet. Aber wie wir gesehen haben, zeugen die hier behandelten Bildnisse von einem grossen Selbstbewusstsein der in den Klöstern tätigen Künstlerinnen.

Das im ersten Teil vorgestellte Bildkorpus kann erweitert werden. Eine systematische Untersuchung von Repräsentations- und Devotionalbildern, auf denen Frauen erscheinen, könnte die hier erzielten Ergebnisse ergänzen, ebenso wie eine umfassendere Studie weiblicher Allegorien. Über die Frage, ob diese in allen Fällen abstrakt zu deuten sind oder ob sie zuweilen als Porträts realer Frauen gelten können, wie ich annehme, steht eine Untersuchung noch aus. Die mittelalterlichen Bildnisse von Künstlerinnen und Künstlern bilden nach wie vor ein spannendes Forschungsgebiet, das noch weitere Überraschungen verspricht.

Die im zweiten Teil untersuchten Bildnisse geistlicher Autorinnen mit Schreibutensilien zeigen Frauen bei der Ausübung ihrer Kunst. Diese Bilder enthalten wiederkehrende Motive; dieselben Schreibutensilien tauchen immer wieder auf, nämlich Wachstafeln, Schriftrollen und ein einziges Mal, im Codex Cassinensis 132, ein Pergamentblatt (Abb. 86a), dagegen fehlen gebundene Kodizes und Schreibpulte. Beide sind in männlichen Autorenbildern überaus häufig und können als Symbole kirchlicher *auctoritas* gedeutet werden. Dagegen assoziieren die Schreibunterlagen der Frauen die Autorinnen mit mündlicher Überlieferung und Augenzeugenberichten, mit unmittelbarer Erfahrung statt mit schriftlicher *traditio*. Innerhalb des Entstehungs- und Herstellungsprozesses eines literarischen Werkes wurden Frauen mit Wachstafeln zu *Beginn* der literarischen Komposition und Niederschrift abgebildet und nicht bei der Fertigstellung eines Kodexes in der Endphase der Buchherstellung. Den Schreibunterlagen auf weiblichen Bildnissen, die, wie ich in den beiden Exkursen dargelegt habe, bei männlichen Autoren ebenfalls vorkommen, entspricht eine bestimmte schriftstellerische Rolle als Rezipientin oder Zeugin. Im Gegensatz zur Literaturtheorie der Moderne, die literarische Kreativität als Tätigkeit eines Individuums und Literatur als Werk eines Einzelnen thematisiert, hat das Mittelalter Inspiration und Kreativität als Empfangen von Botschaften und Bildern interpretiert und dem rezeptiven Teil des Schaffensprozesses als Kommunikation – mit dem Heiligen Geist, der göttlichen Weisheit, Engeln, Dämonen usw. – weit mehr Bedeutung zugemessen als dem produktiven. Rezipientenrollen mittelalterlicher Autorinnen müssen folglich aus heutiger Sicht aktiver gedeutet werden, als es in der Forschung oft geschehen ist.

Nicht nur die göttlich inspirierten Autor(inn)en selbst sind häufig als Augenzeugen charakterisiert, sondern auch ihre Begleiter, die sie während ihrer Vision beobachten. Dass es sich bei diesen Zeugen um Selbstbildnisse von Buchkünstler(inne)n handeln kann, wurde mehrfach diskutiert. Daraus geht hervor, dass nicht nur die literarische Komposition, sondern auch die Malerei als göttlich inspirierte Kunst gelten konnte und im selben Masse als Abbild eines göttlichen Urbilds interpretiert wurde wie die Schrift, eine Vorstellung, die Giraldus Cambrensis in seiner *Topographia Hibernica* explizit formuliert hat. Die Visionsbilder der illustrierten Kodizes der Werke Hildegards von Bingen zeugen ebenfalls von dieser Auffassung.

Meine ikonographische Analyse hat weiter aufgezeigt, dass göttlich inspirierte Autorinnen immer wieder an die gleichen Vorbilder anknüpfen: Es handelt sich um Moses, Johannes der Apokalypse, Gregor den Grossen, und im Falle Hildegards von Bingen auch um die Sibylle, das heisst, um Autoren, deren Schriften von immenser und grundlegender Bedeutung für das mittelalterliche Welt- und Geschichtsbild wie auch für die Literaturtheorie waren. Schreibende Frauen konnten folglich mit höchstem Prestige und grösster Autorität konnotierte literarische Positionen einnehmen. Dies zeigt, dass bestimmte Machtsymbole wie der Schreibakt in ein Buch und das Schreibpult in weiblichen Bildnissen nicht aufgrund deren geringerer religiöser Bedeutung fehlen; das Gegenteil ist vielmehr der Fall.

Der Ikonographie weiblicher Bildnisse entspricht die Thematik der Texte. Im Verlauf meiner Arbeit bin ich immer wieder auf die Frage nach Ursprüngen gestossen: nach der Genese der Welt und des Kosmos, der Genese der Literatur und der Schrift sowie der Geburt der Menschen und derjenigen Gottes in der Welt. Diese Themen wurden im Zusammenhang mit den Autorinnenbildnissen mehrfach erörtert; sie entsprechen den bildlichen Inszenierungen von Autorinnen zu *Beginn* literarischer Kompositionen und dem Attribut der Schreibtafel.

Die Untersuchung von Bildnissen mittelalterlicher Frauen wurde im dritten Teil durch die Sibyllen ergänzt; wiederum war die Abbildung von Schreibutensilien das Kriterium für die Auswahl der Bilder. Die Sibyllen sind die einzigen göttlich inspirierten Autorinnen der Antike, auf die sich mittelalterliche Künstlerinnen berufen konnten. Wie gezeigt wurde, haben Hildegard von Bingen und ihre ersten Rezipienten dies am ausführlichsten getan, indem sie die literarische und ikonographische *persona* der Autorin nach sibyllinischem Vorbild konzipierten.

Aus der Präsentation der meistgelesenen mittelalterlichen Texte über die Sibyllen ging hervor, dass diese als Prototyp für weibliche Gelehrte galten, seit Isidor von Sevilla bis hin zu Christine de Pizan. Die Bildanalysen machten deutlich, dass die erythräische und tiburtinische Sibylle im Vergleich zu den Propheten eine hervorragende Stellung einnimmt: ihre Prophetie ist gegenwarts- und zukunftsbezogen, und ihre Einsicht in die Geheimnisse des Kosmos stellt sie an die Seite des grössten kosmischen Visionärs des Alten Testaments, Moses, mit dem die Sibylle von Laon das Attribut des Diptychons teilt.

Aus der Tatsache, dass nur wenige Autorinnenbilder mit Schreibutensilien aus dem hier behandelten Zeitraum erhalten sind, könnte der Schluss gezogen werden, schreibende Frauen seien eine Randgruppe innerhalb eines von Männern dominierten und männlich konnotierten mittelalterlichen Literaturbetriebs gewesen. Die Analysen von Bildnissen männlicher Autoren haben jedoch gezeigt, dass künstlerische Kreativität im Mittelalter nicht männlich interpretiert, nicht mit Virilität konnotiert wurde, sondern mit femininen Eigenschaften des Empfangens, das heisst, dass inspirierte Autoren «weibliche» Rollen einnehmen. Wir haben es nicht mit einer Literaturtheorie zu tun, die das weibliche Geschlecht als ungeeignet oder als zu schwach für literarische Konzeption (*conceptio* = Empfängnis) einschätzt, sondern im Gegenteil mit Inszenierungen von Autorinnen und Autoren in weiblich konnotierten Positionen.

Dieses Ergebnis wirft ein neues Licht auf die zu Beginn dieser Studie gestellte Frage, warum in Klöstern lebende und arbeitende Künstlerinnen im Mittelalter nicht als Buchschreiberinnen abgebildet wurden, ein Phänomen, das im ersten Teil mit dem Hinweis auf die Verwandtschaft des Schreiberbildes mit dem Herrscherbild erklärt wurde. Neben dieser hierarchischen Deutung soll jedoch hier, am Ende meiner Untersuchung, eine symbolische formuliert werden, die vielleicht sogar prägender und grundlegender für die Ikonographie der Buchkünstlerinnen war als die politische: Es scheint mir, dass ein Pergamentkodex im Mittelalter eher mit einem weiblichen Körper assoziiert wurde als mit einem männlichen und dass Kreativität von Frauen deshalb als ein «Beschrieben-Werden» inszeniert wurde statt als produktiver Akt. Dem entspricht, dass die Buchschreibenden fast ausnahmslos Männer sind, deren Tätigkeit analog zum weiblich konnotierten Empfangen auf symbolischer Ebene mit der männlichen Zeugungskraft in Beziehung gesetzt werden kann – die Herstellung eines religiösen Buches wurde als «geistliche Zeugung» inszeniert.

Bibliographie

Quellenausgaben und Übersetzungen

Abälard: Der Briefwechsel mit Heloisa, hg. und ins Deutsche übers. von Hans-Wolfgang Krautz, Stuttgart 1989.

Abälard: Die Leidensgeschichte und der Briefwechsel mit Heloisa, ins Deutsche übers. von Eberhard Brost, Heidelberg [4]1979 (1938).

Abälard: La vie et les epistres Pierres Abaelart et Heloys sa fame. Traduction du XIIIe siècle attribuée à Jean de Meun. Avec une nouvelle édition des textes latins d'après le ms. Troyes Bibl. mun. 802, Bd. 1, hg. von Eric Hicks, Paris 1991.

Aldhelm: De virginitate. In: Aldhelmi Opera, hg. von Rudolf Ehwald (Monumenta Germaniae historica. Auctores antiquissimi XV/1), Berlin 1913, S. 228–323.

Aldhelm: The Prose Works, ins Englische übers. von Michael Lapidge und Michael Herren, Cambridge 1979.

Ambrosius von Mailand: De fide ad Gratianum Augustum. Sancti Ambrosii Opera, Pars VIII (Corpus Scriptorum Ecclesiasticorum Latinorum 78), hg. von Otto Faller, Wien 1962.

Ambrosius von Mailand: Des heiligen Kirchenlehrers Ambrosius von Mailand Exameron, ins Deutsche übers. von Johann Evangelist Niederhuber, München 1914.

Die antimarcionitischen Evangelienprologe, hg. von Jürgen Regul, Freiburg i. Br. 1969.

Augustinus: De Civitate Dei Libri XI–XXII. In: Aurelii Augustini opera XIV, 2 (Corpus Christianorum Series Latina XLVIII), hg. von Bernard Dombart und Alphons Kalb, Turnhout 1955.

Augustinus: De genesi ad litteram. La genèse au sens littéral (Œuvres de Saint Augustin 49/7). Lat./Franz., hg. und übers. von Paul Agaësse und Aimé Solignac, Paris 1970.

Augustinus: De magistro. Einführung, deutsche Übersetzung und Kommentar von Erwin Schadel, Diss. Bamberg 1975.

Augustinus: De magistro. In: Aurelii Augustini opera II, 2 (Corpus Christianorum Series Latina XXIX), hg. von Klaus Detlef Daur und Wilhelm M. Green, Turnhout 1970, S. 157–203.

Augustinus: Der Gottesstaat, ins Deutsche übers. von Carl Johann Perl, 3 Bde., Salzburg 1951–1966.

Augustinus: Über den Wortlaut der Genesis. Der grosse Genesiskommentar in zwölf Büchern, ins Deutsche übers. von Carl Johann Perl, 2 Bde., Paderborn 1961–1964.

Baudonivia: Vita Radegundis. In: Fredegarii et aliorum chronica. Vitae sanctorum, hg. von Bruno Krusch (Monumenta Germaniae historica. Scriptores rerum Merovingicarum II), Hannover 1898, S. 377–395.

Biblia Vulgata, hg. von Alberto Colugna, O.P. und Laurentio Turrado, Madrid [6]1982 (1946).

Bischoff, Bernhard: Die lateinischen Übersetzungen und Bearbeitungen aus den Oracula Sibyllina. In: ders.: Mittelalterliche Studien. Ausgewählte Aufsätze zur Schriftkunde und Literaturgeschichte, Bd. 1, Stuttgart 1966, S. 150–171.

Boethius: Trost der Philosophie [Consolatio philosophiae]. Lat./Dt., hg. und übers. von Ernst Gegenschatz und Olof Gigon, München 1990.

Carmina Burana. Texte und Übersetzungen, mit Miniaturen aus der Handschrift, hg. von Benedikt Konrad Vollmann und einem Aufsatz von Peter und Dorothee Diemer (Bibliothek des Mittelalters 13), Frankfurt a.M. 1987.

Colgrave, Bertram: The earliest life of Gregory the Great by an Anonymous Monk of Whitby. Lat./Engl., Cambridge 1968.

Einhard: Vita Karoli Magni, nach G. H. Pertz und Georg Waitz hg. von Oswald Holder-Egger (Scriptores rerum Germanicarum in usum scholarum ex Monumentis Germaniae historicis separatim editi), Hannover 1965 (Reprint der Ausgabe Leipzig 1911).

Einhard / Notker der Stammler: Leben und Taten Karls des Grossen, ins Deutsche übers. von Otto Abel und Wilhelm Wattenbach, mit einem Nachwort von Hermann Schreiber und Anmerkungen von Anton Ritthaler, München [2]1968 (1965).

Eneas. Roman du XIIe siècle, hg. von J. J. Salverda de Grave, Paris 1925.

Fortunatus: Vita Radegundis. In: Fredegarii et aliorum chronica. Vitae sanctorum, hg. von Bruno Krusch (Monumenta Germaniae historica. Scriptores rerum Merovingicarum II), Hannover 1898, S. 358–376.

Frutolfs und Ekkehards Chroniken und die anonyme Kaiserchronik [Frutolfi et Ekkehardi Chronica necnon anonymi chronica imperatorum]. Lat./Dt., übers. und hg. von Franz-Joseph Schmale und Irene Schmale-Ott (Ausgewählte Quellen zur deutschen Geschichte des Mittelalters. Freiherr von Stein-Gedächtnisausgabe XV), Darmstadt 1972.

Gebeno von Eberbach, Speculum futurorum temporum sive Pentachronon. Excerpta ex operibus Hildegardis. In: Analecta Sanctae Hildegardis Opera Spicilegio Solesmensi parata. In: Analecta sacra VIII, hg. von Johannes Baptista Card. Pitra, Montecassino 1882, S. 483–488.

Gertrud die Grosse von Helfta: Gesandter der göttlichen Liebe, ins Deutsche übers. von Johanna Lanczkowski (Sammlung Weltliteratur, Reihe Mittellateinische Literatur, hg. von Walter Berschin), Heidelberg 1989.

Gertrud die Grosse von Helfta*:* Le Héraut [Legatus divinae pietatis], Livre I–II. Lat./Franz., hg. und übers. von Pierre Doyère. In: Gertrud von Helfta: Œuvres spirituelles, hg. und ins Französische übers. von Jacques Hourlier, Albert Schmitt u.a., 5 Bde., Paris 1967–1986.

Gervasius Tilleberiensis: Otia imperialia. In: Scriptores Rerum Brunsvicensium I, S. 881ff., hg. von G. G. Leibnitz, Hannover 1707.

Giraldus Cambrensis: Topographia Hibernica. In: Giraldi Cambrensis opera, Bd. 5, hg. von James F. Dimock (Rerum Britannicarum Medii Aevi Scriptores / Chronicles and Memorials of Great Britain and Ireland during the Middle Ages), London 1964 (Reprint der Ausgabe von 1867).

Glossa ordinaria. Biblia latina cum Facsimile (Reprint der Editio princeps of Adolph Rusch of Strassburg 1480/81), hg. von Karlfried Froehlich, Margaret T. Gibson, Turnhout 1992.

Guiberti Gemblacensis Epistolae (Corpus Christianorum Continuatio Mediaevalis LXVI A), hg. von Albert Derolez, Turnhout 1989.

Haffen, Josiane: Contribution à l'étude de la sibylle médiévale. Etude et édition du ms. B.N., F. FR. 25407, fol. 160v –172v: Le livre de sibile, Paris 1984.

Heinrich von Veldeke: Eneasroman. Die Berliner Bilderhandschrift mit Übersetzung und Kommentar (Bibliothek des Mittelalters 4), hg. von Hans Fromm, Frankfurt a.M. 1992.

Hieronymus: Die Chronik des Hieronymus, hg. von Rudolf Helm und Ursula Treu (Eusebius Werke siebenter Band), Berlin ^{3}1984 (1913).

Hildegard von Bingen: Das Buch vom Wirken Gottes Liber divinorum operum. Erste vollständige Ausgabe. Vollständige Übersetzung der lateinischen textkritischen Edition in: Corpus Christianorum Continuatio Mediaevalis XCII, hg. und übers. von Mechthild Heieck, Augsburg 1998.

Hildegard von Bingen: SCIVIAS – Wisse die Wege. Eine Schau von Gott und Mensch in Schöpfung und Zeit, hg. und übers. von Walburga Storch (vollständige Übersetzung der lateinischen textkritischen Edition Corpus Christianorum Continuatio Mediaevalis XLIII, XLIIIA), Augsburg 1997.

Hildegard von Bingen: Wisse die Wege. Nach dem Originaltext des illuminierten Rupertsberger Kodex der Wiesbadener Landesbibliothek ins Deutsche übertragen und bearbeitet von Maura Böckeler, Salzburg ^{6}1975 (1928).

Hildegardis Bingensis: Liber Divinorum Operum (Corpus Christianorum Continuatio Mediaevalis XCII), hg. von Albert Derolez und Peter Dronke, Turnhout 1996.

Hildegardis Bingensis: Scivias (Corpus Christianorum Continuatio Mediaevalis XLIII, XLIII A), hg. von Adelgundis Führkötter OSB und Angela Carlevaris OSB, Turnhout 1978.

Honorius Augustodunensis: Expositio in cantica canticorum. Patrologiae cursus completus series latina accurante J. P. Migne 172, S. 347–542.

Hrabanus Maurus: De magicis artibus. Patrologiae cursus completus series latina accurante J. P. Migne 110, S. 1095–1108.

Hrabanus Maurus: De universo libri XXII. Patrologiae cursus completus series latina accurante J. P. Migne 111, S. 1–614.

Hugo von Sankt Viktor: Didascalion de studio legendi. Studienbuch. Lat./Dt., hg. und übers. von Thilo Offergeld (Fontes christiani Folge 2, 27), Freiburg i. Br., Basel 1997.

Isidori Hispalensis Episcopi Etymologiarum sive Originum Libri XX, 2 Bde., hg. von Wallace Martin Lindsay, Oxford 1951.

Lactantius, Lucius Caecilius Firmianus: Epitomé des Institutions divines. Lat./Franz., hg. und übers. von Michel Perrin, Paris 1987.

Lactantius, Lucius Caecilius Firmianus: Institutions Divines I. Lat./Franz., hg. und übers. von Pierre Monat, Paris 1986.

Lactantius, Lucius Caecilius Firmianus: Institutions Divines IV. Lat./Franz., hg. und übers. von Pierre Monat, Paris 1992.

Le livre de Sibile (Anglo-Norman Text Society 37), hg. von Hugh Shields, London 1979.

Loukopoulos, Halina D.: Classical Mythology in the works of Christine de Pisan, with an edition of "L'Epistre Othea" from the ms Harley 4431 (University Microfilms International, Ann Arbor), Michigan 1991.

Mechthild von Magdeburg: Das fliessende Licht der Gottheit, nach der Einsiedler Handschrift in kritischem Vergleich mit der gesamten Überlieferung hg. von Hans Neumann, Bd. 1: Text, hg. von Gisela Vollmann-Profe, München 1990, Bd. 2: Untersuchungen, hg. von Gisela Vollmann-Profe, München 1993.

Otto Bischof von Freising: Chronik oder die Geschichte der zwei Staaten [Chronica sive Historia de duabus Civitatibus], deutsche Übersetzung von Adolf Schmidt, lateinischer Text hg. von Adolf Hofmeister (Ausgewählte Quellen zur deutschen Geschichte des Mittelalters. Freiherr von Stein-Gedächtnisausgabe XVI), hg. von Walter Lammers, Darmstadt ^{3}1974 (1960).

Die Ottonenzeit, hg. von Karl Strecker (Monumenta Germaniae historica. Poetae latini medii aevi V/2), Berlin 1939.

Der Physiologus, ins Deutsche übers. und hg. von Otto Seel, Zürich ^{4}1981 (1960).

C. Plinius Secundus d. Ä.: Naturkunde [Naturalis historiae], Lat./Dt., Liber XI, hg. und übers. von Roderich König und Joachim Hopp, Darmstadt 1990.

La prophétie de la Sibylle Tiburtine. Edition des MSS B.N. FR. 375 et RENNES B. M. FR. 593, hg. von Jeanne Baroin und Josianne Haffen (Annales littéraires de l'Université de Besançon 355), Paris 1987.

Quodvultdeus: Opera Quodvultdeo Carthaginensi Episcopo Tributa, hg. von René Braun (Corpus Christianorum Series Latina LX), Turnhout 1976.

Rupert von Deutz: De Victoria Verbi Dei, hg. von Rhaban Haacke (Monumenta Germaniae historica. Quellen zur Geistesgeschichte des Mittelalters 5), Weimar 1970.

Sackur, Ernst: Sibyllinische Texte und Forschungen: Pseudomethodius, Adso und die tiburtinische Sibylle, Halle a. S. 1898 (Reprint con premessa di Raoul Manselli, Turin 1963).

Sigebert von Gembloux: Liber Decennalis, hg. von Joachim Wiesenbach (Monumenta Germaniae historica. Quellen zur Geistesgeschichte des Mittelalters 12), Weimar 1986.

Thomas von Aquin: Summe gegen die Heiden. Summa contra gentiles libri quattuor. Lat./Dt., hg. und übers. von Karl Albert und Paulus Engelhardt, Darmstadt, ^{2}1992 (1982).

Vergil: Aeneis. Lat./Dt., hg. und übers. von Johannes Götte, München, Zürich ^{6}1983 (1955).

Vie de Sainte Radegonde par la moniale Baudonivie (Franz. Übersetzung der Vita Radegundis von Yvonne Labande-Mailfert). Lettre de Ligugé 239 (1987), S. 9–32.

Vincent von Beauvais: Speculum historiale, Graz 1965 (Reprint der Ausgabe Duaci 1624).

Visio Caroli Magni, hg. von Philipp Jaffé (Bibliotheca rerum Germanicarum 4), Berlin 1868, S. 701–704.

Vita Sanctae Hildegardis (Corpus Christianorum Continuatio Mediaevalis CXXVI), hg. von Monica Klaes, Turnhout 1993.

Vita Sanctae Hildegardis / Leben der heiligen Hildegard. Lat./Dt., hg. und übers. von Monika Klaes (Fontes Christiani 29), Freiburg, Basel u.a. 1998.

Widukinds Sachsengeschichte, Adalberts Fortsetzung der Chronik Reginos, Liudprands Werke. Lat./Dt. (Quellen zur Geschichte der sächsischen Kaiserzeit), unter Benutzung der Übersetzungen von Paul Hirsch u.a. hg. und neu bearbeitet von Albert Bauer und Reinhold Rau, Darmstadt 1977.

Faksimileausgaben

Bibbia di San Paolo fuori le Mura (Codex Membranaceus Saeculi IX), vollständige Faksimile-Ausgabe, Rom 1993. Commentario Storico Paleografico Artistico Critico della Bibbia di San Paolo fuori le Mura (Codex Membranaceus Saeculi IX), Rom 1993.

Codex Purpureus Rossanensis. Vollständige Faksimileausgabe des Codex des Museo dell'Arcivescovado Rossano Calabro (Codices selecti LXXXI), Rom, Salerno, Graz 1985. Commentarium, hg. von Guglielmo Cavallo, Jean Gribomont, William C. Loerke, Rom, Salerno, Graz 1987.

Dioscurides. Codex Vindobonensis medicus graecus I der Österreichischen Nationalbibliothek (Codices selecti XII), 2 Bde.: vollständige Faksimile-Ausgabe und Kommentar, hg. von Hans Gerstinger, Graz 1965–1970.

Echternacher Sakramentar und Antiphonar. Vollständige Faksimileausgabe der Handschrift 1946 aus dem Besitz der Hessischen Landes- und Hochschulbibliothek Darmstadt (Codices selecti LXXIV), 2 Bde., Kommentar, hg. von Kurt Hans Staub, Paul Ulveling u.a., Graz 1982.

Herrad von Hohenburg: Hortus Deliciarum. Rekonstruktion und Kommentar, 2 Bde., hg. von Rosalie Green, Michael Evans, Christine Bischoff und Michael Curschmann, London 1979.

Lambert von Saint-Omer: Liber floridus. Codex autographus Bibliothecae universitatis Gandavensis. Vollständige Faksimile-Ausgabe. Kommentarband, hg. von Albert Derolez, mit einem Vorwort von Aegidius I. Stubbe, Ghent 1968.

Rabano Mauro: De rerum naturis, Casin. 132, Secolo XI, conservato presso l'Archivio dell'Abbazia di Montecassino. Vollständige Faksimile-Ausgabe und Kommentarband, hg. von Guglielmo Cavallo u.a., Turin 1994.

Sakramentar von Metz. Fragment Ms. Lat. 1141, Bibliothèque Nationale, Paris. Vollständige Faksimile-Ausgabe, Einführung von Florentine Mütherich (Codices selecti XXVIII), Graz 1972.

Der Stuttgarter Bilderpsalter Bibl. Fol. 23 Württembergische Landesbibliothek Stuttgart. Facsimile Lichtdruck, 2 Bde., Stuttgart 1965–1968.

Trierer Apokalypse. Vollständige Faksimileausgabe des Codex 31 der Stadtbibliothek Trier (Codices selecti LXVIII), 2 Bde., Graz 1975.

Utrecht-Psalter. Vollständige Faksimile-Ausgabe im Originalformat der Hs 32 aus dem Besitz der Bibliothek der Rijksuniversiteit te Utrecht (Codices selecti LXXV und LXXV*), Graz 1984. Kommentarband, hg. von Koert van der Horst u.a., Graz 1984.

Sekundärliteratur

Alexander, Jonathan James G.: A survey of manuscripts illuminated in the British Isles. Bd. 1: Insular manuscripts, 6th to 9th Century, London 1978.

Alexander, Jonathan James G.: Medieval Illuminators and Their Methods of Work, New Haven, London 1992.

Alexander, Jonathan James G.: Scribes as Artists. The arabesque Initial in Twelfth-Century English manuscripts. In: Medieval Scribes, Manuscripts and Libraries. Essays presented to N. R. Ker, hg. von M. B. Parks und Andrew G. Watson, London 1978, S. 87–116.

auf der Maur, Hansjörg: Feiern im Rhythmus der Zeit Bd. 1: Herrenfeste in Woche und Jahr (Gottesdienst der Kirche. Handbuch der Liturgiewissenschaft, Teil 5), Regensburg 1983.

Aune, David Edward: The Influence of Roman Imperial Court Ceremonial on the Apocalypse of John. Biblical Research Chicago III 28 (1983), S. 5–26.

Avril, François / Danz-Stirnemann, Patricia: Manuscrits de la Bibliothèque Nationale. Manuscrits d'origine insulaire, VIIe–XIIe siècle, Paris 1987.

Baillet, Louis: Les miniatures du Scivias de Sainte Hildegarde. Monuments et mémoires publiés par l'Académie des Inscriptions et Belles-Lettres 19 (1912), S. 49–149.

Bataillon, Louis J.: Exemplar, pecia, quaternus. In: Vocabulaire du livre et de l'écriture au moyen âge. Actes de la table ronde, Paris, 24–26 septembre 1987 (CIVICIMA, Etudes sur le vocabulaire intellectuel du moyen âge II), hg. von Olga Weijers, Turnhout 1989, S. 207–219.

Beaulieu, Michèle: Essai sur l'iconographie des statues-colonnes de quelques portails du premier art gothique. Bulletin Monumental 142/3 (1984), S. 273–307.

Beer, Ellen J.: Die Glasmalereien der Schweiz vom 12. bis zum Beginn des 14. Jahrhunderts (Corpus Vitrearum Medii Aevi, Schweiz I), Basel 1956.

Beer, Ellen J.: Die Rose der Kathedrale von Lausanne und der kosmologische Bilderkreis des Mittelalters (Berner Schriften zur Kunst 6), Bern 1952.

Beer, Ellen J.: Nouvelles réflexions sur l'image du monde dans la cathédrale de Lausanne. Revue de l'Art 10 (1970), S. 57–62.

Beonio-Brocchieri Fumagalli, Maria Teresa: Le enciclopedie dell'occidente medioevale, Turin 1981.

Bergman, Robert P.: The Salerno Ivories. Ars Sacra from Medieval Amalfi, Cambridge, Massachusetts, London 1980.

Bernheim, Ernst: Mittelalterliche Zeitanschauungen in ihrem Einfluss auf Politik und Geschichtsschreibung, Teil I: Die Zeitanschauungen. Die Augustinischen Ideen – Antichrist und Friedensfürst – Regnum und Sacerdotium, Tübingen 1918.

Bernward von Hildesheim und das Zeitalter der Ottonen. Katalog zur Ausstellung im Dom- und Diözesanmuseum Hildesheim und im Roemer- und Pelizaeus-Museum Hildesheim 1993, 2 Bde., hg. von Michael Brandt und Arne Eggebrecht, Hildesheim, Mainz 1993.

Beyer, Rolf: Die Königin von Saba. Engel und Dämon. Der Mythos einer Frau, Bergisch Gladbach 1987.

Birt, Theodor: Die Buchrolle in der Kunst. Archäologisch-antiquarische Untersuchungen zum antiken Buchwesen, Leipzig 1907 (Nachdruck Hildesheim, New York 1976).

Bischoff, Bernhard: Die europäische Verbreitung der Werke Isidors von Sevilla. In: ders.: Mittelalterliche Studien. Ausgewählte Aufsätze zur Schriftkunde und Literaturgeschichte, Bd. 1, Stuttgart 1966, S. 171–194.

Bischoff, Bernhard: Die Kölner Nonnenhandschriften und das Skriptorium von Chelles, in: ders.: Mittelalterliche Studien. Ausgewählte Aufsätze zur Schriftkunde und Literaturgeschichte, Bd. 1, Stuttgart 1966, S. 16–34.

Bloch, Marc: Les rois thaumaturges. Etude sur le caractère surnaturel attribué à la puissance royale particulièrement en France et en Angleterre, Paris ^{3}1983 (1924).

Bloch, Peter: Novum opus me facere cogis. Zum Hieronymusbild im Kölner Evangeliar der Ambrosiana. In: Studien zur Buchmalerei und Goldschmiedekunst des Mittelalters. Festschrift für Karl Hermann Usener zum 60. Geburtstag am 19. August 1965, hg. von Frieda Dettwiler u.a., Marburg an der Lahn 1967, S. 119–128.

Bloch, Peter / Schnitzler, Hermann: Die ottonische Kölner Malschule, 2 Bde., Düsseldorf 1970.

Boeckler, Albert: Das Züricher Notkerbild und die St. Galler Buchmalerei im 11. Jahrhundert, hg. von Lotte Kurras. In: Studien zur Buchmalerei und Goldschmiedekunst des Mittelalters. Festschrift für Karl Hermann Usener zum 60. Geburtstag, hg. von Frieda Dettweiler u.a., Marburg an der Lahn 1967, S. 161–166.

Boespflug, François: Un étrange spectacle. Le Buisson ardent comme théophanie dans l'art occidental. Revue de l'art 97 (1992), S. 11–31.

Bolton, Diane: Illustrations in Manuscripts of Boethius' Works. In: Boethius. His Life, Thought and Influence, hg. von Margaret Gibson, Oxford 1981, S. 428–437.

Bolton, Diane: The Study of the Consolation of Philosophy in Anglo-Saxon England. Archives d'histoire doctrinale et littéraire du Moyen Age (44) 1977, S. 33–78.

Borries-Schulten, Sigrid von / Spilling, Herrad: Die romanischen Handschriften der Württembergischen Landesbibliothek Stuttgart, Teil 1: Provenienz Zwiefalten (Denkmäler der Buchkunst 7), Stuttgart 1987.

Borst, Arno: Computus. Zeit und Zahl in der Geschichte Europas, Berlin ^{2}1991 (1990).

Bouxin, Auguste: La cathédrale Notre-Dame de Laon. Historique et description, Laon 1890.

Brandt, Michael / Kahsnitz, Rainer u.a.: Das kostbare Evangeliar des heiligen Bernward [hg. anlässlich einer Ausstellung im Dom- und Diözesanmuseum Hildesheim 1993, im Rahmen der Ausstellung «Bernward von Hildesheim und das Zeitalter der Ottonen», und München 1994], München 1993.

Bresslau, Harry: Jahrbücher des Deutschen Reichs unter Konrad II., Bd. 1: 1024–1031, Leipzig 1879.

Brincken, Anna-Dorothee von den: Presbyter Iohannes, Dominus Dominantium – ein Wunsch-Weltbild des 12. Jahrhunderts. In: Ornamenta Ecclesiae. Kunst und Künstler der Romanik in Köln, Katalog zur Ausstellung des Schnütgen-Museums in der Joseph-Haubrich-Kunsthalle, hg. von Anton Legner, Köln 1985, Bd. 1, S. 83–97.

Briquel, Dominique: Les tablettes à écrire étrusques. In: Les tablettes à écrire de l'antiquité à l'époque moderne. Actes du colloque international du Centre national de recherche scientifique, Paris, Institut de France, 10–11 octobre 1990, hg. von Elisabeth Lalou, Turnhout 1992, S. 187–202.

Brown, Michelle P.: The role of the wax tablet in medieval literacy. A reconsideration in light of a recent find from York. British Library Journal 20 (1994), S. 1–16.

Brown, T. Julian: The Paleography. In: Herrad of Hohenburg: Hortus Deliciarum, Kommentarband, hg. von Rosalie Green, Michael Evans, Christine Bischoff, Michael Curschmann, London 1979, S. 81–86.

Bühler, Irma: Forschungen über Benediktiner-Doppelklöster im heutigen Bayern. Zeitschrift für bayrische Kirchengeschichte 3 (1928), S. 197–207.

Bühler, Irma: Forschungen über Benediktiner-Doppelklöster im heutigen Bayern. Zeitschrift für bayrische Kirchengeschichte 4 (1929), S. 1–13 und S. 199–299.

Bühler, Irma: Forschungen über Benediktiner-Doppelklöster im heutigen Bayern. Zeitschrift für bayrische Kirchengeschichte 5 (1930) , S. 17–33 und S. 229–251.

Büll, Reinhard: Vom Wachs. Hoechster Beiträge zur Kenntnis der Wachse, Bd. 1/9, Frankfurt a.M. 1986.

Cahn, Walter: La bible romane. Chefs-d'œuvre de l'enluminure, Fribourg 1982.

Cahn, Walter: Romanesque Manuscripts. The Twelfth Century (A survey of Manuscripts illuminated in France), 2 Bde., London 1996.

Calderoni Masetti, Anna Rosa / Dalli Regoli, Gigetta: Sanctae Hildegardis Revelationes, Manoscritto 1942, Lucca 1973.

Camille, Michael: Word, Text, Image in the Early Church Fathers in the Egino Codex. In: Testi e immagine nell'alto Medioevo (15–21 aprile 1993). Settimane di studio del centro italiano di studi sull'alto medioevo XLI, Bd. 1, Spoleto 1994, S. 65–92.

Carozzi, Claude: Die drei Stände gegen den König. In: Träume im Mittelalter. Ikonologische Studien, hg. von Agostino Paravicini Bagliani und Giorgio Stabile, Stuttgart, Zürich 1989, S. 149–160.

Carozzi, Claude: Le voyage de l'âme dans l'au-delà d'après la littérature latine (V[e]–XIIIe siècle). Ecole Française de Rome 1994.

Carr, Annemarie Weyl: Women Artists in the Middle Ages. Feminist Art Journal 5 (1976), S. 5–9.

Carrasco, Magdalena: Sanctity and experience in pictorial hagiography. Two illustrated lives of saints from Romanesque France. In: Images of sainthood in medieval Europe, hg. von Renate Blumenfeld-Kosinski und Timea Szell, Ithaca, London 1991, S. 33–66.

Carrasco, Magdalena: Spirituality in context. The romanesque illustrated life of St. Radegund of Poitiers (Poitiers, Bibl. Mun., MS 250). Art Bulletin 72 (1990), S. 414–435.

Carruthers, Mary J.: The Book of Memory. A Study of Memory in Medieval Culture (Cambridge Studies in Medieval Literature 10), Cambridge 1990.

Cerquiglini, Jacqueline: «Le clerc et le louche». Sociology of an esthetic. Poetics today 5 (1984), S. 479–491.

Cerquiglini, Jacqueline: L'écriture louche. La voie oblique chez les Grands Rhétoriqueurs. In: Les Grands Rhétoriqueurs. Actes du Ve colloque international sur le moyen Français. Milan, 6–8 mai 1985, Bd. 1, Mailand 1985, S. 21–31.

Chastel, André: La rencontre de Salomon et de la reine de Saba dans l'iconographie médiévale. In: ders.: Fables, Formes, Figures, Bd. 1, Paris 1978, S. 103–122 (erstmals erschienen in: Revue d'Histoire des Religions 119/120 [1939]).

Ders.: Regina Sibilla. In: Die Königin von Saba. Kunst, Legende und Archäologie zwischen Morgenland und Abendland, hg. von Werner Daum, Stuttgart, Zürich 1988, S. 117–120.

Chenu, Marie-Dominique: Auctor, Actor, Autor. Bulletin Du Cange 3 (1927), S. 81–86.

Clark, William W. / King, Richard: Laon Cathedral. Architecture (1) (Courtauld Institute Illustration Archives Compagnon Text 1), London 1983.

Claussen, Peter Cornelius: Nikolaus von Verdun. Über Antiken- und Naturstudium am Dreikönigenschrein. In: Ornamenta Ecclesiae. Kunst und Künstler der Romanik in Köln. Katalog zur Ausstellung des Schnütgen-Museums in der Joseph-Haubrich-Kunsthalle, hg. von Anton Legner, Köln 1985, Bd. 2, S. 447–456.

Clercq, Carlo de: Contribution à l'iconographie des Sibylles I. Jaarboek van het koninklijk Museum voor schone kunsten, Antwerpen 1979, S. 7–65.

Clercq, Carlo de: Contribution à l'iconographie des Sibylles II. Jaarboek van het koninklijk Museum voor schone kunsten, Antwerpen 1980, S. 7–33.

Congar, Yves-M. J.: Le thème du DIEU-CREATEUR et les explications de l'Hexaméron dans la tradition chrétienne. In: L'Homme devant Dieu. Mélanges offerts au Père Henri de Lubac, Exégèse et Patristique. Théologie 56 (1963), S. 189–222.

Coseriu, Eugenio: Die Geschichte der Sprachphilosophie von der Antike bis zur Gegenwart. Eine Übersicht, Teil 1, Tübingen 1970.

Courcelle, Pierre: Connais-toi toi-même de Socrate à Saint Bernard, 2 Bde., Paris 1975.

Courcelle, Pierre: Histoire littéraire des grandes invasions germaniques, Paris [3]1964 (1948).

Courcelle, Pierre: La Consolation de Philosophie dans la tradition littéraire. Antécédants et postérité, Paris 1967.

Courcelle, Pierre: Recherches sur Saint Ambroise. «Vies» anciennes, culture, iconographie, Paris 1973.

Croquison, J.: Les origines de l'iconographie grégorienne. Cahiers archéologiques 12 (1962), S. 245–262.

Curtius, Ernst Robert: Lateinische Literatur und europäisches Mittelalter, Bern [8]1973 (1948).

Daley, Brian E.: The "Closed Garden" and the "Sealed Fountain". Song of Songs 4:12 in the late medieval iconography of Mary. In: Medieval Gardens. Dumbarton Oaks Colloquium on the History of Landscape Architecture 9 (1986), S. 259–278.

Deckers, Johannes G.: Die Huldigung der Magier in der Kunst der Spätantike. In: Die heiligen drei Könige – Darstellung und Verehrung. Katalog zur Ausstellung des Wallraf-Richartz-Museums in der Josef-Haubrich-Kunsthalle Köln, 1. Dezember 1982 bis 30. Januar 1983, Köln 1982, S. 20–32.

Demus, Otto: Romanische Wandmalerei, München 1968.

Deremble-Mannes, Colette: Die Traumwelt der Legenden in den Glasmalereien von Chartres. In: Träume im Mittelalter. Ikonologische Studien, hg. von Agostino Paravicini Bagliani und Giorgio Stabile, Stuttgart, Zürich 1989, S. 41–54.

Deuchler, Florens: Der Ingeborgpsalter, Berlin 1967.

Diebold, William J.: The Ruler portrait of Charles the Bald in the S. Paolo Bible. The Art Bulletin 76 (1994), S. 6–18.

Dinzelbacher, Peter: Die Bedeutung des Buches in der Karolingerzeit. Archiv für Geschichte des Buchwesens 24 (1983), S. 258–287.

Dinzelbacher, Peter: Mittelalterliche Visionsliteratur. Eine Anthologie, Darmstadt 1989.

Dinzelbacher, Peter: Vision und Visionsliteratur im Mittelalter (Monographien zur Geschichte des Mittelalters 23), Stuttgart 1981.

Drogin, Marc: ANATHEMA! Medieval Scribes and the History of Book Curses, Totowa, New Jersey 1983.

Drogin, Marc: Medieval Calligraphy. Its History and Technique, New Jersey 1990.

Dronke, Peter: Hermes and the Sibyls, Cambridge 1990.

Dronke, Peter: Medieval Latin and the Rise of European Love-lyric, Bd. 1, Problems and Interpretations, Oxford 1965.

Dronke, Peter: Medieval Sibyls. Their Character and their "Auctoritas". Studi Medievali 36 (1995), S. 581–615.

Dronke, Peter: Problemata Hildegardiana. Mittellateinisches Jahrbuch 16 (1981), S. 97–131.

Dronke, Peter: Sibylla Hildegardis. Hildegard von Bingen und die Rolle der Sibylle. In: Hildegard von Bingen. Prophetin durch die Zeiten. Zum 900. Geburtstag, hg. von Edeltraud Forster, Freiburg, Basel, Wien 1998, S. 109–119.

Dronke, Peter: Women writers of the Middle Ages. A Critical Study of Texts from Perpetua (†203) to Marguerite Porete (†1310), Cambridge 1984.

Duft, Johannes: Die Abtei St. Gallen. Ausgewählte Aufsätze in überarbeiteter Fassung, hg. zum 75. Geburtstag des Verfassers von Peter Ochsenbein und Ernst Ziegler, Bd. 1: Beiträge zur Erforschung ihrer Manuskripte, Sigmaringen 1990.

Dunbabin, Katherine M. B.: The Mosaics of Roman North Africa. Studies in Iconography and Patronage, Oxford 1978.

Dutton, Paul Edward: The politics of dreaming in the carolingian empire, Lincoln, London 1994.

Dutton, Paul Edward / Kessler, Herbert L.: The Poetry and Paintings of the First Bible of Charles the Bald, Michigan 1997.

Eberlein, Johann Konrad: Apparitio regis – revelatio veritatis. Studien zur Darstellung des Vorhangs in der bildenden Kunst von der Spätantike bis zum Ende des Mittelalters, Wiesbaden 1982.

Eberlein, Johann Konrad: Miniatur und Arbeit. Das Medium Buchmalerei, Frankfurt a.M. 1995.

Das Echternacher Evangelistar Kaiser Heinrichs III. Staats- und Universitätsbibliothek Bremen Ms. b. 21. In Zusammenarbeit mit Elisabeth Dickmann, Andreas Hedwig und Paul Sprang, hg. von Gerhard Knoll, Wiesbaden 1995.

Eckenstein, Lina: Women under Monasticism, Cambridge 1896.

Elbern, Victor Heinrich: Das erste Jahrtausend. Kultur und Kunst im werdenden Abendland an Rhein und Ruhr, hg. von Kurt Böhner u.a. anlässlich der Ausstellung «Werdendes Abendland am Rhein und Ruhr» in Essen 1956, Tafelband, Düsseldorf [2]1962.

Eliass, Claudia: Die Frau ist die Quelle der Weisheit. Weibliches Selbstverständnis in der Frauenmystik des 12. und 13. Jahrhunderts, Pfaffenweiler 1995.

Emmerson, Richard Kenneth / Lewis, Suzanne: Census and bibliography of medieval manuscripts containing apocalypse illustrations, ca. 800–1500. Traditio 40 (1984), S. 337–379.

Emmerson, Richard Kenneth / Lewis, Suzanne: Census and bibliography of medieval manuscripts containing apocalypse illustrations, ca. 800–1500. Traditio 41 (1985), S. 367–409.

Euw, Anton von: Evangéliaires carolingiens enluminés, La Haye, Bruxelles 1990.

Euw, Anton von: Gregor der Grosse (540–604). Autor und Werk in der buchkünstlerischen Überlieferung des ersten Jahrtausends. Imprimatur. Ein Jahrbuch für Bücherfreunde NF XI (1984), S. 19–41.

Farcy, Louis de: Monographie de la cathédrale d'Angers, 4 Bde., Angers 1901–1910.

Feichtinger, Barbara: Apostolae apostolorum. Frauenaskese als Befreiung und Zwang bei Hieronymus (Studien zur klassischen Philologie, hg. von Michael von Albrecht), Frankfurt a.M. 1995.

Ferrante, Joan: Public Postures and Private Manœuvres. Roles Medieval Women Play. In: Women and Power in the Middle Ages, hg. von Mary Erler und Maryanne Kowaleski, Athens Ga., London 1988, S. 213–229.

Fingernagel, Andreas: Die illuminierten Handschriften deutscher Provenienz der Staatsbibliothek Preussischer Kulturbesitz Berlin, 8.–12. Jahrhundert, Wiesbaden 1991.

Flint, Valerie I. J.: The Rise of Magic in Early Medieval Europe, Oxford 1991.

Flint, Valerie I. J.: The transmission of astrology in the early middle ages. Viator 21 (1990), S. 1–27.

Flusser, David: An early jewish-christian document in the Tiburtine Sibyl. In: Paganisme, Judaïsme, Christianisme – Influences et affrontements dans le monde antique. Mélanges offerts à Marcel Simon, Paris 1978, S. 153–183.

Frandon, Véronique: Les saisons et leurs représentations dans des encyclopédies du Moyen Age. L'exemple du *De universo* de Raban Maur (1022–1023). In: L'Enciclopedismo Medievale, hg. von Michelangelo Picone, Ravenna 1994, S. 55–78.

Führkötter, Adelgundis: Hildegardis *Scivias*. The miniatures from the book Scivias – Know the ways – of Saint Hildegard of Bingen from the illuminated Rupertsberg Codex (Amaria patristica et mediaevalia 1), Turnhout 1977.

Fuhrmann, Joëlle: L'influence de l'astrologie dans les écrits médicaux allemands du Moyen Age. In: Observer, lire, écrire le ciel au Moyen Age. Actes du colloque d'Orléans 22–23 avril 1989, hg. von Bernard Ribémont, Paris 1991, S. 101–126.

Gäbe, Sabine: Radegundis – sancta, regina, ancilla. Zum Heiligkeitsideal der Radegundisviten von Fortunat und Baudonivia. Francia 16/1 (1989), S. 1–30.

Gameson, Richard: The Gospels of Margaret of Scotland and the Literacy of an Eleventh-Century Queen. In: Women and the Book. Assessing the Visual Evidence, hg. von Lesley Smith und Jane H. M. Taylor, London, Toronto 1997, S. 149–171.

Ganz, David: A Tenth-Century Drawing of Philosophy Visiting Boethius. In: Boethius, his Life, Thought and Influence, hg. von Margaret Gibson, Oxford 1981, S. 275–277.

Ganz, Peter u.a.: Wolfenbütteler Cimelien. Das Evangliar Heinrichs des Löwen in der Herzog August Bibliothek. Katalog zur Ausstellung in den musealen Räumen der Herzog August Bibliothek Wolfenbüttel, 14. April bis 16. Juli 1989, Wolfenbüttel 1989.

Garnier, François: Le langage de l'image au Moyen Age, Bd. 1: Signification et symbolique, Paris 1982.

Gaspar, Camille / Lyna, Frédéric: Les principaux manuscrits à peinture à la Bibliothèque Royale de Belgique, Bruxelles 1937.

Gellinek, Christian: Daniels' Vision of the four beasts in Twelfth-Century german literature. Univwersytet Imiena Adama Mickiewicza w Poznaniu. Seria Filologia Germanska Poznan. Essays zur Literaturkritik des europäischen Mittelalters 22 (1980), S. 67–88.

Gibson, Margaret: Boethius in the carolingian schools. In: dies.: "Artes" and Bible in the Medieval West (Variorum Collected Studies Series), Great Yarmouth, Norfolk 1993, VI (erstmals erschienen in: Transactions of the Royal Historical Society 32 [1982], S. 43–56).

Gibson, Margaret: Codices Boethiani. In: dies.: "Artes" and Bible in the Medieval West (Variorum Collected Studies Series), Great Yarmouth, Norfolk 1993, VII (erstmals erschienen in: Revue d'histoire des textes 14–15 [1984–85], S. 71–75).

Gibson, Margaret T. / Smith, Lesley: Codices Boethiani (Warburg Institute Surveys and Texts XXV), London 1995.

Ginot, Emile: Les manuscrits de Sainte Radegonde de Poitiers et ses peintures du 11e siècle. Bulletin de la Société Française de Reproduction de Manuscrits à Peintures, 4e année, Nr. 1, Paris 1914–20, S. 9–80.

The Golden Age of Anglo-Saxon Art 966–1066, hg. von Janet Backhouse, D. H. Turner, Leslie Webster, London 1984.

Goldschmidt, Adolph: Die deutsche Buchmalerei, Bd. 1: Die karolingische Buchmalerei, München 1928.

Golob, Nataša: Obsecro te. Images of manuscript workers. Arte medievale 8 (1994), S. 97–112.

Grant, Lindy: Laon Cathedral (Courtauld Institute Illustration Archives. General Editor Peter Lasko. Archive 3. Medieval Architecture & Sculpture in Europe, Part 6, France), London 1978.

Grassmann, Antjekathrai: Das Wachstafel-Notizbuch des mittelalterlichen Menschen. In: Zur Lebensweise in der Stadt um 1200 – Ergebnisse der Mittelalter-Archäologie, Bericht über ein Kolloquium in Köln vom 31. Januar bis 2. Februar 1984, hg. von Heiko Steuer, Köln 1986, S. 223–235.

Grégoire, Réginald: Manuale di Agiologia. Introduzione alla letteratura agiografica (Bibliotheca Montisfani 12), Fabriano 1987.

Grodecki, Louis u.a.: Le Vitrail roman, Fribourg [2]1983 (1977).

Grodecki, Louis: Les vitraux de Saint-Denis. Etude sur le vitrail au XIIe siècle (Corpus Vitrearum Medii Aevi, France série «Etudes» I), Paris 1976.

Grubmüller, Klaus: Sprechen und Schreiben. Das Beispiel Mechthild von Magdeburg. In: Festschrift Walter Haug und Burghart Wachinger, Bd. 1, hg. von Johannes Janota u.a., Tübingen 1992, S. 335–348.

Grundmann, Heinrich: Die Frauen und die Literatur im Mittelalter. Ein Beitrag zur Frage nach der Entstehung des Schrifttums in der Volkssprache. In: ders.: Ausgewählte Aufsätze Teil 3 (Schriften der Monumenta Germaniae historica 25/3), Stuttgart 1978, S. 67–95 (erstmals erschienen in: Archiv für Kulturgeschichte 26 [1936], S. 129–161).

Haefeli-Sonin, Zuzana: Auftraggeber und Entwurfskonzept im Zwiefaltener Martyrolog des 12. Jahrhunderts, Stuttgart, Württembergische Landesbibliothek cod. hist. 2° 415, Diss. Basel, Bern 1992.

Haffen, Josiane: Contribution à l'étude de la sibylle médiévale. Etude et édition du ms. B.N., F. FR. 25407, fol. 160v –172v: Le livre de sibile, Paris 1984.

Hamel, Christopher de: Medieval Craftsmen. Scribes and Illuminators, London 1992.

Hand Kessler, Clemencia: A problematic illumination of the Heidelberg *Liber Scivias.* Marsyas 8 (1957), S. 7–21.

Harrison Caviness, Madeleine: The windows of Christ Church Cathedral Canterbury (Corpus Vitrearum Medii Aevi, Great Britain II), London 1981.

Hassall, William Owen / Hunt, Richard William: Treasures from the Bodleian Library, London 1976.

Heinrich der Löwe und seine Zeit. Herrschaft und Repräsentation der Welfen 1125–1235. Katalog zur Ausstellung im Herzog Anton Ulrich-Museum, Braunschweig, 2 Bde., hg. von Jochen Luckhardt und Franz Niehoff, München 1995.

Hemmerle, Josef: Das Bistum Augsburg, Teil 1: Die Benediktinerabtei Benediktbeuern (Germania Sacra NF 28. Die Bistümer der Kirchenprovinz Mainz), Berlin, New York 1991.

Heyse, Elisabeth: Hrabanus Maurus' Enzyklopädie «De rerum naturis». Untersuchungen zu den Quellen und zur Methode der Kompilation, München 1969.

Hildegard von Bingen 1098–1179. Ausstellungskatalog Dom- und Diözesanmuseum Mainz, hg. von Hans-Jürgen Kotzur, bearbeitet von Winfried Wilhelmy und Ines König, Mainz 1998.

Hildegard of Bingen. The Context of her Thought and Art, hg. von Charles Burnett und Peter Dronke (The Warburg Institute School of Advanced Study University of London), London 1998.

Hindman, Sandra L.: Aesop's Cock and Marie's Hen. Gendered Authorship in Text and Image in Manuscripts of Marie de France's Fables. In: Women and the Book. Assessing the Visual Evidence, hg. von Lesley Smith und Jane H. M. Taylor, London, Toronto 1997, S. 45–56.

Hindman, Sandra L.: Christine de Pizan's "Epistre Othéa". Paintings and Politics at the Court of Charles VI, Toronto 1986.

Hoffmann, Hartmut: Buchkunst und Königtum im ottonischen und frühsalischen Reich, 2 Bde. (Schriften der Monumenta Germaniae historica 30/I, II), Stuttgart 1986.

Hoffmann, Konrad: Taufsymbolik im mittelalterlichen Herrscherbild, Düsseldorf 1968.

Huot, Sylvia: From Song to Book. The Poetics of Writing in Old French Lyric and Lyrical Narrative Poetry, Ithaca, London 1987.

Inguanez, Mauro: Regesto di S. Angelo in Formis, Bd. 2: Miniature e altri riproduzioni del regesto di S. Angelo in Formis, Montecassino 1925.

Vor dem Jahr 1000. Abendländische Buchkunst zur Zeit der Kaiserin Theophanu. Katalog zur Ausstellung des Schnütgen-Museums zum Gedenken an den 1000. Todestag der Kaiserin Theophanu am 15. Juni 991 und ihr Begräbnis in St. Pantaleon zu Köln, vom 12. August bis 16. Juni 1991 in der Cäcilienkirche, mit Beiträgen von Gerd Bauer, Anton von Euw, Gunther Franz u.a., Köln 1991.

Jakobi-Mirwald, Christine: Text – Buchstabe – Bild. Studien zur historisierten Initiale im 8. und 9. Jahrhundert, Berlin 1988.

Jakobi-Mirwald, Christine / Köllner, Herbert: Die illuminierten Handschriften der Hessischen Landesbibliothek, Teil 1: Handschriften des 6.–13. Jahrhunderts, Textband, Stuttgart 1993.

Jan van Ruusbroec (1293–1381) [tentoonstelling in de koninklijke Bibliotheek Albert I Nassaukapel en Galerij Houyoux van 17 oktober tot 28 november 1981], 2 Bde., Brüssel 1981.

Jones, Nancy Ann: The medieval female lyric. The poetics of gender and genre (University Microfilms International, Ann Arbor), Michigan 1986.

Jourdain, Charles: L'Education des femmes au Moyen Age. Mémoires de l'Institut National de France, Académie des Inscriptions et Belles Lettres 28 (1874).

Kahsnitz, Rainer: Die Essener Äbtissin Swanhild und ihr Evangeliar in Manchester. Beiträge zur Geschichte von Stadt und Stift Essen 85 (1970), S. 13–80.

Kahsnitz, Rainer / Mende, Ursula / Rücker, Elisabeth: Das Goldene Evangelienbuch von Echternach. Eine Prunkhandschrift des 11. Jahrhunderts. Germanisches Nationalmuseum Nürnberg. Frankfurt a.M. 1982.

Kantorowicz, Ernst H.: Les deux corps du roi. Essai sur la théologie politique au moyen âge. Traduit de l'anglais par Jean-Philippe Genet et Nicole Genet, Paris 1989 (Übersetzung von: The King's two bodies. A study in medieval political theology, Princeton 1957).

Kantorowicz, Ernst H.: The Carolingian King in the Bible of San Paolo fuori le Mura. In: Late Classical and Medieval Studies in Honour of Albert Mathias Friend JR, hg. von Kurt Weitzmann, Princeton, New Jersey 1955, S. 287–300.

Karl der Grosse. Werk und Wirkung. Katalog zur Ausstellung im Rathaus und im Kreuzgang des Domes Aachen, 26. Juni bis 19. September 1965, Einleitung von Wolfgang Braunfels, Düsseldorf 1965.

Katzenellenbogen, Adolf: The sculptural programms of Chartres Cathedral, Baltimore 1959.

Katzenellenbogen, Adolf: Tympanum and Archivolts on the Portal of St. Honoré at Amiens. In: De artibus opuscula XL. Essays in honor of Erwin Panofsky, hg. von Millard Meiss, New York 1961, S. 280–290.

Kauffmann, Claus Michael: Romanesque Manuscripts 1066–1190 (A survey of Manuscripts illuminated in the British Isles), London 1975.

Kaylor Jr., Noel Harold: The Medieval Consolation of Philosophy. An Annotated Bibliography, New York, London 1992.

Kehrer, Hugo: Die heiligen drei Könige in Literatur und Kunst, Hildesheim, New York 1976 (Reprint der Ausgabe in zwei Bänden Leipzig 1908).

Keller, Hiltgard: Mittelrheinische Buchmalereien in den Handschriften der Hildegard von Bingen, Diss. Stuttgart 1933.

Kessler, Herbert L.: The illustrated Bibles of Tours (Studies in Manuscript Illumination, hg. von Kurt Weitzmann), Princeton 1977.

Kinter, W. L. / Keller, J. R.: The Sibyl. Prophetess of Antiquity and medieval fay, Philadelphia 1967.

Klein, Peter: The Apocalypse in Medieval Art. In: The Apocalypse in the Middle Ages, hg. von Richard K. Emmerson und Bernard McGinn, Ithaca 1992, S. 159–199.

Klemm, Elisabeth: Die romanischen Handschriften der bayerischen Staatsbibliothek, Teil 1: Die Bistümer Regensburg, Passau und Salzburg, Wiesbaden 1980.

Klemm, Elisabeth: Die romanischen Handschriften der bayerischen Staatsbibliothek, Teil 2: Die Bistümer Freising und Augsburg. Verschiedene Provenienzen, Wiesbaden 1988.

Köhler, Wilhelm Reinhold: Die karolingischen Miniaturen, Bd. I, Berlin 1930.

Köllner, Herbert: Die illuminierten Handschriften der Hessischen Landesbibliothek, Teil 1: Handschriften des 6.–13. Jahrhunderts, Bildband, Stuttgart 1976.

Köllner, Herbert: Eine wiedergefundene Handschrift aus Muri. Berlin MS. Theol. lat. 4° 199. In: Studien zur Buchmalerei und Goldschmiedekunst des Mittelalters. Festschrift für Karl Hermann Usener zum 60. Geburtstag am 19. August 1965, hg. von Frieda Dettwiler u.a., Marburg an der Lahn 1967, S. 293–326.

Köster, Kurt: Elisabeth von Schönau (1129–1165). Nassauische Lebensbilder 3 (1948), S. 35–59.

Köster, Kurt: Elisabeth von Schönau. Werk und Wirkung im Spiegel der mittelalterlichen handschriftlichen Überlieferung. Archiv für mittelalterliche Kirchengeschichte 3 (1951), S. 243–315.

Köstler, Andreas: Das Portrait. Individuum und Image. In: Bildnis und Image. Das Portrait zwischen Intention und Rezeption, hg. von Andreas Köstler und Ernst Seidl, Köln, Weimar, Wien 1998.

Kruger, Steven F.: Dreaming in the Middle Ages, Cambridge 1992.

Krumeich, Christa: Hieronymus und die christlichen Feminae Clarissimae, Bonn 1993.

Kupke, Tanja: Où sont les muses d'antan? Notes for a study of the Muses in the Middle Ages. In: From Athens to Chartres. Neoplatonism and Medieval Thought. Studies in Honour of Edouard Jeauneau (Studien und Texte zur Geistesgeschichte des Mittelalters 35), hg. von Haijo Jan Westra, Leiden 1992, S. 421–436.

L'Hermite-Leclercq, Paulette: La femme à la fenestrelle du reclusoir. In: La femme au Moyen Age, hg. von Michel Rouche, Maubeuge 1990, S. 49–64.

Labande-Mailfert, Yvonne u.a.: Histoire de l'abbaye Sainte-Croix de Poitiers, Poitiers 1986.

Lalou, Elisabeth (Hg.): Les tablettes à écrire de l'antiquité à l'époque moderne. Actes du colloque international du Centre national de recherche scientifique, Paris, Institut de France, 10–11 octobre 1990, Turnhout 1992.

Lapeyre, André: Des façades occidentales de Saint-Denis et de Chartres aux portails de Laon. Etudes sur la sculpture monumentale dans l'Ile de France et les régions voisines au XIIe siècle, Paris 1960.

Laverret, Michel: L'iconographie de Sainte Radegonde dans les manuscrits. Bulletin de la Société des antiquaires de l'Ouest et des Musées de Poitiers 2 (1988), S. 85–112.

Legner, Anton: Illustres manus. In: Ornamenta Ecclesiae. Kunst und Künstler der Romanik in Köln. Katalog zur Ausstellung des Schnütgen-Museums in der Joseph-Haubrich-Kunsthalle, hg. von Anton Legner, Köln 1985, Bd. 1, S. 187–229.

Leonardi, Claudio: Il «De rerum naturis» e la tradizione enciclopedica altomedievale. In: Rabano Mauro: De rerum naturis, Casin. 132, Secolo XI, conservato presso l'Archivio dell'Abbazia di Montecassino, Kommentarband, hg. von Guglielmo Cavallo u.a., Turin 1994, S. 15–23.

Lever, Maurice: Le sceptre et la marotte. Histoire des Fous de Cour, Paris 1983.

Lewis, Suzanne: Exegesis and Illustration in Thirteenth-Century English Apocalypses. In: The Apocalypse in the Middle Ages, hg. von Richard K. Emmerson und Bernard McGinn, Ithaca, London 1992, S. 259–275.

Lewis, Suzanne: Reading Images. Narrative Discourse and Reception in the Thirtheenth-Century Illuminated Apocalypse, Cambridge 1995.

Lewis, Suzanne: The Art of Matthew Paris in the *Chronica Majora*, Berkeley and Los Angeles 1987.

Liebeschütz, Hans: Das allegorische Weltbild der Hildegard von Bingen (Studien der Bibliothek Warburg XVI), Berlin 1930.

Lobrichon, Guy: Saint Virgile auxerrois et les avatars de la IV Eglogue. In: Collection de l'Ecole Française de Rome. Lectures médiévales de Virgile. Actes du Colloque organisé par l'Ecole Française de Rome (25–28 octobre 1982), 80 (1985), S. 375–393.

Loerke, William C.: The Rossano Gospels. The Miniatures. In: Commentarium zur Faksimile-Ausgabe, hg. von Guglielmo Cavallo, Jean Gribomont, William C. Loerke, Rom, Salerno, Graz 1987, S. 109–167 (italienische Fassung: I Vangeli di Rossano, ebd., S. 45–107).

Löffler, Karl: Schwäbische Buchmalerei in romanischer Zeit, Augsburg 1928.

Loukopoulos, Halina D.: Classical Mythology in the works of Christine de Pisan, with an edition of "L'Epistre Othea" from the ms Harley 4431 (University Microfilms International, Ann Arbor), Michigan 1991.

Madan, Falconer / Craster, H. H. E. u.a.: A Summary Catalogue of Western Manuscripts in the British Library at Oxford, Bd. II/1, Oxford 1922.

Maffei, Fernanda de: La Sibilla «Tiburtina» et «Prophetissa» nel ciclo degli affreschi di Sant'Angelo in Formis. In: Monastica IV. Scritti raccolti in memoria del XV centenario della nascita di S. Benedetto (480–1980) (Miscellanea Cassinense 48, a cura dei monaci di Montecassino), Montecassino 1984, S. 9–30.

Maffei, Fernanda de: Sant' Angelo in Formis I. La data del complesso monastico e il committente nell'ambito del primo romanico campano. Commentari 27 (1976), S. 143–178.

Mâle, Emile: L'art religieux du XIIIe siècle en France. Etude sur l'iconographie du Moyen Age et sur ses sources d'inspiration, Paris 1986 (1898).

Mâle, Emile: Quomodo Sibyllas recentiores artifices repraesentaverint, Paris 1899.

Die Manessische Liederhandschrift in Zürich. Katalog zur Ausstellung im Schweizerischen Landesmuseum Zürich, 12. Juni bis 29. September 1991, hg. von Claudia Brinker und Dione Flühler-Kreis, mit Beiträgen von Martin Lassner u.a., Zürich 1991.

Massary, Xavier de: La cathédrale: architecture et décor. In: Laon. Une acropole à la française. Inventaire général des monuments et des richesses artistiques en France, Région Picardie, hg. von Martine Plouvier, André Fiette u.a. (Cahiers du Patrimoine 40), Amiens 1995, S. 263–288.

Mayer, Cornelius Petrus: Die Zeichen in der geistigen Entwicklung und in der Theologie des jungen Augustinus, Diss. Würzburg 1968.

Mayr-Harting, Henry: Ottonian Book Illumination. An Historical Study, 2 Bde., New York 1991.

McGinn, Bernhard: Apocalyptic Traditions in the Middle Ages, New York 1979.

McGinn, Bernhard: Teste David cum Sibylla. The significance of the Sibylline Tradition in the Middle Ages. In: ders.: Apocalyptism in the Western Tradition (Variorum Collected Studies Series), Great Yarmouth, Norfolk 1994, IV (erstmals erschienen in: Women of the Medieval World. Essays in honor of John H. Mundy, hg. von Julius Kirsher und Suzanne F. Wemple, Oxford 1985, S. 7–35).

McGuire, Thérèse: Two Twelfth-Century Women and their Books. In: Women and the Book. Assessing the Visual Evidence, hg. von Lesley Smith und Jane H. M. Taylor, London 1997, S. 97–105.

McKitterick, Rosamond: Nuns' Scriptoria in England and Francia in the eighth Century. In: dies.: Books, Scribes and Learning in the Frankish Kingdoms, 6th–9th Centuries (Variorum Collected Studies Series), Great Yarmouth, Norfolk 1994, VII (Reprint aus: Francia 19 [1989]).

McKitterick, Rosamond: Women and Literacy in the Early Middle Ages. In: dies.: Books, Scribes and Learning in the Frankish Kingdoms, 6th–9th Centuries (Variorum Collected Studies Series), Great Yarmouth, Norfolk 1994, XII (Übersetzung von: Frauen und Schriftlichkeit im Frühmittelalter. In: Weibliche Lebensgestaltung im frühen Mittelalter, hg. von Hans-Werner Goetz, Köln, Weimar, Wien 1991).

McKitterick, Rosamond: Women in the Ottonian Church. An Iconographic Perspective. In: dies.: The Frankish Kings and Culture in the Early Middle Ages (Variorum Collected Studies Series), Great Yarmouth, Norfolk 1995, XI (Reprint aus: Women in the Church, hg. von Diana Wood. Studies in Church History 27, Oxford 1990, S. 79–100).

Meier, Christel: Die Bedeutung der Farben im Werk Hildegards von Bingen. Frühmittelalterliche Studien 6 (1972), S. 245–355.

Meier, Christel: Eriugena im Nonnenkloster? Überlegungen zum Verhältnis von Prophetentum und Werkgestalt in den *figmenta prophetica* Hildegards von Bingen. Frühmittelalterliche Studien 19 (1985), S. 466–497.

Meier, Christel: Prophetentum als literarische Existenz. Hildegard von Bingen (1098–1179) – Ein Porträt. In: Deutsche Literatur von Frauen, Bd. 1: vom Mittelalter bis zum Ende des 18. Jahrhunderts, hg. von Gisela Brinker-Gabler, München 1988, S. 76–87.

Meier, Christel: Scientia Divinorum Operum. Zu Hildegards von Bingen visionär-künstlerischer Rezeption Eriugenas. In: Eriugena redivivus. Zur Wirkungsgeschichte seines Denkens im Mittelalter und im Übergang zur Neuzeit. Vorträge des V. Internationalen Eriugena-Colloquiums, Werner-Reimers-Stiftung Bad Homburg, 26. bis 30. August 1985, hg. von Werner Beierwaltes, Heidelberg 1987, S. 89–141.

Meier, Christel: Zum Verhältnis von Text und Illustration im überlieferten Werk Hildegards von Bingen. In: Hildegard von Bingen. 1179–1979. Festschrift zum 800. Todestag der Heiligen, hg. von Anton Ph. Brück, Mainz 1979, S. 385–412.

Mellinkoff, Ruth: The Horned Moses in Medieval Art and Thought, Berkeley 1970.

Mellinkoff, Ruth: The round-topped tablets of the law. Sacred symbol and emblem of evil. Journal of Jewish Art 1 (1974), S. 28–43.

Merle, Hélène: Miroir de l'Eternité et pierre spéculaire dans les traités sur la prophétie des XIIe et XIIIe siècles. Archives d'Histoire Doctrinale et Littérature du Moyen Age 59 (1992), S. 7–39.

Metzger, Bruce M.: When did scribes begin to use writing desks? In: ders.: Historical and literary Studies. Pagan, Jewish and Christian, Leiden 1968, S. 122–137.

Meyer, Heinz / Suntrup, Rudolph: Lexikon der mittelalterlichen Zahlenbedeutungen, München 1987.

Miglio, Luisa: «A mulieribus conscriptos arbitror». Donne e scrittura. In: Scribi e colofoni. Le sottoscrizioni di copisti dalle origini all'avvento della stampa. Atti del seminario di Erice X Coloquio del Comité international de paléographie latine (23–28 ottobre 1993), hg. von Emma Condello und Giuseppe de Gregorio, Spoleto 1995, S. 235–268.

Milde, Wolfgang: Mittelalterliche Handschriften der Herzog August Bibliothek, Frankfurt a.M. 1972.

Miner, Dorothy: Anastaise and her sisters. Women artists of the middle ages, Baltimore 1974.

Montauld, Barbier de: Iconographie des Sibylles. Extrait de la Revue de l'Art Chrétien, Arras 1874.

Moppert-Schmidt, Anita: Die Fresken von S. Angelo in Formis, Diss. Basel, Zürich 1967.

Mütherich, Florentine: Epistola Mathildis Suevae. Zu einer verschollenen Handschrift aus dem 11. Jahrhundert. In: Studien zur Buchmalerei und Goldschmiedekunst des Mittelalters. Festschrift für Karl Hermann Usener zum 60. Geburtstag am 19. August 1965, hg. von Frieda Dettwiler u.a., Marburg an der Lahn 1967, S. 137–142.

Nellmann, Eberhard: Zum Prolog von Mechthilds «Fliessendem Licht». In: Gotes und der werlde hulde. Literatur in Mittelalter und Neuzeit. Festschrift für Heinrich Rupp zum 70. Geburtstag, hg. von Rüdiger Schnell, Bern 1989, S. 200–205.

Newman, Barbara: Divine Power Made Perfect in Weakness. St. Hildegard on the Frail Sex. In: Medieval Religious Women, Vol. II: Peaceweavers (Cistercian Studies Series 72), hg. von Lillian Thomas Shank und John A. Nichols, Kalamazoo, Michigan 1987, S. 103–122.

Newman, Barbara: Sister of Wisdom. St. Hildegard's Theology of the Feminine, Berkeley 1987 (deutsche Übersetzung: Hildegard von Bingen. Schwester der Weisheit, aus dem Amerikanischen von Anette Esser und Monica Priester, Freiburg i. Br. 1995).

Newman, Barbara: Some Medieval Theologians and the Sophia Tradition. The Downside Rewiev 108 (1990), S. 111–129.

Nitschke, Brigitte: Die Handschriftengruppe um den Meister des Registrum Gregorii, Recklinghausen 1966.

Nobis, Heribert M.: Zeitmass und Kosmos im Mittelalter. In: Mensura, Mass, Zahl, Zahlensymbolik im Mittelalter [23. Kölner Mediävistentagung vom 8.–11. September 1982], hg. von Albert Zimmermann und Gudrun Vuillemin-Diem (Miscellanea Mediaevalia 16/2), Berlin, New York 1984, S. 261–276.

Nordenfalk, Carl: Archbishop Egbert's "Registrum Gregorii". In: Studien zur mittelalterlichen Kunst 800–1200. Festschrift für Florentine Mütherich zum 70. Geburtstag, hg. von Katharina Bierbrauer, Peter K. Klein und Willibald Sauerländer, München 1985, S. 87–100.

Nordenfalk, Carl: Der inspirierte Evangelist. Wiener Jahrbuch für Kunstgeschichte 36 (1983), S. 175–190.

Nordenfalk, Carl: St. Bridget of Sweden as Represented in illuminated Manuscripts. In: De artibus XL opuscula. Essays in Honor of Erwin Panofsky, hg. von Millard Meiss, New York 1961, S. 371–393.

Oechelhaeuser, Adolf von: Die Miniaturen der Universitätsbibliothek zu Heidelberg, Teil 1, Heidelberg 1887.

Ohly, Friedrich: Die Gestirne des Heils. Ein Bildgedanke zur Heilsgeschichte von der Schöpfung bis zum Jüngsten Tag. Euphorion 85 (1991), S. 235–272.

Oliver, Judith: Worship of the Word. Some Gothic Nonnenbücher in their Devotional Context. In: Women and the Book. Assessing the Visual Evidence, hg. von Lesley Smith und Jane H. M. Taylor, London, Toronto 1997, S. 106–122.

Olster, David: Byzantine hermeneutics after iconoclasm. Word and images in the Leo bible. Byzantion 64 (1994), S. 419–458.

Opitz, Claudia / Schraut, Elisabeth: Frauen und Kunst im Mittelalter. In: FrauenKunstGeschichte. Zur Korrektur des herrschenden Blicks (Kunstwissenschaftliche Untersuchungen des Ulmer Vereins 13), hg. von Cordula Bischoff u.a., Giessen 1984, S. 33–52.

Ornamenta Ecclesiae. Kunst und Künstler der Romanik in Köln. Katalog zur Ausstellung des Schnütgen-Museums in der Joseph-Haubrich-Kunsthalle, 3 Bde., hg. von Anton Legner, Köln 1985.

Orofino, Giulia: Per una filologia delle illustrazioni del «de rerum naturis» di Rabano Mauro. In: Rabano Mauro: De rerum naturis, Casin. 132, Secolo XI, conservato presso l'Archivio dell'Abbazia di Montecassino, Kommentarband, hg. von Guglielmo Cavallo u.a., Turin 1994, S. 99–176.

Otto, Rita: Zu den gotischen Miniaturen einer Hildegardhandschrift in Lucca. Mainzer Zeitschrift. Mittelrheinisches Jahrbuch für Archäologie, Kunst und Geschichte 71/72 (1976/77), S. 110–126.

Otto, Rita: Zu einigen Miniaturen einer Sciviashandschrift des 12. Jahrhunderts. Mainzer Zeitschrift. Mittelrheinisches Jahrbuch für Archäologie, Kunst und Geschichte 67/68 (1972/73), S. 128–138.

Pächt, Otto: The illustrations of St. Anselm's Prayers and Meditations. Journal of the Warburg and Courtauld Institute 19 (1956), S. 68–83.

Palazzo, Eric: Les sacramentaires de Fulda. Etude sur l'iconographie et la liturgie à l'époque ottonienne (Liturgiewissenschaftliche Quellen und Forschungen 77), Münster 1994.

Panofsky, Erwin: Idea. Ein Beitrag zur Begriffsgeschichte der älteren Kunsttheorie, Berlin ^{3}1975 (1924).

Parássoglou, George M.: Some Thoughts on the Postures of the ancient Greeks an Romans when writing on Papyrus Rolls. Scrittura e Civiltà, 3 (1979), S. 5–21.

Parke, Herbert William: Sibyls and Sibylline prophecy in classical antiquity, London 1988.

Petersen, Karen / Wilson, J. J.: Women Artists. Recognition and Reappraisal. From the Early Middle Ages to the Twentieth Century, New York, Hagerstown, San Francisco, London 1976.

Philomenko, Marc: Prêter sermon par le trône de Dieu (à propos de Matthieu 5,34). In: Le trône de Dieu, hg. von Marc Philomenko, Tübingen 1993, S. 243–251.

Piper, Ferdinand: Die Kalendarien und Martyrologien der Angelsachsen so wie das Martyrologium und der Computus der Herrad von Landsperg. Nebst Annalen der Jahre 1859 und 1860, Berlin 1862.

Poeschel, Erwin: Die Kunstdenkmäler des Kantons Graubünden, Bd. V (Die Kunstdenkmäler der Schweiz), Basel 1943.

Porter, Arthur Kingsley: Romanesque sculpture of the pilgrimage roads, Bd. VII, New York ^{2}1966 (1923).

Prochno, Joachim: Das Schreiber- und Dedikationsbild in der deutschen Buchmalerei, I. Teil: bis zum Ende des 11. Jahrhunderts (800–1100), Leipzig, Berlin 1929.

Quedam, U.: Die Westportale der Kathedrale von Auxerre, Wiesbaden 1979.

Rahner, Hugo: Symbole der Kirche. Die Ekklesiologie der Väter, Salzburg 1964.

Reeves, Marjorie: The Bible and Literary Authorship in the Middle Ages. In: Reading the Text. Biblical Criticism and Literary Theory, hg. von Stephen Prickett, Oxford, Cambridge USA 1991, S. 12–63.

Regensburger Buchmalerei. Von frühkarolingischer Zeit bis zum Ausgang des Mittelalters. Katalog zur Ausstellung der Bayrischen Staatsbibliothek München und der Museen der Stadt Regensburg, hg. von Florentine Mütherich und Karl Dachs, München 1987.

Reuter, Marianne: Text und Bild im Codex 132 der Bibliothek von Montecassino «Liber Rabani de originibus rerum». Untersuchungen zur mittelalterlichen Illustrationspraxis (Münchener Beiträge zur Mediävistik und Renaissance-Forschung 34), München 1984.

Ronig, Franz J.: Der Codex 142/124 der Trierer Domschatzkammer. Aspekte zum Bild- und Schmuckzyklus – Künstlerische Anlage und geistiger Gehalt. In: Schatzkunst Trier. Forschungen und Ergebnisse, hg. von Franz J. Ronig, Trier 1991, S. 187–194.

Ronig, Franz J.: Ein fehlendes Blatt der Handschrift Nr. 142/124 des Trierer Domschatzes. Eine Untersuchung über Herkunft und Ikonographie. Archiv für mittelrheinische Kirchengeschichte 13 (1961), S. 404–412.

Rouche, Michel: Fortunat et Baudonivie. Deux biographes pour une seule sainte. In: La vie de Sainte Radegonde, Poitiers, Bibliothèque municipale 250 (136), hg. von Robert Favreau, Paris 1995, S. 239–249.

Rouse, Mary A. / Rouse, Richard H.: Roll and Codex. The transmission of the Works of Reinmar von Zweter. In: dies.: Authentic Witnesses. Approaches to Medieval Texts and Manuscripts, Indiana 1991, S. 13–22.

Rouse, Mary A. / Rouse, Richard H.: The vocabulary of wax tablets. In: Vocabulaire du livre et de l'écriture au moyen âge. Actes de la table ronde, Paris, 24–26 septembre 1987 (CIVICIMA, Etudes sur le vocabulaire intellectuel du moyen âge II), hg. von Olga Weijers, Turnhout 1989, S. 220–230.

Rouse, Mary A. / Rouse, Richard H.: The vocabulary of wax tablets. Harvard Library Bulletin NS 1 (1990), S. 12–19.

Rouse, Mary A. / Rouse, Richard H.: Wax tablets. Language and communication 9 (1989), S. 175–191.

Run, Anton van: Annus, quadriga mundi. Over de adaptie van een klassiek thema in de vroegmiddeleeuwse kunst. In: Annus Quadriga Mundi. Opstellen over Middeleeuwse kunst opgedragen aan Prof. Dr. Anna C. Esmeijer (Clavis Kunsthistorische Monografieën VIII), Utrecht 1989, S. 152–178.

Sackale-Redlefsen, Gude: Die Handschriften des 12. Jahrhunderts der Staatsbibliothek Bamberg, Wiesbaden 1995.

Sackur, Ernst: Sibyllinische Texte und Forschungen. Pseudomethodius, Adso und die tiburtinische Sibylle, Rom 1962 (Reprint der Ausgabe Halle a. S. 1898).

Sansy, Danièle: Iconographie de la prophétie. L'image d'Hildegarde de Bingen dans le *Liber divinorum operum*. In: Les textes prophétiques et la prophétie en Occident (12e–16e siècle), hg. von André Vauchez. Ecole française de Rome 85 (1990), S. 115–126.

Sauer, Joseph: Symbolik des Kirchengebäudes und seiner Ausstattung in der Auffassung des Mittelalters, Münster ^{2}1964 (Reprint der Ausgabe von 1924).

Sauerländer, Willibald: Das Königsportal in Chartres. Heilsgeschichte und Lebenswirklichkeit, Frankfurt a.M. 1984.

Saurma-Jeltsch, Liselotte: Die Miniaturen im *Liber Scivias* der Hildegard von Bingen. Die Wucht der Vision und die Ordnung der Bilder, Wiesbaden 1998.

Saurma-Jeltsch, Liselotte: Die Rupertsberger *Scivias*-Handschrift. Überlegungen zu ihrer Entstehung. In: Hildegard von Bingen. Prophetin durch die Zeiten. Zum 900. Geburtstag, hg. von Edeltraud Forster, Freiburg i. Br., Basel, Wien 1998, S. 340–358.

Saxl, Fritz: Illustrated Medieval Encyclopaedias I. The Classical Heritage. In: ders.: Lectures, Bd. I, hg. von Gertrud Bing, London 1957, S. 228– 241.

Saxl, Fritz: La fede negli astri nel dodicesimo secolo. In: ders.: La fede negli astri. Dall'antichità al Rinascimento, hg. von Salvatore Settis, ins Italienische übers. von Sandra Cirri Colli u.a., Turin 1985, S. 175–185 (erstmals erschienen in: Fritz Saxl: Lectures, Bd. I, hg. von Gertrud Bing, London 1957).

Saxl, Fritz: Macrocosmo e microcosmo nelle illustrazioni medievali. In: ders.: La fede negli astri. Dall'antichità al Rinascimento, hg. von Salvatore Settis, ins Italienische übers. von Sandra Cirri Colli u.a., Turin 1985, S. 47–62 (erstmals erschienen in: Fritz Saxl: Lectures, Bd. I, hg. von Gertrud Bing, London 1957).

Scheidig, Walter: Der Miniaturenzyklus zur Weltchronik Ottos von Freising im Codex Jenensis Bose q. 6 (Studien zur deutschen Kunstgeschichte Heft 257), Strassburg 1928.

Schiendorfer, Max: Die Lieder. Vortragsformen und Tradierung. In: Die Manessische Liederhandschrift in Zürich. Katalog zur Ausstellung im Schweizerischen Landesmuseum Zürich, 12. Juni bis 29. September 1991, hg. von Claudia Brinker und Dione Flühler-Kreis, mit Beiträgen von Martin Lassner u.a., Zürich 1991, S. 59–63.

Schmitt, Jean-Claude: La raison des gestes dans l'Occident médiéval, Paris 1990.

Schnitzler, Hermann: Ein frühottonisches Fuldaer Kunstwerk des Essener Münsterschatzes. In: Studien zur Buchmalerei und Goldschmiedekunst des Mittelalters. Festschrift für Karl Hermann Usener zum 60. Geburtstag am 19. August 1965, hg. von Frieda Dettwiler u.a., Marburg an der Lahn 1967, S. 115–118.

Schnitzler, Hermann: Hieronymus und Gregor der Grosse in der ottonischen Kölner Buchmalerei. In: Kunstgeschichtliche Studien für Hans Kauffmann, Berlin 1956, S. 11–18.

Schomer, Joseph: Die Illustrationen der hl. Hildegard von Bingen als künstlerische Neuschöpfungen, Diss. Bonn 1937.

Schrader, Marianna / Führkötter, Adelgundis: Die Echtheit des Schrifttums der heiligen Hildegard von Bingen (Beihefte zum Archiv für Kulturgeschichte 6), Köln, Graz 1956.

Schramm, Percy Ernst: Die deutschen Kaiser und Könige in Bildern ihrer Zeit, 751–1190, hg. von Florentine Mütherich, Neuauflage unter Mitarbeit von Peter Berghaus und Nikolaus Gussone, München 1983.

Schramm, Percy Ernst u.a.: Herrschaftszeichen und Staatssymbolik. Beiträge zu ihrer Geschichte vom 3. bis zum 16. Jahrhundert, Bd. 3 (Schriften der Monumenta Germaniae historica 13/3), Stuttgart 1956.

Schramm, Percy Ernst / Mütherich, Florentine: Ein Beitrag zur Herrschergeschichte von Karl dem Grossen bis Friedrich II., 768–1250 (Percy Ernst Schramm: Denkmale der deutschen Könige und Kaiser, Bd. 1), 2. ergänzte Ausgabe, München 1981 (1962).

Seebass, Tilman: Musikdarstellungen und Psalterillustration im frühen Mittelalter. Studien ausgehend von einer Ikonologie der Handschrift Paris Bibliothèque Nationale Fonds Latin 1118, 2 Bde., Bern 1973.

Sepet, Marius: Les prophètes du Christ. Etude sur les origines du théâtre au Moyen Age. Bibliothèque de l'Ecole des Chartes 3, 6ème série (1867), S. 1–27 (Reprint Genf 1974).

Silvestre, Hubert: La prison de l'âme (Phédon, 62b). Nouveaux témoignages du Moyen Age latin. Latomus. Revue d'études latines 38 (1979), S. 983–986.

Skubiszewski, Piotr: Le décor de la «vie de Radegonde» de Poitiers, l'état de la question. In: La vie de Sainte Radegonde, Poitiers, Bibliothèque municipale 250 (136), hg. von Robert Favreau, Paris 1995, S. 127–237.

Skubiszewski, Piotr: Un manuscrit peint de la *Vita Radegundis* conservé à Poitiers. Les idées hagiographiques de Venance Fortunat et la spiritualité monastique du IXe siècle. In: Venazio Fortunato tra Italia e Francia. Atti del Convegno Internazionale di Studi. Valdobiaddene, 17 maggio 1990 – Trevisio, 18–19 maggio 1990, Trevisio 1993, S. 195–235.

Smith, Lesley: Scriba, Femina. Medieval Depictions of Women Writing. In: Women and the Book. Assessing the Visual Evidence, hg. von Lesley Smith und Jane H. M. Taylor, London, Toronto 1997, S. 21–44.

Southern, Richard William: Medieval humanism. In: ders.: Medieval humanism and other studies, Oxford 1970, S. 29–60.

Springer, Peter: Trinitas-Creator-Annus. Beiträge zur mittelalterlichen Trinitätsikonographie. Wallraf-Richartz-Jahrbuch 38 (1976), S. 1–45.

Staley Johnson, Lynn: The Trope of the Scribe and the Question of Literary Authority in the Works of Julian of Norwich and Margery Kempe. Speculum. A Journal of Medieval Studies 66 (1991), S. 820–838.

Staubach, Nikolaus: Rex Christianus. Hofkultur und Herrschaftspropaganda im Reich Karls des Kahlen, Teil II: Die Grundlegung der «religion royale» (pictura & poesis 2/II), Köln 1993.

Steger, Hugo: David rex et propheta. König David als vorbildliche Verkörperung des Herrschers und Dichters im Mittelalter, nach Bilddarstellungen des achten bis zwölften Jahrhunderts (Erlanger Beiträge zur Sprach- und Kunstwissenschaft 6), Nürnberg 1961.

Stevens, Martin: The Performing Self in 12th Century Culture. Viator 9 (1978), S. 193–212.

Suevia Sacra. Frühe Kunst in Schwaben. Katalog zur Ausstellung im Augsburger Rathaus, 30. Juni bis 16. September 1973, Augsburg [3]1973.

Suntrup, Rudolf: Die Bedeutung der liturgischen Gebärden und Bewegungen in lateinischen und deutschen Auslegungen des 9. bis 13. Jahrhunderts (Münstersche Mittelalter-Schriften 37), München 1978.

Suzuki, Keiko: Bildgewordene Visionen und Visionserzählungen. Vergleichende Studie über die Visionsdarstellungen in der Rupertsberger *Scivias*-Handschrift und im Luccheser *Liber divinorum operum*-Codex der Hildegard von Bingen, Bern, Berlin u.a. 1998.

Suzuki, Keiko: Zum Strukturproblem in den Visionsdarstellungen der Rupertsberger *Scivias*-Handschrift. Sacris Erudiri 35 (1995), S. 221–291.

Taavitsainen, Irma: Middle English Lunaries. A Study of the Genre (Mémoires de la Société Néophilologique de Helsinki XLVII), Helsinki 1988.

Tannery, Paul: Une correspondance d'écolâtres du onzième siècle. In: ders.: Mémoires scientifiques V. Sciences exactes au Moyen Age, hg. von J. L. Heiberg und H. G. Zeuthen, Paris 1922, S. 103–111.

Tannery, Paul: Une correspondance d'écolâtres du XIe siècle. Notices et extraits des manuscrits de la Bibliothèque Nationale et autres bibliothèques. In: Mémoires de l'Institut National de France, Vol. 36, Paris 1898, S. 487–543.

Tels-de-Jong, Leontine Louise: Sur quelques divinités romaines de la naissance et de la prophétie, Delft 1959.

Temple, Elzbieta: Anglo-Saxon Manuscripts 900–1066 (A survey of Manuscripts illuminated in the British Isles), London, Oxford 1976.

Thérel, Marie-Louise: Une image de la Sibylle sur l'arc triomphal de Sainte-Marie-Majeure à Rome? Cahiers archéologiques. Fin de l'antiquité et Moyen Age 12 (1962).

Thesaurus librorum. 425 Jahre Bayerische Staatsbibliothek. Katalog von Karl Dachs und Elisabeth Klemm zur Ausstellung in der Bayerischen Staatsbibliothek München, 18. August bis 1. Oktober 1983, Wiesbaden 1983.

Thorndike, Lynn: A History of Magic and Experimental Science during the first thirteen centuries of our era, 8 Bde., New York 1923–1958.

Tognoli Bardin, Luisa: Una Chronica di Ottone di Frisingia a Milano. Arte cristiana. Arte in Lombardia dal Medioevo al secolo 20. Studi in onore di Gian Alberto Dell'Acqua 77 (1989), S. 83–87.

Trierer und Echternacher Handschriften. Originale – Farbtafeln – Faksimiles. Katalog von Gunther Franz zur Ausstellung der Stadtbibliothek Trier, Trier 1987.

Troncarelli, Fabio: Boethiana Aetas. Modelli grafici e fortuna manoscritta della «Consolatio Philosophiae» tra IX e XII secolo, Alessandria 1987.

Troncarelli, Fabio: Tradizioni perdute. La «Consolatio Philosophiae» nell'alto Medioevo, Padua 1981.

Türr, Katja Marina: Eine Musengruppe Hadrianischer Zeit. Die sogenannten Thespiaden (Monumenta artis romanae), Berlin 1971.

Verdier, Philippe: L'Iconographie des arts libéraux dans l'art du Moyen Age jusqu'à la fin du quinzième siècle. In: Arts libéraux et philosophie au Moyen Age. Actes du 4e congrès international de philosophie médiévale. Université de Montréal, 27 aout – 2 septembre 1967, Paris, Montréal 1969, S. 305–356.

Vezin, Jean: Etude paléographique et codicologique du manuscrit de la vita Radegundis. In: La vie de Sainte Radegonde, Poitiers, Bibliothèque municipale 250 (136), hg. von Robert Favreau, Paris 1995, S. 115–126.

Volbach, Wolfgang Fritz / Lafontaine-Dosogne, Jacqueline: Byzanz und der christliche Osten (Propyläen-Kunstgeschichte 39), Berlin 1968.

Walker Bynum, Caroline: Holy Feast and Holy Fast. The Religious Significance of Food to Medieval Women, Berkeley, Los Angeles, 1987.

Walker Bynum, Caroline: Jesus as mother. Studies in the Spirituality of the High Middle Ages, Los Angeles, London 1982.

Ward, Susan L.: Fables for the Court. Illustrations of Marie de France's Fables in Paris BN MS Arsenal 3142. In: Women and the Book. Assessing the Visual Evidence, hg. von Lesley Smith und Jane H. M. Taylor, London 1997, S. 190–203.

Watson, Paul F.: Die Königin von Saba in der christlichen Tradition. In: Die Königin von Saba. Kunst, Legende und Archäologie zwischen Morgenland und Abendland, hg. von Werner Daum, Stuttgart 1988, S. 55–81.

Wattenbach, Wilhelm: Das Schriftwesen im Mittelalter, Leipzig [3]1896.

Weinhold, Karl: Die deutschen Frauen in dem Mittelalter, Amsterdam 1968 (Reprint der Ausgabe Wien 1882).

Weitzmann, Kurt: Spätantike und frühchristliche Buchmalerei, München 1977.

Weitzmann, Kurt: The Ivories of the so-called Grado-Chair. Dumbarton Oaks Papers 26 (1972), S. 43–92.

Wenzel, Horst: Hören und Sehen – Schrift und Bild. Kultur und Gedächtnis im Mittelalter, München 1995.

Werner, Wilfried: Cimelia Heidelbergensia. Dreissig illuminierte Handschriften der Universitätsbibliothek Heidelberg, Wiesbaden 1975.

Wiligelmo e Matilde. L'officina romanica (Centro di Studi Medievali Università di Parma). Katalog zur Ausstellung im Palazzo di Tè Mantua, 15. Juni bis 30. September 1991, hg. von Arturo Carlo Quintavalle, Arturo Calzona u.a., Mailand 1991.

Wirth, Jean: L'image médiévale. Naissance et développements (VIe–XVe siècle), Paris 1989.

Wolfzettel, Friedrich: La poésie lyrique en France comme mode d'appréhension de la réalité. Remarques sur l'invention du sens visuel chez Machaut, Froissart, Deschamps et Charles d'Orléans. In: Mélanges de langue et littérature française du Moyen Age et de la Renaissance offerts à Charles Foulon, Bd. 1, Rennes 1980, S. 409–419.

Young, Karl: The drama of the medieval church, 2 Bde., Oxford ^{2}1962 (1933).

Zahlten, Johannes: Creatio mundi. Darstellungen der sechs Schöpfungstage und naturwissenschaftliches Weltbild im Mittelalter (Stuttgarter Beiträge zur Geschichte und Politik 13), Stuttgart 1979.

Zaluska, Yolanta u.a.: Manuscrits enluminés de Dijon (Corpus des Manuscrits enluminés des Collections publiques des Départements publiés par l'Institut de Recherche et d'Histoire des Textes), Paris 1991.

Die Zeit der Staufer. Geschichte, Kunst, Kultur, Katalog zur Ausstellung im Alten Schloss Schillerplatz 6 und im Kunstgebäude Schlossplatz 4, Stuttgart, 26. März bis 5. Juni 1977, hg. von Reiner Haussherr und Christian Väterlein unter Mitarbeit von Ursula Schneider und Hans Klaiber, 5 Bde., Stuttgart 1977–1979 (6. verbesserte Aufl.).

Zierde für ewige Zeit. Das Perikopenbuch Heinrichs II. Katalog von Hermann Fillitz, Rainer Kahsnitz und Ulrich Kuder zur Ausstellung im bayerischen Nationalmuseum München, 20. Oktober 1994 bis 15. Januar 1995, Frankfurt a.M. 1994.

Zühlke, Bärbel: Christine de Pizan in Text und Bild. Zur Selbstdarstellung einer frühhumanistischen Intellektuellen, Stuttgart, Weimar 1994.

Zumthor, Paul: Sorcier et magicien. A propos d'un livre de R. L. Wagner. Zeitschrift für romanische Philologie 65 (1949), S. 441–457.

Nachschlagewerke

Dictionnaire de Spiritualité, Ascétique et Mystique Doctrine et Histoire, fondé par Marcel Viller S.J. u.a., continué par A. Derville S.J. u.a., Paris 1937–1994.

Die deutsche Literatur des Mittelalters. Verfasserlexikon, begründet von Wolfgang Stammler, fortgeführt von Karl Langosch, 2. Aufl., hg. von Kurt Ruh u.a., Berlin, New York 1978ff.

Künstle, Karl: Ikonographie der christlichen Kunst, 2 Bde., Freiburg i. Br. 1926–1928.

Lexicon Iconographicum Mythologiae Classicae, hg. von Hans Christoph Ackermann, Jean-Robert Gisler u.a., München 1981–1997.

Lexikon für Theologie und Kirche, begr. von Michael Buchberger, 2., völlig neu bearb. Aufl., hg. von Josef Höfer und Karl Rahner, 11 Bde., Freiburg i. Br. 1957–1967.

Lexikon des Mittelalters, hg. von Liselotte Lutz, Joyce M. McLellan u.a., München, Zürich 1977ff. (= LdMA)

Neue Deutsche Biographie, hg. von der historischen Kommission bei der bayerischen Akademie der Wissenschaften, Berlin ^{2}1971 (Reprint der Ausgabe 1953ff.).

Pauly, August Friedrich: Paulys Real-Encyclopädie der klassischen Altertumswissenschaft. Neue Bearbeitung von Georg Wissowa u.a., hg. von Wilhelm Kroll u.a., Stuttgart 1894–1980.

Quicherat, Louis-Marie: Thesaurus poeticus linguae latinae ou dictionnaire prosodique et poétique de la langue latine, rev. et corr. par Emile Chatelain, Hildesheim 1967 (Reprint der 31. Ausgabe Paris 1922).

Roscher, Wilhelm Heinrich: Ausführliches Lexikon der griechischen und römischen Mythologie, Leipzig 1886–1890.

Schiller, Gertrud: Ikonographie der christlichen Kunst, 4 Bde., Gütersloh 1966–1980.

Verzeichnis der Handschriften

Admont, Stiftsbibliothek
Ms 289

Alençon, Bibliothèque Municipale
Ms 11

Amiens, Bibliothèque Municipale
Ms 223

Avranches, Bibliothèque Municipale
Edouard Le Héricher, Ms 159

Baltimore, Walters Art Gallery
W. 26

Bamberg, Staatsbibliothek
Ms. Bibl. 140
Ms. Patr. 5
Msc. Lit. 142

Berlin, Preussische Staatsbibliothek
Ms. Phillips 1657
Ms. Phillips 1676
Ms. theol. lat. fol. 323
(Elfenbeineinband)
Ms. theol. lat. fol. 358
Ms. theol. lat. qu. 199

Bremen, Universitätsbibliothek
Ms b 21

Brüssel, Bibliothèque Royale
Ms 9916–17

Cambridge, Corpus Christi College
Ms 16

Cambridge, Trinity College Library
Ms B 16.3
Ms R 17.1

Cambridge, University Library
Dd. 6.6

Cleveland, Museum of Art
Einzelblatt aus dem Helmarshauser
Evangeliar im Trierer Domschatz,
Hs 142/124

Darmstadt, Hessische Landes- und
Hochschulbibliothek
Hs 1946

Dijon, Bibliothèque Municipale
Cod. 641

Douai, Bibliothèque Municipale
MS 340

Dublin, Trinity College
MS 177

Düsseldorf, Landes- und Stadtbibliothek
A 14

Eibingen, Abtei St. Hildegard
Faksimile des verschollenen Kodexes,
ehemals Wiesbaden, Hessische
Landesbibliothek, 1

Florenz, Bibliotheca Medicea-Laurenziana
Codex amiatinus I

Frankfurt am Main, Stadt- und
Universitätsbibliothek
Ms. Barth. 42

Göttingen, Niedersächsische Staats- und
Universitätsbibliothek
MS theol. 231

Hannover, Niedersächsische
Landesbibliothek
Ms I, 189

Heidelberg, Universitätsbibliothek
Cod. Sal. X 16
Manessische Liederhandschrift

Jena, Universitätsbibliothek
Cod. Jenensis Bose q. 6

Krakau, Bibliothek des Domkapitels
Ms. 208

London, British Library
Arundel 155
MS Harley 2688
MS Harley 3095
MS Harley 4431
MS Royal 1. E. VII

London, Lambeth Palace Library
Ms 200
Ms 209

Lucca, Biblioteca Statale
Cod. 1942

Malibu, Paul Getty Museum
Ms Ludwig III. 1

Manchester, John Ryland's Library
Ms 110

Montecassino, Benediktinerabtei
Cod. Cas. 132

München, Bayerische Staatsbibliothek
Clm 3901
Clm 4452
Clm 4550
Clm 4623
Clm 16002
Clm 18125

Oxford, Bodleian Library
Auct. F. 6.5
Ms laud. Misc. 570

Oxford, Corpus Christi College
Ms 157

Paris, Bibliothèque de l'Arsenal
Ms 3142

Paris, Bibliothèque Mazarine
MS 753

Paris, Bibliothèque Nationale
Ms lat. 1
Ms lat. 1141
Ms lat. 6401
Ms lat. 9865
Ms lat. 13336
Ms lat. 15307

Poitiers, Bibliothèque Municipale
Ms 250 (136)
Ms 252

Reims, Bibliothèque Municipale
MS 672

Rom, San Paolo fuori le mura
Bibel

Rossano Calabro,
Museo dell'Arcivescovado
Codex Purpureus Rossanensis

Saint-Omer, Bibliothèque municipale
Ms 698

Stockholm, Königliche Bibliothek und
Schwedische Nationalbibliothek
A 70b

Strasbourg, Grand Séminaire
Ms 37 (früher 78)

Stuttgart, Württembergische
Landesbibliothek
Bibl. Fol. 23
Cod. brev. 128
Cod. hist. 2° 411
Cod. hist. 2° 415

Susteren, Pfarrkirche
Evangeliar der Äbtissin Amalberga

Trier, Stadtbibliothek
Ms 171/1626

Valenciennes, Bibliothèque Municipale
Ms 501

Vatikan, Biblioteca Apostolica
Bibl. Reg. Christ. lat. 124
Lat. 3305

Wien, Österreichische Nationalbibliothek
Cod. 652
Cod. medicus graecus I
Cod. ser. nov. 2701

Wolfenbüttel, Herzog August Bibliothek
Cod. Guelf. 50.4 Aug. 4°

Zürich, Staatsarchiv
AG 19 XXXV (Einzelblatt)

Bildnachweis

Folgende Archive und Verlage wurden in den Abbildungslegenden nicht erwähnt:

Bildarchiv Foto Marburg: Abb. 4a,b; 9; 15; 21; 27; 29; 30b; 39; 42; 44b; 45; 51; 53; 54; 59; 63; 73a,b; 74a,b; 75; 90; 91; 93; 94–98; 101–103

The Bridgeman Art Library: Abb. 62a,b

Courtauld Institute of Art London: Abb. 50a,b

Dr. Ludwig Reichert Verlag Wiesbaden: Abb. 5a,b

Istituto Poligrafico e Zecca dello Stato, Rom: Abb. 7; 8

Priuli & Verlucca Editori, Ivrea: Abb. 86a,b

Rheinisches Bildarchiv Köln: Abb. 10; 81; 89

Abbildungsteil

Abb. 1: *Die Schreiberin und Malerin Guda.* Homiliar (2. Hälfte 12. Jahrhundert), Frankfurt am Main, Stadt- und Universitätsbibliothek, Ms. Barth. 42, fol. 110vb.

Abb. 2: *Schreibende Zisterzienserin.* Liber usualis (1310), Aachen, Diözesanbibliothek, fol. 2r.

Abb. 3: *Marie de France übersetzt die Fabeln des Äsop.*
Sammelhandschrift (um 1300), Paris, Bibliothèque de l'Arsenal, Ms 3142, fol. 256r.

Abb. 4a: *König David mit Schreibern und Musikanten.*
Werdener Psalter (nach 1030), Berlin, Preussische Staatsbibliothek,
Ms. theol. lat. fol. 358, fol. 1v und 2r.

Abb. 4b: *Schreiber in B-Initiale.*

Abb. 5a: *Schreiber in der Echternacher Willibrordus-Abtei.*
Perikopenbuch Heinrichs III. (um 1040), Bremen, Universitätsbibliothek, Ms b 21, fol. 124v und 125r.

Abb. 5b: *Buchdedikation an Heinrich III.*

Abb. 6: *Die Entstehung der lateinischen Bibeln.*
Erste Bibel Karls des Kahlen (845/846), Paris, Bibliothèque Nationale, Ms lat. 1, fol. 3v.

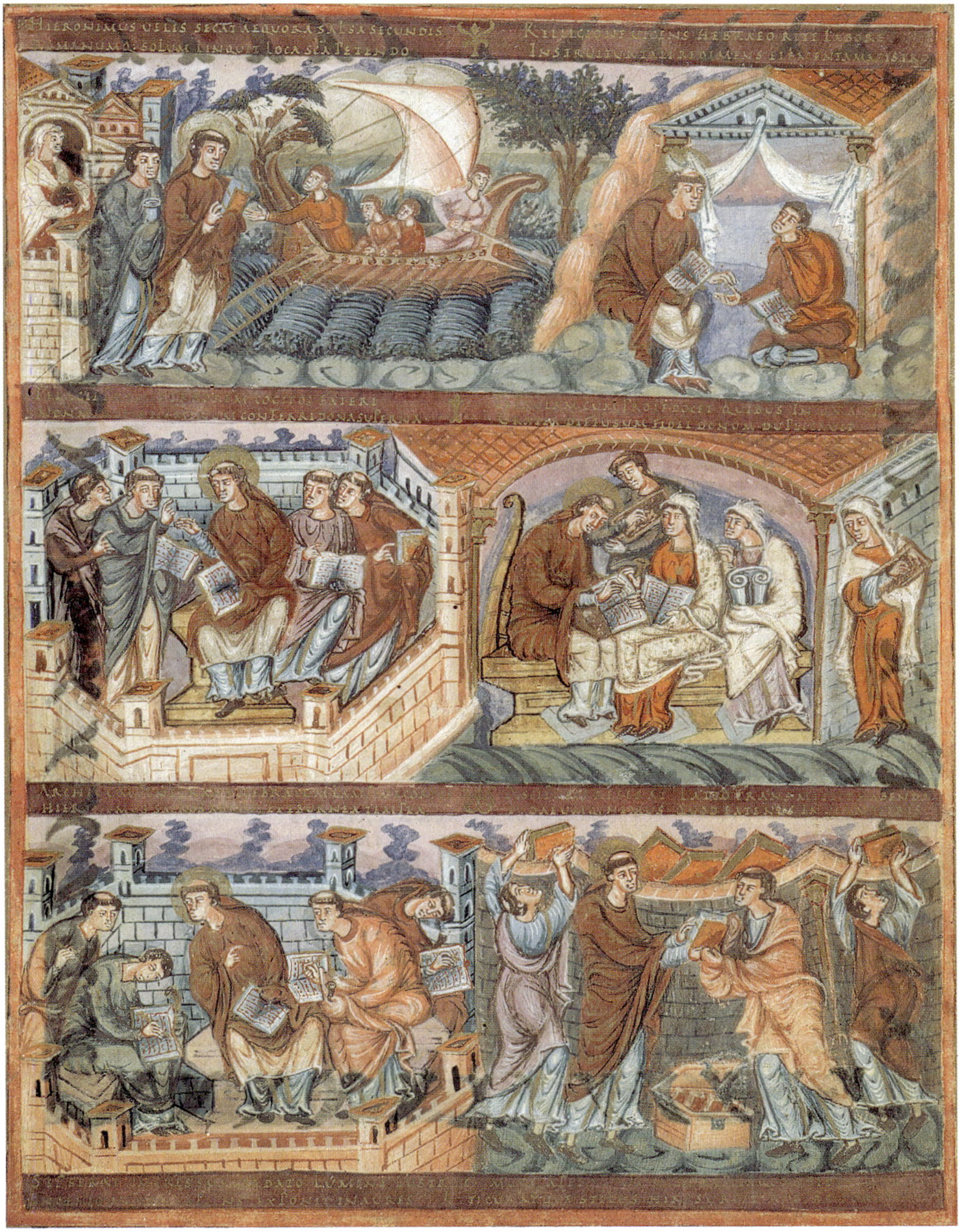

Abb. 7: *Die Enstehung der lateinischen Bibeln.*
Bibel (um 870), Rom, San Paolo fuori le mura, fol. 3v.

Abb. 6, Detail.

Abb. 7, Detail.

Abb. 8: *Karl der Kahle umgeben von seiner Gemahlin, einer Begleiterin, Waffenträgern, Tugenden und Engeln.* Bibel (um 870), Rom, San Paolo fuori le mura, fol. 1r.

Abb. 9: *Vertreter der Abtei Sankt Martin in Tours überreichen Karl dem Kahlen die Riesenbibel.* Erste Bibel Karls des Kahlen (845/846), Paris, Bibliothèque Nationale, Ms lat. 1, fol. 423r.

Abb. 10: *Maria krönt die Heiligen Margarethe und Regina. Schreiber oder Autor.* Vita der Heiligen Kilian und Margarethe (letztes Viertel 10. Jahrhundert), Hannover, Niedersächsische Landesbibliothek, Ms I, 189, fol. 11v.

Abb. 11a: *Krönung der Heiligen Kosmas und Damian durch Christus.* Nachzeichnungen (18. Jahrhundert) aus einer verschollenen Essener Heiligenvita, ehemals Haus Ruhr, Archiv von und zur Mühlen.

Abb. 11b: *Buchdedikation der Essener Äbtissin Hadavvich an Maria im Beisein von Thiotera und Pinnosa.*

Abb. 12: *Isodor überreicht Florentina sein Buch.* Isidor von Sevilla: Contra Judaeos (um 800), Paris, Bibliothèque Nationale, Ms lat. 13336, fol. 1v.

Abb. 13: *Die Mönche von Canterbury überreichen Benedikt die Regel.* Eadui-Psalter (1012–1023), London, British Library, Arundel 155, fol. 133.

Abb. 14a: *Cäsarius von Arles und zwei Nonnen bei der Buchübergabe.* Regelbuch von Niedermünster (um 990), Bamberg, Staatsbibliothek, Msc. Lit. 142, fol. 65r und 58v.

Abb. 14b: *Die Äbtissin Uta von Niedermünster.*

Abb. 15: *Benedikt und eine Nonne bei der Buchübergabe.*
Regensburger Benediktinerinnenregel (um 1025–1044), Berlin, Preussische Staatsbibliothek, Ms. theol. lat. qu. 199, fol. 67v.

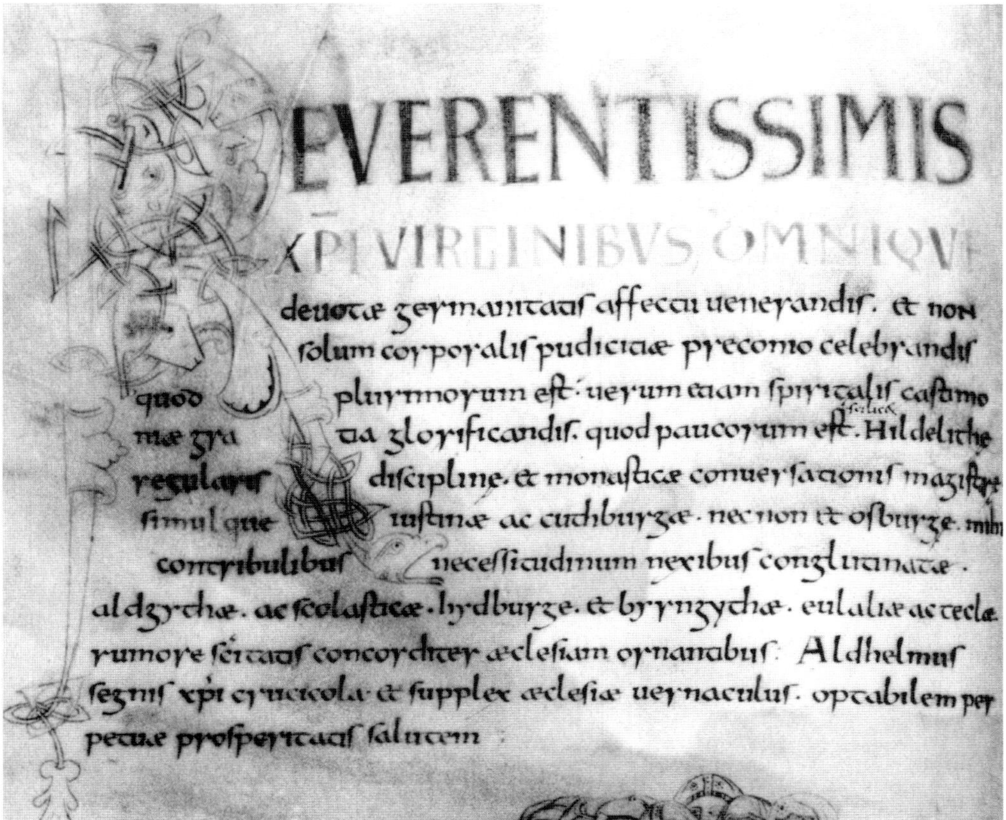

Abb. 16: *Die Nonnen von Barking übergeben Aldhelm Bücher.*
Aldhelm: De virginitate (Ende 10. Jahrhundert), London, Lambeth Palace Library, Ms 200 (Teil II), fol. 68v.

Abb. 17: *Hrabanus Maurus überreicht Papst Gregor sein Buch.*
Hrabanus Maurus: De laudibus sanctae crucis (2. Viertel 9. Jahrhundert), Vatikan, Biblioteca Apostolica, Bibl. Reg. Christ. lat. 124, fol. 3v.

Abb. 18: *Hrabanus Maurus überreicht Papst Gregor sein Buch.*
Hrabanus Maurus: De laudibus sanctae crucis (9. Jahrhundert), Amiens, Bibliothèque Municipale, Ms 223, fol. 2v.

Abb. 19: *Hrabanus Maurus überreicht Papst Gregor sein Buch.*
Hrabanus Maurus: De laudibus sanctae crucis (Mitte 9. Jahrhundert), Wien, Österreichische Nationalbibliothek, Cod. 652, fol. 2v.

Abb. 20: *Hrabanus Maurus überreicht Papst Gregor sein Buch.*
Hrabanus Maurus: De laudibus sanctae crucis (Mitte 10. Jahrhundert), Cambridge, Trinity College Library, Hs. B 16.3, fol. 1v.

Abb. 21: *Die drei Könige bringen Maria und dem Kind Geschenke dar.* Perikopenbuch Heinrichs II. (1007–1012), München, Bayerische Staatsbibliothek, Clm 4452, fol. 17v und 18r.

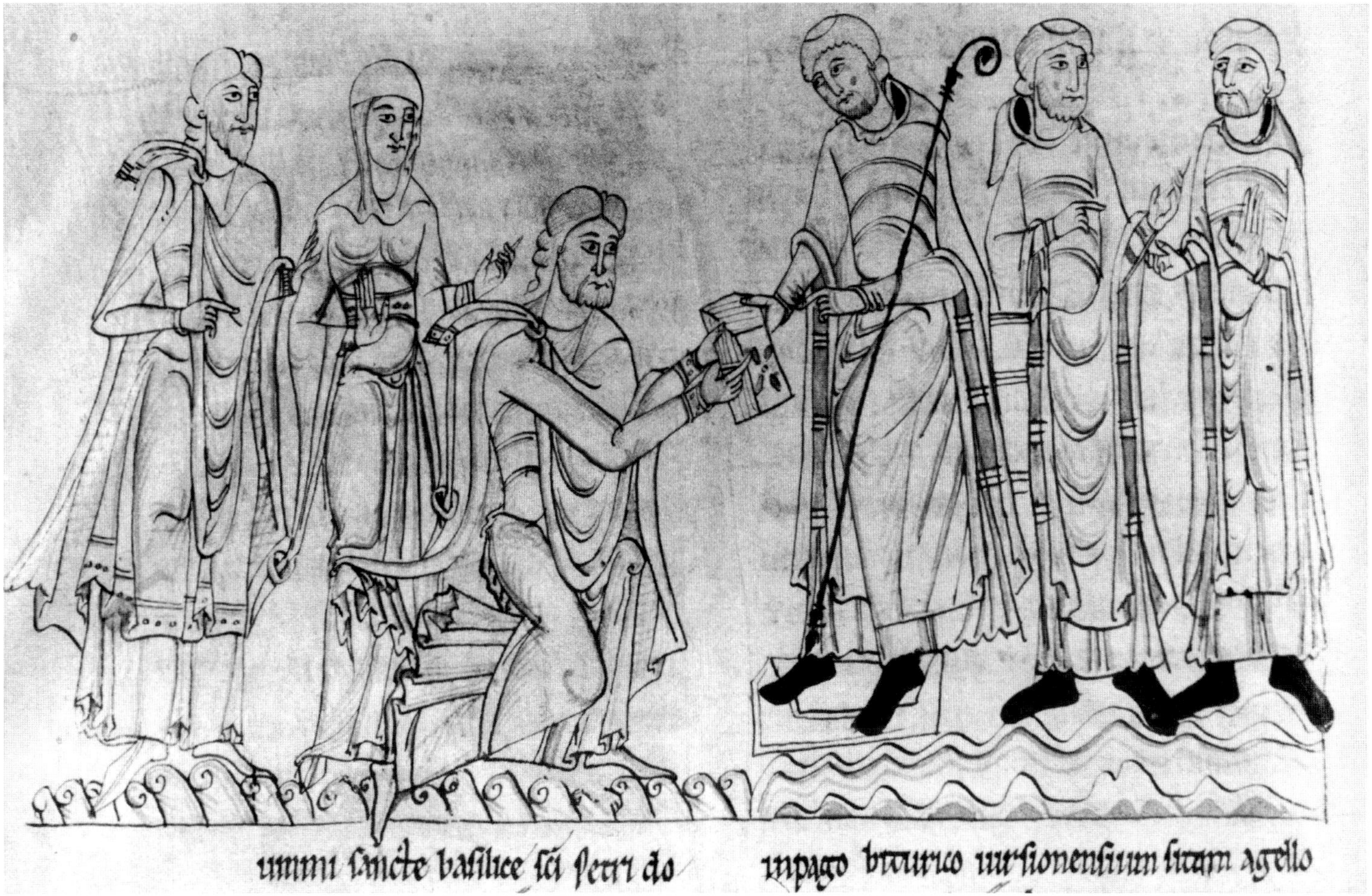

Abb. 22: *Der Graf von Vierzon überreicht dem Abt von Vierzon ein Buch.* Kapitelbuch von Vierzon (Mitte oder 2. Hälfte 12. Jahrhundert), Paris, Bibliothèque Nationale, Ms lat. 9865, fol. 5v.

Abb. 23a: *Eine Frau überreicht Anselm ein Buch.*
Anselm: Orationes sive meditationes (um 1160), Admont, Stiftsbibliothek, Ms 289, fol. 1v. und fol. 44v.

Abb. 23b: *Die Äbtissin Humilitas von Traunkirchen mit den Nonnen Liukrat und Irmintrud unter der Himmelfahrt des heiligen Paulus kniend.*

Abb. 24: *Ein Mönch und eine Nonne knien vor dem heiligen Emmeram.* Evangeliar Heinrichs IV. oder Heinrichs V. (zwischen 1099 und 1111), Krakau, Bibliothek des Domkapitels, Ms. 208, fol. 3r.

Abb. 25: *Die Essener Äbtissin Svanhild und die Pröbstin Brigida zu Füssen der Muttergottes.* Evangeliar der Äbtissin Svanhild von Essen (ca. 1170–1190), Manchester, John Ryland's Library, Ms 110, fol. 17r.

Abb. 26: *Die Äbtissin Amalberga von Susteren zwischen zwei Bischöfen.*
Evangeliar der Äbtissin Amalberga (11. Jahrhundert), Susteren, Pfarrkirche.

Abb. 27: *Ein Mönch kniet betend vor dem lehrenden Christus.*
Echternacher Sakramentar und Antiphonar (nach 1028), Darmstadt, Hessische Landes- und Hochschulbibliothek, Hs 1946, fol. 18v.

Abb. 28: *Brigitte von Schweden empfängt den Liber celestis von Christus, überreicht ihn zwei Geistlichen, die ihn den Königen der Welt weitergeben.* Brigitte von Schweden: Liber celestis (Ende 14. Jahrhundert), Stockholm, Königliche Bibliothek und Schwedische Nationalbibliothek, A70b, fol. 94v.

Abb. 29: *Mathilde von Lothringen überreicht König Mieszko II. von Polen einen Ordo Romanus.* Ordo Romanus (1026/27, verschollen), Nachzeichnung von 1842.

Abb. 30a: *Christine de Pizan überreicht Louis von Orleans ihr Buch Epistre Othéa.* Christine de Pizan: Epistre Othéa (1410–1415), London, British Library, MS Harley 4431, fol. 95r und 95v.

Abb. 30b: *Othéa überreicht Hektor ihren Brief.*

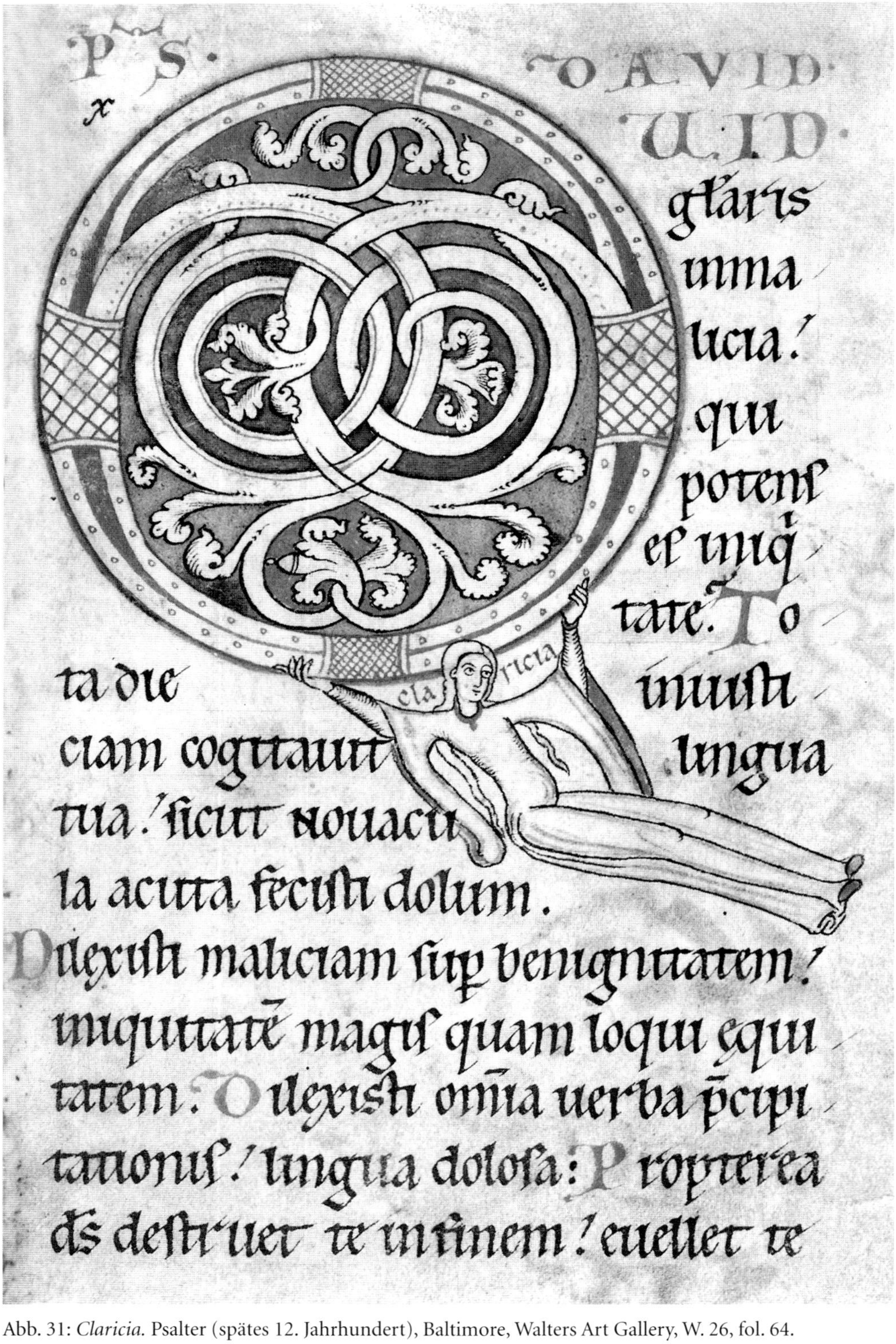

Abb. 31: *Claricia.* Psalter (spätes 12. Jahrhundert), Baltimore, Walters Art Gallery, W. 26, fol. 64.

Abb. 32: *Der Mönch Sintram und die Nonne Guta beten zu Maria.* Sammelhandschrift, sogenannter Kodex Guta-Sintram (1154), Strasbourg, Grand Séminaire, Ms 37 (früher 78), fol. 4v.

Abb. 33a: *Gründung des Klosters Hohenburg.* Herrad von Hohenburg: Hortus Deliciarum (ca. 1170–1180, verschollen), Kopie von Moritz Engelhardt.

Abb. 33b: *Die Kanonissen von Hohenburg und die Äbtissin Herrad.*

Abb. 34: *Der himmlische Bräutigam mit himmlischer und irdischer Braut.* Hohenlied-Kommentar des Honorius Augustodunensis (um 1170), München, Bayerische Staatsbibliothek, Clm 4550, fol. 1v.

Abb. 35: *Der himmlische Bräutigam mit himmlischer und irdischer Braut.* Hohenlied-Kommentar des Honorius Augustodunensis (um 1200), München, Bayerische Staatsbibliothek, Clm 18125, fol. 1v.

Abb. 36: *Abt und Mönch präsentieren eine Rolle und ein Buch (?).* Hohes Lied (3. Viertel 12. Jahrhundert), München, Bayerische Staatsbibliothek, Clm 4623, fol. 1r.

Abb. 37: *Venantius Fortunatus schreibt das Incipit der Vita der Radegunde.* Vita der heiligen Radegunde (Ende 11. Jahrhundert), Poitiers, Bibliothèque Municipale, ms 250 (136), fol. 21v.

Abb. 38: *Baudonivia komponiert die Vita der Radegunde.* Vita der heiligen Radegunde (Ende 11. Jahrhundert), Poitiers, Bibliothèque municipale, ms 250 (136), fol. 43v.

Abb. 39: *Gottfried von Strassburg rezitiert sein Werk.*
Manessische Liederhandschrift (um 1300), Heidelberg, Universitätsbibliothek, fol. 364.

Abb. 40: *Hildegard komponiert die Scivias, während ein Zeuge sie durch eine Luke beobachtet.* Pergamentfaksimile der verschollenen Rupertsberger *Scivias* (ca. 1165–1180), Eibingen, Abtei St. Hildegard, fol. 1r.

Abb. 41: *Notker der Stammler meditierend.*
Einzelblatt (um 1070, ursprünglich Frontispiz von Cod. Sang. 376), Zürich, Staatsarchiv, AG 19 XXXV.

Abb. 42: *Moses empfängt die Gesetze.* Bibel von Moutier-Grandval (um 840), London, British Museum, Add. Ms 10546, fol. 25v.

Abb. 43: *Die Muse Epinoia mit Autor und Maler.* Dioskurides (vor 512), Wien, Österreichische Nationalbibliothek, Cod. medicus graecus I, fol. 5v.

Abb. 44a: *Markus schreibt den Anfang des Evangeliums im Beisein der göttlichen Weisheit.* Codex Purpureus Rossanensis (6. Jahrhundert), Rossano Calabro, Museo dell'Arcivescovado, fol. 121r. und fol. 8r (Ausschnitt).

Abb. 44b: *Judas wirft dem Hohenpriester die Silberlinge vor die Füsse.*

Abb. 45: *Rufius Probianus, vicarius urbis Romae (399–402), umgeben von Schreibern und Rednern.*
Elfenbeindiptychon, Berlin, Preussische Staatsbibliothek, Einband von Ms. theol. lat. fol. 323.

Abb. 46: *Hildegard schreibt ihre Vision im Beisein einer Augenzeugin. Im Nebenraum schreibt ein Mönch in ein Buch.* Hildegard von Bingen: Liber divinorum operum (nach 1220), Lucca, Biblioteca Statale, Cod. 1942, fol. 1v.

Abb. 46, Detail.

Abb. 47: *Johannes sieht den apokalyptischen Reiter durch eine Luke.* Apokalypse mit dem Kommentar des Berengaudus (Mitte 13. Jahrhundert), London, Lambeth Palace Library, Ms 209, fol. 6r.

Abb. 48: *Johannes betrachtet den Antichrist, Elias und Enoch durch eine Luke.*
Apokalypse mit dem Kommentar des Berengaudus (Mitte 13. Jahrhundert), Malibu, Paul Getty Museum, Ms Ludwig III. 1, fol. 17.

Abb. 49: *Der heilige Alban beobachtet den betenden Amphibalus durch eine Luke.*
Matthew Paris: Vita des heiligen Alban (Mitte 13. Jahrhundert), Dublin, Trinity College, MS 177, fol. 31.

Abb. 50a und b: *Der Franziskanermönch William.*
Matthew Paris: Chronica Majora (Mitte 13. Jahrhundert), Cambridge, Corpus Christi College, Ms 16, fol. 67 und 26.

Abb. 51: *Karl der Kahle zwischen zwei Bischöfen.*
Sakramentar von Metz (Fragment, um 870), Paris, Bibliothèque Nationale, Ms lat. 1141, fol. 2v.

Abb. 52: *Gregor der Grosse mit einem schreibenden und einem schauenden Priester.*
Sakramentar von Metz (Fragment, um 870), Paris, Bibliothèque Nationale, Ms lat. 1141, fol. 3r.

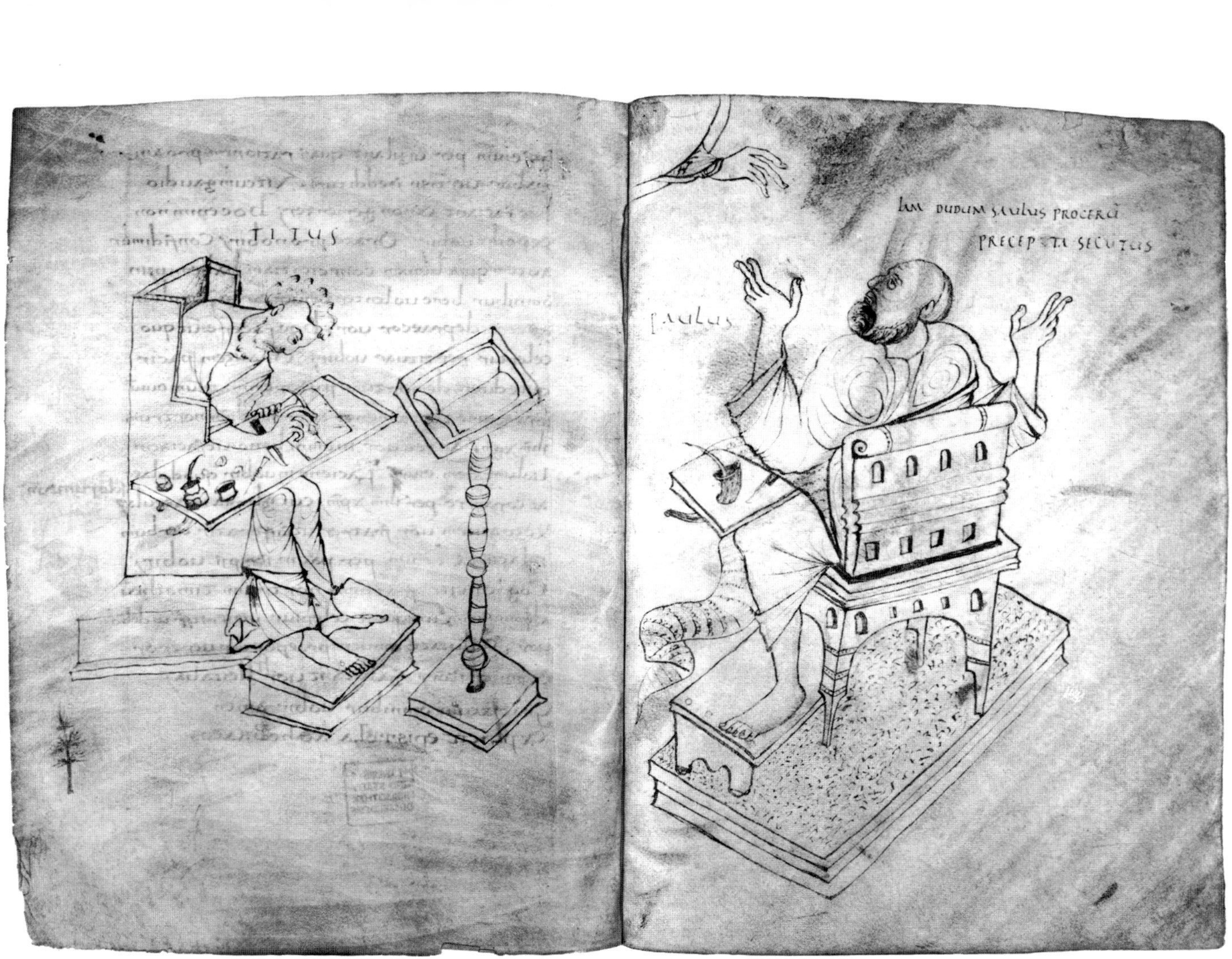

Abb. 53: *Schreibender Titus und schauender Paulus.* Briefe des Paulus (um 850), Düsseldorf, Landes- und Stadtbibliothek, A 14, fol. 119v und 120r.

Abb. 54: *Baum Jesse umgeben von vier alttestamentlichen Theophanien.*
Lektionar aus Cîteaux (1120–1150), Dijon, Bibliothèque Municipale, Cod. 641, fol. 40v.

Abb. 55: *Gregor wird von einem Schreiber heimlich beobachtet.* Registrum Gregorii (Fragment, Ende 10. Jahrhundert), Trier, Stadtbibliothek, Ms 171/1626.

Abb. 56: *Gregor wird von einem Schreiber heimlich beobachtet.* Gregor der Grosse: Opera varia (12. Jahrhundert), Wolfenbüttel, Herzog August Bibliothek, Cod. Guelf. 50.4 Aug. 4to, fol. 1v.

Abb. 57: *Gregor mit der Taube wird von einem Schreiber heimlich beobachtet.*
Gregor der Grosse: Dialogi (3. Viertel 12. Jahrhundert), Brüssel, Bibliothèque Royale, 9916–17, fol. 2v.

Abb. 58: *Christus in der Mandorla mit Engeln und Satan. Hiob mit Versuchern. Gregor rezitierend mit Taube und Schreibtafel. Ein schreibender Autor stösst ein Loch durch den Vorhang.* Gregor der Grosse: Moralia in Iob (Anfang 12. Jahrhundert), Paris, Bibliothèque Nationale, Ms lat. 15307, fol. 1v.

Abb. 59: *Der «König der Schreiber» Eadwine.*
Canterbury Psalter (um 1150), Cambridge, Trinity College Library, Ms R 17.1, fol. 283v.

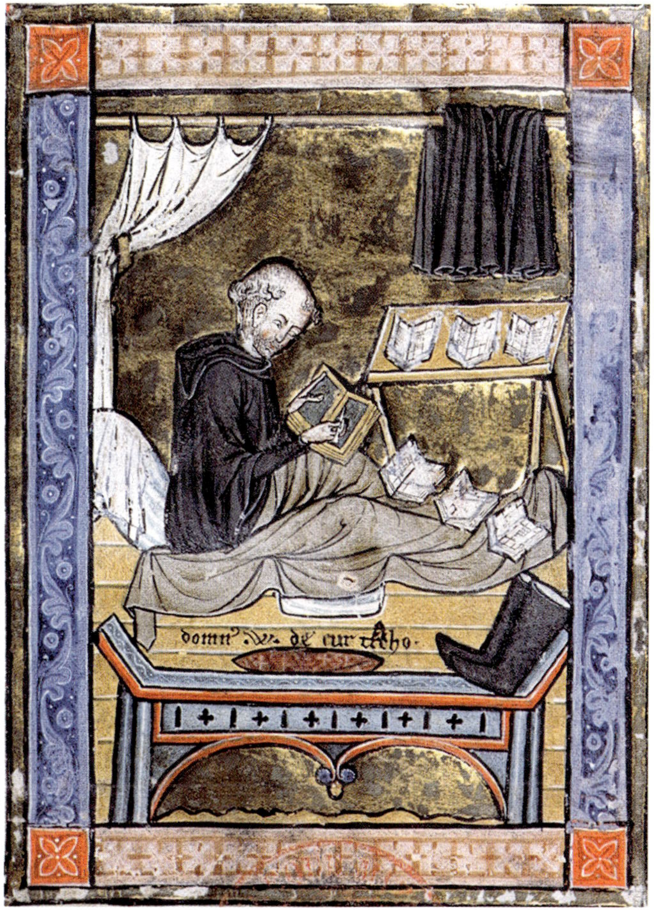

Abb. 60: *Wilhelm von Tournai exzerpiert aus den Büchern Bernhards von Clairvaux.* Bernhard von Clairvaux: Opera varia (um 1300), Paris, Bibliothèque Mazarine, MS 753.

Abb. 61a: *Kaiser Gratian schreibt einen Brief an Ambrosius auf eine Wachstafel.* Ambrosius von Mailand: De fide ad Gratianum (Ende 11. Jahrhundert), Alençon, Bibliothèque Municipale, ms 11, fol. 1v und 2r.

Abb. 61b: *König Salomon und die Königin von Saba mit Gefolge.*

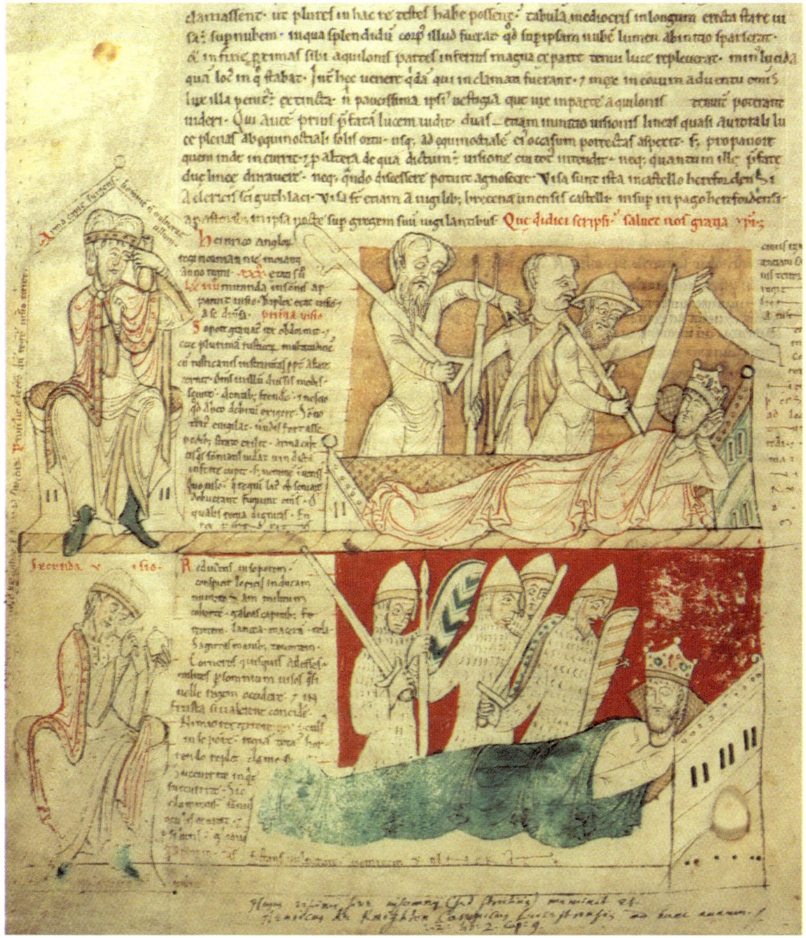

Abb. 62a und b: *Grimbald, der Leibarzt Heinrichs I., neben den Träumen Heinrichs I.* Worcester Chronik (1130–1140), Oxford, Corpus Christi College, Ms 157, fol. 382f.

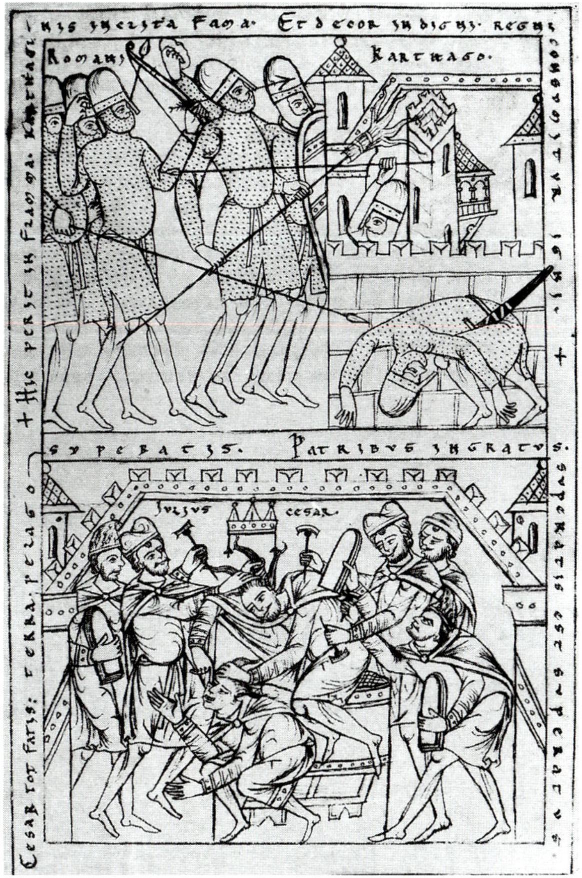

Abb. 63: *Die Römer zerstören Karthago. Die römischen Senatoren ermorden Julius Cäsar.* Otto von Freising: Chronica sive historia de duabus civitatibus (2. Hälfte 12. Jahrhundert), Jena, Universitätsbibliothek, Cod. Jenensis Bose q. 6, fol. 20v.

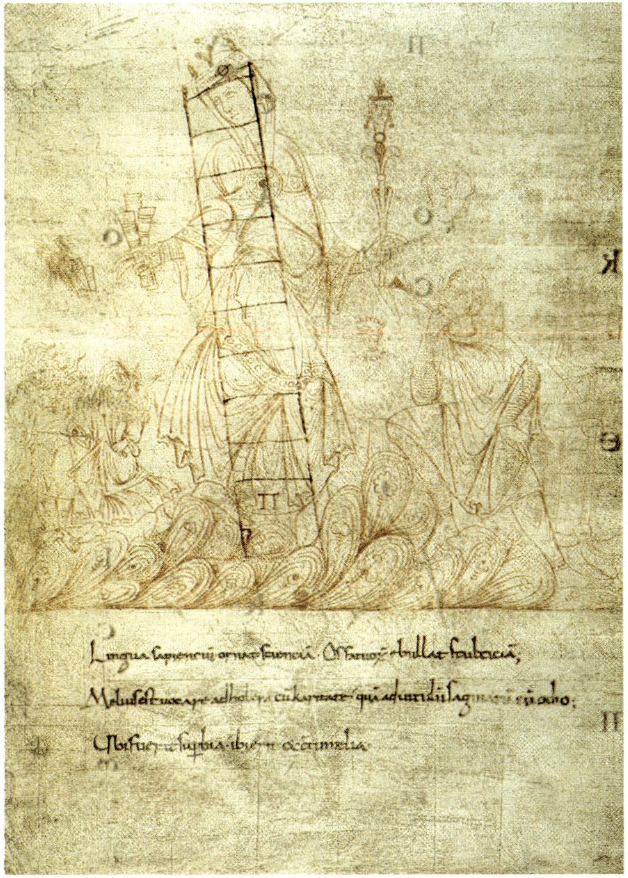

Abb. 64: *Boethius, die Philosophie und die Musen.* Einzelblatt in Sammelhandschrift (vor 950, ursprünglich Frontispiz in MS Harley 3095), London, British Library, MS Harley 2688, fol. 22v.

Abb. 65: *Literarischer Streit zwischen Terenz und seinen Gegnern Luscius und Livinius. Darunter zwei Szenen aus Komödien des Terenz.* Terenz: Opera (Anfang 12. Jahrhundert), Vatikan, Biblioteca Apostolica, Lat. 3305, fol. 8v.

Abb. 66: *Boethius zwischen der Philosophie und den Musen.* Boethius: Opera varia (um 1000), Paris, Bibliothèque Nationale, Ms lat. 6401, fol. 5v und 13v (Abb. 67).

Abb. 67: *Boethius (oder die Dialektik?) von Kriegern umzingelt.* Nachträglich eingefügtes Frontispiz (11. Jahrhundert).

Abb. 68a: *Boethius verfasst die Schrift De trinitate.* Abb. 68b: *I-Initiale mit Trinität und betendem Boethius.* Boethius: Opera varia (um 1000), Paris, Bibliothèque Nationale, Ms. lat. 6401, fol. 158v und 159r.

Abb. 69a: *Boethius im Gefängnis mit der Philosophie und den Musen.*

Abb. 69b: *C-Initiale: Boethius rezitiert sein Klagelied.*
Boethius: Consolatio Philosophiae (1130–1140), Oxford, Bodleian Library, Auct. F. 6.5, fol. 1v und 7v.

Abb. 70: *Boethius im Gefängnis mit der Philosophie und den Musen.*
Boethius: Consolatio Philosophiae (ca. 1140), Cambridge, University Library, Dd. 6.6, fol. 2v.

Abb. 71: *Der Windgott Aer umgeben von den Winden, Musen und den drei Musikern Arion, Orpheus und Pythagoras.* Einzelblatt (1170–1180) in Sammelhandschrift, Reims, Bibliothèque Municipale, MS 672, fol. 1.

Abb. 72: *Gott als Musiker und Geometer.* Einzelblatt (1050–1070) in Bibel (10. Jahrhundert), London, British Library, MS Royal 1. E. VII, fol. 1v.

Abb. 73a: *Die Verkündigung an Zacharias.* Perikopenbuch Heinrichs II. (1007–1012), München, Bayerische Staatsbibliothek, Clm 4452, fol. 149v und 150r.

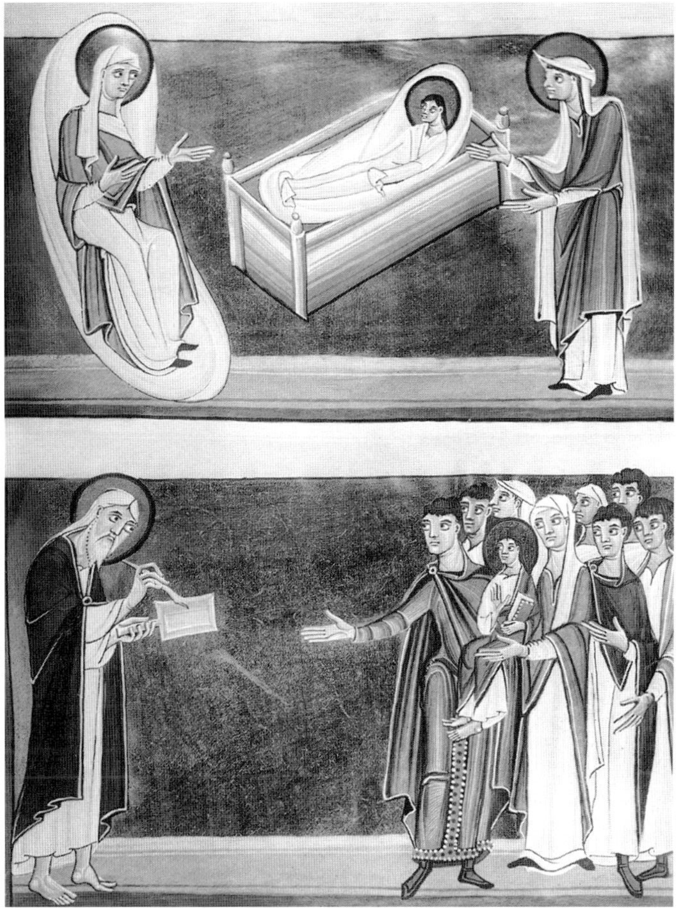

Abb. 73b: *Die Geburt des Johannes.*

Abb. 74a: *Die Verkündigung an Zacharias.*
Kapitell (um 1150) aus Notre Dame-du-Port in Clermont-Ferrand.

Abb. 74b: *Heimsuchung.*

Abb. 75: *Gregor der Grosse mit Taube, Schreibtafel und Griffel.* Gregor der Grosse: Orationes (1140–1150) in Sammelhandschrift, Stuttgart, Württembergische Landesbibliothek, Cod. brev. 128, fol. 53r.

Abb. 76: *Sechstagewerk, Engelsturz, Sündenfall und Vertreibung aus dem Paradies.*
Hildegard von Bingen: Scivias (um 1200), Heidelberg, Universitätsbibliothek, Cod. Sal. X 16, fol. 2r.

Abb. 77: *Annus als Herrscher des Himmels.*
Hildegard von Bingen: Scivias (um 1200), Heidelberg, Universitätsbibliothek, Cod. Sal. X 16, fol. 2v.

uirtutum uiuarum stantib; singulis
marcu suo. hec de duab; intra
stantib; quid status et habitus earum
significet. In iiii. de columna tribi
li tres acutos angulos habente.
De patriarchis prophetis de apostolis et
martyrib; de multitudine angelica et hu
mana. De scientia dei de triplici fla
gello. De modis castigationum et con
solationum dei. In v. de capite mira
bilis forme et terribilis. De querimo
nia elementorum de ecclesia et dedicatio
ne de decimis et reb; ecclesiasticis et
de aliis quam plurimis. In vi de
spirituali magisterio et de poten
tia scientiarum ... hec de spiritualib;
et scientiarum quatuor et iiii. diui
sis. De diuersis causis et differentiis
eorum. De viii uirtutib; et quid status
et habitus earum significet.
In vii. de mirabili columna inesti
mabilis quantitatis de trinitate
et differentia trium personarum.
In viii. de columna maxima et
umbrosa. De ubi sit octo uirtutum
et precipue de melliflua et suaui
admonitione gratie dei. De vii. do
nis sancti spiritus et quid status et habitus
predictarum uirtutum significet.
In viiii. continetur turris lucidissi
ma et uerba viiii. uirtutum et mul
ta de consciis in ecclesia et status
et habitus predictarum uirtutum et
quid significet. In x. secunda vii. gradus
et super hos sedes posita super quam
iuuenis et cum uerba dulcisona ad
homines in mundum. De viii. uerba v. uirtu
tum et quid status et habitus earum signif
et alia quedam. In xi. de v. bestiis pro
ximis et ad apicem et super colle ligantis.
De predicto iuuene et muliebri ima
gine de capite monstruoso. De filii
perditionis crudeli persecutione et mi
raculis et potestate de helia et enoch.
et fine mundi. In xii. de concussione
elementorum de terrore fulgurum tonitruum
de casu montium et siluarum et resur
rectione. De signatis et non signatis.
de floribus dei. De iudicatis et iudi
candis de mutatione elementorum.
In xiii. continetur de lucidissimo ac
re. De mirabili et diuerso genere
musicorum. De simphonia in laudib;
sancte marie et ciuium supernorum gaudiorum
et omnium sanctorum.

Abb. 78: *Hildegard mit Tafel und Griffel und ein schreibender Mönch.* Hildegard von Bingen: Scivias (um 1200). Heidelberg, Universitätsbibliothek, Cod. Sal. X 16, fol. 3v.

Abb. 79: *Baum Jesse.* Hildegard von Bingen: Scivias (um 1200). Heidelberg, Universitätsbibliothek, Cod. Sal. X 16, fol. 4r.

Abb. 80: *Der Erzengel Michael auf dem Giebel des Klosters von Michelsberg.* Ambrosius von Mailand: Opera (Mitte 12. Jahrhundert), Bamberg, Staatsbibliothek, Ms Patr. 5, fol. 1v.

Abb. 81: *Elisabeth von Schönau sieht Christus und drei Wege.* Elisabeth von Schönau: Liber viarum Dei (Ende 12. Jahrhundert), verschollen, ehemals Wiesbaden, Nassauische Landesbibliothek, Ms 3, fol. 82v.

Abb. 82: *Adelgunde von Maubeuge sieht die Himmelfahrt des heiligen Amandus.* Vita des heiligen Amandus (um 1175), Valenciennes, Bibliothèque Municipale, Ms 501, fol. 30v und 31r.

Abb. 83: *Baum Jesse mit Propheten und Sibylle.*
Hrabanus Maurus: De laudibus sanctae crucis (um 1175), Douai, Bibliothèque Municipale, MS 340, fol. 11.

Abb. 84: *Allegorien, Braut und Bräutigam des Hohen Lieds. Geburt Christi mit Sibylle.*
Einzelblatt (3. Viertel 12. Jahrhundert) aus dem Helmarshauser Evangeliar im Trierer Domschatz (Hs 142/124), Cleveland, Museum of Art.

Abb. 85: *Sibylle des Jüngsten Gerichts.*
Arkadenzwickel in der nordwestlichen Ecke des Mittelschiffs von Sant'Angelo in Formis (um 1090).

Abb. 86a: *Die zehn Sibyllen.*

Abb. 86b: *Drei Philosophen.*
Hrabanus Maurus: De rerum naturis (1023), Montecassino, Benediktinerabtei, Cod. Cas. 132, fol. 379B und 374A.

Abb. 87: *Ezra als Bibelschreiber.*
Codex Amiatinus (um 700), Florenz, Bibliotheca Medicea-Laurenziana, Codex amiatinus I, fol. 5r.

Abb. 88: *Der Apostel Petrus diktiert dem Evangelisten Markus.*
Elfenbeinplatte (Datierung umstritten), London, Victoria and Albert Museum.

Abb. 89: *Die Opfer Kains, Abrahams und Melchisedeks. Die Autoren Gregor der Grosse und Gelasius. Drei lesende Bischöfe und ein kniender Mönch.*
Sakramentar aus Fulda (970–975), Göttingen, Universitätsbibliothek, MS theol. 231, fol. 1v.

Abb. 90: *Die tiburtinische Sibylle umgeben von neun Sonnen und Herrscherbildnissen.* Historische Sammelhandschrift aus Zwiefalten (1160–1170), Stuttgart, Württembergische Landesbibliothek, Cod. hist. 2° 411, fol. 1r .

Abb. 91: *Moses mit offenem Buch und Gesetzestafeln.*
Historische Sammelhandschrift aus Zwiefalten (1160–1170), Stuttgart, Württembergische Landesbibliothek, Cod. hist. 2° 411, fol. 5v.

Abb. 92: *Die Autoren Robert von Torigni und Henry von Huntingdon mit zwei Mönchen.* Robert de Torigni: Chronica (Mitte 12. Jahrhundert), Avranches, Bibliothèque Municipale, Edouard Le Héricher, Ms 159, fol. 174v.

Abb. 93: *Die Heiligen Justina und Cyprian und Dämonen.*
Martyrolog des Usuardus, Chorbuch für die Prim aus Zwiefalten (1160–1170), Stuttgart, Württembergische Landesbibliothek, Cod. hist. 2° 415, fol. 63v.

Abb. 94: *Mond und Sonne, Sonnen- und Mondfinsternis.*
Chorbuch für die Prim aus Zwiefalten (1160–1170), Stuttgart, Württembergische Landesbibliothek, Cod. hist. 2° 415, fol. 16v.

Abb. 95: *Sechstagewerk, Engelsturz, Sündenfall und Vertreibung aus dem Paradies.*
Chorbuch für die Prim aus Zwiefalten (1160–1170), Stuttgart, Württembergische Landesbibliothek, Cod. hist. 2° 415, fol. 17r.

Abb. 96: *Annus inmitten der Sternzeichen, Monatsarbeiten, Jahres-und Tageszeiten.*
Chorbuch für die Prim aus Zwiefalten (1160–1170), Stuttgart, Württembergische Landesbibliothek, Cod. hist. 2° 415, fol. 17v.

Abb. 97: *Hildegards zweite und vierte Vision.*
Hildegard von Bingen: Liber divinorum operum (nach 1220), Lucca, Biblioteca Statale, Cod. 1942, fol. 9r und 38r.

Abb. 98: *Sibylle.*
Archivolte (ca. 1225), Nordportal der Kathedrale von Laon.

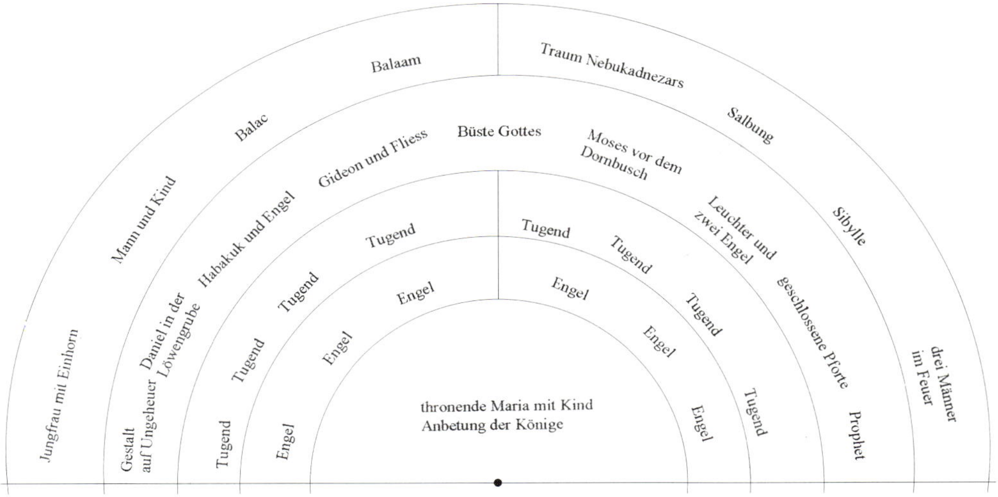

Abb. 99: Nordportal der Kathedrale von Laon (Schema).

Abb. 100: *Der Psalmist und die Seele.*
Bilderpsalter (um 830), Stuttgart, Württembergische Landesbibliothek, Bibl. Fol. 23, fol. 55r.

Abb. 101: *Gott beschreibt die Gesetzestafeln, die von Moses gehalten werden. Moses spricht mit Gott im Beisein des Volkes Israel.* Sogenannte Gerhard-Bibel (um 1140), Wien, Österreichische Nationalbibliothek, Cod. ser. nov. 2701, fol. 68v und 69r.

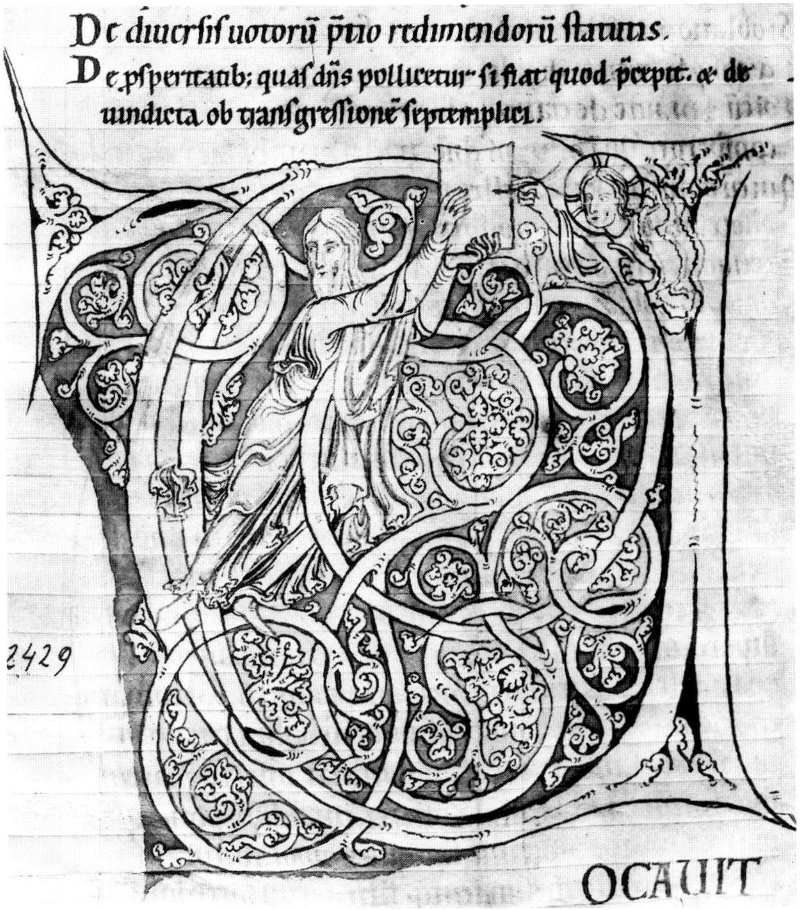

Abb. 102: *Gott schreibt auf die Gesetzestafeln, die von Moses gehalten werden.*
Bibel aus dem Augsburger Dom (1191–1210), München, Bayerische Staatsbibliothek, Clm 3901, fol. 21.

Abb. 103: *Moses.*
Dreikönigenschrein des Nikolaus von Verdun (um 1200), Köln, Hohe Domkirche.

Abb. 104: *Hildegards Vision der Caritas.*
Hildegard von Bingen: Liber divinorum operum (nach 1220). Lucca, Biblioteca Statale, Cod. 1942, fol. 143r.